AWS 인프라 스케일링

AWS 인프라 스케일링

규모 확장과 서비스 분리를 단계별로 배우는 코드형 인프라 설계 방법

초판 1쇄 발행 2026년 4월 16일

지은이 **강진우**　　펴낸이 **한기성**　　편집 **정수진**　　표지 디자인 **오필민**　　제작·관리 **김진불**
영업·마케팅 **김진불**　　경영지원 **박미경**　　용지 **월드페이퍼**　　인쇄·제본 **천광인쇄사**

펴낸곳 **(주)도서출판인사이트**　　등록번호 **제2002-000049호** 등록일자 **2002년 2월 19일**
주소 **서울특별시 마포구 연남로5길 19-5**　　전화 **02-322-5143**　　팩스 **02-3143-5579**
이메일 **insight@insightbook.co.kr**

Copyright ⓒ 2026 강진우, (주)도서출판인사이트　　ISBN **978-89-6626-527-5** 93000

글쓰기는 더 큰 배움에 이르는 보람 있는 여정입니다.
독자 여러분의 소중한 원고를 기다립니다. submit@insightbook.co.kr

AWS 인프라 스케일링

강진우 지음

규모 확장과 서비스 분리를 단계별로 배우는 코드형 인프라 설계 방법

인사이트

차례

지은이의 글

바야흐로 아이디어가 곧 현실이 되는 시대이다. 생성형 AI의 등장으로 코딩의 장벽은 그 어느 때보다 낮아졌다. 예전 같으면 개발팀을 꾸리고 몇 달을 매달려야 만들 수 있었던 서비스들이 이제는 1인 개발자나 소규모팀에 의해 며칠 만에 세상에 나온다. '나도 서비스를 만들 수 있을까?' 라는 의문은 이제 '어떤 서비스를 만들까?' 라는 고민으로 바뀌고 있다.

누구나 웹 사이트를 띄우고, 앱을 배포하고, 전 세계 사용자에게 자신의 URL을 공유할 수 있다. 배포 도구들은 놀랍도록 간편해졌고, 클릭 몇 번이면 내 코드가 서버에서 돌아간다. 서비스 런칭 자체가 더 이상 기술적 성취가 아닌 비즈니스의 시작점이 된 것이다.

하지만 서비스가 세상에 나오고 사용자가 모이기 시작하면, 개발자는 곧 다른 차원의 문제와 마주하게 된다. 사용자가 늘어나는 것은 축복이지만 준비되지 않은 인프라에는 재앙과도 같다. 트래픽 폭주로 서버가 다운되고 데이터베이스의 응답 속도가 느려지며, 보안 허점이 발견된다. 아이러니하게도 서비스가 가장 성공하려는 그 순간에 서비스는 가장 취약해진다.

이때부터는 단순히 기능을 만드는 능력이 아니라 서비스를 지탱하고 확장하는 능력이 요구된다. 서비스가 성장하면서 비용을 더 세밀하게 통제하거나, 인프라의 동작 방식을 직접 결정하며 아키텍처를 개선해야 하는 등 인프라 운영이 새로운 과제가 된다. 이를 해결하기 위한 선택지는 다양하겠지만, 인프라를 직접 구축하고 운영할 수 있는 퍼블릭 클라우드가 하나의 선택지로 떠오르게 된다.

퍼블릭 클라우드를 선택하고 난 후에 많은 입문자가 범하는 실수 중 하나는 처음부터 넷플릭스나 구글 같은 거대 기업의 아키텍처를 흉내 내려고 하는 것이다. 사용자가 없는 서비스에 거창한 쿠버네티스 클러스터나 복잡한 마이크로서비스 아키텍처를 도입하는 것은 오버 엔지니어링일 뿐이다.

인프라는 생물과 같다. 서비스의 성장 단계에 맞춰 함께 진화해야 한다. 처음에는 작은 단일 서버로 시작했다가, 데이터베이스를 분리하고, 서버를 여러 대로 늘리고, 전 세계 사용자에게 빠르게 콘텐츠를 전달하기 위해 캐시 서버를 도입하는 과정을 거쳐야 한다.

이 책은 바로 그 성장의 과정을 다룬다. 처음부터 완벽한 성을 쌓는 법을 가르치는 대신, 작은 오두막을 튼튼한 빌딩으로 증축해 나가는 방법을 이야기한다. 우리는 테라폼이라는 강력한 도구를 사용하여 인프라를 코드로 관리함으로써, 언제든 무너뜨리고 다시 쌓을 수 있는 유연성을 확보할 것이다. 실수는 줄이고 반복 작업은 자동화하며, 변경 사항을 안전하게 추적하는 법을 배우게 될 것이다.

이 책의 내용을 발판 삼아 AWS를 더 깊이 이해하고, 안전하며 확장 가능한 인프라 구성에 도움이 되기를 바란다.

이 책의 대상 독자

이 책의 다음과 같은 분들에게 도움이 된다.

- AWS 퍼블릭 클라우드에 대한 기초 지식이 있는 개발자
- 리눅스 시스템에 대한 기본적인 이해와 개발 역량을 보유한 엔지니어
- 단순 배포를 넘어 트래픽 증가에 대응하는 인프라 확장 과정을 경험해 보고 싶은 분

이 책은 다음과 같은 분들에게는 적합하지 않을 수 있다.

- VPC, EC2, IAM 같은 AWS 핵심 서비스의 기초 개념을 아직 접해 보지 않은 분
- SSH 접속, 패키지 설치, 파일 편집 등 리눅스 기본 명령어에 익숙하지 않은 분
- ECS, EKS, Lambda 같은 컨테이너나 서버리스 기반의 배포 방식을 학습하려는 분

이 책의 구성

이 책은 인프라 구축의 흐름에 따라 자연스럽게 지식을 확장할 수 있도록 총 10개의 장으로 구성되어 있다. 예제로 Simple Showcase라는 온라인 쇼핑몰 애플리케이션의 인프라를 구축하고 확장하는 과정을 단계별로 하나씩 살펴본다.

1장에서는 AWS 환경에 Simple Showcase 애플리케이션을 구축하기 위한 기본 토대를 마련한다. 테라폼을 사용하여 안전한 리소스 관리를 위한 IAM 사용자를 생성하고 VPC, 퍼블릭 서브넷, 인터넷 게이트웨이 등 외부 통신이 가능한 최소 네트워크 환경을 설계하고 구축한다.

2장에서는 1장의 네트워크 기반 위에 애플리케이션을 배포한다. EC2 인스턴스를 생성하고 Elastic IP 및 Route53을 설정하며, Nginx와 MySQL을 설치하여 단일 서버에 웹/API/DB를 통합한 모놀리식 구조를 갖춘 첫 서비스를 완성한다.

3장에서는 EC2에 직접 설치하여 운영하던 MySQL을 AWS의 완전 관리형 데이터베이스 서비스인 Aurora MySQL로 이전한다. 프라이빗 서브넷 구성, 데이터 마이그레이션, 애플리케이션 연결, 읽기 전용 복제본 증설 등의 과정을 통해 데이터베이스의 운영 부담을 줄이고 서비스의 고가용성과 확장성을 확보하는 방법을 배운다.

4장에서는 단일 EC2 인스턴스의 한계를 극복하고 애플리케이션의 보안, 가용성, 확장성을 높이는 과정을 다룬다. EC2를 NAT 게이트웨이로 보호되는 프라이빗 서브넷으로 이전하고, 애플리케이션 로드 밸런서(ALB)를 도입해 트래픽을 안전하게 분산 처리하며, 다중 가용 영역에 걸친 수평 확장의 기반을 마련한다.

5장에서는 수동 관리를 탈피해 트래픽 변화에 자동으로 대응하는 오토 스케일링 그룹(Auto Scaling Group)을 구축한다. 시작 템플릿, 동적 스케일링 정책 설정 등을 통해 성능과 비용 효율성을 동시에 확보하는 탄력적인 인프라 구성을 실습한다.

6장에서는 정적 파일을 S3와 클라우드프론트로 분리하고 EC2의 부하를 줄인다. ACM으로 HTTPS 보안 통신을 구현하여 성능과 보안이 향상된 아키텍처를 완성한다.

7장에서는 반복적인 데이터베이스 부하와 지연 시간 문제를 해결하기 위해 AWS ElastiCache를 이용한 인메모리 캐시 레이어 도입 과정을 다룬다. Cache-Aside 패턴 구현과 자동 장애 조치 기능 구성을 통해 응답 속도와 트래픽 처리량이 개선된 클라우드 아키텍처를 완성한다.

8장에서는 CloudWatch를 활용해 복잡해진 분산 시스템의 상태를 파악하고, 장애에 능동적으로 대처하기 위한 옵저버빌리티 체계를 구축한다. 주요 서비스 메트릭을 대시보드로 시각화하고 알림을 발송하는 시스템까지 만든다.

9장에서는 AWS 비용 관리에 대해 다룬다. Cost Explorer로 실제 비용을 분석하고, Budgets으로 예산을 설정하며, Cost Anomaly Detection으로 비정상적인 비용을 자동 탐지하여 클라우드 비용을 선제적으로 통제하는 체계를 구축한다.

10장에서는 Simple Showcase 애플리케이션의 아키텍처를 한 단계 더 발전시키기 위한 방안을 다룬다. 컨테이너와 EKS 도입, 세이빙스 플랫과 예약 인스턴스, 프로메테우스와 그라파나 등 이후로 더 개선해야 하는 부분에 대해 대략적으로 살펴본다.

부록에서는 도메인 구매 및 Route53 네임 서버 설정, 테일스케일(Tailscale)을 활용한 VPN 환경 구축, AWS 루트 계정 별칭 생성, 인스턴스 유형 선택 노하우, AWS SSM을 통한 안전한 인스턴스 접근 방법을 다룬다.

이 책의 예제 코드

이 책에서 사용하는 테라폼 코드는 *https://github.com/sepiro2000/simple-showcase-terraform*에 있고, 예제 애플리케이션의 소스 코드는 *https://github.com/sepiro2000/simple-showcase*에 공개되어 있다.

책은 독자가 코드를 하나씩 직접 입력해 가면서 따라 하는 방식으로 구성되어 있다. 테라폼 코드는 장별로 제공하고 있으며, 각 장에서 완성되는 인프라의 최종 모습이 담겨 있다. 학습 효과를 위해 직접 타이핑해보는 것이 좋다. 하지만 실습 중 막히거나 이해하기 어려운 부분이 있다면 제공된 완성 코드를 참고해서 학습을 진행하도록 하자.

또한 책에 대한 질문, 오탈자 수정 등 책과 관련된 정보는 *https://alden. works/*에서 찾아볼 수 있다.

감사의 말

이 책에 대한 아이디어는 2020년 경 처음 시작되었다. 단순히 AWS 서비스의 기능을 나열하는 설명서가 아니라, 애플리케이션을 위한 하나의 거대한 흐름 속에서 각 AWS 서비스들이 어떤 역할을 하고 어떻게 확장되어 나가는지 큰 그림을 보여주는 책을 쓰고 싶었다.

5년 가까이 머릿속에만 있던 아이디어를 책으로 옮길 수 있도록 곁에서 응원해 준 나의 아내 김아름, 그리고 책을 쓰고 있는 아빠의 뒷모습을 보며 "이번에도 우리 이름이 들어가냐"고 물어봐 주며 응원해준 사랑하는 아들 준후와 딸 지안이에게 깊은 고마움과 사랑을 전한다.

1장

AWS 여정의 시작: 환경 설정과 네트워크 구축

> **1장의 전체 테라폼 코드:**
> *https://github.com/sepiro2000/simple-showcase-terraform/tree/main/CHAP01*

AWS는 유연성이 높고 설정 옵션이 다양해서 누구나 자신의 서비스 인프라를 손쉽게 구축할 수 있다. 오늘날 수많은 서비스가 이러한 유연성을 바탕으로 클라우드 위에서 탄생하고 운영된다. 이처럼 클라우드 기반 서비스 구축이 보편화되었지만, 서비스를 효과적으로 설계하고 단계적으로 확장해 나가는 과정은 여전히 많은 개발자에게 도전적인 과제다.

이 책은 인프라 확장 과정을 단계별로 경험할 수 있도록, Simple Showcase라는 가상의 예제 애플리케이션을 AWS 환경에 구축하고 운영하는 과정을 다룬다. Simple Showcase는 온라인 쇼핑몰을 모티브로 하는 앱으로, 전체 상품 목록 조회, 상품별 상세 페이지, 좋아요 기능 등 기본적인 웹 서비스 로직을 포함한다. 이 과정을 통해 서비스 성장 단계에 따라 인프라를 확장할 때 무엇을 고려해야 하는지 학습한다. 또한 각 단계의 과제를 해결하기 위해 어떤 AWS 서비스들을 활용할 수 있는지, 그리고 이러한 서비스들을 어떻게 조합하여 효과적인 아키텍처를 구성할 수 있는지 살펴본다.

모든 서비스가 처음부터 대규모 트래픽을 감당할 수 있는 아키텍처로 시작하면 이상적이겠지만, 이런 아키텍처는 초기 비용이 많이 들고 서비스 초기 단계에는 불필요한 경우가 많다. 모든 서비스는 저마다의 성장 단계를 거치면서

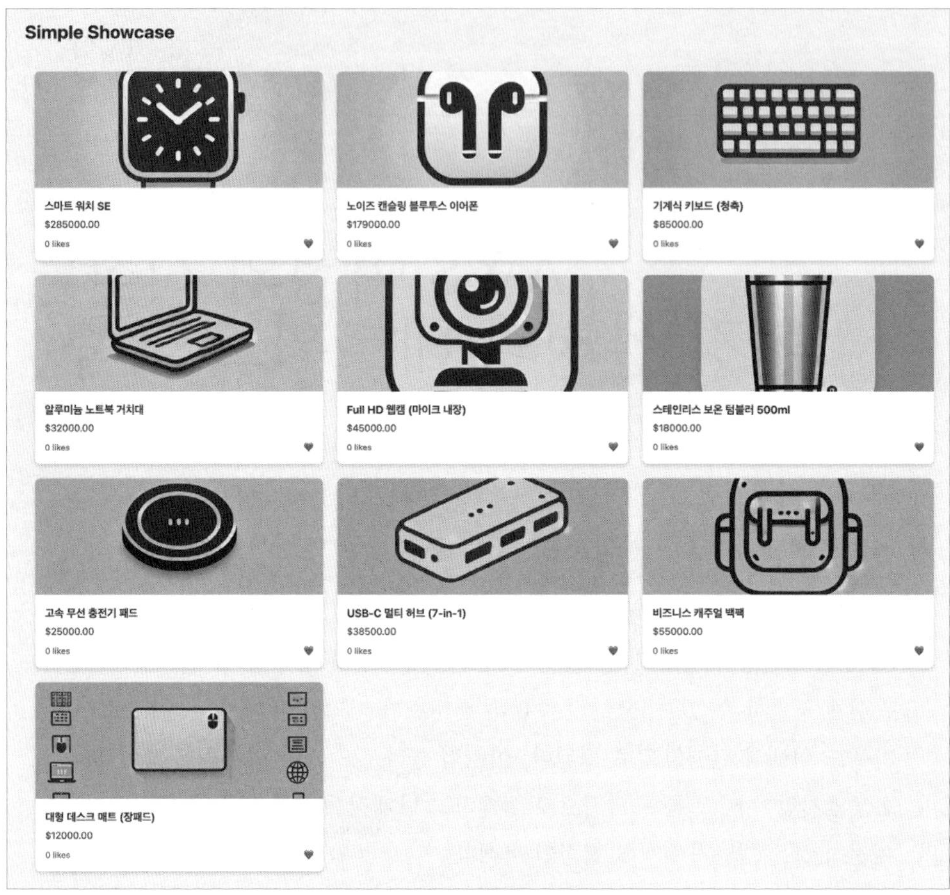

그림 1.1 Simple Showcase의 화면

각 단계에 맞는 적절한 규모와 구성의 인프라를 갖추는 것이 중요하다.

1장에서는 본격적인 애플리케이션 배포에 앞서 인프라 구축의 토대가 되는 기본적인 환경 설정과 애플리케이션이 동작할 네트워크 환경을 구성한다. 서비스 초기 단계라는 점을 감안하여 미래의 확장성을 과도하게 고려하기보다는, 현재 단계에 필요한 최소한의 복잡도로 안전하고 격리된 환경을 구축하는 데 집중한다. 따라서 이 책에서 제시하는 구성은 모든 상황에 적용되는 유일한 정답이 아니며, 실용적인 시작을 위한 하나의 접근 방식이라 이해하는 것이 좋다.

이 책의 모든 인프라 구축 과정은 테라폼(Terraform)이라는 코드형 인프라(Infrastructure as Code, IaC) 도구를 사용한다. 테라폼을 사용해 인프라 구성

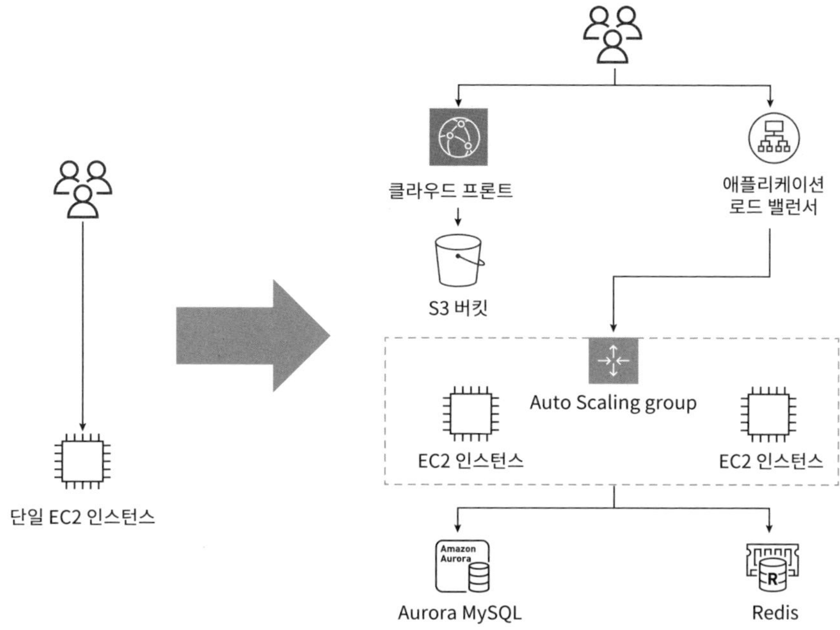

그림 1.2 Simple Showcase 인프라의 변화 과정

을 코드로 정의하고 버전을 관리하며, 반복 가능하고 예측 가능한 방식으로 배포한다. 그리고 이런 방식을 통해 그림 1.2와 같이 Simple Showcase의 인프라를 단계적으로 변화시켜 나간다.

1.1 AWS와 클라우드, 그리고 테라폼 첫걸음

본격적인 인프라 구축을 시작하기에 앞서, AWS의 기본적인 개념과 글로벌 인프라 구성 요소인 리전(Region) 및 가용 영역(Availability Zone)에 대해 먼저 이해하는 것이 중요하다. 더불어 이 책 전반에서 인프라를 구축하는 데 사용할 테라폼에 대해서도 알아본다. 이번 절에서는 AWS의 핵심 개념들과 함께 테라폼이 무엇이며 왜 사용하는지를 중점적으로 살펴본다.

AWS

먼저 AWS에 대해 살펴보자. AWS는 세계적으로 널리 사용되는 클라우드 서비스로, 단순한 가상 서버나 스토리지 임대를 넘어 애플리케이션 구축과 운영에 필요한 다양한 IT 자원을 제공하는 클라우드 플랫폼이다. 물리적인 하드웨어 구매나 데이터 센터 운영과 같은 복잡한 관리 부담 없이, 필요에 따라 서버, 스토리지, 데이터베이스, 네트워크 등 다양한 분야의 서비스를 신속하게 프로비저닝할 수 있다. 또한 사용한 만큼만 비용을 지불하는 유연한 과금 체계를 제공한다.

AWS와 같은 클라우드 모델은 애플리케이션 운영에 여러 가지 이점을 제공한다. 무엇보다 유연성과 확장성이 뛰어나다. 비즈니스 요구 사항 변화에 맞춰 필요한 만큼의 리소스를 동적으로 할당하거나 해제할 수 있어, 초기에는 최소한의 자원으로 시작하고 서비스가 성장함에 따라 인프라를 유연하게 확장해 갈 수 있다. 이 책에서도 클라우드의 이런 장점을 활용하여, 각 서비스 성장 단계에 맞는 적절한 인프라를 테라폼 코드를 통해 어떻게 구성하고 발전시켜 나가는지에 대해 실무적으로 접근할 것이다.

또한 AWS는 단순 서버 호스팅을 넘어 데이터베이스, 네트워킹, 스토리지, 보안 등 다양한 구성 요소를 관리형 서비스로 제공한다. 사용자는 필요에 따라 서비스들을 조합하여 복잡한 시스템 아키텍처를 효율적으로 설계하고 구현할 수 있다. 이런 서비스들은 전 세계 주요 거점에 위치한 데이터 센터를 통해 제공되기 때문에, 사용자의 지리적 위치에 관계없이 안정적이고 빠른 서비스 이용이 가능하다.

AWS의 글로벌 인프라를 이해하기 위해서는 먼저 리전과 가용 영역이라는 두 가지 핵심 개념을 알아야 한다.

AWS의 리전(Region)은 데이터 센터를 운영하는 독립적인 지리적 영역을 의미한다. 예를 들어, ap-northeast-2는 서울에 위치한 리전을 식별하는 코드다. 리전 선택은 애플리케이션 아키텍처 설계에서 중요한 전략적 의사결정으로, 여러 기술적 및 비즈니스 요소를 종합적으로 고려해야 한다.

가장 중요한 고려 사항 중 하나는 최종 사용자와의 지리적 접근성이다. 물리적으로 가까운 리전을 선택하면 네트워크 지연 시간(latency)를 최소화하고 서비스 응답 성능을 최적화할 수 있다. 예를 들어, 주요 사용자층이 한국에 위치한 서비스라면 서울 리전을, 북미 사용자를 대상으로 한다면 오레곤 리전 혹은 버지니아 리전 등 북미 지역에 있는 리전을 선택하는 것이 성능상 유리하다.

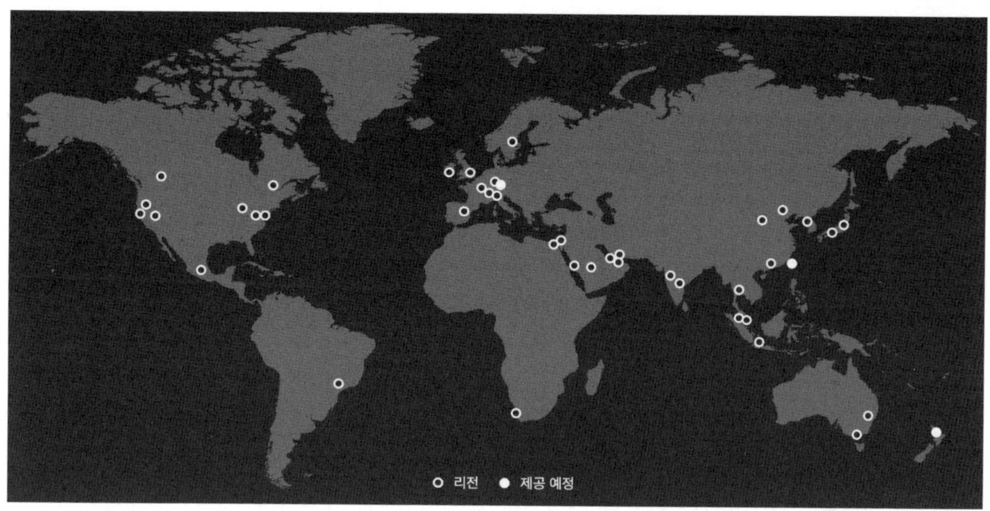

그림 1.3 AWS 리전 배치 지도(AWS 공식 홈페이지 참조)

또한 리전 선택은 데이터 주권과 관련된 국가별 규정 준수 요건을 만족시키는 데도 핵심적인 역할을 한다. GDPR, 개인정보보호법 등 지역별 데이터 보호 규정을 고려할 때, 적절한 리전 배치는 컴플라이언스 확보를 위한 필수 요소가 된다.

가용 영역(Availability Zone, AZ)은 하나의 리전 내에서 물리적으로 분리되어 있으면서도 짧은 지연 시간의 네트워크로 연결된 하나 이상의 데이터 센터 그룹이다. 각 가용 영역은 하나 이상의 데이터 센터로 구성되며, 동시에 저지연 전용 네트워크로 상호 연결되어 있다. 특정 가용 영역에서 발생한 인프라 장애나 재해가 동일 리전의 다른 가용 영역으로 전파되지 않도록 하는 격리 매커니즘이 가용 영역 설계의 핵심 원칙이다.

이러한 가용 영역의 아키텍처적 특성은 고가용성(High Availability) 및 재해 복구(Disaster Recovery) 전략 구현의 기반이 된다. 중요한 애플리케이션이나 데이터베이스를 여러 가용 영역에 걸쳐 분산 배치하면 특정 가용 영역에 장애가 발생하더라도 서비스의 연속성을 확보할 수 있다.

리전과 가용 영역의 물리적 기반 위에서, Simple Showcase 애플리케이션의 단계적 확장은 다음과 같은 AWS 서비스들을 활용한다. 각각의 서비스들에 대한 자세한 설명과 개념은 이후의 각 장에서 살펴본다.

- **VPC(Virtual Private Cloud)**: AWS 클라우드 내부에 논리적으로 격리된 사용자 전용 가상 네트워크를 생성하는 서비스이다. 이를 통해 IP 주소 범위, 서브넷, 라우팅 테이블, 네트워크 게이트웨이 등을 제어하며 안전한 네트워크 환경을 구축할 수 있다.
- **EC2(Elastic Compute Cloud)**: 필요에 따라 크기 조정이 가능한 가상 서버(인스턴스)를 제공하는 컴퓨팅 서비스이다. 다양한 운영체제와 사양을 선택하여 애플리케이션 서버, 웹 서버, 데이터베이스 서버 등 다양한 용도로 활용한다.
- **IAM(Identity and Access Management)**: AWS 서비스 및 리소스에 대한 접근 권한을 안전하게 관리하고 제어하는 웹 서비스이다. 사용자, 그룹, 역할을 정의하고 최소 권한 원칙에 따라 권한을 부여하여 인프라 보안을 강화한다.
- **S3(Simple Storage Service)**: 내구성이 뛰어나고 확장 가능한 객체 스토리지 서비스로, 이미지, 동영상, 백업 데이터 등 모든 종류의 정적 파일을 저장하고 검색하는 데 사용된다. 웹 호스팅 기능도 제공한다.
- **CloudFront**: 전 세계에 분산된 엣지 로케이션을 통해 정적 및 동적 컨텐츠를 사용자에게 빠르고 안전하게 전송하는 CDN(Contents Delivery Network) 서비스다. 엣지 로케이션이란 AWS의 리전이나 가용 영역보다 훨씬 더 작은 단위로, 전 세계 주요 도시마다 촘촘하게 배치된 데이터 센터를 의미한다. 이를 통해 사용자의 요청이 원본 서버까지 이동하는 경로가 단축되어, 지연 시간을 줄이고 웹 사이트 로딩 속도를 향상시킨다.
- **Aurora**: Amazon RDS 서비스 중 하나로, MySQL이나 PostgreSQL과 호환되는 고성능 관계형 데이터베이스 서비스다. 트래픽 증가에 따른 자동 확장, 장애에 대비한 높은 가용성 및 내구성을 제공하여 운영 부담을 크게 줄여준다.
- **애플리케이션 로드 밸런서(Application Load Balancer, ALB)**: HTTP 및 HTTPS 트래픽을 여러 대상(EC2 인스턴스, 컨테이너 등)에 자동으로 분산시키는 로드 밸런서다. 요청 내용 기반 라우팅 등 고급 기능을 제공하여 애플리케이션 가용성과 확장성을 높인다.
- **ASG(Auto Scaling Group)**: 정의된 조건에 따라 EC2 인스턴스 수를 자동으로 늘리거나 줄여 애플리케이션의 가용성을 유지하고 비용을 최적화한다. 트

래픽 변화에 탄력적으로 대응할 수 있게 해준다.

- **ElastiCache:** 자주 액세스하는 데이터를 메모리에 캐싱하여 데이터베이스 부하를 줄이고 애플리케이션 응답 속도를 향상시키는 관리형 인메모리 캐싱 서비스다. Redis와 Memcached, Valkey 엔진을 지원한다.
- **CloudWatch:** AWS 리소스와 애플리케이션의 로그를 수집, 분석하고 성능 지표를 실시간으로 모니터링하며, 특정 조건 발생 시 경보를 내보내는 통합 모니터링 서비스다. 옵저버빌리티(Observability)[1]를 확보하는 데 필수적이다.
- **Route53:** 가용성과 확장성이 뛰어난 DNS(Domain Name System) 서비스다. 도메인 이름을 IP 주소로 변환하여 사용자가 웹 사이트에 쉽게 접속할 수 있도록 하며, 트래픽 라우팅 기능도 제공한다.

테라폼

이번에는 테라폼에 대해 살펴보자. 전통적으로 클라우드 환경에서 인프라를 구성하려면 AWS 관리 콘솔과 같은 웹 기반 인터페이스를 통해 수동으로 작업하거나, AWS CLI와 같은 명령줄 도구(Command Line Interface, CLI)를 사용해서 개별적으로 설정해야 했다. 이러한 방식은 초기 구성 단계에서는 직관적일 수 있으나, 인프라 규모가 커지고 복잡해짐에 따라 다음과 같은 어려움을 겪게 된다.

- **재현성과 일관성 문제:** 동일하거나 유사한 환경을 여러 번 구축해야 할 때 수동으로 작업하면 시간 소모가 크고 사람이 실수하기 쉽다. 개발, 스테이징, 프로덕션 환경을 각각 구성할 때마다 미묘한 차이가 발생할 수 있으며, 이는 운영 안정성을 저해하는 요인이 된다.
- **인프라 구성에 대한 가시성과 추적성 부족:** 현재 인프라의 실제 상태와 적용된 구성 요소들을 파악하기 힘들고, 변경 이력과 변경 주체에 대한 추적이 어렵다. 다중 팀 환경에서 여러 엔지니어가 동시에 인프라를 관리한다면 이런 문제는 더 크게 나타나며, 운영 복잡도가 크게 증가한다.

---

1 옵저버빌리티(Observability)는 '관측 가시성' 또는 '관측 가능성'으로 번역하기도 하지만, 이 책에서는 원래 의미를 정확히 전달하기 위해 원어 표기를 그대로 사용한다.

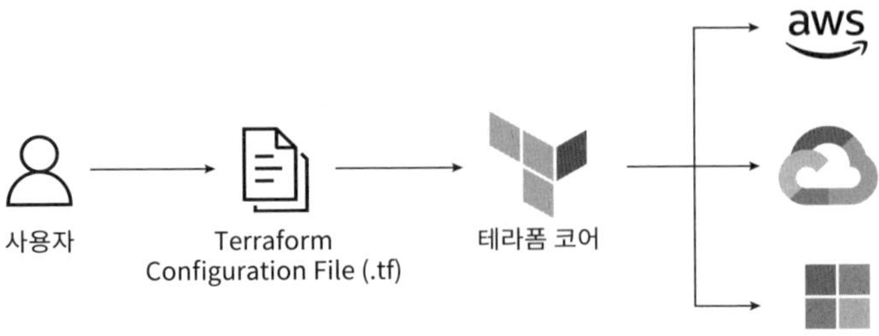

그림 1.4 코드형 인프라 도구 테라폼

이러한 문제를 해결하기 위해 등장한 개념이 코드형 인프라(Infrastructure as Code, IaC)이며, 테라폼은 대표적인 코드형 인프라 도구 중 하나이다. 테라폼을 사용하면 인프라의 구성 요소를 사람이 읽고 이해하기 쉬운 코드(Hashicorp Configuration Language, HCL)로 정의할 수 있다. 그리고 이 코드를 통해 인프라를 자동으로 생성하고 변경 사항을 확인(terraform plan)하며, 적용(terraform apply)하고, 더 이상 필요 없는 리소스를 정리(terraform destroy)하는 등 전체 수명 주기를 관리할 수 있다. 애플리케이션 코드를 Git 등으로 버전 관리하고 협업하듯이, 인프라 역시 코드로 명시하고 버전 관리하며 협업하는 것이 가능해진다. 이렇게 하면 인프라 구성에 일관성이 생기고, 반복 구현이 쉬워지면서 추적 용이성이 크게 높아진다.

 이 책에서는 테라폼을 사용하여 AWS 리소스를 정의하고 프로비저닝하는 기본적인 과정을 다룬다. 단 테라폼의 상태 관리, 모듈 설계, CI/CD 파이프라인과의 연동 등의 고급 사용법은 책의 범위를 벗어나므로 기본적인 개념과 테라폼 코드에 대해서만 다룬다.

1.2 IAM 사용자 생성 및 테라폼 환경 설정

앞 절에서 AWS의 기본적인 개념과 주요 서비스, 그리고 인프라 코드화 도구인 테라폼에 대해 살펴보았다. 이번 절에서는 AWS IAM(Identity and Access Management) 사용자를 생성하고 테라폼이 AWS와 통신할 수 있도록 환경을 설정한다.

AWS 계정을 처음 생성하면 계정 전체에 대한 모든 권한을 가진 루트 사용자가 만들어진다. 루트 사용자는 계정의 모든 것을 제어할 수 있는 강력한 권한이 있기 때문에, 일상적인 작업이나 애플리케이션의 서비스 계정으로 사용하는 것은 보안상 매우 위험하다. 루트 사용자의 자격 증명이 노출될 경우 공격자가 계정 전체를 완전히 장악할 수 있으며, 데이터 유출, 리소스 남용, 금전적 손실 등 치명적인 결과를 초래할 수 있기 때문이다. 따라서 루트 사용자는 계정 및 결제 관리 등 제한적인 경우에만 사용하고, 평소에는 필요한 최소한의 권한만 부여한 IAM 사용자를 통해 AWS 리소스에 접근하는 것이 좋다. 이를 최소 권한 원칙이라 하며, 보안의 기본적인 원칙 중 하나이다.

 다만 이 책에서는 다양한 AWS 리소스들을 생성 및 삭제, 관리할 수 있어야 하기 때문에 관리자 권한이 있는 IAM 사용자를 생성한다.

IAM 사용자를 생성하기에 앞서 IAM의 주요 구성 요소들에 대해 살펴보자. IAM은 AWS의 중앙 집중식 접근 제어 시스템으로, 모든 AWS 서비스 접근에 기본이 되는 서비스이다.

- **사용자(User)**: AWS와 상호작용하는 사람 또는 애플리케이션이다. 각 사용자는 고유한 ARN(Amazon Resource Name, 리소스 이름)을 보유하며 콘솔 암호, 액세스 키, MFA 디바이스 등의 다양한 자격 증명을 통해 AWS API에 대한 인증을 수행한다. 특히 액세스 키는 AWS CLI, SDK, 그리고 테라폼과 같은 코드형 인프라 도구에서 API 호출 시 인증에 사용되는 자격 증명으로, 보안상 주기적인 로테이션과 안전한 저장이 필수이다. 추가로 MFA[2] 디바이스를 통한 2단계 인증을 설정하여 보안을 강화할 수 있다.
- **그룹(Group)**: 동일한 권한을 가진 사용자들의 논리적 집합으로, 권한 관리의 확장성과 운영 효율성을 제공한다. 그룹을 사용하면 여러 사용자에게 동일한 권한을 한 번에 부여하고 관리할 수 있다. 예를 들어 관리자 그룹, 개발자 그룹 등을 만들 수 있다.
- **정책(Policy)**: 특정 리소스에 대한 접근 권한을 JSON 형식의 선언적 언어로 정의한 문서이다. 각 정책은 Effect(Allow 혹은 Deny), Action(수행 가능한

---

2 MFA(Multi-Factor Authentication)는 비밀번호 외에 추가 인증 수단을 요구하여 보안을 강화하는 인증 방식이다.

API 작업), Resource(대상 리소스 ARN), Condition(조건부 제약) 등의 요소로 구성되며, 세밀한 접근 제어를 가능하게 한다. AWS는 일반적인 사용 사례를 위한 관리형 정책(AWS Managed Policy)과 사용자가 직접 만드는 사용자 정의 정책(Customer Managed Policy)을 둘 다 지원한다.

```
{
  "Version": "2012-10-17",
  "Statement": [
    {
      "Effect": "Allow",                              허용 혹은 거부 (Allow/Deny)
      "Action": "s3:GetObject",                       수행 가능한 API 작업 (ex. S3에서 객체 가져오기)
      "Resource": "arn:aws:s3:::*/*",                 대상 리소스 ARN (ex. 전체 S3 버킷)
      "Condition": {
        "StringEquals": {
          "aws:SourceVpc": "vpc-12345678"             조건부 제약 (ex. 특정 VPC 내의 리소스들)
        }
      }
    }
  ]
}
```

그림 1.5 정책 문서 예시

- **역할(Role):** 특정 AWS 리소스나 다른 AWS 계정의 사용자, 또는 외부 자격 증명 공급자를 통해 인증된 사용자 등에게 임시적인 보안 자격 증명을 부여하는 방법이다. 신뢰 관계(Trust Policy)에 정의된 주체만 위임을 받을 수 있으며, 이를 통해 EC2 인스턴스, 람다 함수, 서로 다른 AWS 계정 간 액세스 등 필요한 권한을 안전하게 획득할 수 있다. 예를 들어 EC2 인스턴스가 S3 버킷에 접근해야 할 때, 권한이 있는 사용자의 액세스 키를 저장해서 사용하는 대신 역할을 부여하여 권한을 획득하도록 할 수 있다.

이번에 생성하고자 하는 IAM 사용자는 테라폼을 통한 인프라 구성 작업에 사용할 사용자이기 때문에, 초기 구성은 AWS 관리 콘솔을 통해 수동으로 진행한다. 이후 모든 인프라 구성 작업은 코드형 인프라 원칙에 따라 코드 기반으로 수행할 것이다.

IAM 사용자 생성을 위해 IAM 서비스 콘솔로 이동한다. 그림 1.6과 같이
AWS 관리 콘솔 상단의 AWS 서비스 검색창에 'IAM'을 입력한다(❶).

그림 1.6 IAM 서비스 콘솔로 이동

IAM 서비스 콘솔로 이동한 후, 그림 1.7과 같이 왼쪽 내비게이션 패널의 [Access management]-[Users] 메뉴(❶)를 클릭하여 IAM 사용자 관리 대시보드로 이동한다. 대시보드에서 [Create user] 버튼(❷)을 클릭하여 새로운 IAM 사용자 생성 프로세스를 시작한다.

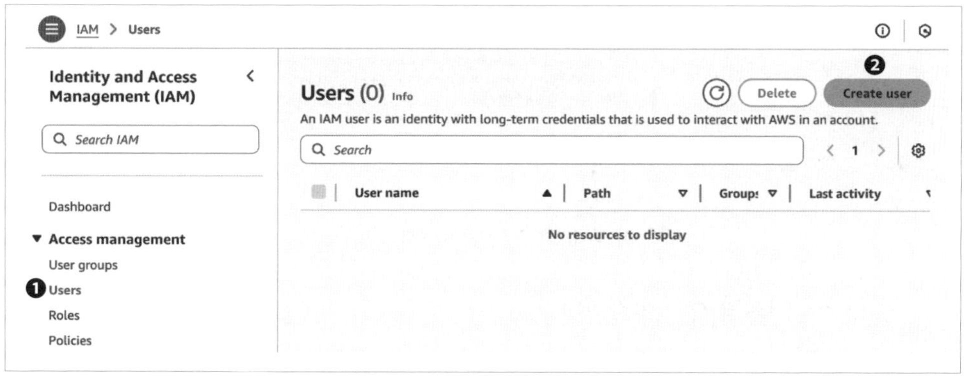

그림 1.7 IAM 관리 콘솔의 [Users] 메뉴

[Create user] 버튼을 클릭하면 사용자 기본 정보와 액세스 유형을 구성하는 단계별 마법사가 시작된다(그림 1.8). 첫 번째 단계에서는 사용자 이름과 AWS 서비스 접근 방식을 지정한다.

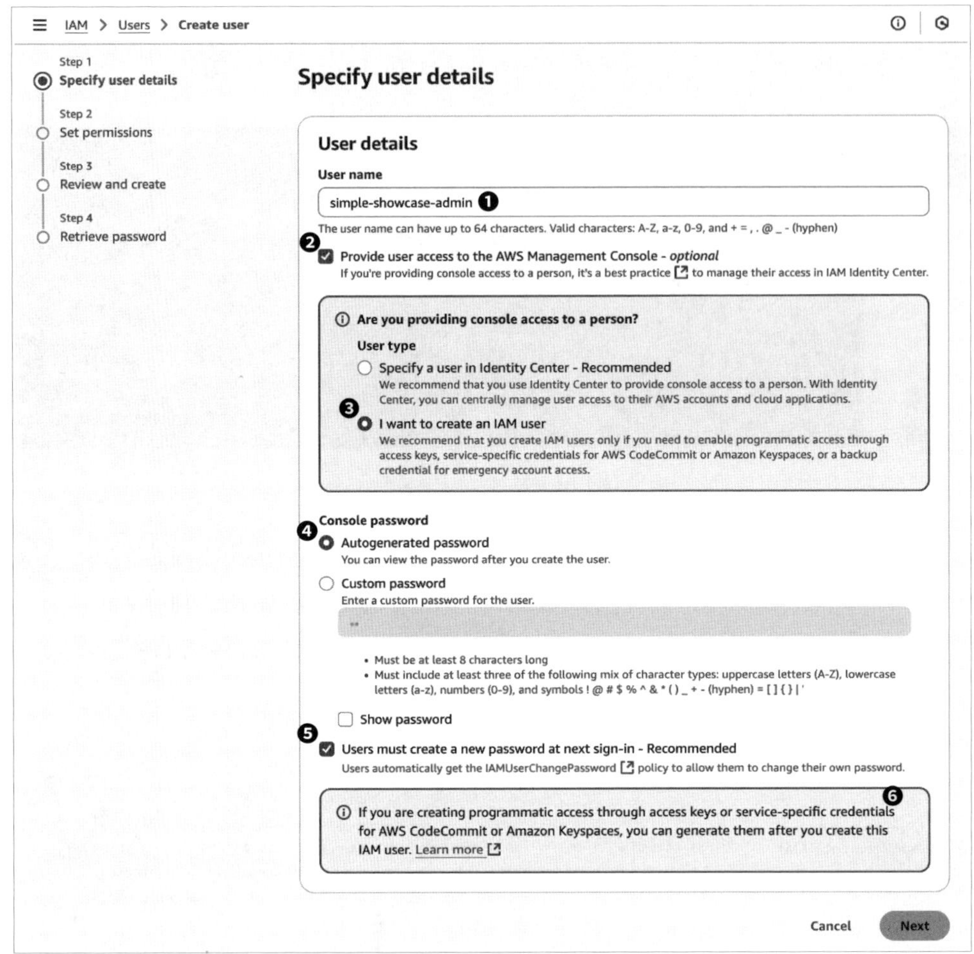

그림 1.8 IAM 사용자 정보 입력

각 항목을 다음과 같이 설정한다.

❶ IAM 사용자의 이름을 설정한다. IAM 사용자의 고유 식별자로, 'simple-showcase-admin'을 입력한다. 이 사용자명은 AWS 계정 내에서 유일해야 한다.

❷ 생성할 IAM 사용자의 AWS 관리 콘솔 접근 권한을 설정한다. 이 옵션을 활성화하면 해당 사용자가 웹 기반 관리 콘솔에 로그인하여 리소스를 관리할 수 있다. 테라폼 전용 계정의 경우 보안상 이 기능을 비활성화하는 것을 권

장하지만, 여기서는 이 계정을 관리 작업과 자동화 도구 모두에 활용할 예정이므로 체크 상태를 유지한다.

❸ 사용자 유형을 설정한다. AWS는 IAM Identity Center와 IAM user라는 두 가지 사용자 관리 방식을 제공한다. IAM Identity Center는 중앙 집중식으로, 엔터프라이즈 레벨의 관리 방식이다. 지금처럼 시작하는 단계에서는 비교적 간단한 IAM user 방식을 사용한다.

❹ 콘솔 암호 생성 방식을 설정한다. 'Autogenerated password'는 AWS가 안전한 임의 암호를 생성하는 방식으로, 수동 설정 대비 보안성과 편의성이 높다. 이 옵션을 선택하지 않고 'Custom password'를 선택하여 직접 암호를 지정할 수도 있다.

❺ 암호 재설정 요구를 설정한다. 사용자가 초기 로그인 시 시스템이 생성한 암호를 개인화된 암호로 변경하도록 강제하여, 암호 노출 위험을 최소화한다. 체크 박스를 클릭하여 이 옵션을 활성화한다.

설정 완료 후 [Next] 버튼(❻)을 클릭하면 권한 설정 단계로 넘어간다.

권한 설정 단계에서는 생성할 IAM 사용자에게 부여할 AWS 서비스 접근 권한을 정의한다. 이 단계는 최소 권한 원칙에 따른 보안 거버넌스의 핵심 과정으로, 사용자의 역할과 책임에 맞는 적절한 권한 범위를 설정하는 것이 중요하다.

그림 1.9의 각 항목을 다음과 같이 설정한다.

❶ 권한 부여 방식을 설정한다. IAM은 그룹 기반 권한 관리와 직접 정책 연결이라는 두 가지 권한 부여 방식을 제공한다. 그룹 기반 접근법은 다수의 사용자가 동일한 권한을 공유할 때 관리 효율성을 제공하지만, 지금은 단일 사용자를 생성하고 있기 때문에 'Attach policies directly' 옵션을 선택하여 해당 사용자에 정책을 직접 연결하고 권한을 부여한다.

❷ AWS 관리형 정책 중에서 요구 사항에 부합하는 정책을 식별하기 위해 검색 기능을 활용한다. 테라폼을 통한 인프라 구성과 관리 작업을 위해서는 AWS 서비스에 대한 전체 접근 권한이 필요하므로 'AdministratorAccess'로 검색한다.

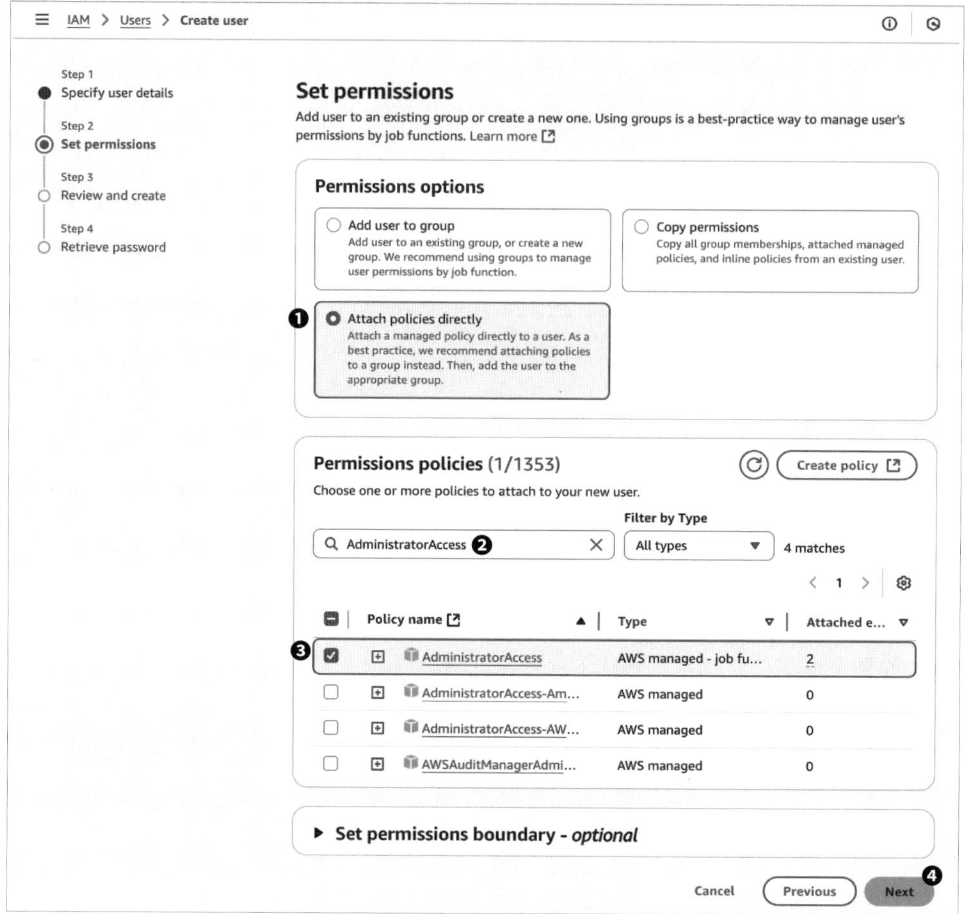

그림 1.9 IAM 사용자 권한 설정

❸ 검색 결과에서 'AdministratorAccess' 관리형 정책을 선택한다. 이 정책은 AWS 계정 내 모든 서비스와 리소스에 대한 전체 권한을 부여하는 정책으로, 운영 환경에서 이 정책을 사용하려 한다면 제한적으로 적용해야 한다. 원하는 관리형 정책이 없다면 [Create policy] 버튼을 클릭해서 직접 정책을 생성할 수도 있다.

설정 완료 후 [Next] 버튼(❹)을 클릭하여 최종 검토 단계로 진행한다. 마지막 단계에서는 지금까지 구성한 IAM 사용자의 모든 설정을 검토할 수 있다.

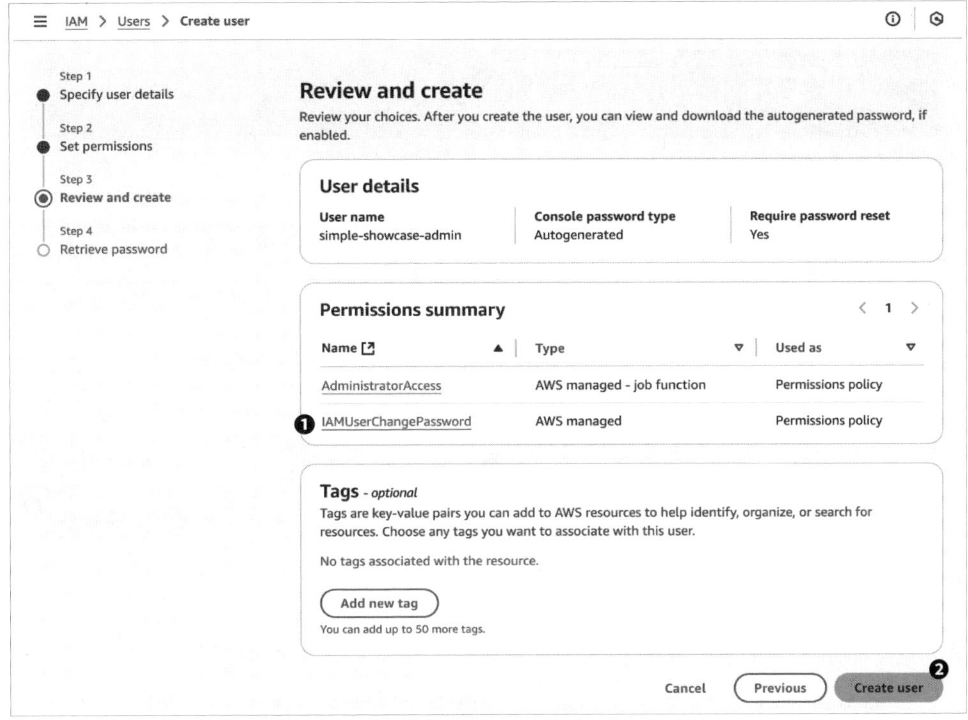

그림 1.10 IAM 사용자 생성 정보 검토

그림 1.10을 보면 이전 단계에서 명시적으로 설정하지 않은 IAMUserChange Password 정책(❶)이 자동으로 추가되어 있다. 이는 콘솔 접근 권한을 활성화할 때 AWS가 자동으로 부여하는 정책으로, 사용자가 자신의 패스워드를 관리할 수 있도록 셀프 서비스 기능을 제공한다.

모든 설정을 확인한 후 [Create user] 버튼(❷)을 클릭하여 IAM 사용자 생성을 완료한다.

IAM 사용자 생성이 완료되면 자격 증명 정보와 콘솔 접근 방법을 확인할 수 있는 결과 화면이 나온다(그림 1.11).

생성 완료 화면에서 IAM 사용자 전용 로그인 URL(❶)을 볼 수 있다. IAM 사용자 전용 로그인 URL은 계정의 별칭 설정 여부에 따라 형태가 결정된다. 계정 별칭이 설정된 경우 URL에 계정 별칭이 포함되어 보이고, 미설정 시에는 12자리 계정 ID가 포함된 형태로 나타난다. IAM 사용자는 이 전용 URL을 통해 루

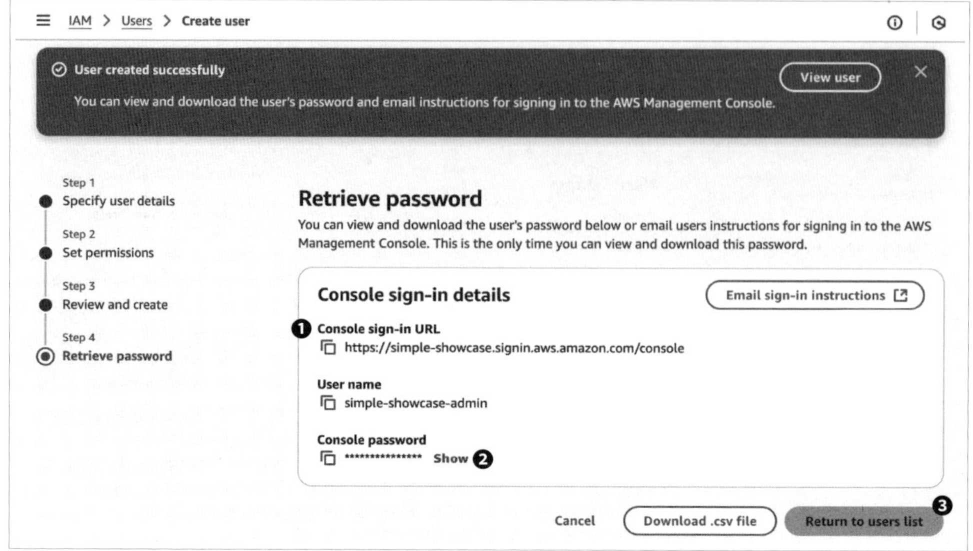

그림 1.11 IAM 사용자 생성 결과

트 계정 로그인 프로세스와 분리된 인증 경로를 사용할 수 있다.[3]

자동 생성된 패스워드는 [Show] 버튼(❷)을 클릭하여 확인할 수 있다. 이 자격 증명은 보안상 일회성 조회만 가능하기 때문에 페이지를 벗어나기 전에 반드시 안전한 위치에 복사하여 보관해야 한다. 확인 완료 후 [Return to users list] 버튼(❸)을 클릭하여 IAM 사용자 대시보드로 돌아간다.

이제 루트 사용자 세션을 로그아웃하여 종료하고, 새로 생성한 IAM 사용자로 다시 로그인한다. IAM 사용자 전용 로그인 URL에 접근하면 그림 1.12와 같은 로그인 인터페이스를 볼 수 있다.

루트 사용자로 로그인할 때와는 다르게 계정 별칭을 입력하는 필드(❶)가 있고, 해당 필드가 계정 별칭으로 미리 채워진 것을 볼 수 있다. IAM 사용자명과 임시 패스워드를 입력하여 초기 인증을 시도한다.

초기 로그인 시도 시 그림 1.12의 [Sign In]을 클릭하면 패스워드 재설정 프로세스가 강제로 활성화된다. 이는 IAM 사용자 생성 과정에서 설정한 보안 정책에 따른 것으로, 그림 1.10에서 살펴보았다. 사용자는 여기에서 패스워드를 새

---

3 계정 별칭을 생성하는 방법은 부록을 참고하자.

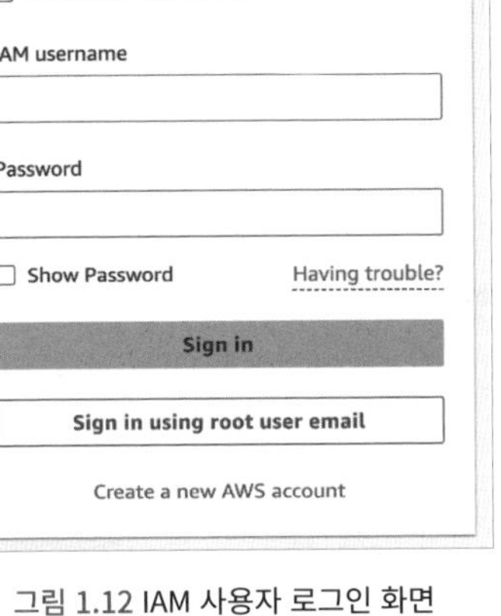

그림 1.12 IAM 사용자 로그인 화면

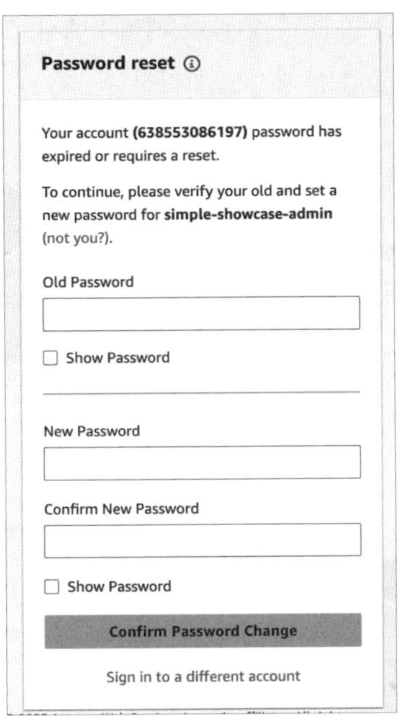

그림 1.13 IAM 사용자 패스워드 변경 화면

로 설정하면 된다.

패스워드 재설정을 완료하면 AWS 관리 콘솔에 정상 접근이 가능하다. 이제 테라폼을 사용할 때 필요한 인증 과정을 위해 액세스 키 생성 프로세스를 진행한다.

그림 1.14와 같이 AWS 관리 콘솔 오른쪽 상단의 사용자명(❶)을 클릭하면 계정 관련 옵션 메뉴가 나온다. 이 중에서 [Security credentials] 메뉴(❷)를 선택하여 IAM 사용자의 보안 자격 증명 관리 페이지로 이동한다.

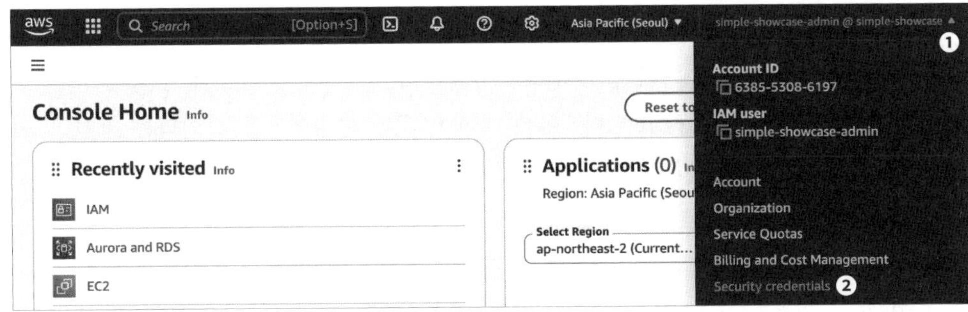

그림 1.14 계정 관련 옵션 메뉴

보안 자격 증명 관리 페이지에서 [Create access key] 버튼(❶)을 클릭하여, API 자격 증명 생성을 시작한다.

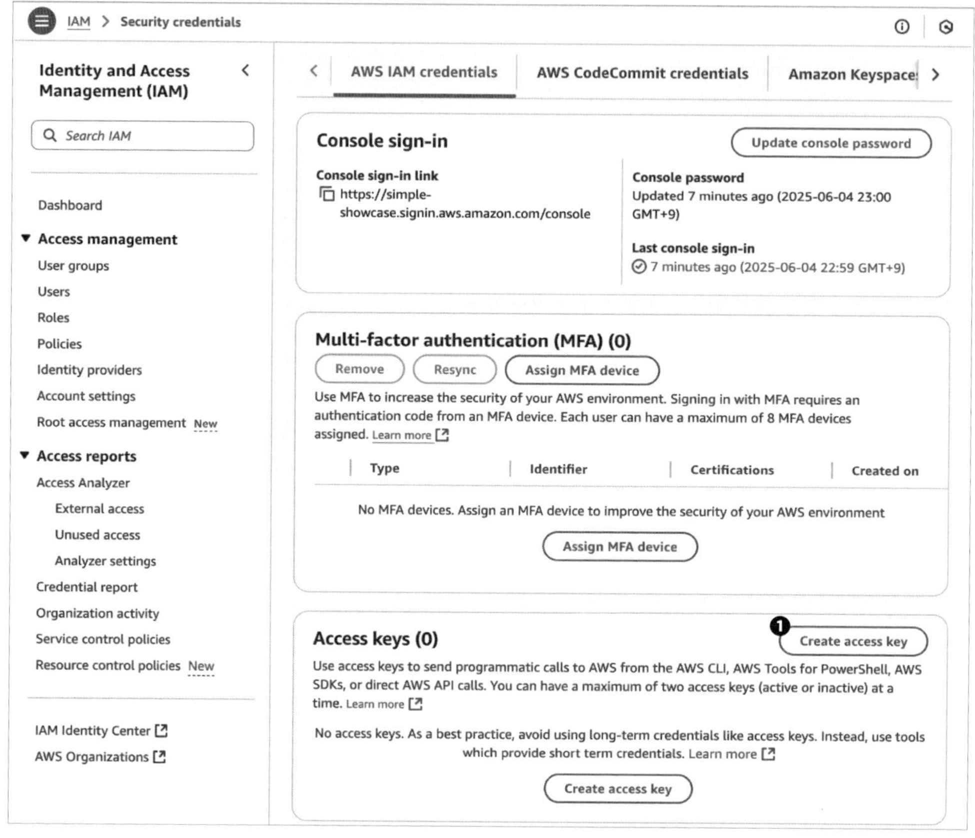

그림 1.15 보안 자격 증명 관리 페이지 이동 후 화면

액세스 키 사용 목적에 따른 적절한 옵션을 설정한다. 테라폼과 같은 CLI 도구에서 접근하기 위해 'Command Line Interface(CLI)' 옵션(❶)을 선택한다. AWS는 보안 모범 사례에 따라 장기적으로 사용할 수 있는 자격 증명 대신 임시 자격 증명 사용을 권장하고 있다. 이에 대한 안내를 숙지했음을 확인하는 확인란에 체크한다(❷). 이 책에서는 액세스 키를 사용하지만 실제 운영 환경에서는 IAM 역할과 STS 토큰 활용을 통해 임시 자격 증명을 발급 받아 사용할 수도 있다. 설정 완료 후 [Next] 버튼(❸)을 클릭하여 메타데이터 설정 단계로 넘어간다.

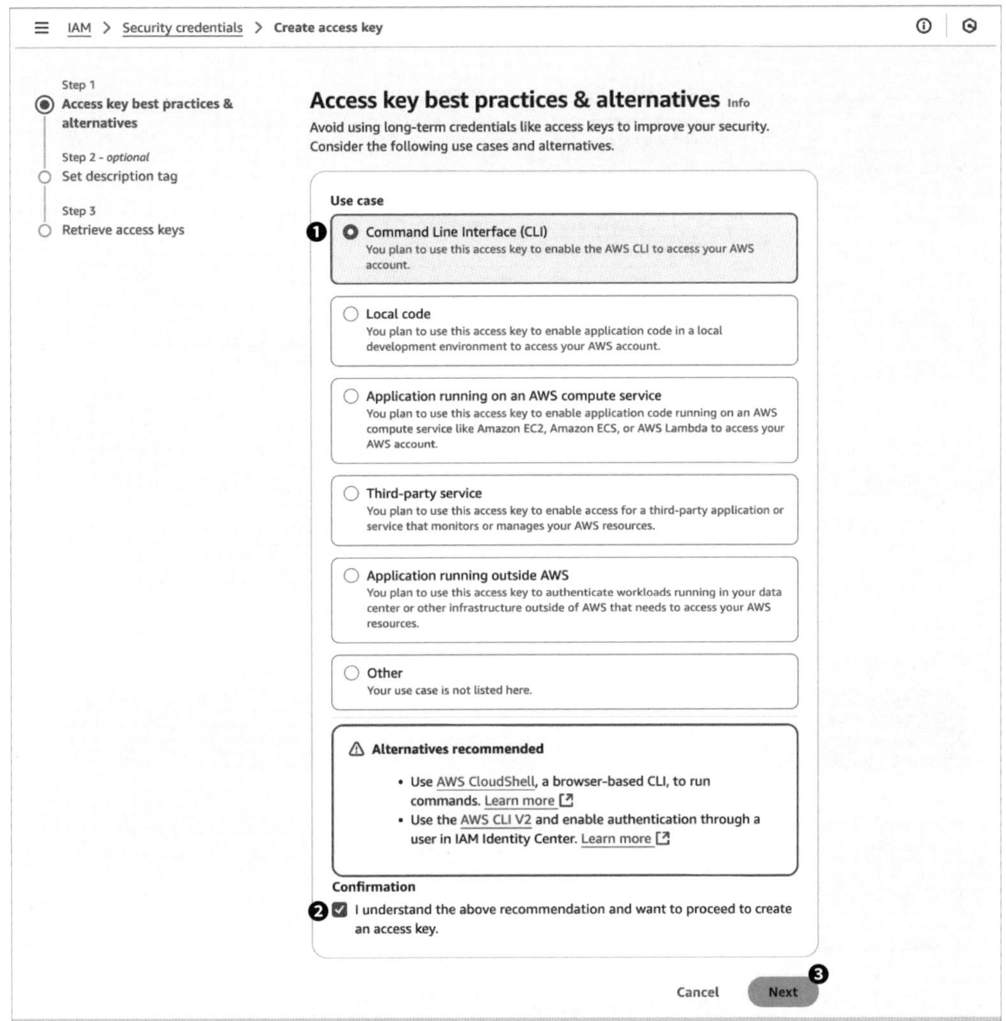

그림 1.16 액세스 키 옵션 설정

메타데이터는 향후 키 관리와 보안 감사에서 식별자 역할을 한다. 따라서 테라폼으로 인프라를 프로비저닝하기 위해 사용하는 키임을 알 수 있도록 'Terraform_Provisioning'이라고 설정한다(❶). [Create access key] 버튼(❷)을 클릭하여 자격 증명 생성을 완료한다(그림 1.17).

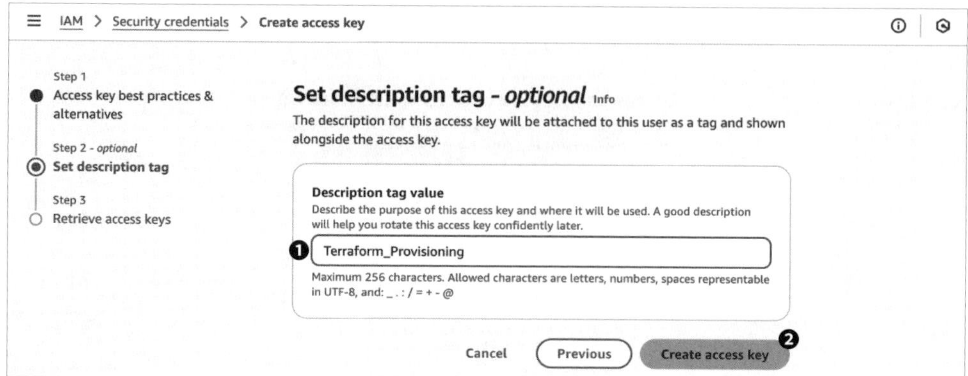

그림 1.17 액세스 키 메타데이터 설정

생성된 액세스 키는 그림 1.18과 같이 Access Key와 Secret access key, 이렇게 두 개의 키로 구성된다. 특히 Secret access key(❷)는 이 화면을 벗어나면 다시 확인할 수 없기 때문에 Access key(❶)와 함께 반드시 안전한 곳에 복사하여 보

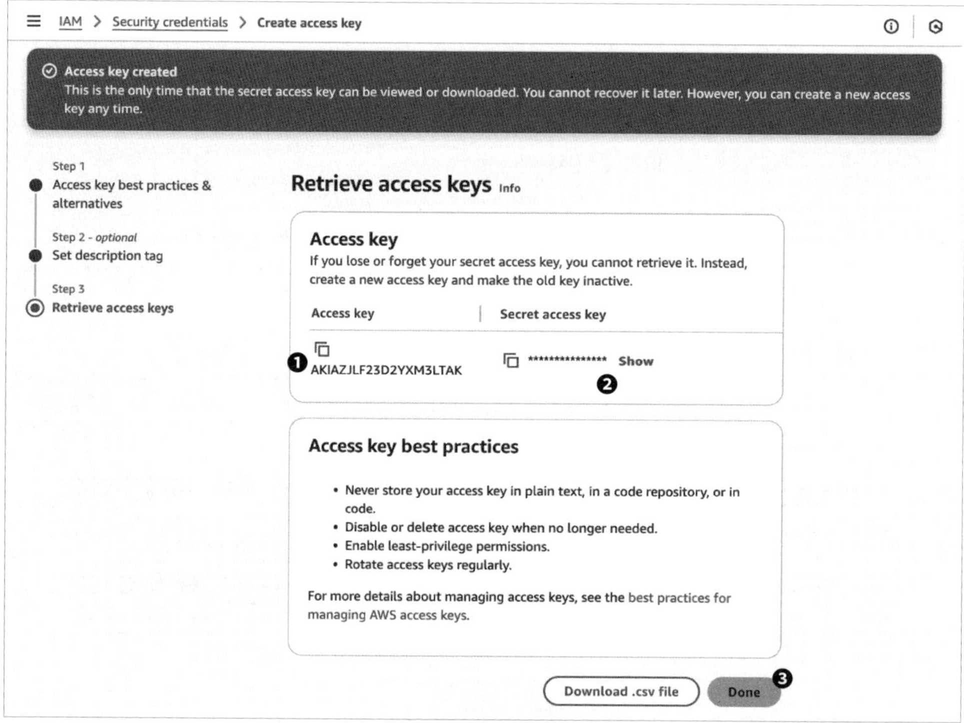

그림 1.18 액세스 키 확인

관해야 한다. 모두 복사했다면 [Done] 버튼(❸)을 클릭하여 프로세스를 완료한다. [4]

이제 테라폼 기반으로 인프라를 구성하기 위한 기본 환경이 준비되었다. 코드 1.1과 같이 AWS 프로바이더 설정을 진행한다.

 테라폼이 설치되어 있지 않다면 MacOS 기준으로 아래와 같이 설치한다.

```
brew tap hashicorp/tap
brew install hashicorp/tap/terraform
```

MacOS 외에 다른 환경에서 테라폼 설치는 *https://developer.hashicorp.com/terraform/install*를 참고한다.

코드 1.1 providers.tf 파일

```
terraform {
  required_providers {
    aws = {
      source  = "hashicorp/aws"
      version = "~> 5.0"
    }
  }
  required_version = ">= 1.12.1"
}

provider "aws" {
  region = "ap-northeast-2" ❶
}
```

테라폼 프로바이더 구성 파일(providers.tf)은 AWS API와의 통신 인터페이스를 설정한다. required_providers 블록을 통해서 어떤 프로바이더를 사용할 것인지 소스와 버전 제약을 명시하고 provider 블록을 통해서 프로바이더에 특화된 항목들을 설정한다. 코드 1.1의 ❶을 보면 서울 리전에 리소스를 생성하고자 함을 알 수 있다. [5]

---

[4] 보안상의 이유로 한 번 화면을 벗어나면 다시 확인할 수 없기 때문에 보관에 특히 유의해야 한다. 만약 키 값들을 분실했다면 다시 생성하는 방법 밖에 없다.

[5] provider 블록에 설정할 수 있는 항목들은 프로바이더별로 상이한데 이에 대해서는 *https://registry.terraform.io/browse/providers*를 참고한다.

> ✅ AWS 프로바이더의 리전 설정은 provider 블록 외에 AWS_REGION이라는 환경 변수를 통해서도 설정할 수 있다.

프로바이더 설정까지 완료했다면 액세스 키를 설정하고 terraform init과 terraform plan으로 이어지는 테라폼 워크플로를 실행한다.

코드 1.2 테라폼 실행

```
> export AWS_ACCESS_KEY_ID=AKIAXXXXXXX                    ❶
> export AWS_SECRET_ACCESS_KEY=msqxXXXXXXXXXXXXXXX        ❷
> terraform init                                          ❸
Initializing the backend...
Initializing provider plugins...
..... (중략) .....
If you ever set or change modules or backend configuration for Terraform,
rerun this command to reinitialize your working directory. If you forget,
other commands will detect it and remind you to do so if necessary.
> terraform plan ❹

No changes. Your infrastructure matches the configuration.
```

❶ AWS IAM 생성자의 액세스 키 중 Access key에 있던 값을 AWS_ACCESS_KEY_ID라는 환경 변수로 설정한다.

❷ AWS IAM 생성자의 액세스 키 중 Secret access key에 있던 값을 AWS_SECRET_ACCESS_KEY라는 환경 변수로 설정한다.

❸ 테라폼이 동작할 워킹 디렉터리의 초기화를 수행하는 명령이다. 테라폼의 구성 파일을 파싱하고, 필요한 프로바이더 플러그인을 다운로드하며, 백엔드 초기화를 완료한다.

❹ 현재 인프라 상태와 구성 파일 간의 차이점 분석을 진행하는 명령이다. 이 단계에서 테라폼은 AWS API를 호출하여 현재 상태를 조회하고, 구성 파일에 정의되어 있는 리소스들을 비교하여 필요한 변경 사항을 계산한다. 실제 리소스 변경 없이 예상 결과를 미리 확인할 수 있다.

테라폼 워크플로의 실행 결과는 코드 1.2와 같이 변경 사항이 없다는 결과가 나온다. 프로바이더 설정 외에 다른 코드를 작성한 것이 없기 때문이다.

이번 절에서는 테라폼 작업을 위한 관리자 권한을 가진 IAM 사용자를 생성하고, 이 사용자의 자격 증명을 이용해서 테라폼을 실행하는 과정까지 살펴봤다. 다음 절에서는 구축한 테라폼 환경을 기반으로 Simple Showcase 애플리케이션이 동작할 네트워크 기반을 설계한다.

1.3 VPC 생성과 기본 개념

테라폼을 사용해 AWS 인프라를 구축하기 위한 기본적인 환경을 구성했으니 이제 Simple Showcase 애플리케이션이 실제로 동작하고 외부 사용자와 통신할 수 있도록 네트워크 기반을 설계하고 구축해 보자. AWS에서 논리적으로 격리된 가상 네트워크 환경을 사용자 전용으로 구축할 수 있게 해주는 서비스가 VPC(Virtual Private Cloud)다.

전통적인 데이터 센터에서 운영하던 네트워크와 유사하게 VPC 안에서 IP 주소 범위, 서브넷 생성, 라우팅 테이블 및 네트워크 게이트웨이 구성 등 가상 네트워크 환경을 직접 제어할 수 있다. 이렇게 격리된 공간을 활용함으로써, 외부의 접근을 통제하고 내부 리소스들을 안전하게 보호하는 보안의 첫 단계를 마련할 수 있다.

AWS 계정을 처음 생성하면 각 리전마다 기본 VPC(Default VPC)가 하나씩 제공된다. 기본 VPC는 사용자가 빠르게 EC2 인스턴스 등을 실행해 볼 수 있도록 미리 구성해 놓은 네트워크 환경이지만, 모든 서브넷이 기본적으로 외부 인터넷과 통신할 수 있도록 설정되어 있는 등 실제 운영 환경에 적용하기에는 보안상 취약할 수 있다. 또한 네트워크 구조에 대한 세밀한 제어가 어렵다는 한계가 있다.

따라서 여기서는 사용자 지정 VPC(Custom VPC), 즉 사용자가 직접 네트워크 환경을 설계하고 구성하는 VPC를 생성한다. 사용자 지정 VPC를 통해 다음과 같은 VPC의 핵심 구성 요소를 직접 제어하게 된다.

- CIDR(Classless Inter-Domain Routing) 블록: VPC가 사용할 IP 주소의 전체 범위를 정의한다. 예를 들어 10.0.0.0/16과 같이 지정하면 10.0.0.0부터 10.0.255.255까지 약 65,000여 개의 IP 주소를 사용할 수 있는 네트워크 공간이 만들어진다. VPC의 CIDR 블록은 한 번 생성하면 변경할 수 없기 때문

에 향후의 확장 가능성, 다른 네트워크와의 IP 대역 중첩 가능성을 고려하여 신중하게 계획해야 한다.

- 서브넷(Subnet): VPC의 CIDR 블록을 더 작은 단위의 IP 주소 그룹으로 나눈 것이다. 서브넷은 VPC 내에서 리소스를 논리적으로 그룹화하고 관리하는 데 사용되며, 각 서브넷은 반드시 하나의 가용 영역 내에 존재해야 한다. 이는 매우 중요한 개념이다. 여러 가용 영역에 각각 서브넷을 배치해야만 특정 가용 영역에 장애가 발생하더라도 다른 가용 영역의 리소스는 영향 받지 않는, 고가용성 아키텍처를 구현할 수 있다.
- 라우팅 테이블(Route Table): VPC 내의 네트워크 트래픽이 어디로 가야 할지 결정하는 규칙들의 집합, 즉 가상 라우터의 역할을 한다. 각 서브넷은 하나의 라우팅 테이블과 반드시 연결되어야 하며, 이 테이블의 규칙에 따라 서브넷에서 발생하는 트래픽의 목적지가 정해진다. 예를 들어 특정 서브넷의 트래픽을 인터넷 게이트웨이로 보내 인터넷과 통신하게 하거나, 다른 서브넷으로 보내 내부 통신을 하게 할 수 있다.
- 보안 그룹(Security Group): EC2 인스턴스, 애플리케이션 로드 밸런서 등에서 동작하는 가상 방화벽으로, 인바운드와 아웃바운드 트래픽을 제어한다. 기본적으로 정의되어 있지 않은 모든 트래픽을 차단하는 방식으로 동작하며 포트, 프로토콜, 출발지와 목적지 IP 등을 기준으로 접근 제어가 가능하다.

이 외에도 인터넷 게이트웨이, NAT 게이트웨이 등 VPC를 구성하는 다양한 요소들이 있으며, 이는 각 리소스를 생성하는 시점에 자세히 살펴볼 것이다.

테라폼을 사용한 본격적인 VPC 구축에 앞서, 우리가 이번 장에서 만들고자 하는 VPC의 전체 구성도를 살펴보자(그림 1.19).

가장 먼저, 인프라를 구축하는 리전(Region)으로는 서울 리전(❶)을 사용한다. 서울 리전 내에 simple-showcase-vpc-apne2 라는 VPC(❷)를 만들고, 외부와의 통신을 위해 인터넷 게이트웨이 simple-showcase-vpc-apne2-igw(❸)를 만든다. 마지막으로 애플리케이션 서버가 위치하게 될 퍼블릭 서브넷 public-subnet-a-01(❹)을 만든다.

이 VPC가 최종적인 VPC는 아니다. 서비스의 초기 단계에 최소한으로 필요

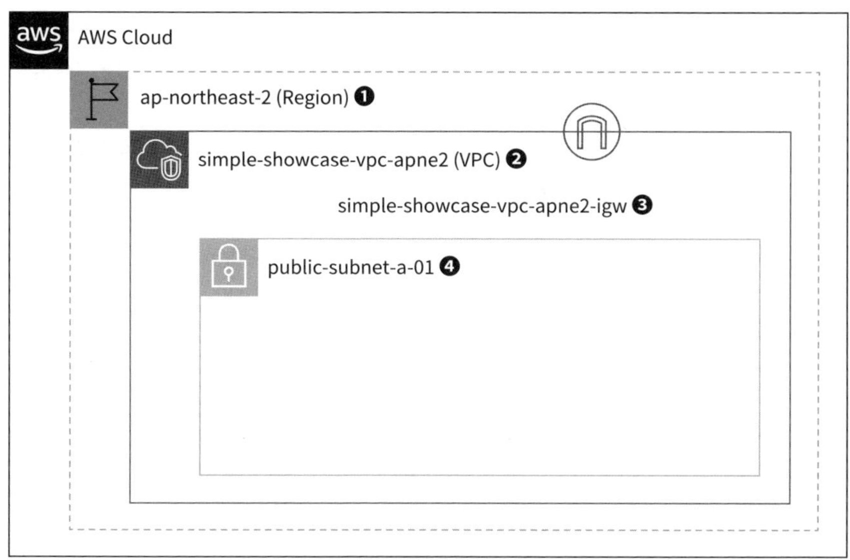

그림 1.19 1장에서 구축하는 VPC의 전체 구성도

한 요소들로만 구성한 네트워크 아키텍처라고 생각하면 된다. 이후의 장에서 고가용성과 보안성을 강화하는 방향으로 계속해서 개선해 나갈 예정이다.

이제 테라폼을 통한 Simple Showcase 애플리케이션의 인프라 구축을 시작한다. 그럼 가장 먼저 VPC를 생성해 보자.

코드 1.3 VPC 생성(vpc.tf)

```
# VPC 생성
resource "aws_vpc" "main" ❶ {
  cidr_block = "10.1.0.0/16" ❷
  tags = {
    Name = "simple-showcase-vpc-apne2" ❸
  }
}
```

❶ 리소스 선언 블록이다. 테라폼 코드 내에 리소스를 정의할 때는 리소스 타입과 테라폼 내부에서 식별 가능한 리소스의 이름으로 정의한다. 여기서 정의하는 리소스의 이름은 테라폼 상태 관리와 다른 리소스 간 참조를 위한 테라폼 내의 식별자로, 실제 AWS 리소스의 이름과는 다른 이름이다. 다른 리소스에서 이 VPC를 참조할 때는 aws_vpc.main.id 와 같은 형태로 접근할 수 있다.

❷ VPC의 CIDR 블록이다. 사설 IP 대역인 10.1.0.0/16을 지정하여 65,534개의 호스트 주소를 제공하는 네트워크 공간을 정의한다. 이후에 서브넷을 기준으로 더 세세하게 분할된다.

❸ VPC의 이름이다. AWS 리소스 관리를 위한 태그를 설정한다. Name 태그는 AWS 콘솔에서 리소스 식별에 사용되는 표준 태그다.

terraform plan을 실행하면 코드 1.4와 같은 실행 계획을 확인할 수 있다.

코드 1.4 terraform plan 실행 결과

```
> terraform plan

Terraform used the selected providers to generate the following execution
plan. Resource actions are indicated with the following symbols:
  + create

Terraform will perform the following actions:

  # aws_vpc.main will be created
  + resource "aws_vpc" "main" {
      + arn                             = (known after apply) ❶
      + cidr_block                      = "10.1.0.0/16"       ❷
      + default_network_acl_id          = (known after apply)
..... (중략) .....
+ owner_id                              = (known after apply)
      + tags                            = {
          + "Name" = "simple-showcase-vpc-apne2" ❸
        }
      + tags_all                        = {
          + "Name" = "simple-showcase-vpc-apne2"
        }
    }

Plan: 1 to add, 0 to change, 0 to destroy.
```

❶ arn은 Amazon Resource Name의 약자로 AWS 클라우드 내에서 리소스를 고유하게 식별하는 글로벌 식별자다. 리전, 계정 ID, 리소스 타입 등의 정보를 포함하며, known after apply는 리소스 생성 후에만 확정되는 동적 속성임을 의미한다.

❷ 테라폼 코드에서 정의한 CIDR 블록인 10.1.0.0/16이 반영되었음을 확인할 수 있다.

❸ 테라폼 코드에서 정의한 Name 태그 값인 simple-showcase-vpc-apne2로 반영되었음을 확인할 수 있다.

실행 계획 검토 완료 후 terraform apply 명령으로 변경 사항을 실제 AWS 인프라에 적용한다. 프로비저닝 완료 후 AWS VPC 서비스 콘솔에서 생성된 VPC를 확인할 수 있다.

의도한 값으로 각 항목들이 설정된 것을 확인한 다음 terraform apply 명령으로 변경 사항을 실제 인프라에 적용한다. AWS VPC 대시보드에서 VPC가 생성된 것을 볼 수 있다(그림 1.20).

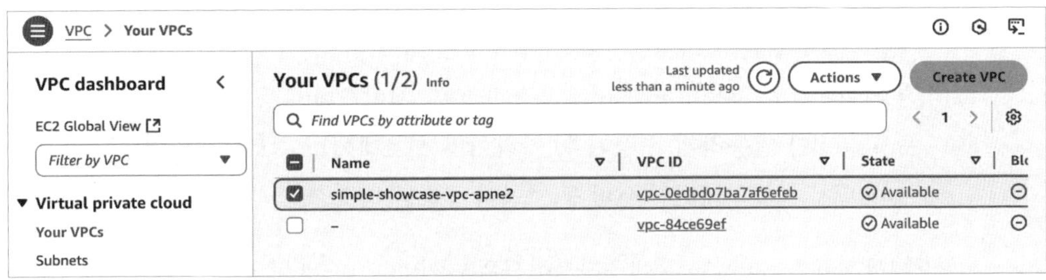

그림 1.20 생성된 VPC 확인

이제 10.1.0.0/16 CIDR 블록을 갖는, 논리적으로 격리된 가상 네트워크 환경이 구축되었다. 이어서 이 VPC 내부에 애플리케이션 워크로드가 배치될 서브넷을 생성하고, 퍼블릭 인터넷과의 통신을 위한 인터넷 게이트웨이 구성을 진행한다.

1.4 서브넷, 인터넷 게이트웨이, 라우팅 설정

서브넷은 VPC의 IP 주소 공간을 논리적으로 분할한 네트워크 영역으로, 반드시 특정 가용 영역 내에 존재해야 한다. EC2 인스턴스, Aurora 데이터베이스와 같은 AWS 리소스는 VPC에 직접 생성되는 것이 아니라 이 서브넷 안에 생성되기 때문에, 여러 가용 영역에 각각 서브넷을 생성하고 리소스를 분산 배치하면 고가용성을 확보할 수 있다.

서브넷은 인터넷 연결 여부에 따라 크게 퍼블릭 서브넷과 프라이빗 서브넷으로 구분된다. 이 둘은 다음과 같은 차이점이 있다.

- **퍼블릭 서브넷:** 퍼블릭 서브넷은 라우팅 테이블에 인터넷 게이트웨이로의 직접 경로가 구성된 서브넷으로, 인바운드와 아웃바운드 양방향 인터넷 통신이 가능하다. 이 서브넷의 인스턴스는 공인 IP 주소 또는 Elastic IP를 할당받아 인터넷과 직접 통신할 수 있다. 주로 웹 서버, API 서버, 배스천 서버 등 외부에서의 직접 접근이 필요한 리소스가 배치된다.
- **프라이빗 서브넷:** 프라이빗 서브넷은 인터넷 게이트웨이로의 직접 경로가 차단되어 외부에서 직접 접근할 수 없는, 격리된 서브넷이다. 이 서브넷에 위치한 리소스들은 인터넷에서 직접 접근할 수 없으며, 인터넷 접근이 필요한 경우에는 보통 퍼블릭 서브넷에 위치한 NAT 게이트웨이 등을 통해 아웃바운드 통신만 가능하게 구성된다. 프라이빗 서브넷에는 주로 데이터베이스 서버, 내부 애플리케이션 서버 등 보안이 중요한 리소스를 배치한다.

2장에서 Simple Showcase 애플리케이션은 단일 EC2 인스턴스에 웹 서버, API 서버, 데이터베이스 서버가 모두 배포되는 모놀리식 구조로 구축한다. 이러한 모놀리식 구조에서는 인스턴스가 사용자의 요청을 직접 수신하고 처리해야 하므로, 인터넷에서의 직접 접근이 가능한 퍼블릭 서브넷이 필요하다.

따라서 현재 단계에서는 복잡한 네트워크 세분화보다는 퍼블릭 서브넷 기반의 단순한 네트워크 구조로 시작한다.

코드 1.5 퍼블릭 서브넷 생성(vpc.tf)

```
# A존 퍼블릭 서브넷 생성
resource "aws_subnet" "public_a_01" {
  vpc_id                  = aws_vpc.main.id          ❶
  cidr_block              = "10.1.0.0/24"            ❷
  availability_zone       = "ap-northeast-2a"        ❸
  map_public_ip_on_launch = true                     ❹

  tags = {
    Name = "public-subnet-a-01"   ❺
  }
}
```

코드 1.5의 각 항목을 살펴보자.

❶ 서브넷이 속할 VPC의 ID를 지정한다. VPC가 이미 생성되었으니 AWS 관리 콘솔을 통해 VPC의 ID를 직접 입력해도 되지만, 앞서 VPC도 테라폼 코드로 생성했으니 테라폼 코드를 참조할 수 있도록 한다. 이를 테라폼 리소스 간 상호 의존성이라고 한다. 코드 1.3에서도 설명했듯이, 서브넷 리소스에서 VPC 리소스를 참조하기 위해서 aws_vpc.main 형식을 사용했고 그 중에서도 ID를 필요로 하기 때문에 aws_vpc.main.id의 형식으로 참조한다. 이렇게 하면 테라폼이 자동으로 VPC를 먼저 생성한 후 서브넷을 생성하는 순서를 보장한다.

❷ 서브넷이 사용할 CIDR 블록이다. 이때 CIDR 블록은 반드시 VPC CIDR 블록의 일부여야한다. 앞에서 10.1.0.0/16 대역을 사용하기로 설정했기 때문에 서브넷들도 10.1.0.0/16 대역에 포함되는 대역으로 지정해야 한다. 10.1.0.0/24는 254개의 호스트 주소를 제공한다.

❸ 서브넷이 생성될 가용 영역이다. ap-northeast-2a는 서울 리전의 A존을 의미하며, 각 서브넷은 단일 가용 영역 내에 존재해야 한다는 AWS의 설계 원칙을 따른다.

❹ 이 서브넷에 생성되는 리소스들에 공인 IP를 자동으로 부여할 것인지를 설정한다. 퍼블릭 서브넷은 외부와의 직접적인 통신이 가능한 리소스들을 생성하기 때문에 true로 설정해서 EC2 인스턴스 생성과 함께 공인 IP가 자동으로 부여되도록 한다.

❺ 서브넷의 이름이다. Name 태그를 활용한다.

코드 1.6과 같이 이번에도 terraform plan으로 변경 사항을 확인한다.

코드 1.6 terraform plan으로 변경 사항 확인

```
> terraform plan
aws_vpc.main: Refreshing state... [id=vpc-0edbd07ba7af6efeb]

Terraform used the selected providers to generate the following execution
plan. Resource actions are indicated with the following symbols:
  + create

Terraform will perform the following actions:

  # aws_subnet.public will be created
  + resource "aws_subnet" "public_a_01" {
      + arn                             = (known after apply)
      + assign_ipv6_address_on_creation = false
      + availability_zone               = "ap-northeast-2a"
      + availability_zone_id            = (known after apply)
      + cidr_block                      = "10.1.0.0/24"
```

```
..... (중략) .....
      + ipv6_native                        = false
      + map_public_ip_on_launch           = true
      + owner_id                           = (known after apply)
      + private_dns_hostname_type_on_launch = (known after apply)
      + tags                               = {
          + "Name" = "public-subnet-a-01"
        }
      + tags_all                           = {
          + "Name" = "public-subnet-a-01"
        }
      + vpc_id                             = "vpc-0edbd07ba7af6efeb" ❶
    }

Plan: 1 to add, 0 to change, 0 to destroy.
```

앞서 코드 1.5에서 `vpc_id` 값을 VPC의 ID가 아닌 `aws_vpc.main.id`로 설정했는데, 코드 1.6을 보면 실제 생성된 VPC의 ID를 정확히 가져온 것을 알 수 있다. 테라폼으로 인프라를 구축할 때 리소스 간에 참조하는 방식으로 필요한 값들을 하드코딩하지 않고 유연하게 코드를 작성할 수 있다. 이는 코드형 인프라의 핵심 장점 중 하나로, 환경이 바뀌어도 코드 수정 없이 재사용할 수 있어 유지보수성과 확장성이 크게 향상된다.

`terraform apply` 명령을 실행하면 VPC 서비스 콘솔에서 퍼블릭 서브넷이 생성 완료된 모습을 확인할 수 있다(그림 1.21).

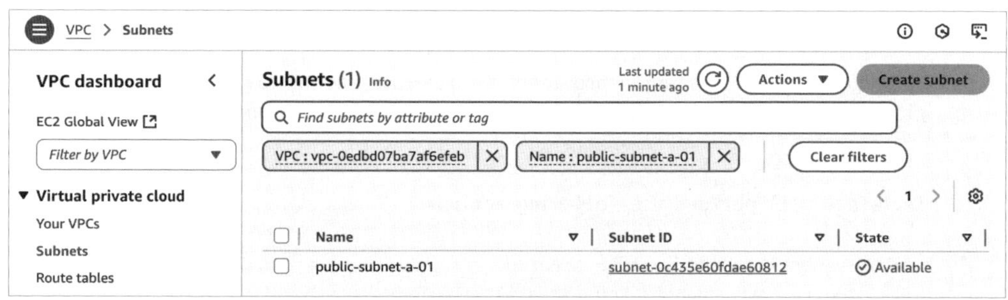

그림 1.21 public-subnet-a-01 서브넷 생성 완료

다음으로 인터넷 게이트웨이를 생성한다. 인터넷 게이트웨이는 VPC와 인터넷 간의 통신을 가능하게 하는 구성 요소이다. 고가용성을 갖춘 AWS 관리형 서비스로 수평적인 확장이 가능하다. VPC가 인터넷과 통신하려면 반드시 인터넷 게이트웨이를 생성하여 VPC에 연결해야 한다. 인터넷 게이트웨이는 VPC 당 하나만 연결할 수 있다. 따라서 여러 서브넷이 인터넷과 통신해야 할 경우에도 모두 이 하나의 인터넷 게이트웨이를 공유하게 된다.

코드 1.7 인터넷 게이트웨이 생성(vpc.tf)

```
# 인터넷 게이트웨이 생성
resource "aws_internet_gateway" "main" {
  vpc_id = aws_vpc.main.id ❶

  tags = {
    Name = "simple-showcase-vpc-apne2-igw"
  }
}
```

❶ 인터넷 게이트웨이는 VPC에 연결되어야 하기 때문에 앞서 생성한 VPC의 ID를 참조할 수 있도록 설정한다.

인터넷 게이트웨이를 생성한다고 그냥 통신이 되는 것이 아니다. 퍼블릭 서브넷에서 인터넷으로의 트래픽이 인터넷 게이트웨이를 통해 라우팅되도록 라우팅 테이블 설정이 필요하다.

라우팅 테이블은 네트워크 트래픽이 VPC 내부 또는 외부로 나갈 때 어디로 전달할지를 결정하는 규칙들의 집합이다. 각 서브넷은 반드시 하나의 라우팅 테이블과 연결되어야 하며, 해당 서브넷에서 발생하는 트래픽은 연결된 라우팅 테이블의 규칙을 따른다.

VPC를 생성하면 기본적으로 메인 라우팅 테이블이 생성되며, 여기에는 VPC 내부 통신을 위한 로컬 경로(Destination: 10.1.0.0/16, Target: local)만 포함되어 있다.

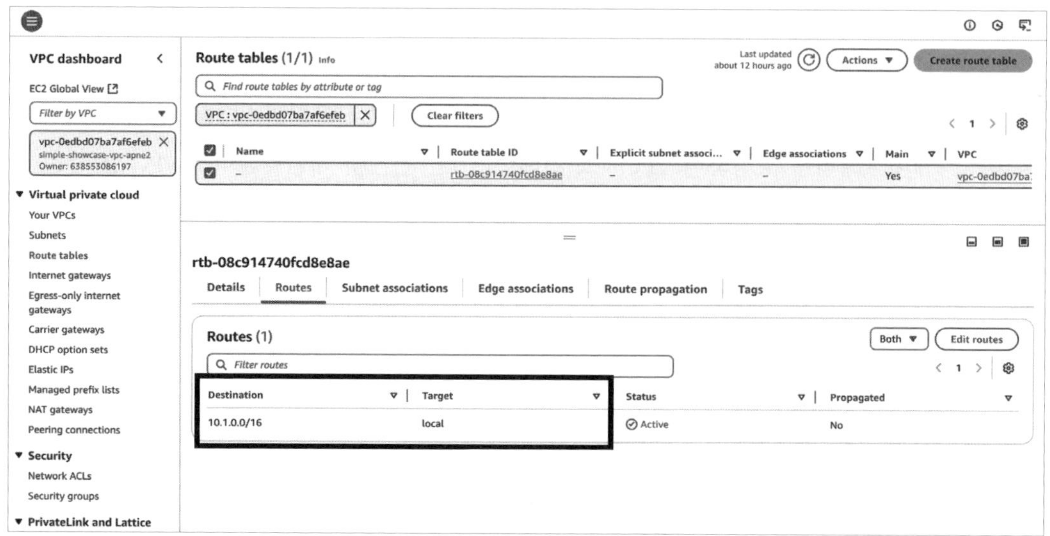

그림 1.22 메인 라우팅 테이블

인터넷 통신이 필요한 퍼블릭 서브넷을 위해서는 별도의 커스텀 라우팅 테이블을 생성하여 명시적으로 인터넷 경로를 추가하고 서브넷과 연결해야 한다. public-subnet-a-01이 사용할 라우팅 규칙과 라우팅 테이블을 생성한다.

코드 1.8 라우팅 규칙과 라우팅 테이블 생성(vpc.tf)

```
# 퍼블릭 서브넷을 위한 라우팅 테이블 생성
resource "aws_route_table" "public" ❶ {
  vpc_id = aws_vpc.main.id              ❷

  tags = {
    Name = "public-subnet-route-table"
  }
}

# 퍼블릭 서브넷을 위한 라우팅 규칙 생성
resource "aws_route" "public" ❸ {
  route_table_id         = aws_route_table.public.id        ❹
  destination_cidr_block = "0.0.0.0/0"                       ❺
  gateway_id             = aws_internet_gateway.main.id  ❻
}

# 퍼블릭 서브넷을 위한 라우팅 테이블과 A존 퍼블릭 서브넷 연결
resource "aws_route_table_association" "public_a_01" ❼  {
```

```
  subnet_id       = aws_subnet.public_a_01.id ❽
  route_table_id = aws_route_table.public.id ❾
}
```

❶ 퍼블릭 서브넷을 위한 라우팅 테이블을 생성한다. 초기에는 라우팅 규칙이 없는 빈 테이블이 생성된다.

❷ 해당 라우팅 테이블이 속할 VPC ID를 지정한다. VPC ID를 직접 입력하지 않고, 앞서 생성한 VPC 리소스를 참조한다.

❸ 트래픽 포워딩을 위한 라우팅 규칙을 정의한다.

❹ 라우팅 규칙이 속할 라우팅 테이블을 지정한다. ❶을 통해 생성하는 라우팅 테이블을 참조할 수 있도록 한다.

❺ 네트워크 트래픽의 목적지 CIDR 블록 주소를 지정한다. 0.0.0.0/0은 모든 IP를 의미하기 때문에 이 규칙은 모든 네트워크 트래픽을 대상으로 한다.

❻ 지정한 목적지 CIDR 블록 주소를 전달할 대상을 지정한다. ❺를 통해 모든 네트워크 트래픽을 대상으로 하는 규칙임을 알 수 있고, 앞서 생성한 인터넷 게이트웨이를 지정함으로써 모든 외부 트래픽을 인터넷 게이트웨이로 라우팅하는 규칙이 된다.

❼ 라우팅 테이블을 서브넷에 연결한다.

❽❾ 서로 연결될 서브넷과 라우팅 테이블을 지정한다. 앞서 생성한 퍼블릭 서브넷과 이번에 생성하는 라우팅 테이블을 참조한다. 이 둘을 연결하여 퍼블릭 서브넷에 라우팅 규칙이 적용되도록 한다.

이처럼 테라폼에서는 라우팅 테이블 생성, 라우팅 규칙 추가, 서브넷 연결이라는 세 가지 작업을 각각 별도의 리소스로 정의한다. 이 세 가지가 조합되어야 public-subnet-a-01 서브넷은 인터넷 게이트웨이로 나가는 경로를 갖게 되어 퍼블릭 서브넷으로서의 역할을 수행할 수 있다.

`terraform apply` 실행 후 VPC 서비스 콘솔에 접속하면 라우팅 테이블이 생성되어 있는 것을 볼 수 있다(그림 1.23).

이로써 퍼블릭 서브넷을 위한 네트워크 인프라 구성을 완료했다. VPC, 서브넷, 인터넷 게이트웨이, 라우팅 테이블이 모두 연결되어 외부 인터넷과 통신이 가능한 네트워크 환경이 구축되었다.

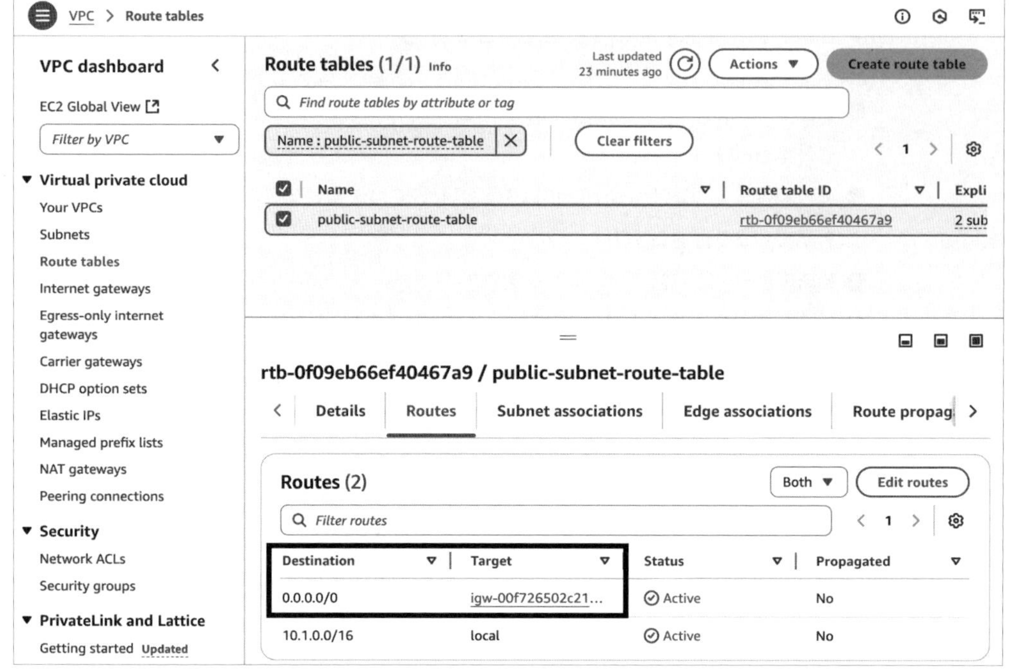

그림 1.23 라우팅 테이블 생성 확인

1.5 마치며

이번 장에서는 AWS 클라우드에서 Simple Showcase 애플리케이션의 인프라를 구축하기 위한 여정의 첫 단추를 끼웠다. AWS 클라우드의 기본적인 개념과 글로벌 인프라 구성 요소를 이해하고, 루트 사용자 대신 안전하게 AWS 리소스를 관리할 IAM 사용자를 생성하고 설정했다. 또한 애플리케이션이 동작할 격리되고 안전한 네트워크 환경인 커스텀 VPC를 직접 설계하고, 인터넷 통신이 가능한 퍼블릭 서브넷과 인터넷 게이트웨이 및 라우팅 설정까지 완료했다. 이번 장에서 구축한 인프라의 전체 구성도는 그림 1.24와 같다.

이제 기본적인 환경과 네트워크 토대를 갖추게 되었다. 이 환경 위에서 Simple Showcase 애플리케이션을 단계적으로 배포하고 확장해 나갈 것이다.

다음 장에서는 1장에서 준비해 놓은 VPC 환경 안에 첫 번째 EC2 인스턴스를 생성하고, 그 안에 MySQL 데이터베이스와 웹 서버(Nginx)를 설치한 다음,

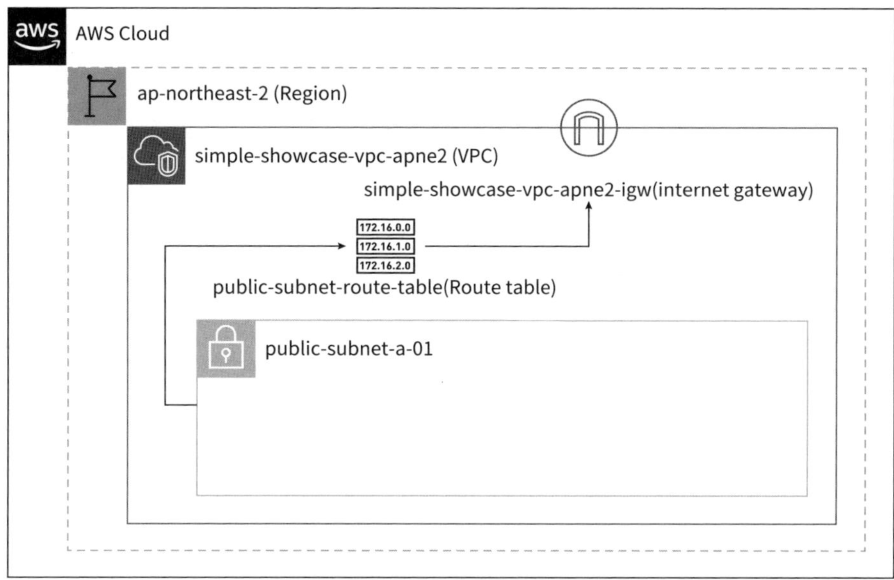

그림 1.24 1장에서 구축한 인프라 구성도

Simple Showcase 애플리케이션의 초기 버전을 배포하여 실제로 외부에서 접속 가능한 상태로 만드는 과정을 진행한다.

 1장에서 생성한 AWS 리소스들은 비용이 발생하지 않기 때문에 2장 실습을 위해 남겨두어도 된다.

2장

첫 애플리케이션 배포, EC2 인스턴스

2장의 전체 테라폼 코드:
https://github.com/sepiro2000/simple-showcase-terraform/tree/main/CHAP02

1장에서는 AWS 인프라 구축 여정의 기초가 되는 환경 설정과 네트워크 구축을 완료했다. 안전한 접근을 위해 IAM 사용자를 생성했고, 애플리케이션이 동작할 격리된 네트워크 공간인 VPC을 설계하고 구축했다.

2장에서는 1장에서 마련한 네트워크 토대 위에 Simple Showcase 애플리케이션의 첫 번째 버전을 배포하고 실행하는 과정을 다룬다. 이를 위해 먼저 AWS의 대표적인 가상 서버인 EC2 인스턴스를 생성한다. 이후에 인스턴스를 재시작해도 IP 주소가 변경되지 않도록, 임시 공인 IP 대신 고정 공인 IP인 Elastic IP를 생성하여 EC2 인스턴스에 연결한다. 마지막으로 AWS의 DNS 서비스인 Route53을 사용하여 준비된 도메인이 Elastic IP를 가리키도록 설정한다. 최종적으로는 IP 주소가 아닌 도메인 이름으로 애플리케이션에 접속하는 것을 목표로 한다.

> ☑️ 이 장의 실습(특히 Route53 설정)을 위해서는 소유하고 제어할 수 있는 도메인이 필요하다. 만약 도메인이 준비되지 않았다면 Route53 설정 부분은 건너뛰고, EC2에 연결된 Elastic IP 주소로 직접 접속하여 테스트할 수도 있다. 로컬 컴퓨터에서만 테스트하는 게 목적이라면, 운영체제의 hosts 파일을 수정하여 특정 도메인이 Elastic IP 주소를 가리키도록 직접 지정해 테스트해볼 수도 있다. 이 책에서는 simple-showcase.shop 도메인을 구매하고 소유하고 있다는 가정하에 진행한다.

그림 2.1은 2장에서 구현하는 전체 인프라 구성도이다. 단일 EC2 인스턴스에 웹 서버(Nginx), 백엔드 API 서버(Go), 데이터베이스(MySQL)를 모두 설치하는 모놀리식 구조이다. 이 구조는 이후 단계별 개선을 위한 출발점이 될 것이다. 물론 이 구조는 확장성이나 고가용성 측면에서는 한계가 명확하다. 하지만 처음 서비스를 시작할 때 사용하는 가장 기본적인 형태이며 이후 아키텍처를 개선해 나갈 때 비교 기준점이 된다는 점에서 의미가 있다.

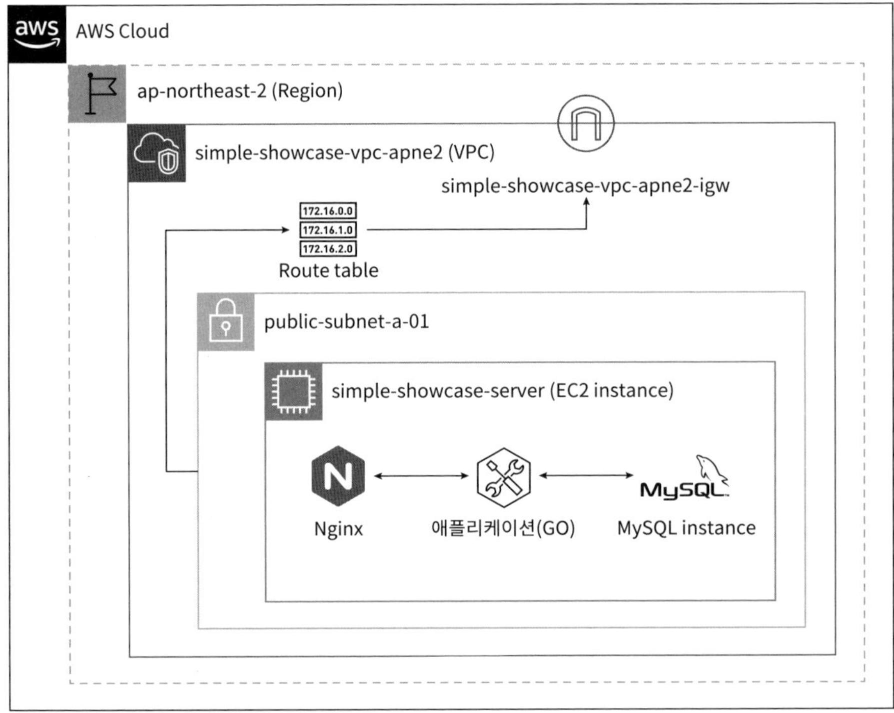

그림 2.1 2장에서 구현하는 인프라 구성도

이제 첫 번째 애플리케이션 서버 구축을 시작해 보자.

> ❗ 이번 장부터 생성하는 AWS 리소스는 프리 티어(Free Tier) 범위를 넘어서는 경우 비용이 발생할 수 있다. 특히 다음 사항에 유의해야 한다.
>
> - EC2 인스턴스: 인스턴스를 중지 상태로 변경하면 중지한 동안에는 비용이 발생하지 않는다.
> - EBS 볼륨: EC2 인스턴스를 중지하더라도, 인스턴스에 연결된 EBS(Elastic Block Store) 볼륨(가상 하드디스크)의 저장 공간 비용은 계속 발생한다. 실습을 완전히 종료하고 더 이상 비용이 발생하는 것을 원치 않는다면, 인스턴스를 종료 상태로 변경하고 관련 리소스를 모두 삭제해야 한다.
> - Elastic IP(EIP): Elastic IP는 2025년 6월을 기준으로 시간당 0.005 USD의 비용이 발생한다.
>
> 따라서 실습을 마친 후에는 인스턴스를 중지하거나, 경우에 따라서는 리소스를 삭제하여 불필요한 비용이 발생하지 않도록 관리하는 습관을 들이는 것이 좋다.

2.1 EC2 인스턴스 생성하기

EC2는 Elastic Compute Cloud의 약자로 AWS 클라우드에서 가장 기본이 되고 널리 사용하는 컴퓨팅 서비스이다. 사용자의 필요에 따라 다양한 사양과 운영체제를 갖춘 가상 서버, 즉 인스턴스를 생성하고 사용할 수 있게 해준다. Elastic이라는 이름에서 알 수 있듯이 몇 분 만에 인스턴스를 생성, 시작, 중지, 종료할 수 있으며, 필요에 따라 인스턴스의 사양을 변경하는 것도 가능하여 변화하는 요구 사항에 유연하게 대응할 수 있다.

EC2 인스턴스를 생성하기에 앞서 EC2 인스턴스에 대해 몇 가지 중요한 구성 요소를 살펴보자.

- AMI: Amazon Machine Image의 약자로, 인스턴스를 생성하는 데 사용되는 기본 템플릿이다. 운영체제 설치 CD나 가상 머신 이미지 파일과 유사하지만 AMI에는 운영체제(OS)뿐만 아니라 필요에 따라 특정 애플리케이션 서버나 소프트웨어가 미리 설치되어 있을 수 있다. AWS는 아마존 리눅스, 우분투, 윈도우 등 다양한 운영체제 기반의 AMI를 제공하며, 필요하다면 AWS

마켓플레이스에서 특정 솔루션이 포함된 AMI를 사용하거나 사용자가 직접 구성한 환경으로 사용자 지정 AMI를 만들 수도 있다.

- **인스턴스 유형**: 인스턴스 유형은 생성될 가상 서버의 하드웨어 사양을 의미한다. 이는 가상 CPU 코어 수, 메모리 크기, 인스턴스에 연결되는 스토리지의 유형 및 성능, 그리고 네트워크 대역폭 등 다양한 요소의 조합으로 결정된다. AWS는 컴퓨팅, 메모리, 스토리지 등 특정 워크로드에 최적화된 다양한 인스턴스 유형 패밀리(예: t 시리즈, m 시리즈, c 시리즈 등)를 제공하므로, 예상되는 부하와 비용을 고려하여 적절한 유형과 크기를 선택하는 것이 중요하다.

✅ 더 많은 인스턴스 유형은 *https://aws.amazon.com/ko/ec2/instance-types/*를 참고한다. 인스턴스 유형 선택에 대한 노하우는 부록 D에서 설명한다.

- **키 페어**: 키 페어는 공개 키와 개인 키 한쌍으로 이루어진 암호화 키로, EC2 인스턴스에 안전하게 접속하기 위한 방법 중 하나이다. 인스턴스를 생성할 때 키 페어를 지정하면 AWS는 해당 공개 키를 인스턴스 내부에 저장하고 사용자는 개인 키 파일(일반적으로 .pem 확장자로 끝나는 파일)을 다운로드하여 보관한다. 이후 SSH로 접속할 때 이 개인 키 파일로 인증을 수행한다. 개인 키 파일을 분실하면 해당 키 페어를 사용하는 인스턴스에는 접속할 수 없게 되므로 안전하게 관리해야 한다. 또한 외부에 노출되지 않도록 주의해야 한다. 보안을 극대화하기 위해 인스턴스별로 다른 키 페어를 사용할 수도 있지만, 일반적으로는 특정 환경(예: 개발 환경, 운영 환경 등)이나 사용자별로 키 페어를 생성하여 여러 인스턴스를 관리하는 방식을 많이 사용한다.

- **보안 그룹**: EC2 인스턴스의 네트워크 접근을 제어하는 가상 방화벽 역할을 한다. 인바운드(인스턴스로 들어오는 트래픽)와 아웃바운드(인스턴스에서 나가는 트래픽) 규칙을 정의하여 특정 포트와 프로토콜을 통한 접근만 허용한다. 자세한 설정 방법은 이후의 절에서 다룬다.

EC2 인스턴스를 생성하기에 앞서 SSH 접속을 위한 키 페어를 먼저 만든다.

키 페어는 AWS 관리 콘솔에서도 만들 수 있지만, 코드 2.1과 같이 테라폼과 ssh-keygen 같은 CLI 도구를 사용해서 만들 수도 있다.

코드 2.1 키 페어를 위한 SSH 키 생성

```
〉 mkdir key_pair
〉 ssh-keygen -t rsa -b 2048 -f ./key_pair/simple-showcase-key-pair ❶
Generating public/private rsa key pair.
Enter passphrase (empty for no passphrase):
Enter same passphrase again:
Your identification has been saved in ./key_pair/simple-showcase-key-pair ❷
Your public key has been saved in ./key_pair/simple-showcase-key-pair.pub ❸
The key fingerprint is:
SHA256:XXXXX user@local
The key's randomart image is:
+---[RSA 2048]----+
..... (중략) .....
+----[SHA256]-----+
```

❶ ssh-keygen 명령어로 SSH 키 페어를 생성한다.

❷❸ ssh-keygen 명령어로 두 개의 파일이 생성된다. ❷가 개인 키, ❸이 공개 키이다.

ssh-keygen CLI를 실행하고 나면 로컬에 simple-showcase-key-pair(개인 키)와 simple-showcase-key-pair.pub(공개 키) 파일이 생성된다. 이 중 공개 키를 AWS에 등록하여, 앞으로 생성할 EC2 인스턴스에서 이 키 페어를 사용할 수 있도록 설정한다. 테라폼의 aws_key_pair 리소스는 이 공개 키 등록 과정을 코드로 관리하게 해준다. 향후 이 책에서 생성할 모든 EC2 인스턴스들은 같은 키 페어를 사용할 예정이다.

코드 2.2 키 페어 생성(ec2.tf)

```
# 키 페어 생성
resource "aws_key_pair" "key_pair" {
  key_name   = "simple-showcase-key-pair"
  public_key = file("../key_pair/simple-showcase-key-pair.pub")
}
```

키 페어 생성이 완료되면, EC2 인스턴스를 생성한다.

코드 2.3 EC2 인스턴스 생성(ec2.tf)

```
# EC2 인스턴스 생성
resource "aws_instance" "public_server" {
  ami           = "ami-0e967ff96936c0c0c"      ❶
  instance_type = "t3.small"                    ❷
  subnet_id     = aws_subnet.public_a_01.id  ❸
```

```
  key_name          = aws_key_pair.key_pair.key_name ❹

  associate_public_ip_address = true ❺

  tags = {
    Name = "simple-showcase-public-server"
  }
}
```

❶ 인스턴스를 생성할 때 사용할 AMI의 고유 ID를 지정한다. 여기서 사용된 ami-0e967ff-96936c0c0c는 서울 리전의 Amazon Linux 2023 AMI 중 하나이다.[1]

❷ EC2 인스턴스의 유형을 지정한다. t3.small 사양의 인스턴스를 생성한다.

❸ EC2 인스턴스가 위치할 서브넷의 ID를 지정한다. 앞서 생성한 A존 퍼블릭 서브넷 ID를 지정한다.

❹ EC2 인스턴스에 원격으로 접속할 때 사용할 키 페어의 이름을 지정한다. 앞서 aws_key_pair 리소스를 통해 AWS에 등록한 키 페어의 이름을 aws_key_pair.key_pair.key_name 형식으로 참조한다.

❺ EC2 인스턴스 시작 시 공인 IP 주소를 자동으로 할당할지 여부를 결정한다. true로 설정하면 인스턴스 시작 시 자동으로 공인 IP가 할당된다. 외부에서 직접 접근해야 하는 웹 서버이므로 이 값을 true로 설정한다.

테라폼 워크플로(terraform plan → terraform apply)를 실행하면 EC2 인스턴스가 생성된다. EC2 인스턴스가 생성된 후 SSH 접속이 가능한 상태가 되려면 부팅 과정을 거쳐야 하기 때문에 몇 분 정도 추가 시간이 필요하다. 이후 EC2 인스턴스 생성을 확인하기 위해 EC2 서비스 콘솔로 이동한다.

현재 운영 중인 EC2 인스턴스 목록을 보기 위해 그림 2.2의 [Instances] 메뉴(❶)를 클릭한다. 그 다음 오른쪽 메뉴에서 생성한 EC2 인스턴스(❷)를 클릭하면 하단에서 Public IPv4 address(❸), 즉 EC2 인스턴스에 현재 할당된 공인 IP를 알 수 있다. 이렇게 확인한 공인 IP를 통해 SSH 접속을 시도한다.

---

[1] AMI ID는 리전별로 다르며 시간이 지나면서 변경될 수 있다. 최신 Amazon Linux 2023 AMI ID는 EC2 서비스 콘솔에서 [Launch Instance] 메뉴를 통해 확인할 수 있다. 이 책에서는 Amazon Linux 2023 AMI를 기준으로 설명하며, 우분투나 기타 다른 리눅스 배포판 AMI를 사용할 경우에는 실습 진행에 사용되는 일부 명령어들이 달라질 수 있다.

그림 2.2 EC2 서비스 콘솔

코드 2.4 SSH 접속 시도

```
❯ ssh -l ec2-user -i ./simple-showcase-key-pair 3.34.141.184
ssh: connect to host 3.34.141.184 port 22: Operation timed out
```

하지만 접속이 되지 않고 타임아웃이 발생하는 것을 볼 수 있다. 이는 해당 EC2 인스턴스에 SSH 접속을 위한 네트워크 트래픽이 허용되지 않아 발생하는 에러이다. 이 문제를 해결하기 위해 보안 그룹에 대해 살펴보자.

보안 그룹은 네트워크 트래픽 제어를 위해 AWS에서 제공하는 여러 요소 중 하나로, 가상 방화벽과 같은 역할을 한다. 외부에서 들어오는 인바운드 트래픽과 외부로 나가는 아웃바운드 트래픽을 허용하거나 거부하는, 하나 이상의 규칙들로 구성된다. 보안 그룹은 EC2 인스턴스 뿐 아니라 로드 밸런서 등 다양한 AWS 서비스에도 적용할 수 있다.

앞서 생성한 EC2 인스턴스에 SSH 접근이 가능해야 하기 때문에 인바운드 트래픽으로 22번 포트가 허용되어야 한다. SSH 접속을 허용하는 보안 그룹을 만들어 보자.

코드 2.5 보안 그룹 생성(ec2.tf)

```
# 내 IP 조회
data "http" "myip" ❶ {
  url = "https://checkip.amazonaws.com"
}

# 보안 그룹 생성
resource "aws_security_group" "server" {
  name        = "simple-showcase-server-sg"
  description = "Security group for simple showcase server"
  vpc_id      = aws_vpc.main.id ❷

  tags = {
    Name = "simple-showcase-server-sg"
  }
}

# SSH에 대한 인바운드 보안 규칙 추가
resource "aws_vpc_security_group_ingress_rule" "ssh" {
  security_group_id = aws_security_group.server.id ❸
  description       = "SSH from my IP"
  from_port         = 22      ❹
  to_port           = 22      ❺
  ip_protocol       = "tcp" ❻
  cidr_ipv4         = "${chomp(data.http.myip.response_body)}/32" ❼
}
```

❶ data "http" 데이터 소스는 지정된 URL의 응답을 가져온다. checkip.amazonaws. com은 요청을 보낸 클라이언트의 공인 IP 주소를 반환해 주므로, 이 데이터 소스를 통해 현재 내 PC의 공인 IP를 동적으로 조회할 수 있다.

❷ 보안 그룹이 생성될 VPC의 ID를 지정한다. 1장에서 생성한 VPC를 참조한다.

❸ 이 인바운드 규칙이 적용될 보안 그룹의 ID를 지정한다.

❹❺ SSH 서비스가 사용하는 22번 포트를 허용하도록 설정한다. from_port와 to_port를 동일하게 설정하여 단일 포트만 허용한다.

❻ 사용할 프로토콜을 지정한다. SSH는 TCP 프로토콜을 사용한다.

❼ 접속을 허용할 IP 주소 범위를 CIDR 표기법으로 지정한다. chomp() 함수는 응답에서 줄 바꿈 문자를 제거하는 역할을 하고, /32는 단일 IP 주소만을 의미하는 CIDR 표기가 되어, 현재 내 PC의 IP 주소에서만 SSH 접속을 허용하게 된다.

기존 EC2 인스턴스 생성 코드를 코드 2.6과 같이 수정한다.

코드 2.6 EC2 인스턴스 생성 코드 수정(ec2.tf)

```
resource "aws_instance" "public_server" {
  ami             = "ami-0e967ff96936c0c0c"
  instance_type = "t3.small"
  subnet_id       = aws_subnet.public_a_01.id
  key_name        = aws_key_pair.key_pair.key_name

  vpc_security_group_ids = [aws_security_group.server.id] ❶

  associate_public_ip_address = true

  tags = {
    Name = "simple-showcase-public-server"
  }
}
```

❶ 인스턴스에 보안 그룹을 적용하기 위해 새롭게 추가한 코드이다. vpc_security_
group_ids는 인스턴스에 적용할 보안 그룹 ID의 목록을 지정한다. 하나의 인스턴스에
여러 보안 그룹을 적용할 수 있기 때문에 이 파라미터는 목록 형태의 값을 받는다. 여기서
는 앞서 aws_security_group.server로 정의한 리소스를 참조하여 해당 보안 그룹을
인스턴스에 적용한다.

보안 그룹 설정을 완료했다면 테라폼 워크플로를 실행하여 변경 사항을 적용
한 후 다시 한 번 SSH 접속을 시도한다.

코드 2.7 SSH 접속 테스트

```
〉 ssh -l ec2-user -i ./simple-showcase-key-pair 3.36.117.1
.... (중략) .....
Last login: Mon Jun  9 13:55:59 2025 from 218.235.76.109
[ec2-user@ip-10-1-0-82 ~]$
```

코드 2.7과 같이 정상적으로 접속되는 것을 볼 수 있다. 하지만 아직 문제가 남
아 있다. 바로 simple-showcase-server에 할당된 공인 IP가 바뀐다는 문제이다.
simple-showcase-server를 퍼블릭 서브넷에 생성하고 자동 공인 IP 할당 설정
을 활성화해서 공인 IP를 할당 받아 사용할 수 있지만, 이때의 공인 IP는 EC2
인스턴스를 재부팅할 때마다 바뀌는 임시 IP이다. simple-showcase-server를
통해 Simple Showcase 서비스를 제공해야 하기 때문에 변하지 않는 고정된 공
인 IP가 필요하다. 그렇지 않으면 simple-showcase-server를 재부팅할 때마다

도메인의 IP를 바꿔주어야 하기 때문이다. AWS에서는 이런 상황을 위해 Elastic IP 라는 서비스를 제공한다. Elastic IP(EIP)는 AWS 계정에 할당되는 고정된 공인 IP 주소로, 다음과 같은 특징이 있다.

- **고정된 IP 주소 제공**: 한 번 할당 받으면 해제하기 전까지 동일한 IP 주소를 유지한다.
- **유연한 연결**: Elastic IP는 생성한 후 필요한 리소스와 연결하거나 해제할 수 있다. 즉 필요에 따라 다른 EC2 인스턴스나 네트워크 인터페이스에 재연결할 수 있다.

Elastic IP를 사용하면 DNS 설정이나 방화벽 규칙을 자주 변경할 필요가 없어 서비스 운영이 훨씬 편리해진다.

코드 2.8 Elastic IP 생성(ec2.tf)

```
# 공인 IP 주소 할당
resource "aws_eip" "server " {
  domain = "vpc" ❶

  tags = {
    Name = "simple-showcase-public-ip"
  }
}
```

> ❶ VPC 내에서 사용할 Elastic IP를 생성함을 의미한다.

Elastic IP는 변하지 않는 공인 IP를 AWS 계정에 할당만 할 뿐, 특정 EC2 인스턴스와 자동으로 연결해 주지는 않는다. 이 할당된 Elastic IP 와 EC2 인스턴스를 연결해야 한다.

코드 2.9 Elastic IP와 EC2 인스턴스 연결(ec2.tf)

```
# Elastic IP를 EC2 인스턴스에 연결
resource "aws_eip_association" "public_server" {
  instance_id   = aws_instance.public_server.id ❶
  allocation_id = aws_eip.server.id              ❷
}
```

> ❶ Elastic IP를 연결할 대상 EC2 인스턴스의 ID를 지정한다. aws_instance.server.id를 참조하여 앞서 생성한 EC2 인스턴스에 연결되도록 한다.

❷ 연결할 Elastic IP의 할당 ID를 지정한다. allocation_id는 AWS에서 Elastic IP를 식별하기 위해 사용하는 고유 식별자로, aws_eip.server.id를 통해 참조할 수 있다.

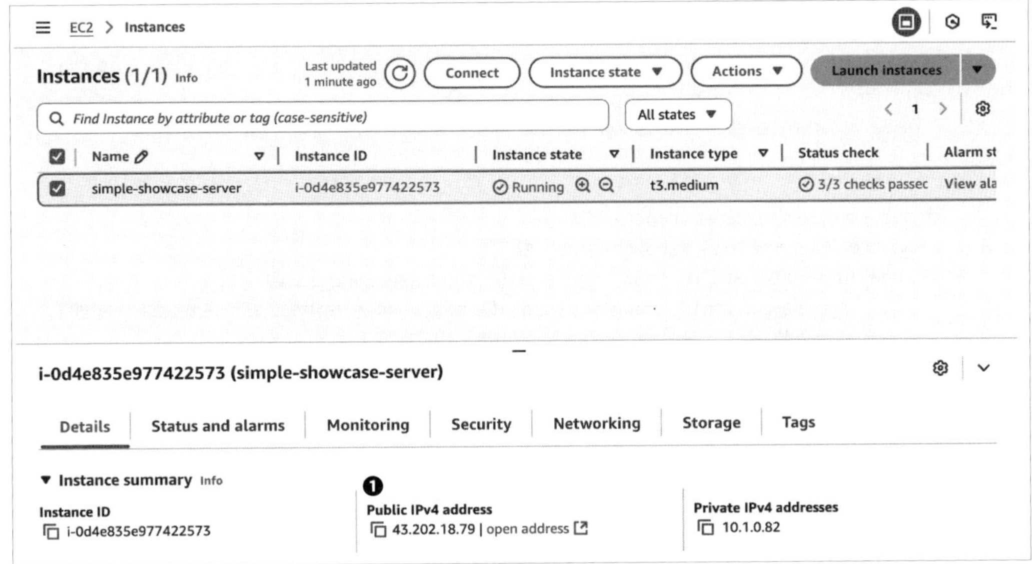

그림 2.3 EC2 인스턴스 정보

연결하고 난 후 EC2 서비스 콘솔에서 인스턴스 정보를 확인하면, 인스턴스에 할당되어 있던 공인 IP(❶)가 그림 2.2에서 확인한 값과 달라진 것을 볼 수 있다. 이 공인 IP는 Elastic IP 서비스를 통해 할당 받은 후 연결한 IP이기 때문에 simple-showcase-server를 여러 번 재시작해도 바뀌지 않는다.

이전에 EC2 인스턴스에 자동으로 할당되었던 임시 공인 IP는 Elastic IP 연결과 동시에 자동으로 해제되어 AWS IP 풀로 반환된다. 새로운 공인 IP로 SSH 접속도 잘 되는지 확인한다.

코드 2.10 SSH 연결

```
> ssh -l ec2-user -i ./simple-showcase-key-pair 43.202.18.79
..... (중략) .....
[ec2-user@ip-10-1-0-82 ~]$
```

마지막으로 변경되지 않는 IP가 생겼으니 Route53을 통해서 도메인을 등록한다. 앞서 생성한 EC2 인스턴스는 Simple Showcase 애플리케이션의 프론트엔드와 백엔드 역할을 모두 할 것이기 때문에 app.simple-showcase.shop과 api.
simple-showcase.shop 두 도메인에 Elastic IP를 등록한다.

코드 2.11 도메인 등록(route53.tf)

```
# Route 53 호스팅 영역 데이터 소스
data "aws_route53_zone" "simple_showcase" ❶  {
  name = "simple-showcase.shop" # 실습 시에는 보유하고 있는 도메인으로 변경한다.
}

# app.simple-showcase.shop A 레코드
resource "aws_route53_record" "app" ❷  {
  zone_id = data.aws_route53_zone.simple_showcase.zone_id ❸
  name    = "app.simple-showcase.shop" ❹ # 실습 시에는 보유하고 있는 도메인으로 변경한다.
  type    = "A"                         ❺
  ttl     = "300"                       ❻
  records = [aws_eip.server.public_ip]  ❼
}

# api.simple-showcase.shop A 레코드
resource "aws_route53_record" "api" ❽ {
  zone_id = data.aws_route53_zone.simple_showcase.zone_id
  name    = "api.simple-showcase.shop" # 실습 시에는 보유하고 있는 도메인으로 변경한다.
  type    = "A"
  ttl     = "300"
  records = [aws_eip.server.public_ip]
}
```

❶ data aws_route53_zon 데이터 소스는 Route53에 이미 생성되어 있는 호스팅 영역의
  정보를 조회하는 데 사용된다. name 파라미터에 도메인 이름을 지정하여, 해당 호스팅 영
  역의 정보(예: 고유 ID 등)를 가져온다.[2]

❷ 지정된 호스팅 영역에 DNS 레코드를 생성한다. 이 블록은 app.simple-showcase.shop
  도메인에 대한 레코드를 정의한다.

❸ 이 레코드가 생성될 호스팅 영역의 ID를 지정한다. ❶에서 조회한 데이터 소스를 참조하
  여 simple-showcase.shop 호스팅 영역에 레코드가 생성되도록 한다.

❹ 생성할 레코드의 전체 이름(Fully Qualified Domain Name, FQDN)을 지정한다.

❺ 레코드 유형을 지정한다. A 레코드는 도메인 이름을 IPv4 주소로 변환하는 데 사용된다.

❻ TTL(Time To Live)을 초 단위로 지정한다. 300초(5분)는 DNS 서버가 이 레코드를 캐시
  하는 시간으로, 이 시간이 지나면 새로운 정보를 다시 조회한다.

---

2   도메인 구매 및 Route53을 통한 호스팅 영역 설정은 부록을 참고하자.

❼ 해당 도메인으로 요청이 왔을 때 응답으로 반환할 IP 주소 목록을 지정한다. records는 배열 형태로 여러 IP를 지정할 수 있지만, 여기서는 앞서 생성한 Elastic IP 하나만 지정한다. 사용자가 도메인으로 접속하면 Elastic IP 주소로 연결된다.

❽ 같은 방식으로 api.simple-showcase.shop 도메인 레코드를 정의한다.

Route53 설정을 완료한 다음 테라폼 워크플로를 실행하여 DNS 레코드를 생성한다. 등록이 완료된 후 dig 명령을 이용해서 도메인 질의가 성공하는지 확인한다(코드 2.12).

 terraform apply 명령이 성공적으로 완료되었더라도, 생성된 DNS 레코드가 전 세계의 DNS 서버로 전파되는 데에는 약간의 시간이 소요될 수 있다. 일반적으로 수십 초에서 수 분 정도 소요된다.

만약 dig 명령을 실행했을 때 응답에 IP 주소가 보이지 않는다면, 잠시 기다렸다가 다시 시도해 본다.

코드 2.12 도메인 질의 확인

```
> dig app.simple-showcase.shop
; <<>> DiG 9.10.6 <<>> app.simple-showcase.shop
;; global options: +cmd
;; Got answer:
..... (중략) .....
;; ANSWER SECTION:
app.simple-showcase.shop. 300    IN    A    43.202.18.79 ❶
..... (중략) .....
;; Query time: 15 msec
;; SERVER: 205.251.192.71#53(205.251.192.71)
;; WHEN: Thu May 08 18:25:47 KST 2025
;; MSG SIZE   rcvd: 208

> dig api.simple-showcase.shop

; <<>> DiG 9.10.6 <<>> api.simple-showcase.shop
..... (중략) .....

;; ANSWER SECTION:
api.simple-showcase.shop. 300    IN    A    43.202.18.79 ❷
..... (중략) .....
```

❶❷ 앞서 생성한 Elastic IP 주소로 도메인 질의 결과가 나오는 것을 볼 수 있다.

이제 서버, 네트워크, 보안, 도메인 준비가 끝났다. 다음 절에서는 이 EC2 인스턴스에 직접 접속하여, Simple Showcase 애플리케이션을 실행하는 데 필요한 웹 서버와 데이터베이스를 설치하고 실제 코드를 배포하는 과정을 진행한다.

2.2 Nginx 웹 서버 환경 구성

Simple Showcase 애플리케이션을 배포할 EC2 인스턴스를 준비하고 Elastic IP를 생성한 후 해당 인스턴스에 연결하여 외부에서 고정된 IP 주소로 접근할 수 있게 되었다. 이번에는 EC2 인스턴스 내부에 애플리케이션 요청을 처리하고 사용자에게 웹 페이지를 보여줄 웹 서버를 설치한다.

웹 서버로는 Apache, Nginx, IIS 등 다양한 선택지가 있지만, 이 책에서는 Nginx를 사용한다. Nginx는 성능과 안정성이 뛰어나 널리 사용되는 오픈소스 웹 서버이자 리버스 프록시 서버이다. 적은 메모리 사용량으로 많은 동시 연결을 처리할 수 있어 사용하는 곳이 많고, 정적 파일 서빙과 로드 밸런싱에서 뛰어난 성능을 보인다.

이번 절에서 구성할 Nginx는 크게 두 가지 역할을 수행한다.

- **정적 파일 서빙:** React로 빌드된 결과물(HTML, CSS, JS 파일 등)을 사용자에게 직접 전달하여 Simple Showcase의 프론트엔드 화면을 보여주는 역할을 한다.
- **리버스 프록시:** 사용자의 API 요청을 받아 내부에서 실행 중인 Go 애플리케이션으로 전달하고, 그 응답을 다시 사용자에게 반환하는 통로 역할을 한다. 클라이언트 입장에서는 Nginx와 통신하는 것처럼 보이지만, 실제로는 애플리케이션 서버와 연결되는 구조이다.

이번 절에서는 먼저 EC2 인스턴스에 Nginx를 설치하고, 정적 파일 서빙과 리버스 프록시의 역할을 수행하기 위한 기본 설정을 확인하는 과정을 다룬다.

앞 절에서 생성한 simple-showcase-server에 SSH 접속한 후 Nginx 설치를 진행한다. Nginx 설치에 앞서 최신 패키지 정보를 반영하기 위해 패키지 정보를 업데이트한다(코드 2.13).

코드 2.13 최신 패키지 정보 업데이트

```
[ec2-user@ip-10-1-0-82 ~]$ sudo yum update
^CAmazon Linux 2023 repository                [===                                    ]
--- B/s |   0 B     --:-- ETAmazon Linux 2023 repository
0.0 B/s |   0 B      01:59
Errors during downloading metadata for repository 'amazonlinux':
  - Curl error (28): Timeout was reached for https://al2023-repos-ap-
northeast-2-de612dc2.s3.dualstack.ap-northeast-2.amazonaws.com/core/
mirrors/2023.7.20250428/x86_64/mirror.list [Connection timeout after 30002
ms] ❶
  - Curl error (28): Timeout was reached for https://al2023-repos-ap-
northeast-2-de612dc2.s3.dualstack.ap-northeast-2.amazonaws.com/core/
mirrors/2023.7.20250428/x86_64/mirror.list [Failed to connect to al2023-
repos-ap-northeast-2-de612dc2.s3.dualstack.ap-northeast-2.amazonaws.com
port 443 after 30001 ms: Timeout was reached]
```

하지만 정상적으로 실행되지 않고 30초가 지날 때까지 응답을 받지 못해 타임아웃 에러가 발생하는 것을 볼 수 있다(❶). 왜 이런 문제가 발생할까?

이 문제를 해결하기 위해 앞에서 설정한 보안 그룹을 떠올려 보자. 코드 2.5에서 생성한 보안 그룹에는 SSH 인바운드 규칙만 추가했을 뿐 외부로 나가는 아웃바운드 규칙은 별도로 정의하지 않았다. 따라서 EC2 인스턴스가 패키지 저장소로 나가기 위한 아웃바운드 트래픽이 보안 그룹에 의해 차단되어 타임아웃이 발생한 것이다. 이를 위해 아웃바운드로 향하는 네트워크 트래픽을 허용하는 보안 그룹 규칙을 추가해야 한다.

코드 2.14 아웃바운드 HTTPS 트래픽 허용(ec2.tf)

```
resource "aws_vpc_security_group_egress_rule" "https" {
  security_group_id = aws_security_group.server.id ❶
  description       = "Allow HTTPS outbound traffic"
  from_port         = 443            ❷
  to_port           = 443            ❸
  ip_protocol       = "tcp"          ❹
  cidr_ipv4         = "0.0.0.0/0" ❺
}
```

❶ 이 아웃바운드 규칙이 적용될 보안 그룹의 ID를 지정한다.

❷❸ HTTPS가 사용하는 443번 포트를 허용하도록 설정한다.

❹ HTTPS는 TCP 프로토콜을 사용한다.

❺ 모든 IP 주소로의 아웃바운드 접근을 허용한다. 0.0.0.0/0은 모든 IPv4 주소 범위를 의미한다.

아웃바운드 규칙 추가를 완료한 다음 테라폼 워크플로를 실행하여 변경 사항을 적용하고 다시 한번 패키지 업데이트를 진행한다.

코드 2.15 패키지 업데이트

```
[ec2-user@ip-10-1-0-82 ~]$ sudo yum update
Amazon Linux 2023 Kernel Livepatch repository
160 kB/s |  17 kB      00:00
Dependencies resolved.
Nothing to do.
Complete!
```

이번에는 타임아웃 에러 없이 명령이 정상적으로 실행된다. 이제 외부 패키지 저장소와 정상적으로 통신하는 것을 확인했으니 Nginx를 설치한다(코드 2.16).

코드 2.16 Nginx 설치

```
[ec2-user@ip-10-1-0-82 ~]$ sudo yum install nginx -y
Last metadata expiration check: 0:01:07 ago on Wed Jun 11 12:48:08 2025.
Dependencies resolved.
..... (중략) .....
Installed:
  generic-logos-httpd-18.0.0-12.amzn2023.0.3.noarch    gperftools-
libs-2.9.1-1.amzn2023.0.3.x86_64    libunwind-1.4.0-5.amzn2023.0.2.x86_64
  nginx-1:1.26.3-1.amzn2023.0.1.x86_64                 nginx-
core-1:1.26.3-1.amzn2023.0.1.x86_64     nginx-filesystem-1:1.26.3-1.
amzn2023.0.1.noarch
  nginx-mimetypes-2.1.49-3.amzn2023.0.3.noarch

Complete!
```

Nginx의 설치까지 완료되면 코드 2.17과 같이 정상적으로 실행되는지 확인한다.

코드 2.17 nginx 실행 및 활성화

```
[ec2-user@ip-10-1-0-82 ~]$ sudo systemctl enable nginx ❶
Created symlink /etc/systemd/system/multi-user.target.wants/nginx.service
→ /usr/lib/systemd/system/nginx.service.
[ec2-user@ip-10-1-0-82 ~]$ sudo systemctl start nginx ❷
[ec2-user@ip-10-1-0-82 ~]$ sudo systemctl status nginx ❸
● nginx.service - The nginx HTTP and reverse proxy server
```

```
   Loaded: loaded (/usr/lib/systemd/system/nginx.service; enabled;
preset: disabled)
   Active: active (running)  since Wed 2025-06-11 12:50:31 UTC; 3s ago ❹
..... (중략) .....
```

❶ 시스템을 재부팅하더라도 Nginx 서비스가 자동으로 시작되도록 활성화한다. 이 명령은 부팅 시 실행될 서비스 목록에 Nginx를 등록하는 역할을 한다.

❷ Nginx 서비스를 시작한다. ❶이 재부팅 이후를 위한 설정이라면 ❷는 지금 당장 서비스를 실행시키는 명령이다.

❸ Nginx 서비스의 현재 동작 상태를 확인한다. 여러 정보 중 Active 항목의 상태를 확인하는 것이 가장 중요하다.

❹ 서비스가 현재 아무 문제 없이 정상적으로 실행 중임을 나타낸다. failed나 inactive와 같이 다른 상태가 표시된다면 서비스 시작에 실패한 것이므로 에러 로그 등을 확인하여 원인을 찾아야 한다.

Nginx 서비스가 정상적으로 실행되는 것을 확인했으니, 이제 웹 브라우저를 열어서 서비스에 접속해 볼 차례이다. 브라우저 주소 창에 *http://app.simple-showcase.shop*을 입력하고 접속을 시도하면 그림 2.4와 같이 페이지가 열리지 않고 타임아웃이 발생한다.

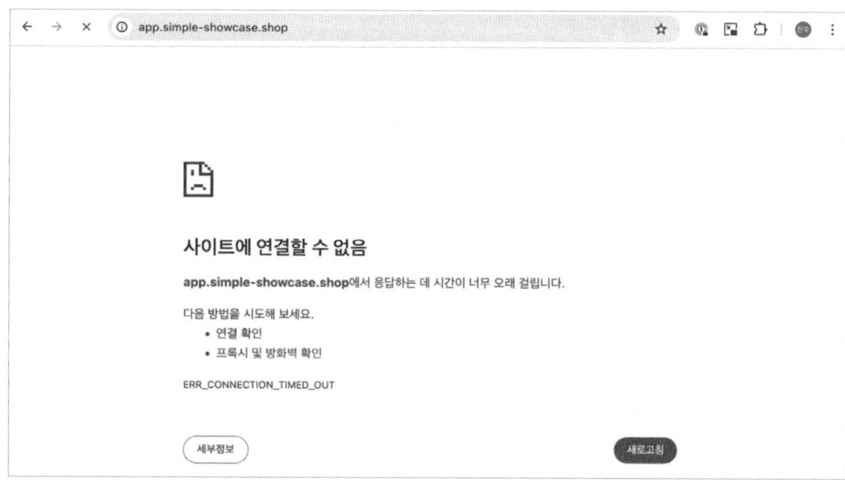

그림 2.4 서비스 접속 불가

왜 이런 문제가 발생했을까? 이번에도 역시 보안 그룹과 관련된 문제이다. 다시 한번 simple-showcase-server에 적용해 놓은 보안 그룹을 떠올려 보자. 웹 브라우저에 우리가 입력한 주소 *http://app.simple-showcase.shop*은 HTTP, 즉 80번 포트를 사용하여 웹 서버와의 통신을 시도한다. 하지만 simple-showcase-server에 적용한 보안 그룹에는 SSH(22번 포트)에 대한 인바운드 트래픽과 HTTPS(443번 포트)에 대한 아웃바운드 트래픽만 허용되어 있다. 따라서 웹 브라우저의 HTTP 요청도 보안 그룹에 의해 차단된다. 이를 위해 HTTP(80번 포트)에 대한 인바운드 트래픽을 허용하는 규칙이 필요하다.

코드 2.18 HTTP 인바운드 허용(ec2.tf)

```
resource "aws_vpc_security_group_ingress_rule" "http" {
  security_group_id = aws_security_group.server.id ❶
  description       = "HTTP from my IP"
  from_port         = 80      ❷
  to_port           = 80      ❸
  ip_protocol       = "tcp" ❹
  cidr_ipv4         = "${chomp(data.http.myip.response_body)}/32" ❺
}
```

❶ 이 인바운드 규칙이 적용될 보안 그룹의 ID를 지정한다.

❷❸ HTTP가 사용하는 80번 포트를 허용하도록 설정한다.

❹ : HTTP는 TCP 프로토콜을 사용한다.

❺ : 실습 환경에서는 보안을 위해 모든 IP(0.0.0.0/0)가 아닌 현재 내 PC의 IP만 허용한다. 모든 IP를 허용할 경우 의도치 않은 외부의 접근 시도나 보안 위험에 노출될 수 있기 때문이다.

HTTP 인바운드 규칙 추가를 완료한 다음 테라폼 워크플로를 실행하여 변경 사항을 적용한다. 이후 브라우저에서 다시 접속을 시도하면, 그림 2.5와 같이 Nginx 기본 페이지를 볼 수 있다.

그림 2.5 nginx 기본 페이지

이제 EC2 인스턴스에 Nginx를 설치해서 웹 페이지 서빙과 리버스 프록시 역할을 할 수 있는 준비를 마쳤다. 이어서 인스턴스 내부에 애플리케이션 데이터를 저장할 MySQL 데이터베이스를 설치하고 설정하는 과정을 진행한다.

2.3 MySQL 데이터베이스 환경 구성

Nginx가 사용자의 요청을 받아 애플리케이션으로 전달할 준비를 마쳤다. 이제 애플리케이션이 상품 정보를 저장하고 조회하는 등 데이터를 영구적으로 관리할 수 있도록 데이터베이스를 구축해 보자.

이번 절에서는 MySQL을 EC2 인스턴스 내부에 설치하고, Simple Showcase 애플리케이션이 사용할 데이터베이스와 사용자, 테이블까지 생성하는 과정을 다룬다. MySQL은 오픈소스 관계형 데이터베이스 관리 시스템(RDBMS) 중 하나로, 애플리케이션 개발에서 많이 사용된다.

EC2 인스턴스에 직접 데이터베이스를 설치하는 방식은 초기 비용이 저렴하다는 장점이 있지만, 모든 운영 및 관리 책임을 사용자가 져야 하는 부담이 따른다. 특히 데이터 백업 및 복구, 성능 튜닝, 고가용성 구성 등 안정적인 운영을 위해 신경써야 할 복잡한 작업들이 매우 많다. 그래서 실제 운영 환경에서는 대부분 AWS RDS나 Aurora와 같은 관리형 데이터베이스 서비스 사용을 선호한다.

이 책의 3장에서 관리형 서비스인 Aurora로 전환할 예정이지만, 그에 앞서 가장 기본적인 모놀리식 구조를 경험하고 이를 통해 관리형 서비스가 왜 필요한지 명확히 이해하기 위해 EC2 인스턴스에 MySQL을 직접 설치해 볼 것이다.

리눅스 배포판마다 다르겠지만 Amazon Linux 2023은 기본 패키지 저장소에서 MySQL을 제공하지 않기 때문에 코드 2.19와 같이 MySQL 패키지 저장소를 설치한다.

 다른 리눅스 배포판에서의 MySQL 설치 방법은 *https://dev.mysql.com/doc/refman/8.4/en/linux-installation.html*을 참고한다.

코드 2.19 MySQL 패키지 저장소 설치

```
[ec2-user@ip-10-1-0-82 ~]$ sudo wget https://dev.mysql.com/get/mysql80-
community-release-el9-1.noarch.rpm ❶
--2025-06-11 13:04:44--  https://dev.mysql.com/get/mysql80-community-
release-el9-1.noarch.rpm
Resolving dev.mysql.com (dev.mysql.com)... 104.75.33.232,
2600:1417:e:283::2e31, 2600:1417:e:29e::2e31
..... (중략) .....
[ec2-user@ip-10-1-0-82 ~]$ sudo yum install mysql80-community-release-
el9-1.noarch.rpm -y  ❷
..... (중략) .....
[ec2-user@ip-10-1-0-82 ~]$ sudo rpm --import https://repo.mysql.com/RPM-
GPG-KEY-mysql-2023 ❸
[ec2-user@ip-10-1-0-82 ~]$ sudo yum install mysql-community-server -y ❹
^CMySQL 8.0 Community Server    [       ===      ] --- B/s |   0  B
--:-- ETMySQL 8.0 Community Server        0.0 B/s |   0  B     01:06
Errors during downloading metadata for repository 'mysql80-community':
  - Curl error (28): Timeout was reached for http://repo.mysql.com/yum/
mysql-8.0-community/el/9/x86_64/repodata/repomd.xml [Failed to connect to
repo.mysql.com port 80 after 30001 ms: Timeout was reached] ❺
..... (중략) .....
```

❶ MySQL 공식 사이트에서 배포하는, 저장소 정보가 담긴 RPM 설정 파일을 다운로드한다. RPM(RedHat Package Manager)은 RedHat 계열 리눅스에서 사용하는 패키지 관리 형식이다.

❷ ❶에서 다운로드한 RPM 파일을 설치하여 패키지 관리자가 MySQL 저장소의 위치를 파악하도록 설정한다.

❸ MySQL 패키지의 진위 여부를 확인할 때 사용할 GPG 공개 키를 시스템에 등록한다. 이를 통해 신뢰할 수 있는 패키지만 설치하도록 보장한다.

❹ MySQL 커뮤니티 서버 패키지를 설치한다.

❺ MySQL 저장소 접속에 실패하여 타임아웃 에러가 발생한다.

그런데 MySQL 서버를 설치할 때 통신 오류를 만나게 된다. 에러 메시지를 자세히 살펴보면, 이번에는 *http://repo.mysql.com* 주소로의 접속에 실패한 것을 볼 수 있다(❺). 앞서 패키지 업데이트 시에는 저장소와 HTTPS 통신을 했지만, MySQL 저장소는 HTTP 통신을 사용하기 때문에 이전에 추가한 아웃바운드 규칙이 적용되지 않은 것이다.

여기서 한 가지 의문이 들 수 있다. 처음부터 모든 아웃바운드 트래픽을 허용하면 안되는 걸까? 물론 가능하다. 하지만 보안의 기본 원칙인 최소 권한의 원칙에 따라 꼭 필요한 트래픽만 명시적으로 허용하는 것이 훨씬 안전한 방법이다. 서버에서 나가는 모든 트래픽을 무분별하게 허용하면 악성 코드에 감염되었을 때 외부의 서버와 임의의 포트로 통신하거나 다른 곳을 공격하는 좀비 PC가 될 위험이 있다.

따라서 이런 위험을 방지하기 위해 지금 필요한 HTTP 아웃바운드 트래픽을 허용하는 규칙을 추가로 정의한다.

코드 2.20 http 아웃바운드 허용(ec2.tf)

```
resource "aws_vpc_security_group_egress_rule" "http" {
  security_group_id = aws_security_group.server.id
  description       = "Allow HTTP outbound traffic"
  from_port         = 80
  to_port           = 80
  ip_protocol       = "tcp"
  cidr_ipv4         = "0.0.0.0/0"
}
```

HTTP 아웃바운드 규칙 추가를 완료한 다음 테라폼 워크플로를 실행하여 변경 사항을 적용한다. 다시 한번 MySQL 설치를 진행하면 정상적으로 실행됨을 볼 수 있다.

코드 2.21 MySQL 서버 설치

```
[ec2-user@ip-10-1-0-82 ~]$ sudo yum install mysql-community-server -y
MySQL 8.0 Community Server                      5.6 MB/s | 2.5 MB      00:00
MySQL Connectors Community                      401 kB/s |  80 kB      00:00
..... (중략) .....
Installed:
  mysql-community-client-8.0.42-1.el9.x86_64             mysql-community-
client-plugins-8.0.42-1.el9.x86_64    mysql-community-common-8.0.42-1.el9.
x86_64
  mysql-community-icu-data-files-8.0.42-1.el9.x86_64    mysql-community-
libs-8.0.42-1.el9.x86_64              mysql-community-server-8.0.42-1.el9.
x86_64

Complete!
```

설치가 완료되면 코드 2.22와 같이 MySQL 서버를 활성화하고 실행하여 정상 적으로 동작하는지 확인한다.

코드 2.22 MySQL 실행 및 동작 여부 확인

```
[ec2-user@ip-10-1-0-82 ~]$ sudo systemctl enable mysqld
[ec2-user@ip-10-1-0-82 ~]$ sudo systemctl start mysqld
[ec2-user@ip-10-1-0-82 ~]$ sudo systemctl status mysqld
● mysqld.service - MySQL Server
     Loaded: loaded (/usr/lib/systemd/system/mysqld.service; enabled;
                    preset: disabled)
     Active: active (running) since Tue 2025-05-06 11:52:05 UTC; 16s ago
       Docs: man:mysqld(8)
..... (후략) .....
```

MySQL 서버가 정상적으로 실행되면 가장 먼저 초기 보안 설정을 진행해야 한다. 이를 위해 초기 설정된 루트 패스워드가 필요한데 이는 MySQL 로그 파일에서 확인할 수 있다. 이 패스워드는 mysql_secure_installation이라는 보안 설정 스크립트를 실행하는 데 필요하다. 먼저 코드 2.23과 같이 grep 명령어를 사용하여 로그 파일에서 임시 패스워드를 찾아 기록해 둔다.

코드 2.23 MySQL의 초기 패스워드 확인

```
[ec2-user@ip-10-1-0-82 ~]$ sudo grep "temporary password" /var/log/mysqld.
log ❶
2025-06-11T13:11:01.015571Z 6 [Note] [MY-010454] [Server] A temporary
password is generated for root@localhost: (t<yjaUKa4BZ ❷
```

❶ MySQL 로그 파일에서temporary password라는 문자열이 포함된 라인을 검색한다. grep은 텍스트 검색 명령어이다.

❷ 자동 생성된 임시 패스워드가 표시된다. (t<yjaUKa4BZ가 루트 계정의 임시 패스워드 이다.)

찾아낸 임시 패스워드(❷)를 사용해서 코드 2.24와 같이 mysql_secure_installation 명령을 실행한다. 이 스크립트는 대화형으로 진행되며, 새로운 루트 패스워드 설정, 익명 사용자 계정 삭제, 원격 루트 로그인 비활성화 등 중요한 보안 조치를 수행하도록 안내한다.

코드 2.24 **MySQL의 보안 설정**

```
[ec2-user@ip-10-1-0-82 ~]$ sudo mysql_secure_installation ❶
Securing the MySQL server deployment.
Enter password for user root: ❷
The existing password for the user account root has expired. Please set a
new password.
New password:               ❸
Re-enter new password: ❹
Estimated strength of the password: 100
Do you wish to continue with the password provided?(Press y|Y for Yes, any
other key for No) : y  ❺
By default, a MySQL installation has an anonymous user,
.... (중략) .....
Remove anonymous users? (Press y|Y for Yes, any other key for No) : y ❻
Success.
Normally, root should only be allowed to connect from
'localhost'. This ensures that someone cannot guess at
the root password from the network.
Disallow root login remotely? (Press y|Y for Yes, any other key for No) : y ❼
Success.
By default, MySQL comes with a database named 'test' that
anyone can access. This is also intended only for testing,
and should be removed before moving into a production
environment.
Remove test database and access to it? (Press y|Y for Yes, any other key
for No) : y ❽
 - Dropping test database...
Success.
 - Removing privileges on test database...
Success.
Reloading the privilege tables will ensure that all changes
made so far will take effect immediately.
Reload privilege tables now? (Press y|Y for Yes, any other key for No) : y ❾
Success.
All done!
```

    ❶ MySQL 보안 설정 스크립트를 실행한다.

    ❷ 앞서 찾은 임시 패스워드를 입력한다.

    ❸❹ 새로운 루트 패스워드를 입력하고 확인한다.

    ❺ 설정한 패스워드를 사용할지 확인한다.

    ❻ 익명 사용자 계정을 삭제한다. 익명 사용자는 보안상 위험할 수 있다.

    ❼ 원격에서 루트 계정으로 로그인하는 것을 비활성화한다. 보안상 루트는 로컬에서만 접속

      하도록 제한한다.

❽ 테스트용 데이터베이스를 삭제한다. 운영 환경에서는 불필요한 데이터베이스이다.

❾ 권한 테이블을 다시 로드하여 변경 사항을 즉시 적용한다.

이제 새롭게 변경한 루트 패스워드를 사용해서 MySQL 서버에 접속한 다음 Simple Showcase 애플리케이션에서 사용할 데이터베이스, 사용자를 생성한다.

코드 2.25 Simple Showcase 애플리케이션을 위한 데이터베이스 및 사용자 생성

```
[ec2-user@ip-10-1-0-82 ~]$ mysql -u root -p ❶
..... (중략) .....
mysql> CREATE DATABASE simple_showcase CHARACTER SET utf8mb4 COLLATE
utf8mb4_unicode_ci; ❷
Query OK, 1 row affected (0.01 sec)
mysql> CREATE USER 'showcase_user'@'localhost' IDENTIFIED BY 'Showcase_
user_123!@#'; ❸
Query OK, 0 rows affected (0.01 sec)
mysql> GRANT ALL ON simple_showcase.* TO 'showcase_user'@'localhost'; ❹
Query OK, 0 rows affected (0.01 sec)
mysql> FLUSH PRIVILEGES; ❺
Query OK, 0 rows affected (0.00 sec)
mysql> EXIT;
Bye
```

❶ 루트 계정으로 MySQL에 로그인한다. –p 옵션은 패스워드 입력을 요청한다.

❷ Simple Showcase 애플리케이션을 위한 데이터베이스를 생성한다.

❸ Simple Showcase 애플리케이션 전용의 사용자 계정과 해당 계정의 패스워드를 생성한다. 로컬 접속만 허용한다.

❹ 생성한 사용자에게 simple_showcase 데이터베이스에 대한 모든 권한을 부여한다.

❺ 권한 변경 사항을 즉시 적용한다.

이어서 새롭게 생성한 사용자인 showcase_user로 MySQL 서버에 접속해서 Simple Showcase 애플리케이션을 위한 데이터베이스 초기화 작업을 진행한다. 이를 위해 git을 설치하고 Simple Showcase 애플리케이션의 소스 코드를 다운로드한다.

코드 2.26 Git 설치 및 애플리케이션 소스 코드 다운로드

```
[ec2-user@ip-10-1-0-82 ~]$ sudo yum install -y git ❶
..... (중략) .....
[ec2-user@ip-10-1-0-82 ~]$ mkdir app ❷
```

```
[ec2-user@ip-10-1-0-82 ~]$ cd app        ❸
[ec2-user@ip-10-1-0-82 app]$ git clone https://github.com/sepiro2000/
simple-showcase.git ❹
Cloning into 'simple-showcase'...
..... (중략) .....
Resolving deltas: 100% (41/41), done.
```

❶ Git 버전 관리 도구를 설치한다. –y 옵션을 붙여서 설치 확인 절차를 거치지 않고 자동으로 설치한다.

❷ 애플리케이션 파일들을 저장할 app 디렉터리를 생성한다.

❸ app 디렉터리로 이동한다.

❹ GitHub에서 Simple Showcase 애플리케이션의 소스 코드를 다운로드한다.

테이블 생성 스크립트와 더미 데이터가 있는 sql 디렉터리로 이동해서 초기화 작업을 진행한다.

코드 2.27 초기화 작업

```
[ec2-user@ip-10-1-0-82 app]$ cd simple-showcase/sql/ ❶
[ec2-user@ip-10-1-0-82 sql]$ mysql -u showcase_user -p -D simple_showcase
< ./create_table.sql ❷
Enter password:        ❸
[ec2-user@ip-10-1-0-82 sql]$ mysql -u showcase_user -p -D simple_showcase
< ./insert_products.sql ❹
Enter password:         ❺
```

❶ SQL 파일들이 있는 디렉터리로 이동한다.

❷ showcase_user 계정으로 MySQL에 접속하여 테이블 생성 스크립트를 실행한다. –D 옵션으로 simple_showcase 데이터베이스를 지정한다.

❸ 코드 2.25에서 생성한 showcase_user의 패스워드인 Showcase_user_123!@#을 입력한다.

❹ 상품 정보 더미 데이터를 추가하는 스크립트를 실행한다.

❺ 코드 2.25에서 생성한 showcase_user의 패스워드를 입력한다.

이제 백엔드 API가 정상적으로 동작할 수 있도록 데이터베이스 설정까지 완료했다. 다음 절에서는 Simple Showcase 애플리케이션이 동작하도록 프론트엔드와 백엔드를 배포하는 과정을 진행한다.

2.4 Simple Showcase 애플리케이션 배포

지금까지 Simple Showcase 애플리케이션을 배포하기 위한 모든 인프라 준비를 마쳤다. 1장에서는 네트워크와 IAM 설정을, 2장의 앞선 절들에서는 EC2 인스턴스, Elastic IP, 보안 그룹 및 도메인 설정을 완료했다. 이제 준비된 인프라 위에 Simple Showcase 애플리케이션의 첫 번째 버전을 배포하고 실행해 보자.

이번 절의 최종 목표는 사용자가 *http://app.simple-showcase.shop*으로 요청을 보냈을 때 Nginx가 정적 파일을 서빙하고, /api로 시작하는 요청은 내부의 Go 애플리케이션으로 전달하는 서비스 흐름을 구축하는 것이다.

이를 위해 소스 코드를 서버로 가져와 직접 빌드하고 실행하는 과정을 단계별로 진행한다. 실무 환경에서는 CI/CD 파이프라인을 통해 빌드된 결과물만 서버에 배포하는 것이 일반적이다. 하지만 이번 장에서는 애플리케이션이 실제 서버 환경에서 어떻게 소스 코드로부터 실행 가능한 형태로 변환되고, 각 구성 요소가 어떻게 상호 작용하는지 그 내부 과정을 직접 경험하기 위해 의도적으로 서버에서의 모든 단계를 수동으로 진행한다. 즉, 사용자 → Nginx → React(정적 파일)의 한 흐름, 사용자 → Nginx → Go API 서버 → MySQL 데이터베이스의 한 흐름, 이렇게 두 가지의 흐름을 완성하게 된다.

먼저 프론트엔드를 빌드하여 Nginx가 서빙할 수 있는 정적 파일 형태로 변환하고 배포한다. 예제 코드에 포함된 deploy-frontend.sh 스크립트는 이 과정을 자동화하며, 내부적으로 다음과 같은 주요 작업을 수행한다.

- **npm install:** React 프로젝트에 필요한 의존성 라이브러리를 설치한다.
- **npm run build:** React 소스 코드를 웹 브라우저가 이해할 수 있는 HTML, CSS, JS 파일들로 빌드한다.
- **파일 복사:** 빌드 결과물을 Nginx가 접근할 수 있는 웹 루트 디렉터리로 복사한다. 이때 Nginx 프로세스가 해당 경로와 파일에 대한 읽기 권한을 가지고 있어야만, 사용자 요청 시 오류 없이 정상적으로 콘텐츠를 제공할 수 있다.

스크립트 실행 시 인자로 전달하는 API 서버 주소(*http://api.simple-showcase.shop*)는 기본 URL로 빌드 과정에 포함된다.

코드 2.28 프론트엔드 배포

```
[ec2-user@ip-10-1-0-82 ~]$ cd /home/ec2-user/app/simple-showcase/frontend/
deploy ❶
[ec2-user@ip-10-1-0-82 deploy]$ ./deploy-frontend.sh http://api.simple-
showcase.shop ❷
Starting frontend deployment...
Using API URL: http://api.simple-showcase.shop ❸
Using Node.js version: 20.11.1
Deploy path: /usr/share/nginx/html/simple-showcase-frontend ❹
App path: /home/ec2-user/app/simple-showcase/frontend
..... (중략) .....

✓ Frontend deployment completed successfully! ❺
```

❶ 프론트엔드 배포 스크립트가 있는 디렉터리로 이동한다.

❷ 배포 스크립트를 실행할 때 API 서버 주소를 인자로 전달한다. 실습 시에는 독자가 소유
한 실제 도메인의 API 서버 주소로 변경한다.

❸ 스크립트가 전달받은 API URL을 확인하고 빌드 설정에 반영한다.

❹ 빌드된 파일들이 복사될 Nginx의 웹 루트 디렉터리 경로를 표시한다.

❺ 프론트엔드 배포가 성공적으로 완료되었음을 알린다.

✅
```
[ec2-user@ip-10-1-0-68 deploy]$ cat /etc/nginx/conf.d/simple-
showcase-frontend.conf
server {
    listen        80 default_server;
    server_name   app.simple-showcase.shop; ❶

..... (중략) .....
    error_log /var/log/nginx/simple-showcase-frontend.error.log;
}
```

배포가 완료된 후 /etc/nginx/conf.d/simple-showcase-frontend.conf 파일 내용을
보면 server_name 구문(❶)이 있는데, 이 구문을 독자가 사용하는 실제 도메인으로 변
경한다.

프론트엔드 배포가 완료되었으니, 다음으로 비즈니스 로직을 처리할 백엔드
애플리케이션을 빌드하고 배포한다. deploy-backend.sh 스크립트는 다음과
같은 과정을 자동화한다.

- **go build**: Go 소스 코드를 서버에서 직접 실행할 수 있는 바이너리 파일로
  컴파일한다.

- systemd 서비스 등록: 컴파일된 애플리케이션이 서버 부팅 시에도 자동으로 재시작되고, 백그라운드에서 안정적으로 동작할 수 있도록 리눅스의 sys-temd 서비스로 등록한다.
- Nginx 리버스 프록시 설정: api.simple-showcase.shop 도메인으로 들어오는 요청을 포트 8080에서 실행 중인 Go 애플리케이션으로 전달하도록 Nginx 설정을 업데이트하고 재시작한다.

데이터베이스 패스워드와 같은 민감한 정보를 스크립트에 하드코딩하는 대신, 실행 시 인자로 전달하여 안전하게 환경 변수로 주입한다.

코드 2.29 백엔드 배포

```
[ec2-user@ip-10-1-0-82 ~]$ cd /home/ec2-user/app/simple-showcase/backend/
deploy ❶
[ec2-user@ip-10-1-0-82 deploy]$ ./deploy-backend.sh  'DB_PASSWORD=Showcase
_user_123!@#' ❷
Starting backend deployment...
Using environment variables: ❸
  WRITE_DB_HOST: 127.0.0.1
  READ_DB_HOST: 127.0.0.1
  DB_PORT: 3306
  DB_USER: showcase_user
  DB_PASSWORD: ****
  DB_NAME: simple_showcase
  APP_PORT: 8080
Installing required packages... Last metadata expiration check: 0:14:58
ago on Wed Jun 11 13:34:18 2025.
..... (중략) .....
Restarting nginx... ✓ PASS                        ❹
✓ Backend deployment completed successfully! ❺
```

❶ 백엔드 배포 스크립트가 있는 디렉터리로 이동한다.

❷ 배포 스크립트를 실행할 때 데이터베이스 패스워드를 환경 변수로 전달한다.

❸ 스크립트가 애플리케이션에서 사용할 환경 변수들을 설정하고 확인한다.

❹ Nginx 설정 업데이트 후 서비스를 재시작한다.

❺ 백엔드 배포가 성공적으로 완료되었음을 알린다.

```
[ec2-user@ip-10-1-0-68 deploy]$ cat /etc/nginx/conf.d/simple-
showcase-backend.conf
server {
```

```
    listen      80;
    server_name api.simple-showcase.shop; ❶

    ..... (중략) .....
    error_log /var/log/nginx/simple-showcase-backend.error.log;
}
```

프론트엔드 때와 마찬가지로 백엔드도 배포가 완료된 후 /etc/nginx/conf.d/simple-showcase-backend.conf 파일 내용을 보면 server_name 구문(❶)이 있는데, 이 구문을 독자가 사용하는 실제 도메인으로 변경한다.

드디어 프론트엔드와 백엔드 배포가 모두 완료되어, 모든 구성 요소가 각자의 위치에서 동작할 준비를 마쳤다. 이제 웹 브라우저를 통해서 *http://app.simple-showcase.shop*에 접속하면 그림 2.6과 같은 화면을 볼 수 있다. 이로서 첫 번째 모놀리식 애플리케이션 배포가 성공적으로 완료되었다.

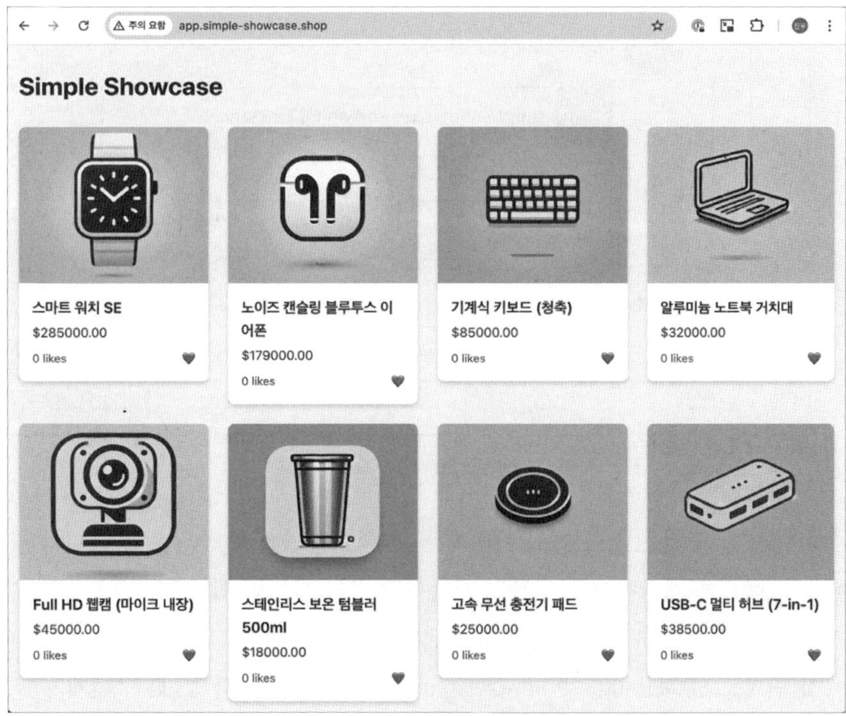

그림 2.6 Simple Showcase 화면

2.5 마치며

2장에서 구축한 시스템 아키텍처는 그림 2.7과 같다.

1장에서 마련한 VPC와 퍼블릭 서브넷 위에 EC2 인스턴스 한 대를 생성하고, 이 EC2 인스턴스 내부에 웹 서버(Nginx), 백엔드 API 서버, 데이터베이스를 함께 구성했다.

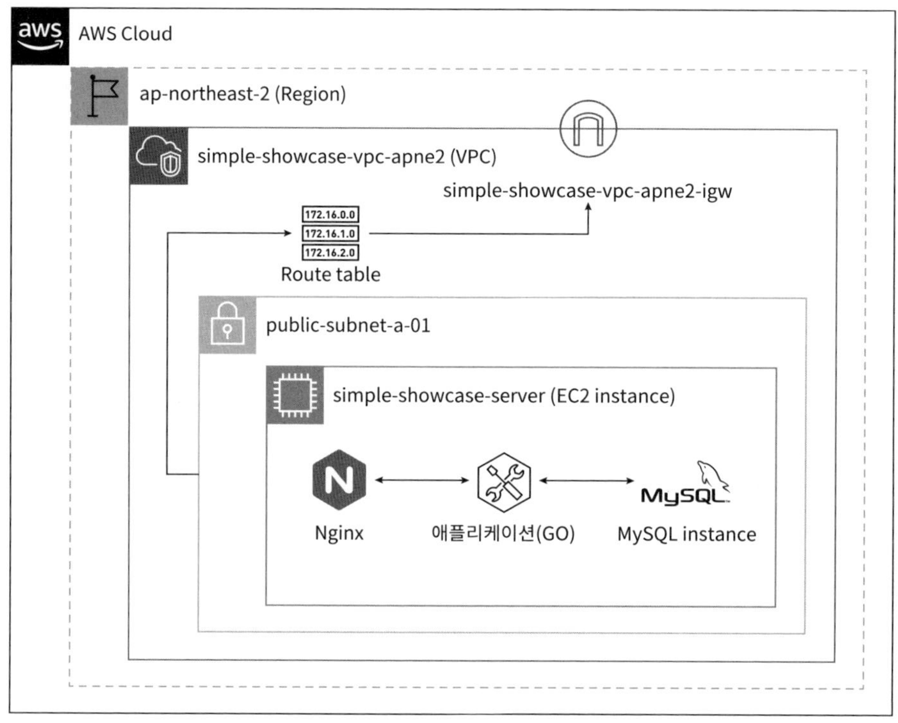

그림 2.7 현재 구축한 시스템 아키텍처

이처럼 모든 구성 요소가 단일 서버에 통합된 모놀리식 구조는 초기 단계의 서비스를 빠르게 개발하고 배포하는 데 용이하다는 장점이 있다. 하지만 실제 운영 환경에서는 몇 가지 한계점을 드러낸다.

첫 번째로 SPOF(Single Point of Failure), 즉 단일 장애점 문제다. 현재 구조에서는 EC2 인스턴스 하나에 문제가 발생하면 웹 서비스, API, 데이터베이스를 포함한 전체 서비스가 중단된다. 또한 확장성에도 한계가 있다. 서비스 트래픽이 증가하거나 특정 구성 요소(예: 데이터베이스)의 부하가 높아지면 전체 인스턴스의 성능이 저하된다. 각 구성 요소를 독립적으로 확장할 수 없으며, 인스턴스 자체의 사양을 높이는 수직 확장에만 의존해야 하는데, 이는 비용 효율성이 낮고 물리적인 한계도 명확하다.

배포 및 관리의 복잡성도 문제점으로 작용한다. 애플리케이션의 일부 기능만 업데이트하려 해도 전체 서버가 영향을 받아 배포 과정의 위험 부담이 커지고, 무중단 배포와 같은 고급 배포 전략을 적용하기도 어렵다. 더불어 운영체제 패치, 각 소프트웨어의 업데이트 관리, 정기적인 데이터 백업 및 복구 절차 수립 등 직접 수행해야 하는 운영 업무의 부담도 상당하다.

하지만 이러한 한계점에도 불구하고, 모놀리식 구조로 시작하면 서비스를 만들고 운영하기 위해 어떤 요소들이 필요한지 전체적인 그림을 이해하기 쉽다. 특히 서비스를 갓 시작한 초기 단계에서는 복잡한 분산 아키텍처를 구성하기보다, 충분한 사양의 단일 인스턴스로 서비스를 운영함으로써 시스템 전체의 복잡도를 낮추고 개발 및 배포 속도를 높이는 전략이 유효할 수 있다.

다음 장에서는 이 모놀리식 구조의 가장 큰 한계점 중 하나인 데이터베이스의 관리 부담과 성능 문제를 해결하기 위해, EC2 인스턴스에서 직접 운영하던 MySQL 데이터베이스를 AWS의 완전 관리형 데이터베이스 서비스인 Aurora MySQL로 이전할 것이다. 이를 통해 인프라를 확장 가능한 모습으로 조금씩 발전시켜 보자.

 이번 장에서 생성한 EC2 인스턴스는 비용이 발생하기 때문에 실습을 잠시 멈춘다면 EC2 인스턴스도 멈춰 두는 것이 좋다. EC2 관리 콘솔에서도 가능하지만 AWS CLI를 통해서도 가능하다.

```
aws ec2 stop-instances --instance-ids <인스턴스 ID> ❶
```

❶ 뒤에 인자로 넘겨주는 --instance-ids 값은 중지시키려는 EC2 인스턴스의 ID이다. 여러 인스턴스를 중지시킬 때는 쉼표로 구분한다.

또한 Elastic IP 역시 비용이 발생하기 때문에 실습을 잠시 멈춘다면 해제했다가 다시 할당받는 것이 좋다.

AWS CLI를 통해서도 가능하지만 Elastic IP와 관련된 테라폼 코드를 잠시 주석 처리해서 삭제한 후 실습을 재개할 때 주석 처리를 풀고 생성하는 방법을 권장한다.

```hcl
/* # 주석 시작
# 공인 IP 주소 할당
resource "aws_eip" "server" {
  domain = "vpc"

  tags = {
    Name = "simple-showcase-public-ip"
  }
}

# Elastic IP를 EC2 인스턴스에 연결
resource "aws_eip_association" "public_server" {
  instance_id   = aws_instance.public_server.id
  allocation_id = aws_eip.server.id
}
*/ 주석 끝
```

3장

관리형 데이터베이스 구축, Aurora MySQL

3장의 전체 테라폼 코드:
https://github.com/sepiro2000/simple-showcase-terraform/tree/main/CHAP03

2장에서는 단일 EC2 인스턴스 위에 웹 서버, 애플리케이션, 그리고 데이터베이스까지 모든 구성 요소를 통합한 모놀리식 아키텍처로 Simple Showcase의 첫 번째 버전을 배포하고 도메인을 통해 외부에서 접속하는 것까지 확인했다.

하지만 현재의 모놀리식 구조는 특히 데이터베이스 운영 측면에서 여러 가지 한계를 보인다. EC2 인스턴스에 직접 설치한 MySQL은 백업, 복제, 패치, 모니터링 등을 모두 수동으로 관리해야 한다. 또한 장애 발생 시 복구 과정이 복잡하고 시간이 오래 걸리며, 트래픽이 증가할 때 데이터베이스 성능 최적화와 확장성 확보가 어렵다는 문제가 있다.

3장에서는 이러한 문제를 해결하기 위해 EC2 인스턴스에서 직접 운영하던 MySQL 데이터베이스를 AWS의 완전 관리형 데이터베이스 서비스인 Aurora MySQL로 이전할 것이다. Aurora는 백업, 복제, 패치를 자동화하고 높은 가용성과 성능을 제공하여 데이터베이스 운영 부담을 크게 줄여준다.

이 과정을 통해 관리형 데이터베이스 서비스의 장점을 이해하고, 실제 데이터를 새로운 데이터베이스로 옮기는 마이그레이션의 기본 절차를 익히게 된다. 또 기존 애플리케이션의 구성을 변경하여 외부의 관리형 데이터베이스와 연동하는 방법을 배운다. 이는 모놀리식 구조를 각 구성 요소로 분리하고 확장 가능한 아키텍처로 발전시키는 첫 번째 단계이자, 앞으로 구축할 인프라의 확장성을 높이고 더욱 견고하게 만드는 중요한 기반이 된다.

3.1 Amazon Aurora 소개

서비스가 성장함에 따라 데이터베이스 관리의 복잡성과 운영 부담은 크게 증가한다. 데이터의 안정적인 백업과 필요 시 정확한 시점으로의 복구, 성능 최적화, 보안 패치 적용, 고가용성 확보 등은 애플리케이션 개발 외에 추가적인 부담이 된다.

이러한 어려움을 해결하고 애플리케이션 로직에 집중할 수 있게 해주는 것이 관리형 데이터베이스 서비스이다. AWS에는 여러 관리형 데이터베이스 서비스가 있으며, 그중 관계형 데이터베이스를 위한 서비스가 RDS(Relational Database Service)이다. RDS는 MySQL, PostgreSQL 등 다양한 종류의 데이터베이스 엔진을 지원한다. 관리형 데이터베이스 서비스를 사용하면 데이터베이스 서버의 생성 및 설치, 백업, 복구, 용량 확장, 고가용성 구성 등 일상적이지만 중요한 운영 작업들을 AWS가 대신 처리해 준다. 그 결과, 운영 부담은 줄어들고 서비스의 안정성과 확장성이 향상되는 효과를 얻을 수 있다.

AWS에서 제공하는 RDS 엔진 중에서 Aurora는 AWS가 클라우드 환경에 최적화하여 자체적으로 개발한 데이터베이스이다. Aurora는 널리 사용되는 MySQL 및 PostgreSQL과 호환성을 유지하면서도 높은 수준의 성능과 가용성을 제공한다.

Aurora의 주요 특징은 다음과 같다.

- **MySQL 및 PostgreSQL과의 높은 호환성**: Aurora는 MySQL 및 PostgreSQL과 높은 호환성을 가지고 있어서 기존 애플리케이션의 소스 코드를 거의 수정하지 않고 Aurora로 이전할 수 있다. 높은 호환성 덕분에 마이그레이션의 복잡성과 위험이 크게 낮아지고, 새로운 문법이나 기능을 별도로 학습할 필요가 없다. 또한 기존에 사용하던 데이터베이스 관리 도구나 모니터링 솔루션도 대부분 그대로 활용할 수 있다.

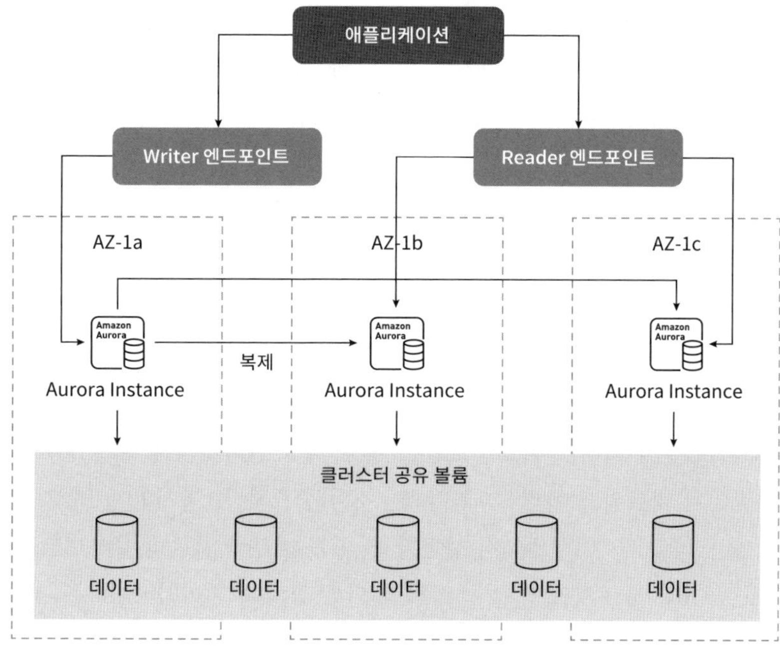

그림 3.1 Aurora 아키텍처

- **높은 성능과 확장성**: Aurora는 스토리지 시스템을 클라우드 환경에 맞게 재설계하고, 데이터베이스 엔진과 긴밀하게 통합했다. 이를 통해 읽기 전용 복제본으로 읽기 부하를 분산시킬 수 있으며, 필요하다면 수 분 안에 읽기 전용 복제본을 추가하여 확장할 수 있다.

- **고가용성과 내구성**: Aurora에 저장되는 데이터는 여러 가용 영역에 자동으로 복제, 저장되기 때문에 내구성이 높다. 또한 쓰기 인스턴스에 장애가 발생하면 자동으로 읽기 전용 복제본 중 하나가 쓰기 인스턴스로 전환되기 때문에 서비스 중단이 최소화된다.

- **클러스터 단위 구성**: Aurora는 단일 인스턴스가 아닌 클러스터 단위로 구성된다. 각 Aurora 클러스터는 하나의 기본 데이터베이스 인스턴스와 여러 개의 복제본, 그리고 이 모든 인스턴스가 공유하는 클러스터 볼륨으로 이루어진다. 클러스터 볼륨은 여러 가용 영역에 데이터를 분산 저장하는 스토리지 시스템이다. 쓰기 작업은 항상 기본 데이터베이스 인스턴스를 통해서만 이

루어지며, 읽기 작업은 기본 데이터베이스 인스턴스 또는 여러 읽기 전용 복제본으로 분산된다. 이런 역할 분리를 위해 Aurora 클러스터는 쓰기 작업을 위한 엔드포인트와 읽기 작업을 위한 엔드포인트를 따로 제공한다.

지금까지 Aurora의 주요 특징과 아키텍처에 대해 알아보았다. 다음 절에서는 실제로 Aurora MySQL 클러스터를 생성하고 애플리케이션과 연결하는 과정을 단계별로 살펴보자.

3.2 프라이빗 서브넷 구성 및 Aurora MySQL 클러스터 준비

Aurora와 같은 데이터베이스는 보안을 위해 외부 인터넷에서 직접 접근할 수 없는 격리된 네트워크 환경에 배치하는 것이 중요하다. 하지만 우리가 1장에서 생성한 서브넷은 인터넷에서 접근할 수 있는 퍼블릭 서브넷 뿐이므로, 여기에 Aurora MySQL 클러스터를 생성하면 외부 공격에 데이터베이스를 노출시켜 보안에 위협이 될 수 있다.

이 문제를 해결하기 위해 데이터베이스 전용 프라이빗 서브넷을 추가로 구성해야 한다. 프라이빗 서브넷이란 퍼블릭 서브넷과 달리 인터넷 게이트웨이로 직접 향하는 경로가 없는 격리된 서브넷을 의미한다. 프라이빗 서브넷의 라우팅 테이블에는 인터넷 게이트웨이로의 기본 경로(0.0.0.0/0)가 존재하지 않아서 외부 인터넷과의 직접적인 통신이 차단된다. 이렇게 외부에서 직접 접근할 경로를 차단하면 데이터베이스처럼 내부 애플리케이션만 접근해야 하는 중요한 리소스를 안전하게 보호할 수 있다.

그림 3.2를 보면 퍼블릭 서브넷은 인터넷 게이트웨이를 통해 외부와 통신할 수 있지만, 프라이빗 서브넷은 VPC 내부 통신만 가능하다. 2장에서 생성한 애플리케이션 서버(EC2 인스턴스)는 계속 퍼블릭 서브넷에 위치시키고, Aurora MySQL 클러스터는 프라이빗 서브넷에 배치하여 VPC 내부 네트워크를 통해서만 안전하게 통신하도록 구성한다.

또한 Aurora MySQL 클러스터의 고가용성을 확보하기 위해 서로 다른 가용 영역(AZ)인 ap-northeast-2a와 ap-northeast-2c에 각각 프라이빗 서브넷을 생성한다. Aurora는 여러 가용 영역에 중복 배포해 놓고 장애 발생 시 자동으로 다

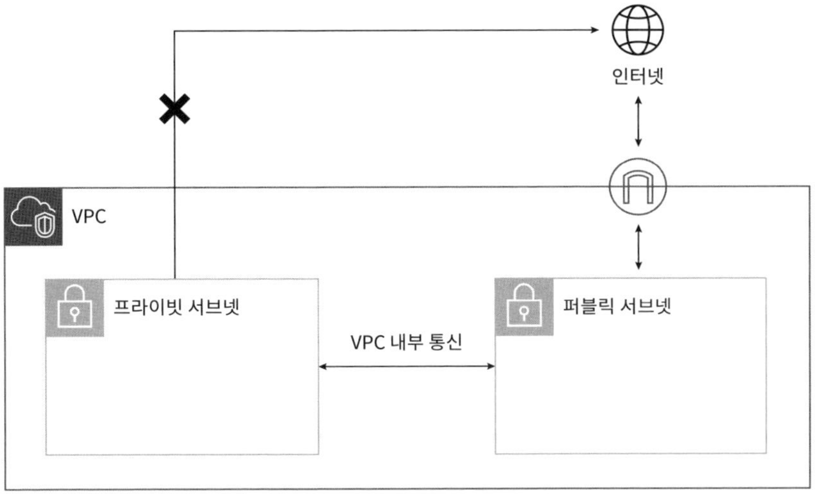

그림 3.2 프라이빗 서브넷의 특징

른 가용 영역의 인스턴스로 전환할 수 있다. 이를 위해서는 최소 2개 이상의 서로 다른 가용 영역에 서브넷을 생성해야 한다. 생성할 두 개의 프라이빗 서브넷은 DB 서브넷 그룹으로 묶여 Aurora 클러스터에서 사용하게 된다.

코드 3.1 A존과 C존에 프라이빗 서브넷 생성(vpc.tf)

```
# A 존에 프라이빗 서브넷 생성
resource "aws_subnet" "private_a_01" {
  vpc_id            = aws_vpc.main.id        ❶
  cidr_block        = "10.1.10.0/24"         ❷
  availability_zone = "ap-northeast-2a"      ❸

  tags = {
    Name = "private-subnet-a-01"
  }
}


# C 존에 프라이빗 서브넷 생성
resource "aws_subnet" "private_c_01" {
  vpc_id            = aws_vpc.main.id
  cidr_block        = "10.1.11.0/24"
  availability_zone = "ap-northeast-2c"

  tags = {
    Name = "private-subnet-c-01"
  }
}
```

❶ 서브넷이 속할 VPC의 ID를 지정한다. 1장에서 생성한 VPC 리소스인 aws_vpc.main을 참조하여 해당 VPC 내부에 서브넷을 생성한다.

❷ 서브넷이 사용할 IP 주소 범위를 CIDR 블록 형식으로 지정한다. 반드시 상위 리소스인 VPC의 CIDR 블록에 포함되어야 하며, 다른 서브넷의 대역과 겹치지 않는 고유한 값이어야 한다.

❸ 서브넷이 생성될 가용 영역을 지정한다. Aurora의 고가용성 구성을 위해 서로 다른 가용 영역에 분산 배치한다.

이 서브넷들은 외부 인터넷과의 통신을 차단하는 프라이빗 서브넷이므로, 인터넷 게이트웨이로 향하는 경로가 없어야 한다. VPC를 생성할 때 기본으로 만들어지는 메인 라우팅 테이블에는 이미 VPC 내부 통신을 위한 경로만 정의되어 있다. 따라서 퍼블릭 서브넷을 만들 때와는 달리, 이 서브넷들에는 별도의 라우팅 테이블을 생성하고 연결하는 추가 작업이 필요하지 않다.

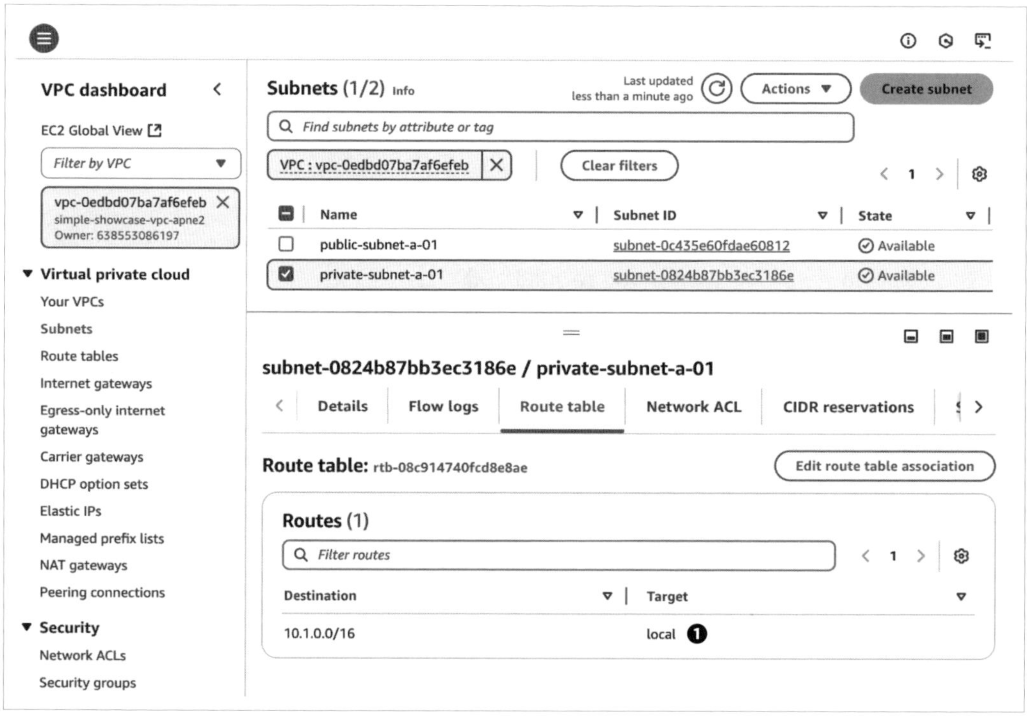

그림 3.3 메인 라우팅 테이블에 포함된 프라이빗 서브넷의 라우팅 규칙

❶ 목적지(Destination) 컬럼의 IP 주소가 VPC 의 IP 주소 대역인 10.1.0.0/16
인 것을 통해 이때의 라우팅 대상(Target) 컬럼이 VPC 내부를 의미하는
local로 설정되어 있음을 확인할 수 있다.

이제 Aurora MySQL 클러스터를 생성한다. 여기서 EC2 인스턴스를 생성할 때
와는 한 가지 다른 점이 있다. EC2는 서브넷을 직접 지정하여 생성하지만, RDS
나 Aurora 클러스터는 DB 서브넷 그룹이라는 리소스를 먼저 생성하고, 이 그
룹 안에 데이터베이스를 배치하는 방식을 사용한다.

DB 서브넷 그룹은 데이터베이스 인스턴스가 위치할 수 있는 서브넷들의 모
음이다. AWS에서는 고가용성을 보장하기 위해 반드시 두 개 이상의 서로 다른
가용 영역에 속한 서브넷들로 DB 서브넷 그룹을 구성하도록 강제한다. 이를
통해 한 가용 영역에 장애가 발생하더라도 다른 가용 영역의 서브넷으로 자동
전환하여 서비스 연속성을 보장한다.

그림 3.4 DB 서브넷 그룹 구조

그림 3.4와 같이 DB 서브넷 그룹은 여러 개의 프라이빗 서브넷을 논리적으로
묶은 개념이다. Aurora 클러스터는 이 서브넷 그룹 내의 여러 서브넷 중에서
적절한 위치를 선택하여 DB 인스턴스를 배치한다. 앞서 생성한 두 개의 프라
이빗 서브넷을 하나의 DB 서브넷 그룹으로 묶어서 Aurora가 사용할 수 있도록
설정한다.

코드 3.2 DB 서브넷 생성(vpc.tf)

```
# Aurora DB 서브넷 그룹 생성
resource "aws_db_subnet_group" "aurora" {
  name        = "simple-showcase-db-subnet-group"
  description = "Aurora DB subnet group for simple showcase"
  subnet_ids  = [aws_subnet.private_a_01.id, aws_subnet.private_c_01.id] ❶

  tags = {
    Name = "simple-showcase-db-subnet-group"
  }
}
```

> ❶ DB 서브넷 그룹에 포함될 서브넷들의 ID를 리스트 형태로 지정한다. 앞서 생성한, 서로 다른 가용 영역의 프라이빗 서브넷 두 개의 ID를 참조하여 지정한다.

DB 서브넷 그룹까지 생성했다면 마지막으로 DB 파라미터 그룹을 생성한다. DB 파라미터 그룹은 Aurora를 생성하고 운영할 때 데이터베이스 엔진의 세부 동작을 제어하거나 추가 기능을 활성화하는 용도로 사용된다. Aurora의 성능을 최적화하거나 특정 요구 사항에 맞게 동작하도록 조정하려면 DB 파라미터 그룹을 통해 어떤 항목들을 설정할 수 있는지 잘 알아야 한다.

Aurora의 파라미터 그룹은 적용 범위에 따라 DB 클러스터 파라미터 그룹과 DB 파라미터 그룹, 이렇게 두 가지로 나뉜다.

- **DB 클러스터 파라미터 그룹**: DB 클러스터 파라미터 그룹은 Aurora 클러스터 전체 인스턴스에 적용되는 설정들을 모아 놓은 그룹이다. 주로 클러스터 수준의 동작, 스토리지 관련 설정 또는 모든 인스턴스가 공유하는 데이터베이스 엔진 변수 등을 포함한다. 예를 들어 바이너리 로깅 형식(`binlog_format`), 슬로우 쿼리 기록 여부(`slow_query_log`) 등이 해당한다. 클러스터 내 모든 인스턴스에 동일하게 적용해야 하는 설정들이 이 그룹에 정의된다.

- **DB 파라미터 그룹**: DB 파라미터 그룹은 클러스터 내 개별 DB 인스턴스에 적용되는 설정들을 모아 놓은 그룹이다. 주로 인스턴스의 메모리 사용량과 관련된 버퍼 크기(`innodb_buffer_pool_size`), 최대 동시 접속자 수(`max_connections`) 등 인스턴스별 성능 및 동작을 조정하는 데 사용된다.

DB 클러스터 파라미터 그룹과 DB 파라미터 그룹의 일부 설정들은 두 그룹에 모두 정의되어 있기도 하다. 이 경우 인스턴스는 최종적으로 DB 파라미터 그룹의 값을 따른다.

예를 들어 보자. DB 클러스터 내에 쓰기 작업을 처리하는 고사양 인스턴스 1대와 배치 작업용으로 사용하는 저사양 읽기 전용 복제본 1대가 있다고 가정해 보자. 이런 경우 두 인스턴스가 같은 값을 사용해도 괜찮은 설정이 있는 반면, 일부 설정들은 인스턴스 사양 차이로 인해 서로 다른 값을 사용해야 할 수도 있다. 이럴 때 같은 값을 사용해도 괜찮은 설정은 DB 클러스터 파라미터 그룹에, 서로 다른 값을 사용해야 하는 설정은 각각의 DB 파라미터 그룹에 정의해서 사용한다.[1]

Aurora는 기본 파라미터 그룹을 제공하지만, 일반적으로 운영 환경에서는 향후 설정을 변경하거나 특정 파라미터를 추적 관리하기 용이하도록 사용자 정의 파라미터 그룹을 생성하여 적용하는 것을 권장한다. 기본 파라미터 그룹은 수정할 수 없기 때문에, 기본 파라미터 그룹의 설정 값을 그대로 사용한다고 해도 향후 성능 튜닝이나 특별한 요구 사항이 생겼을 때 유연하게 대응하기 위해 따로 생성하는 것을 권장한다. 이번 실습에서도 사용자 정의 그룹을 만들되, 모든 파라미터 값을 기본값 그대로 사용한다.

코드 3.3 DB 클러스터 파라미터 그룹 생성(rds.tf)

```
# Aurora MySQL 클러스터 파라미터 그룹 생성
resource "aws_rds_cluster_parameter_group" "aurora_mysql" {
  family      = "aurora-mysql8.0" ❶
  name        = "simple-showcase-db-cluster-parameter-group-aurora-mysql-8" ❷
  description = "simple-showcase-db-cluster-parameter-group-aurora-mysql-8"

  tags = {
    Name = "simple-showcase-db-cluster-parameter-group-aurora-mysql-8"
  }
}
```

❶ 생성하려는 파라미터 그룹이 어떤 데이터베이스 엔진 및 버전을 위한 것인지 지정한다. aurora-mysql8.0으로 지정하면 AWS에서 Aurora MySQL 8.0 엔진에 적용 가능한 모든

---

1 RDS의 인스턴스 유형에 대해서는 *https://aws.amazon.com/ko/rds/aurora/instance-types/*를 참고하기 바란다.

> 파라미터 목록과 그 기본값들을 그대로 복사하여 새로운 사용자 정의 그룹을 생성한다.
>
> ❷ 파라미터 그룹의 이름을 지정한다. 엔진과 버전을 포함한 의미 있는 이름을 사용하는 것
> 이 좋다.

파라미터 그룹 생성 이후 RDS 콘솔에서 그룹 이름을 클릭하면 어떤 값들이 설정되어 있는지 확인할 수 있다(그림 3.5).

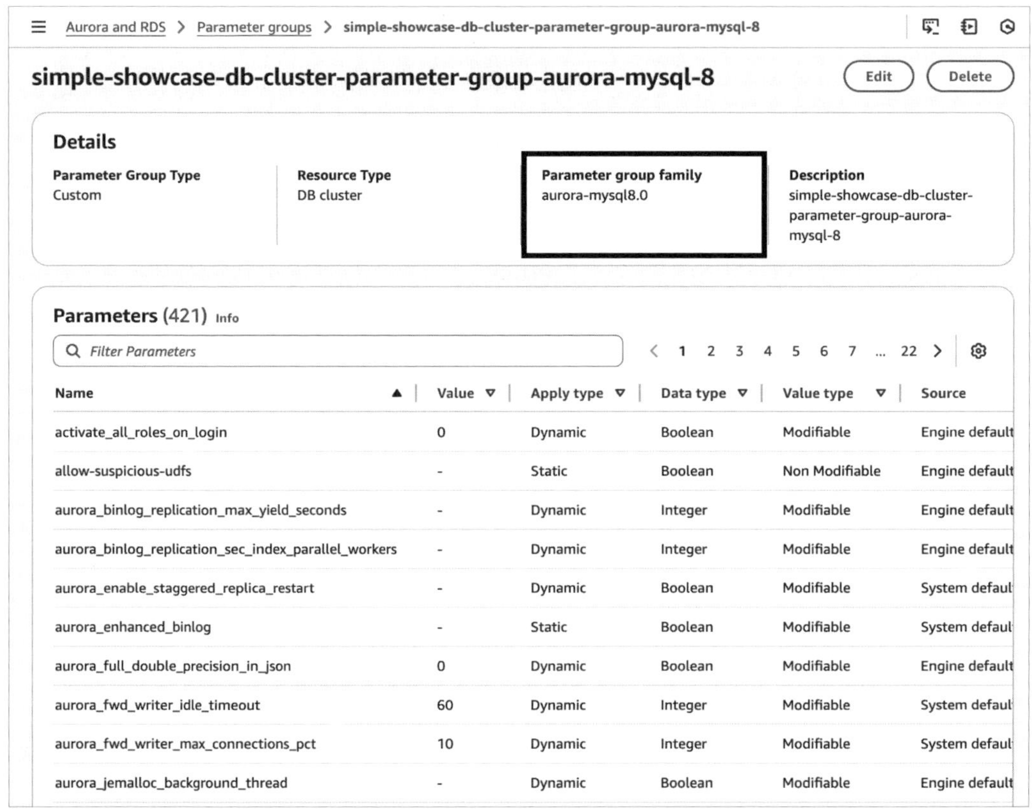

그림 3.5 DB 클러스터 파라미터 그룹의 파라미터 확인

그림 3.5를 보면 Aurora MySQL 8.0의 클러스터 수준 파라미터들이 표시되며, 각 파라미터의 현재 값, 기본값, 설명 등을 확인할 수 있다. 운영 중에 성능 문제가 발생하거나 특별한 요구 사항이 생기면 이 화면에서 해당 파라미터를 찾아 수정하거나, 테라폼을 사용해서 파라미터를 수정할 수 있다.

다음으로 DB 파라미터 그룹도 생성한다.

코드 3.4 DB 파라미터 그룹 생성(rds.tf)

```
# Aurora MySQL 파라미터 그룹 생성
resource "aws_db_parameter_group" "aurora_mysql" {
  family      = "aurora-mysql8.0" ❶
  name        = "simple-showcase-db-parameter-group-aurora-mysql-8" ❷
  description = "simple-showcase-db-parameter-group-aurora-mysql-8"

  tags = {
    Name = "simple-showcase-db-parameter-group-aurora-mysql-8"
  }
}
```

❶ 클러스터 파라미터 그룹과 동일하게 aurora-mysql8.0을 지정하여 Aurora MySQL 8.0 엔진용 인스턴스 수준 파라미터들을 포함한다.

❷ 파라미터 그룹의 이름을 지정한다. 엔진과 버전을 포함한 의미 있는 이름을 사용하는 것이 좋다.

DB 클러스터 파라미터 그룹과 DB 파라미터 그룹 생성이 완료되면, Aurora MySQL 클러스터를 생성한다.

Aurora MySQL 클러스터를 생성할 때는 클러스터 전체의 설정을 담당하는 클러스터 리소스와 그 클러스터 안에서 실제 데이터베이스 역할을 수행하는 인스턴스 리소스, 이 두 가지를 함께 정의해야 한다.

코드 3.5 Aurora MySQL 클러스터 생성(rds.tf)

```
# Aurora MySQL 클러스터 생성
resource "aws_rds_cluster" "aurora_mysql" {
  cluster_identifier   = "simple-showcase-aurora-mysql" ❶
  engine               = "aurora-mysql" ❷
  engine_version       = "8.0" ❸
  database_name        = "simple_showcase" ❹
  master_username      = "admin" ❺
  master_password      = "SimpleShowcase2024!#$" ❻
  db_subnet_group_name = aws_db_subnet_group.aurora.name ❼
  skip_final_snapshot  = true ❽

  db_cluster_parameter_group_name = aws_rds_cluster_parameter_group.
aurora_mysql.name ❾
```

```
  tags = {
    Name = "simple-showcase-aurora-mysql"
  }
}

# Aurora MySQL 프라이머리 인스턴스 생성
resource "aws_rds_cluster_instance" "instance_1" {
  identifier              = "simple-showcase-aurora-mysql-instance-1"   ❿
  cluster_identifier      = aws_rds_cluster.aurora_mysql.id             ⓫
  instance_class          = "db.t3.medium"                             ⓬
  engine                  = aws_rds_cluster.aurora_mysql.engine         ⓭
  engine_version          = aws_rds_cluster.aurora_mysql.engine_version ⓮
  db_parameter_group_name = aws_db_parameter_group.aurora_mysql.name    ⓯

  tags = {
    Name = "simple-showcase-aurora-mysql-instance-1"
  }
}
```

❶ 클러스터의 고유 식별자를 지정한다.

❷ 데이터베이스 엔진의 종류를 지정한다. MySQL과 호환되는 엔진을 사용할 것이기 때문에 aurora-mysql로 지정한다.

❸ 데이터베이스 엔진의 버전을 지정한다. 여기서는 MySQL 8.0과 호환되는 버전을 사용한다.

❹ 클러스터가 처음 생성될 때 함께 만들어질 기본 데이터베이스의 이름을 지정한다. 지정하지 않으면 데이터베이스가 없는 빈 클러스터로 생성된다.[2]

❺ 데이터베이스의 모든 권한을 가질 마스터 사용자(관리자)의 이름을 지정한다.

❻ 마스터 사용자의 비밀번호를 지정한다.[3]

❼ 클러스터가 위치할 DB 서브넷 그룹을 지정한다. 앞서 생성한 DB 서브넷 그룹의 이름을 참조한다.

❽ 클러스터 삭제 시 최종 스냅샷 생성 여부를 지정한다. true로 설정하면 스냅샷을 생성하

---

2 기본 데이터베이스의 이름을 지정하지 않고 클러스터를 생성한 후에 데이터베이스를 생성해도 된다.
3 비밀번호를 코드에 직접 작성하는 하드 코딩 방식은 매우 위험하므로 실제 운영 환경에서는 절대로 하지 말아야 한다. 코드가 버전 관리 시스템(Git 등)에 올라가면 비밀번호가 그대로 노출되기 때문이다. 이번 실습에서는 편의를 위해 직접 작성했지만, 더 나은 방법은 variables.tf와 terraform.tfvars 같은 파일을 사용하여 비밀번호를 코드와 분리하거나, AWS Secrets Manager를 활용하는 것이다. 이에 대한 자세한 설명은 *https://registry.terraform.io/providers/hashicorp/aws/latest/docs/resources/rds_cluster#rdsaurora-managed-master-passwords-via-secrets-manager-default-kms-key*를 참고하자.

지 않아 빠르게 삭제할 수 있지만, 실제 운영 환경에서는 false로 설정하여 데이터 백업을 보장하는 것이 좋다.

❾ 클러스터 전체에 적용될 파라미터 그룹을 지정한다. 앞서 생성한 DB 클러스터 파라미터 그룹의 이름을 참조한다.

❿ 클러스터 내 개별 인스턴스의 고유 식별자를 지정한다.

⓫ 인스턴스가 속할 클러스터의 ID를 지정한다. 함께 정의한 클러스터의 ID를 참조한다.

⓬ 인스턴스의 사양을 지정한다.

⓭⓮ 인스턴스의 데이터베이스 엔진과 버전을 지정한다. 여기서는 클러스터에 정의된 속성을 그대로 참조했다. 이렇게 하면 클러스터의 엔진 정보가 변경될 때 인스턴스의 정보도 함께 변경되므로, 일관성을 유지하고 실수를 방지할 수 있다.

⓯ 클러스터 내의 이 개별 인스턴스에만 적용될 DB 파라미터 그룹을 지정한다. 앞서 생성한 DB 파라미터 그룹의 이름을 참조한다.

생성이 완료되면 RDS 서비스 콘솔에서 클러스터 정보를 확인할 수 있다. 특히 애플리케이션에서 데이터베이스에 접근하기 위한 두 가지 엔드포인트를 확인할 수 있는데, 쓰기용 엔드포인트와 읽기용 엔드포인트가 각각 제공된다.

그림 3.6과 같이 대시보드에서는 두 종류의 중요한 엔드포인트를 확인할 수 있다.

❶ 쓰기용 엔드포인트이다. INSERT, UPDATE, DELETE와 같은 쓰기 작업에 사용된다. 이 엔드포인트는 항상 쓰기 작업을 처리하는 기본 인스턴스를 가리킨다.

❷ 읽기용 엔드포인트이다. SELECT와 같은 읽기 작업에 사용된다. 이 엔드포인트는 여러 읽기 전용 복제본에 읽기 쿼리를 분산시키는 역할을 한다.

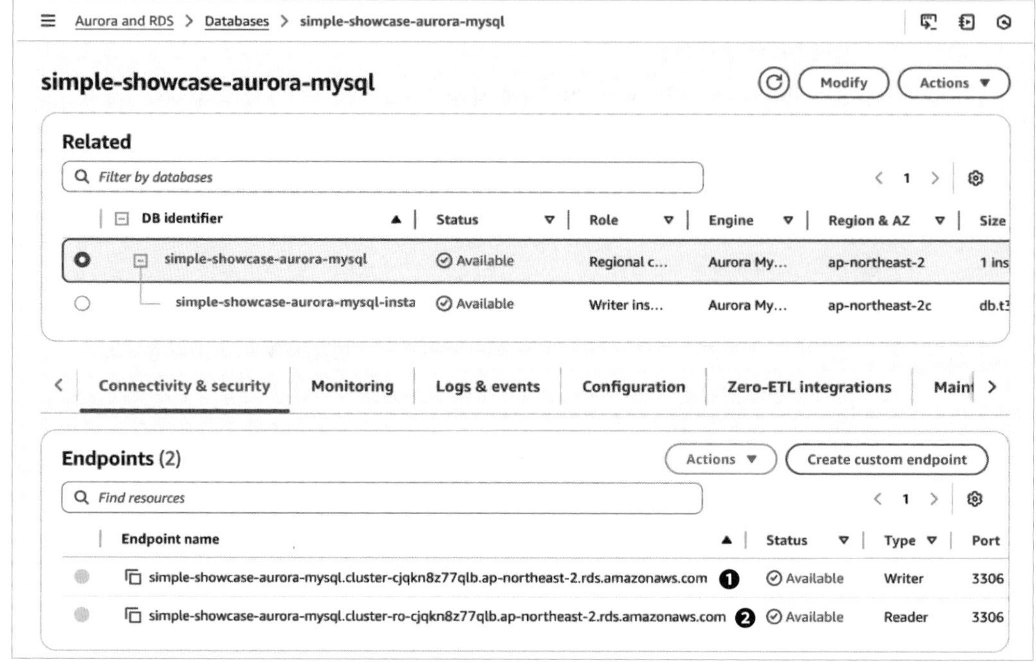

그림 3.6 RDS 서비스 콘솔

이처럼 서로 다른 엔드포인트를 통해 쓰기 요청과 읽기 요청을 분리하는 것은 Aurora의 가장 큰 특징 중 하나이다. 애플리케이션에서 용도에 따라 적절한 엔드포인트를 선택하여 연결하기만 하면 Aurora가 내부적으로 라우팅을 처리한다. 이를 통해 추후에 읽기 전용 복제본을 추가하여 읽기 성능을 손쉽게 수평 확장하고, 전체 데이터베이스의 부하를 효과적으로 분산시킬 수 있다.

물론 지금은 클러스터에 기본 인스턴스 하나만 존재하기 때문에, 두 엔드포인트 모두 동일한 인스턴스를 가리키고 있다. 하지만 읽기 전용 복제본을 추가하면 쓰기용 엔드포인트는 계속 기본 인스턴스를 가리키는 반면, 읽기용 엔드포인트는 새로 추가된 복제본들을 가리키도록 자동으로 업데이트된다. 이에 대해서는 이 장의 후반부에서 실제로 읽기 전용 복제본을 추가하며 더 자세히 살펴볼 것이다.

Aurora MySQL 클러스터 생성이 완료된 후 simple-showcase-server에서 접속이 잘되는지 확인해 보자. 네트워크 연결 여부를 테스트하는 데 가장 많이 사용되는 telnet 명령을 사용해서 확인한다.

코드 3.6 telnet 명령어 설치 및 네트워크 연결 여부 테스트

```
[ec2-user@ip-10-1-0-54 ~]$ sudo yum install telnet -y
..... (중략) .....
[ec2-user@ip-10-1-0-82 ~]$ telnet simple-showcase-aurora-mysql.cluster-
cjqkn8z77qlb.ap-northeast-2.rds.amazonaws.com 3306
Trying 10.1.11.200...
```

접속이 되지 않고 Trying 메세지에서 더 이상 진행되지 않을 것이다. 왜 이런 현상이 발생하는 걸까? 이 또한 앞에서 살펴본 것처럼 보안 그룹과 관련이 있다.

먼저 EC2에서 Aurora MySQL에 접속하는 과정에 대해서 생각해 보자.

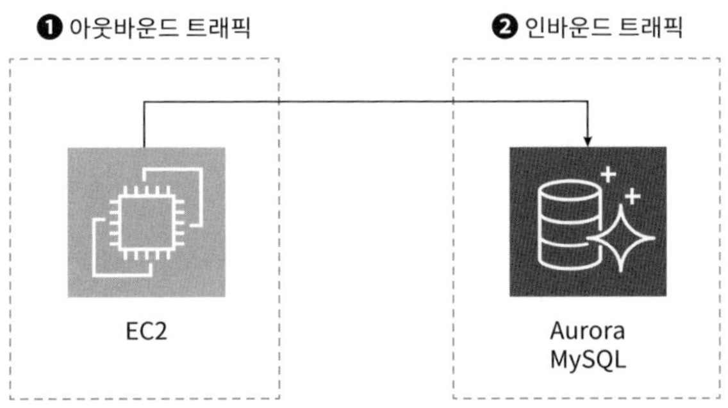

그림 3.7 EC2에서 Aurora MySQL에 접속하는 과정

EC2에서 Aurora MySQL에 접속하는 과정은 크게 두 개의 트래픽 흐름으로 볼 수 있다(그림 3.7). EC2의 입장에서는 데이터베이스로 나가는 아웃바운드 트래픽(❶)이 되고, Aurora MySQL 입장에서는 자신에게로 들어오는 인바운드 트래픽(❷)이 된다.

하지만 지금 EC2 인스턴스에 허용된 아웃바운드 트래픽은 HTTP 통신을 위한 80번 포트와 HTTPS 통신을 위한 443번 포트에 대한 규칙만 있기 때문에 MySQL 기본 포트인 3306번 포트는 정책상 차단된다. 따라서 EC2 인스턴스의 보안 그룹에 Aurora MySQL로 향하는 3306번 포트에 대한 아웃바운드 트래픽을 허용하는 보안 규칙을 추가해야 한다. 이때 규칙의 목적지를 인터넷 전체가 아닌 VPC 내부 IP 대역, 그중에서도 DB 서브넷에 포함되어 있는 두 개의 프라이빗 서브넷의 CIDR 블록으로 한정하는 것이 보안상 더 안전하다. 두 서브넷이 아닌 다른 곳으로의 데이터베이스 접근은 필요하지 않기 때문이다.

마찬가지로 Aurora MySQL 클러스터에 적용할 보안 그룹에는 3306번 포트에 대한 인바운드 트래픽을 허용하는 보안 규칙을 추가해야 한다. 이 규칙의 출발지 또한 인터넷 전체가 아닌 VPC 내부 IP 대역에서 오는 요청만 허용하도록 설정하는 것이 보안상 더 안전하다. 우리가 생성한 Aurora MySQL 클러스터에 대한 접근 역시 VPC 내부가 아닌 외부에서의 접근은 필요하지도 않고, 가능해서도 안되기 때문이다.

먼저, EC2 인스턴스의 보안 그룹에 새로운 아웃바운드 규칙을 추가한다.

코드 3.7 EC2 인스턴스에 적용할 3306번 포트에 대한 아웃바운드 트래픽 허용 보안 규칙(ec2.tf)

```
# Aurora MySQL에 대한 아웃바운드 보안 규칙 추가, private_subnet_a로 접근 가능하도록 설정
resource "aws_vpc_security_group_egress_rule" "mysql_private_a" {
  security_group_id = aws_security_group.server.id ❶
  description       = "Allow MySQL outbound traffic"
  from_port         = 3306 ❷
  to_port           = 3306 ❸
  ip_protocol       = "tcp" ❹
  cidr_ipv4         = aws_subnet.private_a_01.cidr_block ❺
}

# Aurora MySQL에 대한 아웃바운드 보안 규칙 추가, private_subnet_c로 접근 가능하도록 설정
resource "aws_vpc_security_group_egress_rule" "mysql_private_c" {
  security_group_id = aws_security_group.server.id
  description       = "Allow MySQL outbound traffic"
  from_port         = 3306
  to_port           = 3306
  ip_protocol       = "tcp"
  cidr_ipv4         = aws_subnet.private_c_01.cidr_block
}
```

❶ 규칙을 추가할 보안 그룹의 ID를 지정한다. EC2 인스턴스에 적용된 기존 보안 그룹을 참조한다.

❷❸ 허용할 포트 범위를 지정한다. MySQL의 기본 포트인 3306번만 허용하므로 from_port, to_port 둘 다 3306으로 설정한다.

❹ 허용할 프로토콜을 지정한다. MySQL은 TCP 프로토콜을 사용한다.

❺ 규칙의 목적지 IP 대역을 지정한다. VPC 전체 대역 대신 Aurora 클러스터가 배치될 수 있

는 프라이빗 서브넷의 CIDR 블록만 허용하도록 설정했다. 다만 이렇게 설계할 경우 프라이빗 서브넷이 추가될 때 관련된 보안 규칙에도 잊지 말고 추가해 주어야 한다. 그렇지 않으면 추가된 프라이빗 서브넷에 데이터베이스 인스턴스가 생성될 경우 통신이 안되는 장애가 발생할 수 있다.

다음으로 Aurora MySQL 클러스터에 적용할 새로운 보안 그룹과 인바운드 규칙을 정의한다.

코드 3.8 Aurora MySQL에 적용할 3306번 포트에 대한 인바운드 트래픽 허용 보안 규칙(rds.tf)

```
# Aurora MySQL 보안 그룹 생성
resource "aws_security_group" "aurora_mysql" {
  name        = "simple-showcase-aurora-mysql-sg" ❶
  description = "Security group for Aurora MySQL cluster"
  vpc_id      = aws_vpc.main.id ❷

  tags = {
    Name = "simple-showcase-aurora-mysql-sg"
  }
}


# Aurora MySQL에 대한 인바운드 보안 규칙 추가
resource "aws_vpc_security_group_ingress_rule" "mysql_from_vpc" {
  security_group_id = aws_security_group.aurora_mysql.id ❸
  description       = "Allow MySQL inbound traffic"
  from_port         = 3306 ❹
  to_port           = 3306 ❺
  ip_protocol       = "tcp" ❻
  cidr_ipv4         = aws_vpc.main.cidr_block ❼
}
```

❶ Aurora MySQL 클러스터가 사용할 보안 그룹의 이름을 지정한다.

❷ 보안 그룹이 생성될 VPC를 지정한다. 앞서 생성한 VPC의 ID를 참조한다.

❸ 인바운드 규칙을 추가할 보안 그룹의 ID를 지정한다. 위에서 생성한 Aurora MySQL이 사용할 보안 그룹을 참조한다.

❹❺ 허용할 포트 범위를 지정한다. MySQL의 기본 포트인 3306만 허용한다.

❻ 허용할 프로토콜을 지정한다. MySQL은 TCP 프로토콜을 사용한다.

❼ 보안 규칙의 출발지 IP 대역을 지정한다. VPC 전체 CIDR 블록을 허용하도록 설정했다. 데이터베이스에 접근하고자 하는 리소스들은 VPC 내부의 다양한 곳에 존재할 수 있기 때문에 VPC 내부에서는 Aurora 클러스터에 접근할 수 있도록 VPC 전체 CIDR 블록을 허용한다.

그리고 이렇게 생성한 보안 그룹을 Aurora MySQL 클러스터에 적용한다.

코드 3.9 Aurora MySQL 클러스터에 보안 그룹 적용(rds.tf)

```
resource "aws_rds_cluster" "aurora_mysql" {
  cluster_identifier      = "simple-showcase-aurora-mysql"
  engine                  = "aurora-mysql"
  engine_version          = "8.0"
  database_name           = "simple_showcase"
  master_username         = "admin"
  master_password         = "SimpleShowcase2024!#$"
  db_subnet_group_name    = aws_db_subnet_group.aurora.name
  skip_final_snapshot     = true
  vpc_security_group_ids = [aws_security_group.aurora_mysql.id] ❶

  db_cluster_parameter_group_name = aws_rds_cluster_parameter_group.
aurora_mysql.name

  tags = {
    Name = "simple-showcase-aurora-mysql"
  }
}
```

> ❶ Aurora 클러스터에 적용할 보안 그룹들의 ID를 리스트 형태로 지정한다. 앞서 생성한 Au-
> rora MySQL을 위한 보안 그룹을 적용한다. 기존 클러스터 생성 코드에 추가한다.

보안 그룹을 설정한 다음 테라폼 워크플로를 실행하여 변경 사항을 적용하고,
코드 3.10과 같이 다시 한번 `telnet`으로 테스트한다.

코드 3.10 네트워크 연결 여부 테스트

```
[ec2-user@ip-10-1-0-82 ~]$ telnet simple-showcase-aurora-mysql.cluster-
cjqkn8z77qlb.ap-northeast-2.rds.amazonaws.com 3306
Trying 10.1.11.200...
Connected to simple-showcase-aurora-mysql.cluster-cjqkn8z77qlb.ap-north
east-2.rds.amazonaws.com. ❶
Escape character is '^]'.
J
8.0.39...JrG|FaM...RbD8#twPmysql_native_password^]
telnet> quit
Connection closed.
```

이번에는 'Connected to …' 메세지가 표시되며(❶) 정상적으로 연결되었다. 연
결 후 나타나는 문자열들은 MySQL 서버가 클라이언트에 보내는 초기 응답 메

시지로, Aurora MySQL의 엔진 버전 및 인증 방식 등을 볼 수 있다. 이런 응답을 통해 Aurora MySQL 클러스터가 정상적으로 동작하고 있으며, 네트워크 연결이 성공적으로 이루어졌음을 확인할 수 있다.

EC2 인스턴스와 Aurora MySQL 클러스터에 각각 적절한 보안 규칙을 적용한 후에는 이전에 차단되었던 연결이 정상적으로 이루어진다.

이제 로컬에 설치한 MySQL을 대체할 수 있는 Aurora MySQL 클러스터가 준비되었다. 다음 절에서는 Aurora MySQL 클러스터로의 이전을 진행하고, Simple Showcase 애플리케이션을 Aurora MySQL 클러스터와 연결하여 서비스할 수 있도록 설정해 보자.

3.3 데이터 마이그레이션

새로운 Aurora MySQL 클러스터가 준비되었지만, 아직은 텅 빈 상태이다. 2장에서 사용하던 로컬 MySQL의 스키마와 데이터를 그대로 옮겨와야 기존 Simple Showcase 애플리케이션이 문제없이 동작할 수 있다. 이처럼 기존 데이터베이스의 구성과 데이터를 새로운 데이터베이스로 이전하는 전체 과정을 데이터 마이그레이션이라고 한다.

이번 절에서는 데이터 마이그레이션 과정을 크게 두 가지 작업으로 나누어 진행한다. 먼저 애플리케이션이 사용할 데이터베이스와 사용자를 생성하는 초기화 작업을 진행하고, 이어서 기존 데이터를 백업하고 복원하는 데이터 이전 작업을 수행한다.

먼저, Aurora MySQL 클러스터에 접속하여 showcase_user 사용자를 생성하고 필요한 권한을 부여한다. simple_showcase 데이터베이스 생성은 이미 Aurora MySQL 클러스터를 생성할 때 함께 진행했기 때문에 사용자 초기화만 실행한다.

코드 3.11 Aurora MySQL 클러스터 사용자 생성 및 초기화

```
[ec2-user@ip-10-1-0-82 ~]$ mysql -u admin -p -h simple-showcase-aurora-
mysql.cluster-cjqkn8z77qlb.ap-northeast-2.rds.amazonaws.com ❶
Enter password:
..... (중략) .....
```

```
mysql> CREATE USER 'showcase_user'@'10.1.%' IDENTIFIED BY 'Showcase_
user_123!@#'; ❷
Query OK, 0 rows affected (0.00 sec)

mysql> GRANT ALL ON simple_showcase.* TO 'showcase_user'@'10.1.%'; ❸
Query OK, 0 rows affected (0.00 sec)

mysql> FLUSH PRIVILEGES; ❹
Query OK, 0 rows affected (0.01 sec)
```

❶ MySQL 클라이언트에 접속하기 위한 명령어이다. Aurora MySQL 클러스터의 쓰기용 엔드포인트에 관리자 계정으로 접속한다.

❷ showcase_user를 생성한다. 이때 뒤에 붙는 10.1.%는 10.1.로 시작하는 모든 IP 주소에서의 접속을 허용한다는 의미이며 10.1.0.0/16 IP 대역, 즉 VPC의 CIDR 블록이 여기에 해당한다.

❸ showcase_user에 simple_showcase 데이터베이스의 모든 권한을 부여한다.

❹ 권한 변경 사항을 즉시 적용한다.

다음으로 기존의 상품 데이터를 새로운 Aurora MySQL 클러스터로 옮겨보자. 이를 위해 mysqldump와 같은 도구를 사용하여 데이터를 파일 형태로 백업(덤프)하고, 이 파일을 Aurora MySQL 클러스터에 복원하는 방식을 사용한다.

코드 3.12 데이터 이전 과정

```
[ec2-user@ip-10-1-0-82 ~]$ mysqldump -u showcase_user -p --no-tablespaces
--set-gtid-purged=OFF --routines --triggers --events simple_showcase > ~/
simple_showcase_dump.sql ❶
Enter password: # 패스워드를 입력한다.
[ec2-user@ip-10-1-0-82 ~]$ ls -al ./simple_showcase_dump.sql
-rw-r--r--. 1 ec2-user ec2-user 4347 Jun 13 13:53 ./simple_showcase_dump.
sql
[ec2-user@ip-10-1-0-82 ~]$ mysql -u showcase_user -p -h simple-showcase-
aurora-mysql.cluster-cjqkn8z77qlb.ap-northeast-2.rds.amazonaws.com simple_
showcase < ./simple_showcase_dump.sql ❷
Enter password: # 패스워드를 입력한다.
```

❶ mysqldump는 데이터베이스의 내용과 구조를 SQL 구문으로 이루어진 파일로 백업(덤프)하는 명령이다.

❷ mysql 클라이언트를 사용해서 생성된 데이터 덤프의 내용을 Aurora MySQL 클러스터에 복원한다.

특별한 오류 메시지 없이 명령어 프롬프트로 돌아오면 데이터 이전이 성공적으로 완료된 것이다. 마이그레이션이 제대로 되었는지 mysql 클라이언트를 통해 접속해서 확인해 보자.

코드 3.13 데이터 마이그레이션 검증

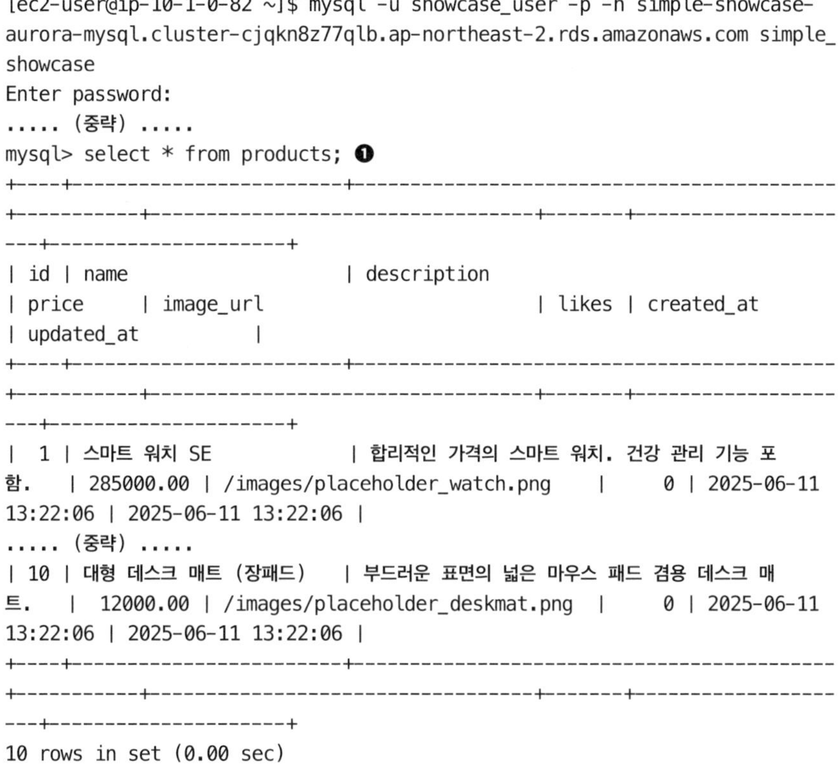

```
[ec2-user@ip-10-1-0-82 ~]$ mysql -u showcase_user -p -h simple-showcase-
aurora-mysql.cluster-cjqkn8z77qlb.ap-northeast-2.rds.amazonaws.com simple_
showcase
Enter password:
..... (중략) .....
mysql> select * from products; ❶
+----+--------------------+-------------------------------------------
-----------+--------------------------------+------+------------------
---+--------------------+
| id | name               | description
| price     | image_url                      | likes | created_at
| updated_at         |
+----+--------------------+-------------------------------------------
-----------+--------------------------------+------+------------------
---+--------------------+
|  1 | 스마트 워치 SE          | 합리적인 가격의 스마트 워치. 건강 관리 기능 포
함.  | 285000.00 | /images/placeholder_watch.png    |     0 | 2025-06-11
13:22:06 | 2025-06-11 13:22:06 |
..... (중략) .....
| 10 | 대형 데스크 매트 (장패드)   | 부드러운 표면의 넓은 마우스 패드 겸용 데스크 매
트.  |  12000.00 | /images/placeholder_deskmat.png  |     0 | 2025-06-11
13:22:06 | 2025-06-11 13:22:06 |
+----+--------------------+-------------------------------------------
-----------+--------------------------------+------+------------------
---+--------------------+
10 rows in set (0.00 sec)
```

❶ select * from products SQL로 products 테이블에 있는 모든 상품 데이터를 조회한다. 정상적으로 이전되어 10개의 상품이 모두 조회되는 것을 볼 수 있다.

코드 3.13을 통해 기존 데이터가 새로운 Aurora MySQL 클러스터에 성공적으로 이전된 것을 확인했다.

　이제 2장에서 배포한 Simple Showcase 애플리케이션이 로컬 MySQL 대신 새로운 Aurora MySQL 클러스터를 바라보도록 연결 정보를 수정하고 재배포해보자.

3.4 백엔드 애플리케이션과 Aurora MySQL 클러스터 연결

이번 절에서는 Simple Showcase 백엔드 애플리케이션이 로컬 MySQL 대신 새로운 Aurora MySQL 클러스터를 사용하도록 설정을 변경하여 재배포한다.

애플리케이션 코드에 데이터베이스 주소와 같은 설정 값을 직접 하드코딩하는 방식은 유연성과 보안에 좋지 않다. 그보다는 외부에서 환경 변수를 주입하여 애플리케이션의 동작을 제어하는 것이 일반적이다.

우리는 2장에서 사용한 deploy-backend.sh 스크립트를 다시 실행하되, 이번에는 Aurora MySQL 클러스터의 두 엔드포인트 주소를 WRITE_DB_HOST와 READ_DB_HOST 환경 변수로 추가하여 실행한다.

코드 3.14 재실행

```
[ec2-user@ip-10-1-0-82 ~]$ cd /home/ec2-user/app/simple-showcase/backend/
deploy
[ec2-user@ip-10-1-0-82 deploy]$ ./deploy-backend.sh 'DB_PASSWORD=Showcase_
user_123!@#' 'WRITE_DB_HOST=simple-showcase-aurora-mysql.cluster-
cjqkn8z77qlb.ap-northeast-2.rds.amazonaws.com' 'READ_DB_HOST=simple-
showcase-aurora-mysql.cluster-ro-cjqkn8z77qlb.ap-northeast-2.rds.
amazonaws.com' ❶
..... (중략) .....
Copying nginx configuration... ✓ PASS
Testing nginx configuration... nginx: the configuration file /etc/nginx/
nginx.conf syntax is ok
nginx: configuration file /etc/nginx/nginx.conf test is successful
✓ PASS
Restarting nginx... ✓ PASS

✓ Backend deployment completed successfully!
```

❶ 2장에서 실행한 deploy-backend.sh 스크립트에 DB_PASSWORD, WRITE_DB_HOST, READ_DB_HOST 세 가지 환경 변수를 설정한 후 실행한다. READ_DB_HOST의 경우 URL에 -ro가 포함되어 있어 읽기 전용 엔드포인트임을 구분할 수 있다.

백엔드 애플리케이션 재배포가 성공적으로 완료되었다면, EC2 인스턴스에서 Aurora MySQL 클러스터로의 네트워크가 연결되었는지 확인해 보자. 네트워크 연결 상태는 netstat 명령어로 확인할 수 있다.

코드 3.15 네트워크 연결 정보 확인

```
[ec2-user@ip-10-1-0-82 deploy]$ sudo netstat -napo | grep 3306 ❶
tcp        0        0 10.1.0.82:58870            10.1.11.200:3306
ESTABLISHED 3397/simple-showcas   keepalive (12.67/0/0)                ❷
tcp        0        0 10.1.0.82:58868            10.1.11.200:3306
ESTABLISHED 3397/simple-showcas   keepalive (12.67/0/0)                ❸
```

> ❶ netstat 명령을 입력하면 네트워크 연결이 모두 표시되기 때문에 grep 명령으로 그중
> 3306번 포트를 사용하는 네트워크 연결을 필터링한다.
>
> ❷❸ 3306 포트를 사용하는 네트워크 연결의 목적지가 기존 127.0.0.1에서 10.1.11.200, 즉
> EC2 외부에 있는 Aurora MySQL 클러스터로 변경된 것을 볼 수 있다.

이제 기존에 EC2 인스턴스에 설치해 사용하던 MySQL을 종료한다.

코드 3.16 EC2 인스턴스의 mysql 종료

```
[ec2-user@ip-10-1-0-82 deploy]$ sudo systemctl stop mysqld
```

로컬 MySQL을 종료한 후에도 브라우저로 app.simple-showcase.shop에 접속
하면 잘 동작하는 모습을 확인할 수 있다. PC에서 curl 명령으로 API를 호출하
면 응답도 정상적으로 동작하는 것을 확인할 수 있다.

코드 3.17 API 응답 테스트

```
> curl -s http://api.simple-showcase.shop/api/products
[{"id":1,"name":"스마트 워치 SE","description":"합리적인 가격의 스마트 워치. 건강 관
리 기능 포함." … (중략) …
```

지금까지의 과정을 통해 EC2 인스턴스 한 대에 모든 요소들이 함께 동작하던
모놀리식 구조에서 애플리케이션과 데이터베이스를 분리한 구조로 바꾸었다.
모놀리식 구조가 가지고 있던 의존성 중 데이터베이스와 관련된 의존성을 개
선했다고 볼 수 있다. 또한 이제는 데이터베이스에 부하가 생겨도 애플리케이
션 서버와 독립적으로 성능을 최적화하고 개선할 수 있게 되었다.

이 상황에서 데이터베이스에서 부하가 발생해 서비스에 영향을 준다면 어떻
게 대응할 수 있을까? 다음 절에서 Aurora의 가장 큰 장점 중 하나인 읽기 전용
복제본을 늘리는 작업을 진행해 보자.

3.5 Aurora MySQL 클러스터에 읽기 전용 복제본 늘리기

Aurora의 가장 큰 장점 중 하나가 수평 확장을 통한 부하 분산이다. 특히 데이터베이스의 경우 쓰기보다는 다수의 읽기 작업으로 인해 부하가 발생하는데, 이때 읽기 전용 복제본을 증설해서 읽기 요청에 대한 부하를 분산할 수 있다.

현재의 Aurora MySQL 클러스터는 단일 인스턴스로 구성되어 있어, 이 하나의 인스턴스가 쓰기와 읽기, 요청을 모두 처리하고 있다. 이런 구조는 초기에는 단순해서 관리가 편하지만 읽기 트래픽이 증가하면 데이터베이스 전체 성능에 병목이 될 수 있다. 특히 대부분의 웹 애플리케이션에서는 읽기 작업이 쓰기 작업보다 훨씬 많이 발생하기 때문에 읽기 성능 최적화가 전체 서비스 성능에 미치는 영향이 크다.

이 문제를 해결하기 위해 읽기 전용 복제본을 추가하여 쓰기 요청과 읽기 요청의 경로를 분리하고, 향후 트래픽 증가에 따라 읽기 성능을 수평 확장할 수 있는 기반을 마련해 보자.

코드 3.18 읽기 전용 복제본 증설(rds.tf)

```
# Aurora MySQL 세컨더리 인스턴스 생성
resource "aws_rds_cluster_instance" "instance_2" {
  identifier              = "simple-showcase-aurora-mysql-instance-2"     ❶
  cluster_identifier      = aws_rds_cluster.aurora_mysql.id               ❷
  instance_class          = "db.t3.medium"                               ❸
  engine                  = aws_rds_cluster.aurora_mysql.engine           ❹
  engine_version          = aws_rds_cluster.aurora_mysql.engine_version   ❺
  db_parameter_group_name = aws_db_parameter_group.aurora_mysql.name      ❻

  tags = {
    Name = "simple-showcase-aurora-mysql-instance-2"
  }
}
```

❶ 두 번째 인스턴스의 고유한 식별자를 지정한다. 첫 번째 인스턴스와 구분되도록 숫자 2를 붙인다.

❷ 첫 번째 인스턴스와 동일한 클러스터에 속하도록 같은 클러스터 ID를 참조한다.

❸ 첫 번째 인스턴스와 동일한 사양을 사용한다. 필요에 따라 읽기 전용 복제본은 다른 인스턴스 클래스를 사용할 수 있다. 하지만 첫 번째 인스턴스에 장애가 발생하면 두 번째 인스턴스가 쓰기 작업이 가능한 인스턴스가 되기 때문에 사양이 너무 다르면 장애에 대응하기 어렵다.

❹❺ 인스턴스의 데이터베이스 엔진과 버전을 지정한다. 여기서는 클러스터에 정의된 속성을 그대로 참조했다. 이렇게 하면 클러스터의 엔진 정보가 변경될 때 인스턴스의 정보도 함께 변경되므로 일관성을 유지하고 실수를 방지할 수 있다.

❻ 동일한 파라미터 그룹을 사용한다.

Aurora MySQL 클러스터에 읽기 전용 복제본을 추가하는 과정은 간단하다. 클러스터에 속한 첫 번째 인스턴스가 자동으로 쓰기 작업을 위한 기본 인스턴스가 되고, 그 이후에 추가되는 모든 인스턴스는 별도의 설정이 없어도 자동으로 읽기 전용 복제본이 된다. 따라서 첫 번째 인스턴스를 생성할 때와 거의 동일한 코드로, 이름만 다른 두 번째 인스턴스를 정의하기만 하면 된다. Aurora는 내부적으로 다음과 같은 작업들을 자동으로 처리한다.

- 데이터 동기화: 첫 번째 인스턴스의 모든 변경 사항을 읽기 전용 복제본으로 실시간 복제
- 읽기용 엔드포인트 업데이트: 추가된 읽기 전용 복제본을 읽기 엔드포인트의 대상 풀에 자동 추가
- 로드 밸런싱: 읽기용 엔드포인트로 들어오는 읽기 요청을 여러 복제본에 자동 분산

테라폼 워크플로를 실행하여 읽기 전용 복제본을 추가한 후 simple-show-case-server에서 Aurora MySQL 클러스터의 도메인에 대해 도메인 질의를 하면 읽기용 엔드포인트에 대한 IP 응답 값이 달라지는 것을 볼 수 있다.

코드 3.19 읽기용 엔드포인트 IP 응답 변화

```
// 읽기 전용 복제본 추가 전
[ec2-user@ip-10-1-0-82 ~]$ dig +short simple-showcase-aurora-mysql.
cluster-cjqkn8z77qlb.ap-northeast-2.rds.amazonaws.com
simple-showcase-aurora-mysql-instance-1.cjqkn8z77qlb.ap-northeast-2.rds.
amazonaws.com.
10.1.11.200 ❶
[ec2-user@ip-10-1-0-82 ~]$ dig +short simple-showcase-aurora-mysql.
cluster-ro-cjqkn8z77qlb.ap-northeast-2.rds.amazonaws.com
simple-showcase-aurora-mysql-instance-1.cjqkn8z77qlb.ap-northeast-2.rds.
amazonaws.com.
10.1.11.200 ❷
```

```
// 읽기 전용 복제본 추가 후
[ec2-user@ip-10-1-0-82 ~]$ dig +short simple-showcase-aurora-mysql.
cluster-cjqkn8z77qlb.ap-northeast-2.rds.amazonaws.com
simple-showcase-aurora-mysql-instance-1.cjqkn8z77qlb.ap-northeast-2.rds.
amazonaws.com.
10.1.11.200 ❸
[ec2-user@ip-10-1-0-82 ~]$ dig +short simple-showcase-aurora-mysql.
cluster-ro-cjqkn8z77qlb.ap-northeast-2.rds.amazonaws.com
simple-showcase-aurora-mysql-instance-2.cjqkn8z77qlb.ap-northeast-2.rds.
amazonaws.com.
10.1.10.68 ❹
```

읽기 전용 복제본을 추가하기 전에는 쓰기용 엔드포인트와 읽기용 엔드포인트에 대한 도메인 질의 결과가 같은 IP(❶, ❷)인 것을 볼 수 있다. 하지만 읽기 전용 복제본이 추가된 후에는 쓰기용 엔드포인트에 대한 도메인 질의 결과 IP(❸)와 읽기용 엔드포인트에 대한 도메인 질의 결과 IP(❹)가 서로 달라졌다.

또한 애플리케이션이 시작될 때 데이터베이스 엔드포인트의 DNS 정보를 조회하여 IP 주소를 내부적으로 캐싱할 수도 있기 때문에, 새로 추가된 읽기 전용 복제본의 IP 주소를 애플리케이션이 확실히 인지하도록 백엔드 서비스를 재시작하여 DNS 정보를 새로 가져오게 한다.

 애플리케이션과 작성 언어별로 동작 방식이 조금씩 다르다. 다만 예제에서는 새로운 읽기 전용 복제본에 확실하게 연결되게 하기 위해 재시작을 권고한다.

코드 3.20 데이터베이스에 대한 네트워크 연결 확인

```
[ec2-user@ip-10-1-0-82 ~]$ sudo systemctl restart simple-showcase-backend.
service
[ec2-user@ip-10-1-0-82 ~]$ netstat -napo | grep -i 3306
(Not all processes could be identified, non-owned process info
 will not be shown, you would have to be root to see it all.)
tcp        0        0 10.1.0.82:41858          10.1.10.68:3306 ❶
ESTABLISHED 24603/simple-showca  keepalive (10.13/0/0)
tcp        0        0 10.1.0.82:46402          10.1.11.200:3306 ❷
ESTABLISHED 24603/simple-showca  keepalive (10.12/0/0)
```

코드 3.20과 같이 네트워크 연결 역시 서로 다른 IP(❶, ❷) 두 개가 존재하는 것을 볼 수 있다. 하나는 쓰기 작업을 위한 기본 인스턴스와의 연결이고, 다른 하나는 읽기 작업을 위한 새로운 복제본과의 연결이다. 이를 통해 애플리케이션이 Aurora MySQL 클러스터의 쓰기용/읽기용 엔드포인트 분리를 나눠서 활용하고 있음을 볼 수 있다.

지금까지의 과정을 통해 쓰기 요청은 기본 인스턴스로, 읽기 요청은 읽기 전용 복제본으로 보내 데이터베이스 쓰기/읽기 분리 구조의 기반을 마련했다.

이제 서비스에 읽기 요청으로 인한 부하가 증가하면 읽기 전용 복제본을 추가하여 대응할 수 있다. Aurora는 최대 15개까지 읽기 전용 복제본을 지원하기 때문에 상당한 수준의 읽기 확장이 가능하다. 이를 통해 훨씬 더 안정적이고 확장성 있는 서비스 운영이 가능하다.

3.6 마치며

이번 장에서는 그림 3.8과 같이 2장에서 구축한 모놀리식 아키텍처의 중요한 한계점 중 하나인 데이터베이스의 운영 부담과 확장성 문제를 해결하기 위한 과정을 진행했다.

먼저 데이터베이스와 같이 보안이 중요한 리소스는 외부로부터 격리된 네트워크에 위치해야 한다는 원칙에 따라 프라이빗 서브넷을 새롭게 구성하고, Aurora에서 사용할 수 있도록 DB 서브넷 그룹을 생성했다.

이어서 Aurora MySQL 클러스터를 프로비저닝하고, EC2 인스턴스에서 운영하던 기존 MySQL의 데이터를 mysqldump와 mysql 클라이언트를 사용하여 새로운 Aurora MySQL 클러스터로 이전하는 작업을 완료했다.

그 다음, 백엔드 애플리케이션이 새로운 데이터베이스를 바라보도록 환경 변수를 설정하고 백엔드 애플리케이션 배포 스크립트를 다시 실행하여 백엔드 애플리케이션과 Aurora MySQL 클러스터 간 연결을 완료했다. 마지막으로 데이터베이스의 읽기 부하가 증가하는 상황에 유연하게 대응하기 위해 Aurora 읽기 전용 복제본을 추가하여 데이터베이스 계층을 수평적으로 확장하는 방법까지 살펴보았다.

이런 과정들을 통해 데이터베이스 관리와 운영의 복잡한 부분은 AWS에 위임하면서도, 서비스의 안정성과 성능, 그리고 확장성은 이전보다 향상된 아키

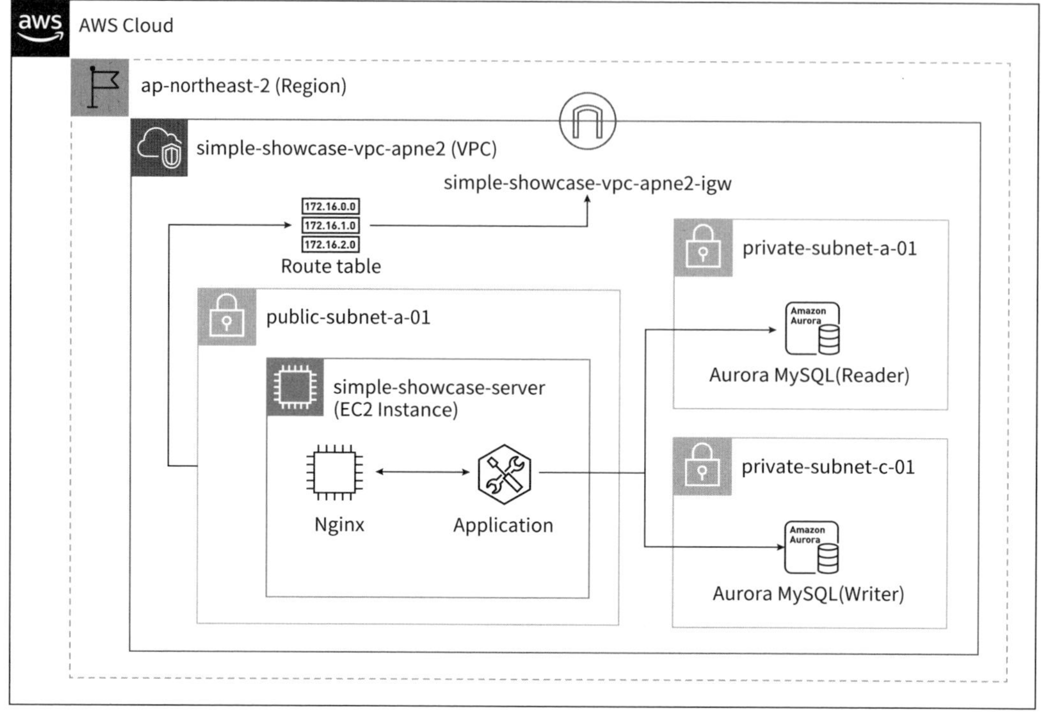

그림 3.8 지금까지 구축한 아키텍처

텍처를 구축했다. 하지만 Simple Showcase 애플리케이션은 여전히 웹/애플리케이션 서버 계층의 확장에 한계가 있다. 데이터베이스의 읽기 부하는 Aurora 읽기 전용 복제본을 추가함으로써 대응할 수 있게 되었지만, 웹 서버나 API 서버 자체에 대한 부하가 증가할 경우 이를 분산시키거나 자동으로 확장할 수 있는 방법은 아직 마련되지 않았다.

이러한 애플리케이션 계층의 확장성 문제를 해결하기 위해, 다음 장에서는 증가하는 웹 트래픽을 여러 EC2 인스턴스로 효율적으로 분산하고 서버의 가용성을 높이기 위한 핵심 서비스인 애플리케이션 로드 밸런서(ALB)를 도입할 것이다. 이를 통해 단일 EC2 인스턴스로 운영되던 웹/애플리케이션 계층의 한계를 극복하고 더욱 견고하면서 탄력적인 인프라를 구축할 수 있다.

 이번 장에서 생성한 Aurora MySQL 클러스터는 비용이 발생하기 때문에 실습을 잠시 멈
춘다면 Aurora MySQL 클러스터도 멈춰 두는 것이 좋다. RDS 관리 콘솔에서도 가능하
지만 다음과 같이 AWS CLI를 통해서도 가능하다.

```
aws rds stop-db-cluster --db-cluster-identifier simple-showcase-
aurora-mysql ❶
```

> ❶ 뒤에 인자로 넘겨주는 --db-cluster-identifier의 값은 Aurora MySQL 클러스
> 터의 이름이다.

이렇게 멈춰두는 것은 7일간 가능하며 7일이 지나면 자동으로 다시 시작되어 비용이 다
시 발생한다. 따라서 7일 간격으로 멈춰 두거나, 삭제한 후 다음번 실습 시에 다시 생성하
도록 하자.

4장

트래픽 분산 처리와 애플리케이션 로드 밸런서 도입

4장의 전체 테라폼 코드:
https://github.com/sepiro2000/simple-showcase-terraform/tree/main/CHAP04

3장에서는 EC2 인스턴스에서 직접 운영하던 MySQL 데이터베이스를 Aurora MySQL 클러스터로 이전했다. 이를 통해 데이터베이스 관리의 복잡성을 줄이고, 읽기 전용 복제본을 추가해 데이터베이스 계층의 성능과 가용성을 향상할 수 있는 기반을 마련했다. 데이터베이스라는 중요한 구성 요소를 분리해 안정화했지만, 아직 Simple Showcase 애플리케이션은 단일 EC2 인스턴스 위에서 웹 서버와 백엔드 API가 함께 실행되는 구조다.

이렇게 단일 EC2 인스턴스로 운영되는 현재 구조는 몇 가지 한계가 있다. 해당 인스턴스가 퍼블릭 서브넷에 위치하여 인터넷에 직접 연결되기 때문에 외부 공격에 더 취약할 수 있으며, 트래픽이 증가할 경우 서버 자체의 부하를 감당하기 어려워진다. 또한 단일 서버 구성은 여전히 단일 장애점으로 남아 있어, 해당 인스턴스에 문제가 발생하면 전체 서비스가 중단될 위험이 있다.

이번 장에서는 이러한 애플리케이션 서버 계층의 한계를 개선하고 서비스의 보안, 가용성, 그리고 확장성을 높일 것이다. 먼저 EC2 인스턴스를 외부 인터넷으로부터 보호하기 위해 프라이빗 서브넷으로 이전하고, 외부 통신이 필요한 경우를 대비해 NAT 게이트웨이를 구성한다. 그 다음 AWS의 애플리케이션 로드 밸런서(Application Load Balancer, ALB)를 도입하고 EC2 인스턴스를 하나 더 추가하여 사용자 요청을 여러 EC2 인스턴스로 분산하는 과정을 진행한다.

이 과정을 통해 다중 가용 영역(Multi-AZ)을 활용한 인프라 구성, 트래픽 분산의 기본 원리까지 경험하게 된다.

이제 더 안정적이고 확장 가능한 인프라를 향한 다음 단계를 시작해 보자.

4.1 퍼블릭 및 프라이빗 서브넷 확장과 NAT 게이트웨이 구성

지금까지 우리가 구성한 아키텍처는 그림 4.1과 같다. 현재 인프라의 서브넷 구성은 A존에 퍼블릿 서브넷(❶) 하나, 그리고 A존과 C존에 각각 데이터베이스를 위한 프라이빗 서브넷이 하나씩(❷, ❸) 존재한다. 현재 애플리케이션 서버가 위치한 퍼블릭 서브넷은 외부에서 직접 접근이 가능해서 초기 설정에는

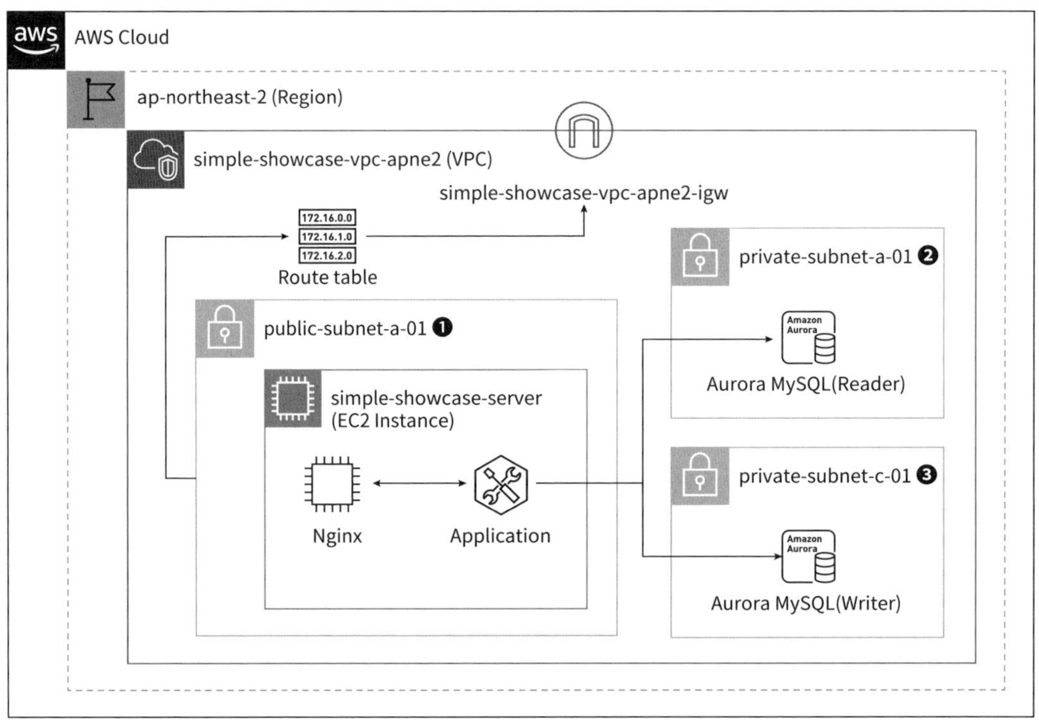

그림 4.1 현재 네트워크 구성

편리하지만, 서비스가 성장하고 보안 및 가용성에 대한 요구 사항이 높아짐에 따라 몇 가지 고려해야 할 부분들이 있다.

- **네트워크 인프라의 고가용성 확보**: 현재와 같이 애플리케이션 서버가 단일 가용 영역(A존)의 퍼블릭 서브넷에만 존재하면 해당 가용 영역에 문제가 발생했을 때 서비스 전체에 영향을 줄 수 있다. 애플리케이션 로드 밸런서나 NAT 게이트웨이 같은 중요 네트워크 구성 요소들도 고가용성을 갖추려면 최소 두 개 이상의 가용 영역에 리소스를 분산 배치해야 한다. 이를 위해서 각 가용 영역에 대응하는 퍼블릭 서브넷이 미리 준비되어 있어야 한다.
- **애플리케이션 서버 자체의 보안 강화**: 지금처럼 EC2 인스턴스가 공인 IP 주소를 통해 인터넷에 직접 노출되어 있으면 악의적인 공격(예: 무작위 SSH 접속 시도, 웹 취약점 공격 등)의 대상이 될 가능성이 커진다. 물론 보안 그룹을 통해 이런 공격에 대한 대비를 하고 있지만, EC2 인스턴스 자체가 인터넷에 직접 연결되어 있다는 점은 잠재적인 보안 위협 요소가 될 수 있다. 3장에서 데이터베이스는 외부와의 통신이 불가능한 프라이빗 서브넷으로 옮겼지만, 웹/애플리케이션 서버는 여전히 인터넷과 직접 통신하는 경계에 있는 셈이다. 더 높은 수준의 보안을 위해서는 웹/애플리케이션 서버 역시 내부 네트워크에 배치하고, 외부 사용자의 요청은 로드 밸런서와 같은 경계형 서비스를 통해서만 전달받도록 구성하는 것이 좋다.

이런 문제들을 해결하기 위해 EC2 인스턴스를 보안이 강화된 프라이빗 서브넷으로 이전하고, 외부 인터넷과의 통신은 제한된 방식을 사용하도록 아키텍처를 개선할 필요가 있다. 하지만 이렇게 아키텍처를 개선하면 EC2 인스턴스에서 외부 인터넷으로 나가는 아웃바운드 통신이 불가능해지는 문제가 생긴다. EC2 인스턴스가 프라이빗 서브넷으로 이동하면 외부 인터넷에서 인스턴스에 직접 접근할 수 없게 되어 보안이 강화되지만, 역으로 외부 인터넷으로 나갈 수도 없기 때문에 통신이 불가능해지는 것이다.

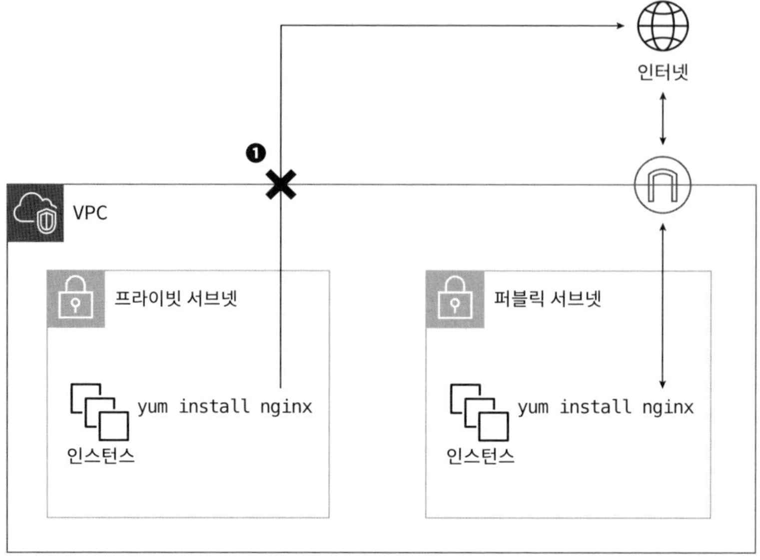

그림 4.2 프라이빗 서브넷의 문제점

그림 4.2와 같이, EC2 인스턴스에서 Nginx, Go 언어와 같은 라이브러리/패키지를 설치하기 위해 다운로드하려면 외부 인터넷으로 나가는 아웃바운드 통신이 가능해야 하는데, 프라이빗 서브넷은 외부와의 통신 자체가 막혀 있는 서브넷이기 때문에 아웃바운드 통신이 불가능하다(❶).

이 문제를 해결하기 위해 사용하는 것이 NAT(Network Address Translation) 게이트웨이이다.

NAT 게이트웨이는 그 이름에서 알 수 있듯이 네트워크 주소를 변환하는 게이트웨이의 역할을 하는 서비스이다. 그림 4.3과 같이 프라이빗 서브넷의 EC2 인스턴스들이나 그 외 리소스들이 외부 인터넷으로 아웃바운드 트래픽을 보낼 수 있게 해준다(❶).

NAT 게이트웨이도 다른 AWS 서비스처럼 생성될 서브넷을 지정할 수 있으며, 인터넷으로 트래픽을 보낼 수 있어야 하기 때문에 인터넷 게이트웨이와 연결된 퍼블릭 서브넷에 생성되어야 한다. 프라이빗 서브넷의 라우팅 테이블에는 인터넷으로 향하는 모든 트래픽(0.0.0.0/0)의 목적지로 NAT 게이트웨이를 지정한다. 이렇게 구성하면 프라이빗 서브넷의 EC2 인스턴스는 외부 인터넷에

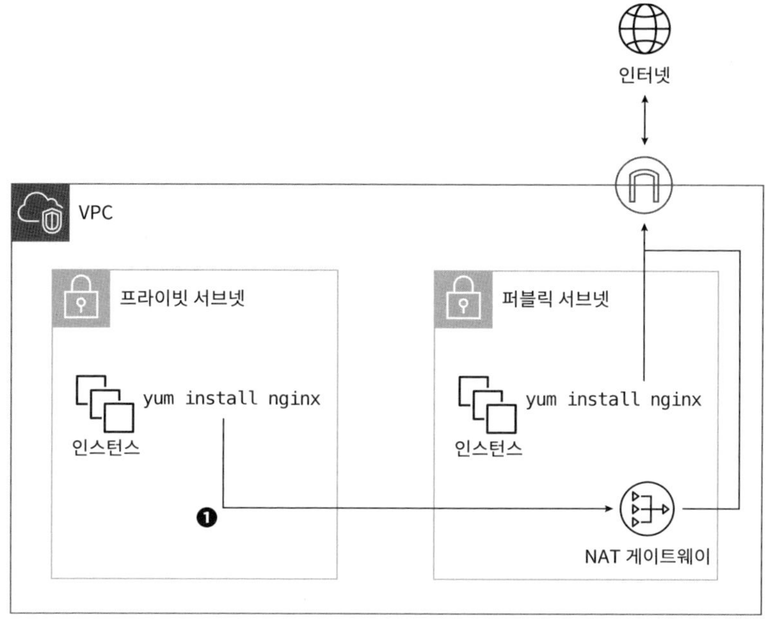

그림 4.3 NAT 게이트웨이의 역할

서 직접 접근할 수 없지만(인바운드 트래픽), 필요 시 NAT 게이트웨이를 통해 안전하게 외부 인터넷으로 나가는 통신(아웃바운드 트래픽)은 가능하다.

따라서 4장에서는 가용성을 확보하고 안정성을 높이기 위해 그림 4.4와 같은 네트워크 구조를 만들 것이다. 새롭게 만들고자 하는 애플리케이션을 위한 프라이빗 서브넷은 가용성을 확보하기 위해 각각 A존과 C존에 생성한다(❶, ❷). 그리고 이 프라이빗 서브넷들은 데이터베이스를 위한 프라이빗 서브넷(❼)과는 달리 외부로의 아웃바운드 트래픽이 가능해야 한다. 따라서 퍼블릭 서브넷에 있는 NAT 게이트웨이로 트래픽을 전달하도록 라우팅 규칙을 추가한다(❸, ❹). 이때 같은 가용 영역에 있는 NAT 게이트웨이로 트래픽을 라우팅하여 불필요한 가용 영역 간 트래픽 비용을 절감하도록 A존과 C존에 있는 퍼블릭 서브넷에 각각 생성한다(❺, ❻).

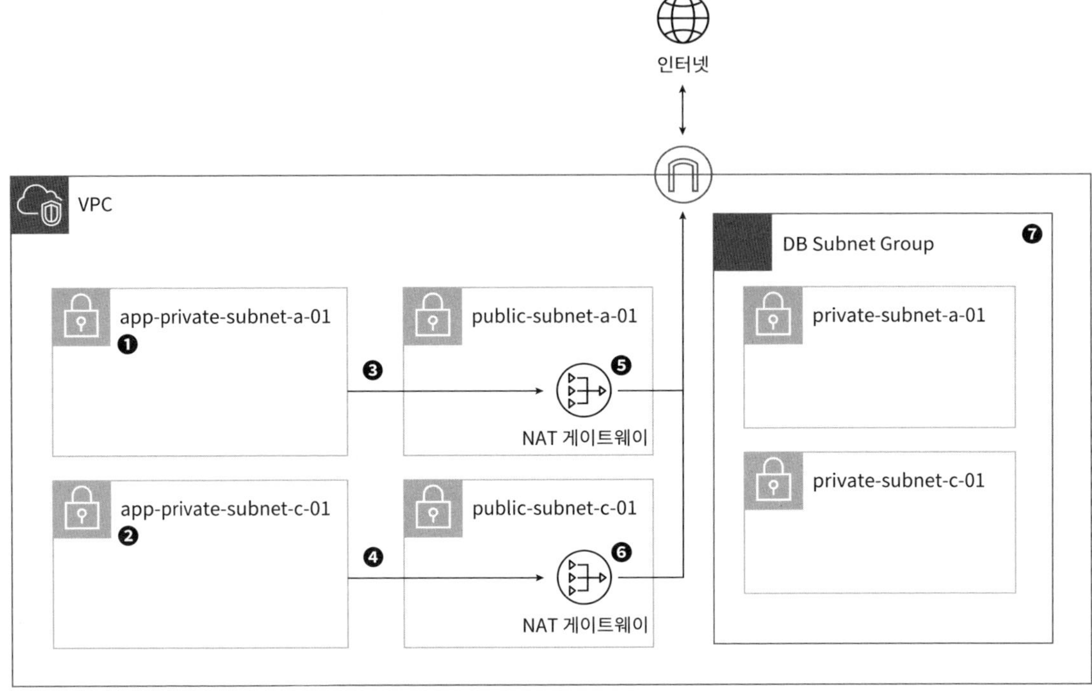

그림 4.4 4장에서 구성하려는 전체 네트워크 구조

현재 VPC에는 퍼블릭 서브넷을 A존에 가지고 있으니 가용성을 높이기 위해 C 존에 퍼블릭 서브넷을 추가로 생성한다.

코드 4.1 C존에 퍼블릭 서브넷 추가(vpc.tf)

```
# C존에 퍼블릭 서브넷 생성
resource "aws_subnet" "public_c_01" {
  vpc_id                  = aws_vpc.main.id     ❶
  cidr_block              = "10.1.1.0/24"       ❷
  availability_zone       = "ap-northeast-2c"   ❸
  map_public_ip_on_launch = true

  tags = {
    Name = "public-subnet-c-01"
  }
}
```

❶ 서브넷이 속할 VPC의 ID를 지정한다.

❷ A존에 있는 퍼블릭 서브넷의 CIDR이 10.1.0.0/24이기 때문에 겹치지 않도록 C존에 있는

> 퍼블릭 서브넷의 CIDR은 10.1.1.0/24로 설정한다.
>
> ❸ 서브넷이 생성될 가용 영역을 C존으로 설정한다.

생성을 완료하고 나면 그림 4.5와 같이 퍼블릭 서브넷 2개, 프라이빗 서브넷 2개를 확인할 수 있다.

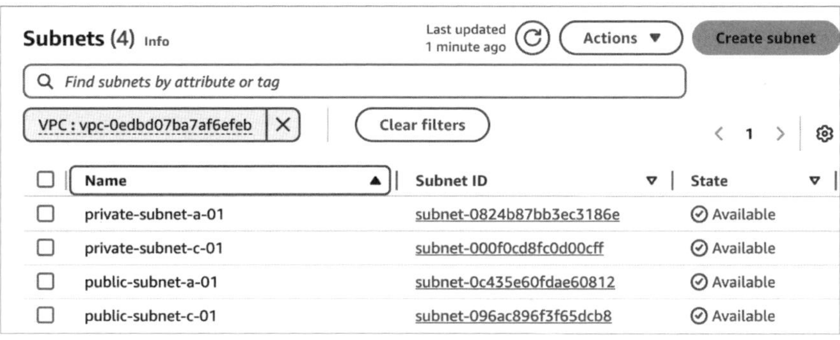

그림 4.5 현재 VPC 내에 생성된 서브넷 목록

퍼블릭 서브넷은 인터넷과 연결되어 있어야 하기 때문에 1장에서 public-subnet-a-01 서브넷과 라우팅 테이블을 연결할 때와 동일하게 public-subnet-c-01 서브넷도 라우팅 테이블을 연결해야 한다. public-subnet-c-01을 위해 별도의 라우팅 테이블을 생성할 수도 있지만 이미 public-subnet-a-01을 위한 라우팅 테이블이 있기 때문에 이 라우팅 테이블에 서브넷을 추가해도 된다.

코드 4.2 라우팅 테이블 연결(vpc.tf)

```
# 퍼블릭 서브넷을 위한 라우팅 테이블과 C존 퍼블릭 서브넷 연결
resource "aws_route_table_association" "public_c_01" {
  subnet_id       = aws_subnet.public_c_01.id ❶
  route_table_id = aws_route_table.public.id ❷
}
```

> ❶ 라우팅 테이블과 연결할 서브넷 ID를 지정한다. 앞서 생성한 C존 퍼블릭 서브넷의 ID를 참조한다.
>
> ❷ 서브넷과 연결할 라우팅 테이블 ID를 지정한다. 퍼블릭 서브넷을 위한 라우팅 테이블의 ID(1장 참고)를 참조한다.

다음으로 NAT 게이트웨이를 생성한다. NAT 게이트웨이는 A존과 C존에 있는 퍼블릭 서브넷에 각각 생성한다. 앞서 설명한 대로 고가용성을 확보하고 가용 영역 간 트래픽 비용을 절감하기 위해 각 가용 영역마다 별도의 NAT 게이트웨이를 구성한다.

코드 4.3 NAT 게이트웨이 생성(vpc.tf)

```
# A존 NAT 게이트웨이가 사용할 Elastic IP 생성
resource "aws_eip" "nat_a" ❶ {
  domain = "vpc"

  tags = {
    Name = "simple-showcase-nat-a-eip"
  }
}

# C존 NAT 게이트웨이가 사용할 Elastic IP 생성
resource "aws_eip" "nat_c" ❷ {
  domain = "vpc"

  tags = {
    Name = "simple-showcase-nat-c-eip"
  }
}

# A존 NAT 게이트웨이 생성
resource "aws_nat_gateway" "nat_a" {
  allocation_id = aws_eip.nat_a.id              ❸
  subnet_id     = aws_subnet.public_a_01.id ❹

  tags = {
    Name = "simple-showcase-nat-a-gateway"
  }
}

# C존 NAT 게이트웨이 생성
resource "aws_nat_gateway" "nat_c" {
  allocation_id = aws_eip.nat_c.id              ❺
  subnet_id     = aws_subnet.public_c_01.id ❻
  tags = {
    Name = "simple-showcase-nat-c-gateway"
  }
}
```

> ❶❷ NAT 게이트웨이가 외부 인터넷과 통신하려면 고정된 공인 IP 주소가 필요하다. 이를 위해 VPC에서 사용할 Elastic IP를 생성한다.

❸❺ A존과 C존에 생성할 NAT 게이트웨이를 위해 만든 Elastic IP를 각각 연결한다.

❹❻ 각각의 NAT 게이트웨이가 생성될 서브넷의 ID를 지정한다. A존에 생성할 NAT 게이트웨이는 A 존에 위치한 퍼블릭 서브넷의 ID를, C존에 생성할 NAT 게이트웨이는 C존에 위치한 퍼블릭 서브넷의 ID를 참조한다.

다음으로 애플리케이션 서버를 위한 프라이빗 서브넷을 생성한다.

코드 4.4 프라이빗 서브넷 생성(vpc.tf)

```
# 애플리케이션용 A존 프라이빗 서브넷 생성
resource "aws_subnet" "app_private_a_01" {
  vpc_id                  = aws_vpc.main.id        ❶
  cidr_block              = "10.1.20.0/24"         ❷
  availability_zone       = "ap-northeast-2a"      ❸
  map_public_ip_on_launch = false                  ❹

  tags = {
    Name = "app-private-subnet-a-01"
  }
}

# 애플리케이션용 C존 프라이빗 서브넷 생성
resource "aws_subnet" "app_private_c_01" {
  vpc_id                  = aws_vpc.main.id        ❺
  cidr_block              = "10.1.21.0/24"         ❻
  availability_zone       = "ap-northeast-2c"      ❼
  map_public_ip_on_launch = false                  ❽

  tags = {
    Name = "app-private-subnet-c-01"
  }
}
```

❶❺ 서브넷이 생성될 VPC의 ID를 지정한다.

❷❻ 지금까지 생성한 서브넷들과 겹치지 않는 CIDR 블록을 사용한다. A존에 생성할 애플리케이션용 프라이빗 서브넷은 10.1.20.0/24를 사용하고, C존에 생성할 애플리케이션용 프라이빗 서브넷은 10.1.21.0/24를 사용한다.

❸❼ 서브넷이 생성될 가용 영역을 지정한다. 각각 A존과 C존으로 설정한다.

❹❽ 프라이빗 서브넷이기 때문에 이 서브넷에 생성되는 리소스들은 공인 IP가 필요하지 않다. 따라서 map_public_ip_on_launch의 값을 false로 설정한다.

새로 생성한 애플리케이션용 프라이빗 서브넷은 3장에서 만든 데이터베이스용 프라이빗 서브넷과 중요한 차이점이 있다. 데이터베이스용은 외부와 통신할 필요가 없지만 애플리케이션용 프라이빗 서브넷은 운영체제 업데이트, 패키지 다운로드 등 여러 작업을 위해 외부 인터넷으로 나가는 통신이 가능해야 한다.

따라서 이 서브넷들에는 VPC 내부 통신 외에, 0.0.0.0/0을 목적지로 하는 트래픽을 NAT 게이트웨이로 보내는 라우팅 규칙이 필요하다.

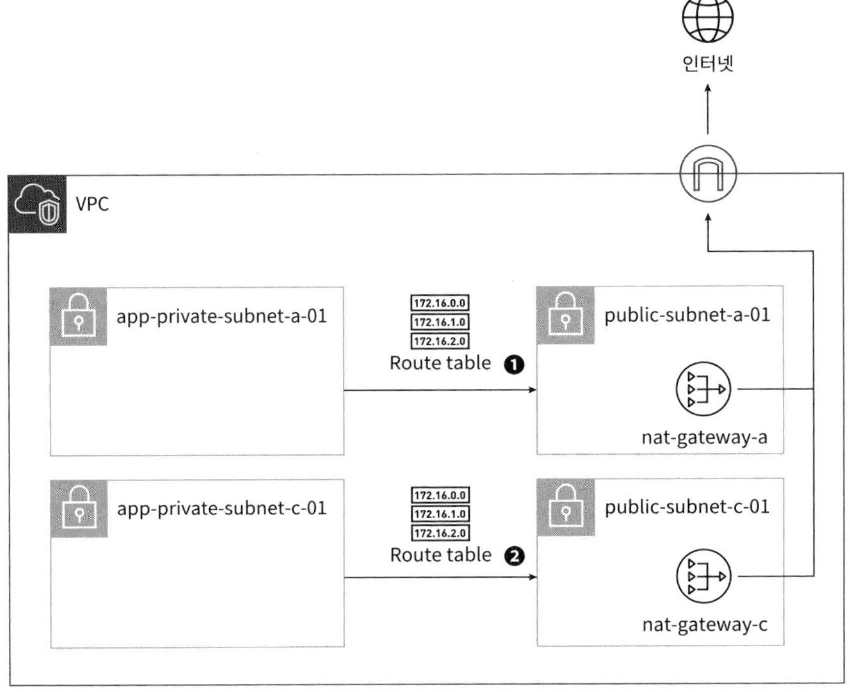

그림 4.6 프라이빗 서브넷의 라우팅 모습

그림 4.6과 같이 A존에 위치한 프라이빗 서브넷은 A존에 위치한 NAT 게이트웨이(❶)로, C존에 위치한 프라이빗 서브넷은 C존에 위치한 NAT 게이트웨이(❷)로 트래픽이 이동해야 하기 때문에 라우팅 테이블도 각각 설정해야 한다.

코드 4.5 라우팅 규칙 생성 및 추가(vpc.tf)

```
# A존 프라이빗 서브넷을 위한 라우팅 테이블 생성
resource "aws_route_table" "app_private_a_route_table" {
```

```
  vpc_id = aws_vpc.main.id
  tags = {
    Name = "app-private-subnet-a-route-table"
  }
}
# A존 프라이빗 서브넷을 위한 라우팅 규칙 생성
resource "aws_route" "app_private_a_route" {
  route_table_id         = aws_route_table.app_private_a_route_table.id ❶
  destination_cidr_block = "0.0.0.0/0"                                  ❷
  nat_gateway_id         = aws_nat_gateway.nat_a.id                     ❸
}
# A존 프라이빗 서브넷을 위한 라우팅 테이블 연결
resource "aws_route_table_association" "app_private_a_route_table_
association" {
  subnet_id      = aws_subnet.app_private_a_01.id                ❹
  route_table_id = aws_route_table.app_private_a_route_table.id ❺
}
# C존 프라이빗 서브넷을 위한 라우팅 테이블 생성
resource "aws_route_table" "app_private_c_route_table" {
  vpc_id = aws_vpc.main.id
  tags = {
    Name = "app-private-subnet-c-route-table"
  }
}
# C존 프라이빗 서브넷을 위한 라우팅 규칙 생성
resource "aws_route" "app_private_c_route" {
  route_table_id         = aws_route_table.app_private_c_route_table.id ❻
  destination_cidr_block = "0.0.0.0/0"                                  ❼
  nat_gateway_id         = aws_nat_gateway.nat_c.id                     ❽
}
# C존 프라이빗 서브넷을 위한 라우팅 테이블 연결
resource "aws_route_table_association" "app_private_c_route_table_
association" {
  subnet_id      = aws_subnet.app_private_c_01.id                ❾
  route_table_id = aws_route_table.app_private_c_route_table.id ❿
}
```

❶❻ 라우팅 규칙을 연결할 라우팅 테이블의 ID를 지정한다. 각각 A존에 생성된 프라이빗 서브넷과 C존에 생성된 프라이빗 서브넷을 위한 라우팅 테이블을 참조한다.

❷❼ 목적지의 IP 주소 CIDR 블록을 지정한다. 0.0.0.0/0으로 설정하여 모든 IP 주소로의 트래픽을 대상으로 한다.

❸❽ ❷와 ❼에 설정된 목적지의 트래픽을 각각 A존과 C존에 있는 NAT 게이트웨이로 보낸다.

❹❾ 라우팅 테이블에 연결할 서브넷의 ID를 지정한다. 각각 A존에 생성된 프라이빗 서브넷과 C존에 생성된 프라이빗 서브넷의 ID를 참조한다.

❺❿ 서브넷과 연결할 라우팅 테이블의 ID를 지정한다. 각각의 라우팅 테이블의 ID를 참조한다.

이렇게 고가용성을 갖춘 프라이빗 서브넷을 구성했다. 이제 애플리케이션 서버가 외부로부터 안전하게 격리되면서도, 필요할 때는 인터넷에 접속할 수 있는 안전한 네트워크 환경이 마련되었다.

다음 절에서는 이 새로운 프라이빗 서브넷에 EC2 인스턴스를 생성하고 로드 밸런서와 연결할 것이다.

4.2 프라이빗 서브넷에 애플리케이션 서버 준비

지금까지 애플리케이션 서버를 위한 새로운 프라이빗 서브넷을 A존과 C존에 각각 생성하고, 이 서브넷들이 NAT 게이트웨이를 통해 외부 인터넷으로 아웃바운드 통신이 가능하도록 네트워크 환경을 구성했다. 이번 절에서는 이 새로운 프라이빗 서브넷에 EC2 인스턴스를 생성해서 애플리케이션 서버를 준비해보자.

 기존 EC2 인스턴스는 서비스의 연속성을 위해서 유지한다고 가정하고 새로운 EC2 인스턴스를 생성하고 구성하는 방식으로 진행한다.

코드 4.6 프라이빗 서브넷에 생성하는 새로운 인스턴스(ec2.tf)

```
# 프라이빗 서브넷에 생성할 EC2 인스턴스 #1
resource "aws_instance" "private_server_01" {
  ami             = "ami-0e967ff96936c0c0c"              ❶
  instance_type   = "t3.small"                           ❷
  subnet_id       = aws_subnet.app_private_a_01.id       ❸
  key_name        = "simple-showcase-key-pair"           ❹
  vpc_security_group_ids = [aws_security_group.server.id] ❺
  associate_public_ip_address = false                    ❻
  tags = {
    Name = "simple-showcase-private-server-01"
  }
}
```

❶ EC2 인스턴스에 사용할 AMI ID를 지정한다. 기존 인스턴스와 동일한 AMI를 사용한다.

❷ EC2 인스턴스 사양을 지정한다. 기존과 동일한 t3.small을 사용한다.

❸ EC2 인스턴스가 생성될 서브넷의 ID를 지정한다. 앞 절에서 생성한 애플리케이션용 A존 프라이빗 서브넷을 참조한다.

❹ SSH 접근을 위한 키 페어 이름을 지정한다. 2장에서 생성한 키 페어를 사용한다.

❺ EC2 인스턴스에 적용할 보안 그룹 ID 목록을 지정한다. 2장에서 애플리케이션 서버를 위해 설정한 보안 그룹을 참조한다.

❻ EC2 인스턴스에 공인 IP 주소를 자동으로 할당할지 여부를 결정한다. false로 지정하여 공인 IP 없이 사설 IP만 갖도록 한다. 이 EC2 인스턴스는 외부에서 직접 접근하지 않고 앞으로 구성할 로드 밸런서를 통해서만 트래픽을 전달받을 것이기 때문에 공인 IP가 필요 없다.

EC2 인스턴스를 생성하고 나면 한 가지 이슈가 발생한다. 2장에서처럼 EC2 인스턴스에 SSH로 접속해서 Nginx를 비롯한 애플리케이션 설치를 진행해야 하는데, 우리가 생성한 EC2 인스턴스는 인터넷을 통한 연결이 불가능한 프라이빗 서브넷에 설치되었기 때문에 들어갈 수 있는 방법이 없다는 것이다. 이런 경우에는 어떤 방법을 사용할 수 있을까?

이러한 문제를 해결하고 프라이빗 서브넷 내의 EC2 인스턴스에 안전하게 접속하기 위해 일반적으로 사용하는 방법 중 하나가 바로 배스천 서버(Bastion Server)를 사용하는 것이다. 배스천 서버는 이름에서 알 수 있듯이 외부 네트워크와 내부 프라이빗 네트워크 사이의 경유지 역할을 하는 서버이다.[1]

그림 4.7은 배스천 서버를 경유해서 프라이빗 서브넷 내의 EC2 인스턴스에 접속하는 일반적인 방법을 보여준다. 배스천 서버는 퍼블릭 서브넷 내에 생성해서 외부와의 통신이 가능하도록 만들어야 한다. 사용자는 먼저 배스천 서버에 접속한 후(❶) 배스천 서버 내에서 다시 한 번 ssh 명령어를 이용해서 프라이빗 서브넷 내에 위치한 EC2 인스턴스에 접속(❷)하게 된다.

---

1 배스천 서버 도입 외에 선택할 수 있는 다른 방법인 AWS SSM 세션 매니저나 VPN 구성 등에 대한 내용은 부록에서 좀 더 자세히 다룬다.

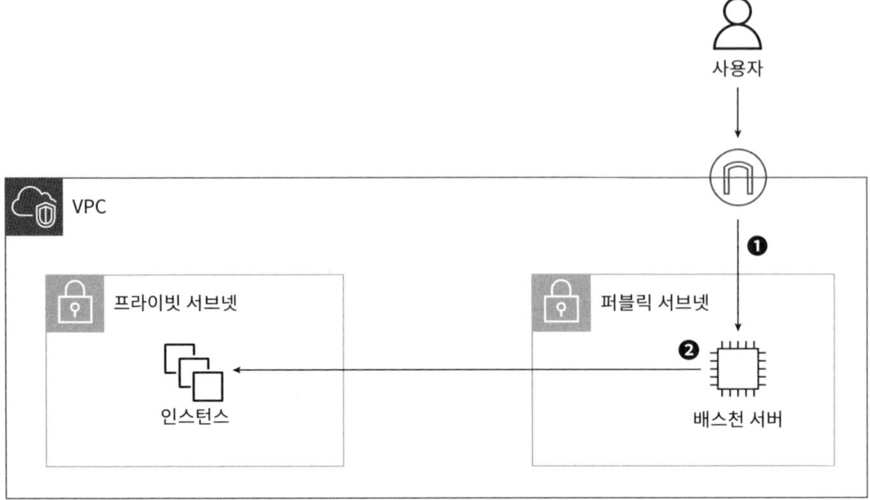

그림 4.7 배스천 서버를 이용한 프라이빗 서브넷 접속 구성도

코드 4.7 배스천 서버(bastion.tf)

```
# 배스천 서버 역할을 할 인스턴스
resource "aws_instance" "bastion" {
  ami           = "ami-0e967ff96936c0c0c"
  instance_type = "t3.micro"                         ❶
  subnet_id     = aws_subnet.public_c_01.id          ❷
  key_name      = "simple-showcase-key-pair"         ❸

  vpc_security_group_ids = [aws_security_group.server.id]  ❹

  associate_public_ip_address = true  ❺

  tags = {
    Name = "bastion-server"
  }
}
```

❶ 배스천 서버는 단순한 경유 역할만 하기 때문에 비용 절약을 위해 t3.micro 타입을 사용
한다.

❷ 배스천 서버가 생성될 서브넷의 ID를 지정한다. 외부에서 접속이 가능해야 하기 때문에
퍼블릭 서브넷을 지정해야 한다. A존과 C존 어느 곳을 사용해도 괜찮지만, 예제에서는 C
존 퍼블릭 서브넷을 참조했다.

❸ SSH 접속을 위한 키 페어 이름을 지정한다. 기존과 동일한 키 페어를 사용한다.

❹ 배스천 서버에 적용할 보안 그룹 ID 목록을 지정한다.

❺ 배스천 서버는 외부에서 접근 가능해야 하므로 공인 IP 주소를 자동으로 할당하도록 true
로 설정한다.

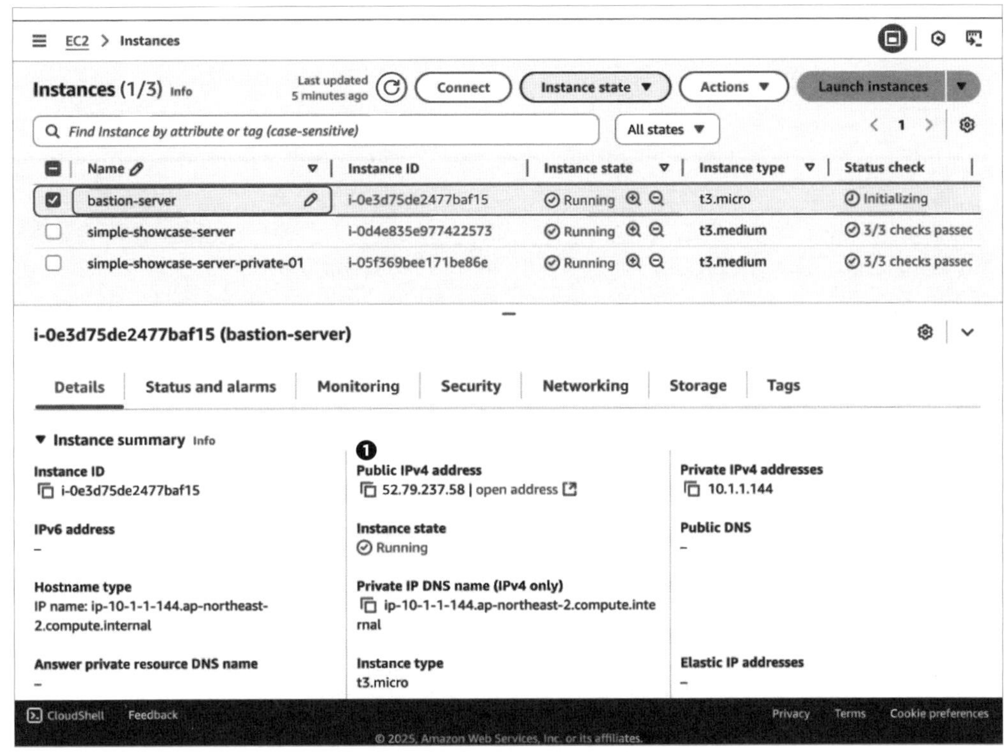

그림 4.8 배스천 서버의 정보

배스천 서버는 퍼블릭 서브넷에 생성되었기 때문에 그림 4.8과 같이 외부에서
접속 가능한 공인 IP를 확인할 수 있다(❶). 확인된 공인 IP를 통해 배스천 서버
에 접속한다(코드 4.8).

코드 4.8 배스천 서버 접속

```
❯ ssh-add ./simple-showcase-key-pair ❶
Identity added: ./simple-showcase-key-pair (alden@aldenui-MacBookAir.
local)
❯ ssh -A -l ec2-user -i ./simple-showcase-key-pair 52.79.237.58 ❷
..... (중략) .....
[ec2-user@ip-10-1-1-144 ~]$
```

> 배스천 서버를 통해 다른 서버로 SSH 접속하려면 개인 키를 배스천 서버에 직접 복사하는 대신 SSH 에이전트 포워딩을 사용하는 것이 훨씬 안전하다. ssh-add(❶)는 SSH 에이전트에 개인 키를 등록하는 명령어이며, ssh 명령어의 -A 옵션(❷)은 이 에이전트의 인증 기능을 배스천 서버까지 안전하게 포워딩하라는 의미이다. 이를 통해 배스천 서버는 개인 키 파일의 내용 자체는 알지 못한 채, 인증 기능만 잠시 위임받아 다음 서버로 접속할 수 있게 된다.

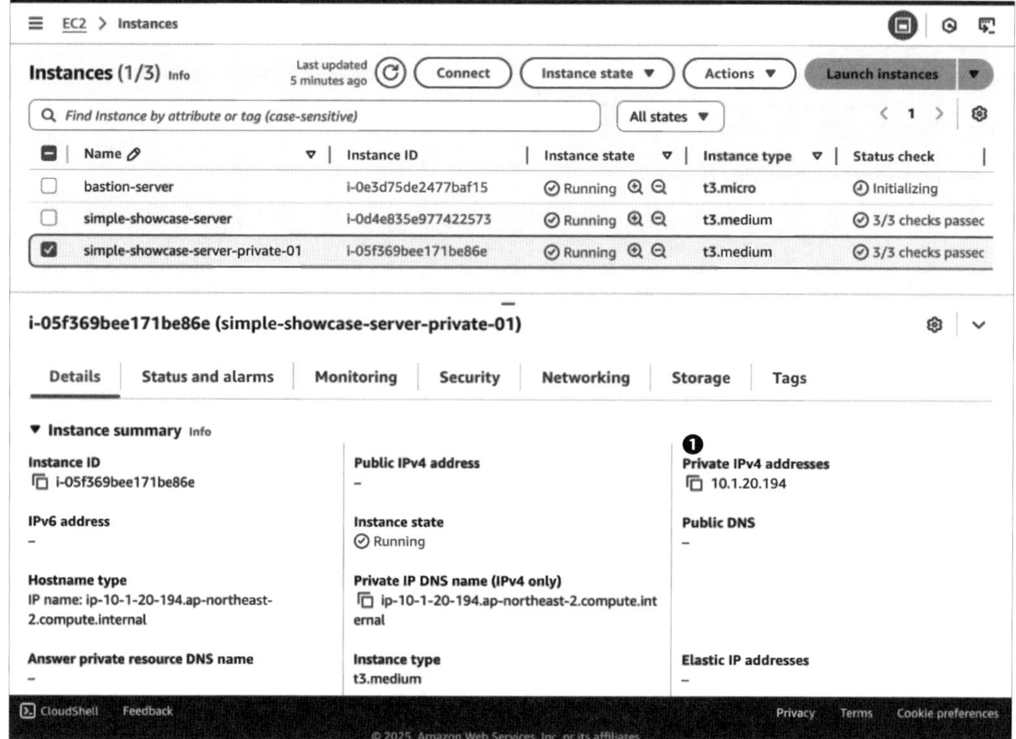

그림 4.9 프라이빗 서브넷 EC2 인스턴스의 IP 정보

배스천 서버에 접속한 후 그림 4.9와 같이 프라이빗 서브넷에 생성된 EC2 인스턴스의 상세 정보에서 확인할 수 있는 사설 IP(❶)로 SSH 접속을 한다.

코드 4.9 배스천 서버를 통해 프라이빗 서브넷 인스턴스 접속 시도

```
[ec2-user@ip-10-1-1-144 ~]$ ssh -l ec2-user 10.1.20.194
ssh: connect to host 10.1.20.194 port 22: Connection timed out ❶
```

하지만 코드 4.9와 같이 Connection timed out 이라는 에러 메시지(❶)를 만나게 된다. 즉, 배스천 서버까지는 성공적으로 접속했지만 배스천 서버에서 프라이빗 인스턴스로의 접속은 실패한다. 왜 이런 에러가 발생하는 걸까? 이것도 보안 그룹으로 인한 통신 불가 이슈이다. 배스천 서버에 접속한 후 다른 EC2 인스턴스에 SSH 접속할 때의 네트워크 트래픽 흐름을 생각해 보자.

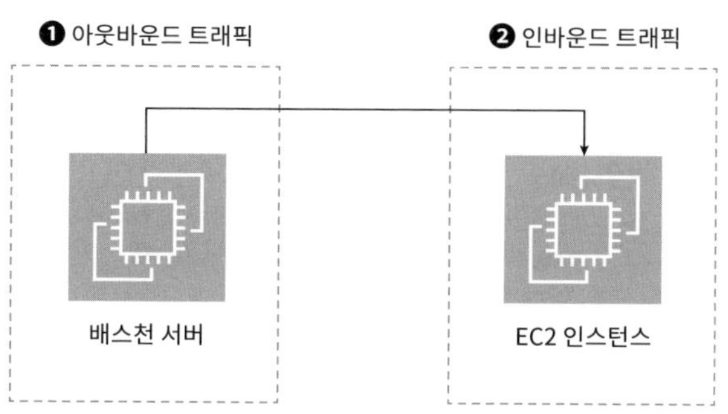

그림 4.10 배스천 서버에서 EC2 인스턴스로 가는 네트워크 트래픽 흐름

먼저 배스천 서버 입장에서는 EC2 인스턴스로 향하는 아웃바운드 트래픽(❶)이 발생한다. 하지만 현재 배스천 서버에 적용된 보안 그룹의 아웃바운드 규칙은 외부로 나가는 HTTP(80번 포트)와 HTTPS(443번 포트) 트래픽만 허용할 뿐이다. 내부 네트워크의 다른 EC2 인스턴스로 향하는 SSH(22번 포트) 트래픽을 허용하는 아웃바운드 규칙이 없다.

다음으로 트래픽이 배스천 서버를 떠나 EC2 인스턴스에 도달하면, 이번에는 인바운드 트래픽(❷)이 발생한다. 현재 EC2 인스턴스에 적용된 보안 그룹의 인바운드 규칙에는 SSH(22번 포트)가 존재하긴 하지만, 특정 공인 IP에서 오는 요청만 허용하도록 정해 놓았다. 따라서 다른 IP 주소, 즉 배스천 서버의 프라이빗 IP에서 오는 SSH 요청은 차단된다.

이 두 가지 문제를 해결해야만 정상적인 접속이 가능하다. 더 나아가 역할이 다른 두 서버가 하나의 보안 그룹을 공유하면 보안 그룹 관리가 복잡해지므로, 각각의 역할에 맞게 보안 그룹을 생성해서 분리하는 것이 더 나은 설계이다.

먼저 배스천 서버를 위한 보안 그룹을 설정해서 새로운 보안 그룹을 생성하고 22번 포트에 대한 인바운드, 아웃바운드 보안 규칙을 설정한다.

코드 4.10 배스천 서버를 위한 보안 그룹과 보안 규칙(bastion.tf)

```
# 배스천 서버를 위한 보안 그룹
resource "aws_security_group" "bastion" {
  name        = "simple-showcase-bastion-sg"
  description = "Security group for simple showcase bastion"
  vpc_id      = aws_vpc.main.id

  tags = {
    Name = "simple-showcase-bastion-sg"
  }
}


# 내 IP에서 배스천 서버로 향하는 22번 포트에 대한 인바운드 허용
resource "aws_vpc_security_group_ingress_rule" "ssh_for_bastion" {
  security_group_id = aws_security_group.bastion.id ❶
  description       = "SSH from my IP"
  from_port         = 22
  to_port           = 22
  ip_protocol       = "tcp"
  cidr_ipv4         = "${chomp(data.http.myip.response_body)}/32" ❷
}


# 배스천 서버에서 VPC 내의 모든 인스턴스로 향하는 22번 포트에 대한 아웃바운드 허용
resource "aws_vpc_security_group_egress_rule" "ssh_for_bastion" {
  security_group_id = aws_security_group.bastion.id ❸
  description       = "Allow SSH outbound traffic"
  from_port         = 22
  to_port           = 22
  ip_protocol       = "tcp"
  cidr_ipv4         = aws_vpc.main.cidr_block ❹
}
```

❶ 인바운드 규칙을 적용할 보안 그룹의 ID를 지정한다.

❷ SSH 접속을 허용할 소스 IP 주소를 지정한다. data.http.myip는 앞선 장에서도 내 PC의
IP를 조회하기 위해 참조한 데이터 소스이다.

❸ 아웃바운드 규칙을 적용할 보안 그룹의 ID를 지정한다.

❹ SSH 아웃바운드 트래픽을 허용할 목적지 IP 주소를 지정한다. VPC의 전체 CIDR 블록을
사용하여 VPC 내의 모든 리소스에 SSH 접속이 가능하도록 한다.

새로운 보안 그룹을 생성한 후에는 배스천 서버의 보안 그룹을 변경한다.

코드 4.11 보안 그룹 변경(bastion.tf)

```
resource "aws_instance" "bastion" {
  ami           = "ami-0e967ff96936c0c0c"
  instance_type = "t3.micro"
  subnet_id     = aws_subnet.public_c_01.id
  key_name      = "simple-showcase-key-pair"

  vpc_security_group_ids = [aws_security_group.bastion.id] ❶

  associate_public_ip_address = true

  tags = {
    Name = "bastion-server"
  }
}
```

> ❶ 기존에 사용하던 보안 그룹 대신 배스천 서버 전용으로 생성한 보안 그룹을 적용한다. 이
> 렇게 하면 배스천 서버는 배스천 서버의 역할에 맞는 보안 규칙이 적용되어 더 제한적이
> 고 안전한 보안 정책을 갖게 된다.

다음으로 EC2 인스턴스를 위한 보안 그룹을 생성한다.

코드 4.12 EC2 인스턴스를 위한 보안 그룹(ec2.tf)

```
# 프라이빗 서브넷의 애플리케이션 서버를 위한 위한 보안 그룹
resource "aws_security_group" "private_server" {
  name        = "simple-showcase-private-server-sg"
  description = "Security group for simple showcase private server"
  vpc_id      = aws_vpc.main.id

  tags = {
    Name = "simple-showcase-private-server-sg"
  }
}


# 배스천 서버로부터 EC2 인스턴스로 향하는 22번 포트에 대한 인바운드 허용
resource "aws_vpc_security_group_ingress_rule" "ssh_from_bastion" {
  security_group_id = aws_security_group.private_server.id ❶
  description       = "SSH from bastion"
  from_port         = 22
  to_port           = 22
  ip_protocol       = "tcp"
  cidr_ipv4         = "${aws_instance.bastion.private_ip}/32" ❷
}
```

```
# VPC 내에서의 HTTP 트래픽 허용
resource "aws_vpc_security_group_ingress_rule" "http_from_vpc" ❸ {
  security_group_id = aws_security_group.private_server.id
  description       = "HTTP from VPC"
  from_port         = 80
  to_port           = 80
  ip_protocol       = "tcp"
  cidr_ipv4         = aws_vpc.main.cidr_block
}


# 프라이빗 인스턴스에서 외부로의 HTTP 트래픽 허용
resource "aws_vpc_security_group_egress_rule" "http_from_private" ❹ {
  security_group_id = aws_security_group.private_server.id
  description       = "Allow HTTP outbound traffic"
  from_port         = 80
  to_port           = 80
  ip_protocol       = "tcp"
  cidr_ipv4         = "0.0.0.0/0"
}


# 프라이빗 인스턴스에서 외부로의 HTTPS 트래픽 허용
resource "aws_vpc_security_group_egress_rule" "https_from_private" ❺ {
  security_group_id = aws_security_group.private_server.id
  description       = "Allow HTTPS outbound traffic"
  from_port         = 443
  to_port           = 443
  ip_protocol       = "tcp"
  cidr_ipv4         = "0.0.0.0/0"
}


# 프라이빗 인스턴스에서 Aurora MySQL에 대한 아웃바운드 보안 규칙 추가, private_subnet_
a로 접근 가능하도록 설정
resource "aws_vpc_security_group_egress_rule" "mysql_from_private_to_
private_a" ❻ {
  security_group_id = aws_security_group.private_server.id
  description     = "Allow MySQL outbound traffic"
  from_port       = 3306
  to_port         = 3306
  ip_protocol     = "tcp"
  cidr_ipv4       = aws_subnet.private_a_01.cidr_block
}


# 프라이빗 인스턴스에서 Aurora MySQL에 대한 아웃바운드 보안 규칙 추가, private_subnet_
c로 접근 가능하도록 설정
resource "aws_vpc_security_group_egress_rule" "mysql_from_private_to_
private_c" ❼ {
```

```
  security_group_id = aws_security_group.private_server.id
  description       = "Allow MySQL outbound traffic"
  from_port         = 3306
  to_port           = 3306
  ip_protocol       = "tcp"
  cidr_ipv4         = aws_subnet.private_c_01.cidr_block
}
```

❶ 인바운드 규칙이 적용될 보안 그룹의 ID를 지정한다.

❷ 배스천 서버의 사설 IP를 소스 IP로 지정해서, SSH 접근은 배스천 서버를 통해서만 가능하도록 설정한다.

❸❹❺❻❼ 기존에 사용하던 보안 그룹의 보안 규칙을 그대로 가져와서 프라이빗 인스턴스용 보안 그룹에 연결한다.

보안 그룹을 생성한 후 EC2 인스턴스의 보안 그룹도 변경한다.

코드 4.13 보안그룹 변경(ec2.tf)

```
resource "aws_instance" "private_01" {
  ami           = "ami-0e967ff96936c0c0c"
  instance_type = "t3.small"
  subnet_id     = aws_subnet.app_private_a_01.id
  key_name      = "simple-showcase-key-pair"

  vpc_security_group_ids = [aws_security_group.private_server.id] ❶

  associate_public_ip_address = false

  tags = {
    Name = "simple-showcase-private-server-01"
  }
}
```

❶ 기존에 사용하던 보안 그룹 대신 프라이빗 인스턴스 전용으로 생성한 보안 그룹을 적용한다.

테라폼 워크플로를 실행하여 변경 사항을 적용한 후 다시 한번 SSH 접속을 테스트해보면 정상적으로 접근되는 것을 볼 수 있다(코드 4.14).

코드 4.14 배스천을 통한 SSH 연결

```
〉 ssh -A -l ec2-user -i ./simple-showcase-key-pair 52.79.237.58 ❶
..... (중략) .....
```

```
[ec2-user@ip-10-1-1-144 ~]$ ssh -l ec2-user 10.1.20.194 ❷
..... (중략) .....
[ec2-user@ip-10-1-20-194 ~]$
```

> ❶ ssh 명령에 –A 옵션을 주어 인증 기능을 배스천 서버까지 안전하게 포워딩한다.
>
> ❷ 배스천 서버에 접속한 후 다시 한번 ssh 명령을 사용해 프라이빗 인스턴스에 접속한다.

simple-showcase-server-private-01 인스턴스에 접속했으니 2장에서 진행한 것
처럼 Nginx 설치 및 애플리케이션 설치를 진행한다.

코드 4.15 프라이빗 인스턴스에 애플리케이션 설치

```
[ec2-user@ip-10-1-20-194 ~]$ sudo yum update -y
[ec2-user@ip-10-1-20-194 ~]$ sudo yum install nginx golang git -y
[ec2-user@ip-10-1-20-194 ~]$ mkdir app
[ec2-user@ip-10-1-20-194 ~]$ cd app/
[ec2-user@ip-10-1-20-194 app]$ git clone https://github.com/sepiro2000/
simple-showcase.git
..... (중략) .....
[ec2-user@ip-10-1-20-194 app]$ sudo systemctl enable nginx
Created symlink /etc/systemd/system/multi-user.target.wants/nginx.service
→ /usr/lib/systemd/system/nginx.service.
[ec2-user@ip-10-1-20-194 app]$ cd simple-showcase/frontend/deploy
[ec2-user@ip-10-1-20-194 deploy]$ ./deploy-frontend.sh http://api.simple-
showcase.shop
Starting frontend deployment...
Using API URL: http://api.simple-showcase.shop
Using Node.js version: 20.11.1
Deploy path: /usr/share/nginx/html/simple-showcase-frontend
..... (중략) .....
[ec2-user@ip-10-1-20-194 deploy]$ cd /home/ec2-user/app/simple-showcase/
backend/deploy/
[ec2-user@ip-10-1-20-194 deploy]$ ./deploy-backend.sh 'DB_
PASSWORD=Showcase_user_123!@#' 'WRITE_DB_HOST=simple-showcase-aurora-
mysql.cluster-cjqkn8z77qlb.ap-northeast-2.rds.amazonaws.com' 'READ_DB_
HOST=simple-showcase-aurora-mysql.cluster-ro-cjqkn8z77qlb.ap-northeast-2.
rds.amazonaws.com'
Starting backend deployment...
Using environment variables:
..... (중략) .....
```

배포가 끝났으면 애플리케이션이 정상적으로 동작하는지 확인한다. 하지만
프라이빗 서브넷에 배포했기 때문에 브라우저를 통해 직접 확인할 수는 없고,

EC2 인스턴스 내에서 curl 명령을 통해 확인할 수 있다(코드 4.16).

코드 4.16 curl 명령을 통한 애플리케이션 배포 확인

```
[ec2-user@ip-10-1-20-194 deploy]$ curl --header "Host: app.simple-
showcase.shop" http://127.0.0.1 ❶
<!DOCTYPE html>
<html lang="en">
  <head>
    <meta charset="UTF-8" />
    <link rel="icon" type="image/svg+xml" href="/vite.svg" />
    <meta name="viewport" content="width=device-width,
initial-scale=1.0" />
    <title>Simple Showcase</title> ❷
    <script type="module" crossorigin src="/assets/index-DrZNidIi.js">
</script>
    <link rel="stylesheet" crossorigin href="/assets/index-DWMxzggQ.css">
  </head>
  <body>
    <div id="root"></div>
  </body>
</html>
[ec2-user@ip-10-1-20-194 deploy]$ curl --header "Host: api.simple-
showcase.shop" http://127.0.0.1/api/products ❸
[{"id":1,"name":"스마트 워치 SE","description":"합리적인 가격의 스마트 워치. 건강
관리 기능 포함.","price":285000,"imageUrl":"/images/placeholder_watch.png",
"likes":0},
..... (중략) .....
.","price":55000,"imageUrl":"/images/placeholder_backpack.png","likes":
0},{"id":10,"name":"대형 데스크 매트 (장패드)","description":"부드러운 표면의 넓
은 마우스 패드 겸용 데스크 매트.","price":12000,"imageUrl":"/images/placeholder_
deskmat.png","likes":0}] ❹
```

❶ curl 명령을 통해 로컬 루프백 주소(127.0.0.1)로 HTTP 요청을 전달한다. Host 헤더에 app.simple-showcase.shop을 지정하여 Nginx가 해당 도메인으로 설정된 가상 호스트 규칙에 따라 프론트엔드 정적 파일을 서빙하도록 한다.

❷ HTML 응답에서 <title>Simple Showcase</title>을 확인하여 프론트엔드가 정상적으로 서빙되고 있음을 알 수 있다.

❸ ❶과 유사하게 내부로 HTTP 요청을 전달하지만 Host 헤더를 api.simple-showcase.shop으로 설정하고 /api/products 경로로 요청한다. Nginx는 이 Host 헤더를 기반으로 요청을 백엔드 Go 애플리케이션으로 전송한다.

❹ JSON 형태의 상품 데이터가 정상적으로 응답되어 백엔드 API가 올바르게 동작하고 있음을 알 수 있다.

simple-showcase-private-server-01의 배포를 완료했으니 이제 애플리케이션 로드 밸런서를 구성하고 트래픽을 분산 처리해 보자.

4.3 애플리케이션 로드 밸런서 생성 및 EC2 연결

새롭게 생성한 프라이빗 서브넷에 EC2 인스턴스를 생성하고 배포를 마쳤으니 이제 애플리케이션 로드 밸런서를 도입해서 사용자의 요청을 프라이빗 서브넷에 있는 EC2로 전달하는 과정을 진행해 보자.

애플리케이션 로드 밸런서는 AWS에서 제공하는 로드 밸런서 중 하나로, 사용자의 요청을 EC2 인스턴스, 컨테이너 등 다양한 대상으로 분산시키는 역할을 한다. 특히 HTTP 및 HTTPS 트래픽에 최적화되어 있어, 요청 내용(경로, 호스트 등)에 따라 유연한 라우팅 규칙을 설정할 수 있다는 장점이 있다. 애플리케이션 로드 밸런서는 퍼블릭 서브넷에 배치되어 인터넷 게이트웨이를 통해 외부 사용자의 요청을 받고, 이를 프라이빗 서브넷의 애플리케이션 서버로 안전하게 전달하는 역할을 한다.

애플리케이션 로드 밸런서를 사용하면 다음과 같은 이점이 있다.

- **고가용성**: 복수의 가용 영역에 배치되어 단일 장애점을 제거한다.
- **보안 강화**: 애플리케이션 서버를 프라이빗 서브넷에 격리하면서도 외부 접근을 허용할 수 있게 한다.
- **SSL 처리**: HTTPS 트래픽의 SSL/TLS 암호화를 애플리케이션 로드 밸런서에서 처리하기 때문에 백엔드 서버의 부하를 줄인다.
- **라우팅**: URL 경로, 호스트 헤더, HTTP 메서드 등에 따라 요청을 다른 대상으로 라우팅하여 다양한 역할을 수행하도록 할 수 있다.

애플리케이션 로드 밸런서를 구성하는 주요 구성 요소는 다음과 같다.

- **리스너(Listener)**: 연결 요청을 확인하는 프로세스이다. 프로토콜(예: HTTP, HTTPS)과 포트(예: 80, 443)를 정의하고, 수신된 요청을 어떤 규칙에 따라 처리할지 결정한다.
- **규칙(Rule)**: 리스너가 요청을 수신했을 때 어떤 작업을 수행할지 정의한다.

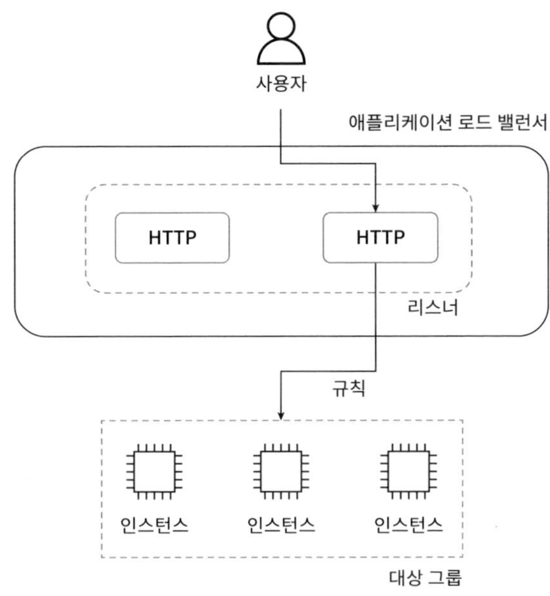

그림 4.11 애플리케이션 로드 밸런서의 구성 요소

각 규칙은 우선순위, 하나 이상의 작업, 그리고 선택 가능한 하나 이상의 조건으로 구성된다. 가장 일반적인 작업은 요청을 대상 그룹으로 전달하는 것이다.

- 대상 그룹(Target Group): 애플리케이션 로드 밸런서가 요청을 라우팅할 대상(예: EC2 인스턴스, IP 주소, 람다 함수 등)의 모음이다. 애플리케이션 로드 밸런서는 대상 그룹 내 등록된 대상들의 상태를 주기적으로 검사하여 정상적인 대상에만 트래픽을 전달한다.

- 상태 검사(Health Check): 대상 그룹 단위로 정의되고 수행되는 가용성 확인 기능이다. 정의된 프로토콜, 포트, 경로로 주기적인 요청을 보내 대상의 정상 여부를 판별하며, 로드 밸런서는 이 검사를 통과한 대상에게만 트래픽을 전달한다.

애플리케이션 로드 밸런서를 구성하는 요소들은 서로 의존 관계를 가진다. 예를 들어 리스너의 규칙은 요청을 전달할 대상 그룹이 존재해야 정의할 수 있다. 그래서 애플리케이션 로드 밸런서를 구성하기 위해서는 가장 먼저 요청을

전달할 대상인 대상 그룹부터 생성해야 한다. 애플리케이션 서버를 포함할 대
상 그룹을 정의해 보자.

코드 4.17 대상 그룹 생성(alb.tf)

```
# 대상 그룹 생성
resource "aws_lb_target_group" "private_server_target_group" {
  name     = "simple-showcase-private-server-target-group"
  port     = 80                        ❶
  protocol = "HTTP"                     ❷
  vpc_id   = aws_vpc.main.id            ❸

  health_check {
    path                = "/"   ❹
    healthy_threshold   = 5     ❺
    unhealthy_threshold = 2     ❻
    timeout             = 5     ❼
    interval            = 30    ❽
  }

  tags = {
    Name = "simple-showcase-private-server-target-group"
  }
}

# 대상 그룹에 첫 번째 인스턴스 등록
resource "aws_lb_target_group_attachment" "private_server_01_target_group_
attachment" {
  target_group_arn = aws_lb_target_group.private_server_target_group.arn ❾
  target_id        = aws_instance.private_server_01.id                   ❿
}
```

❶ 대상 그룹이 트래픽을 수신할 포트를 지정한다. Nginx가 80번 포트에서 실행되므로 80을
설정한다.

❷ 대상 그룹이 사용할 프로토콜을 지정한다. HTTP 트래픽을 처리하므로 HTTP로 설정
한다.

❸ 대상 그룹이 속할 VPC의 ID를 지정한다.

❹ 상태 검사를 수행할 경로를 지정한다. 루트 경로("/")로 요청을 보내 서버의 응답을 확인
한다.

❺ 대상을 정상으로 판단하기 위해 연속으로 성공해야 하는 상태 검사 횟수이다. 5회 연속
성공하면 정상 상태로 판단한다.

❻ 대상을 비정상으로 판단하기 위해 연속으로 실패해야 하는 상태 검사 횟수이다. 2회 연속

실패하면 비정상 상태로 판단한다.

❼ 상태 검사 응답을 기다리는 시간이다. 초 단위이며, 5초 내에 응답이 없으면 실패로 간주한다.

❽ 상태 검사를 수행하는 간격이다. 초 단위이며, 30초마다 대상의 상태를 확인한다.

❾ 인스턴스를 연결할 대상 그룹의 ARN을 지정한다.

❿ 대상 그룹에 등록할 EC2 인스턴스의 ID를 지정한다. 앞서 생성한 프라이빗 서브넷의 인스턴스를 참조한다.[2]

대상 그룹이 준비되었으니, 이제 사용자의 트래픽을 받아 대상 그룹으로 전달할 애플리케이션 로드 밸런서를 생성한다. 애플리케이션 로드 밸런서를 생성하려면 보안 그룹 적용이 필요하기 때문에 먼저 애플리케이션 로드 밸런서에 필요한 보안 그룹을 설계하고 생성하는 과정부터 진행한다.

애플리케이션 로드 밸런서의 보안 그룹을 설계하기 위해 트래픽 흐름을 살펴보자.

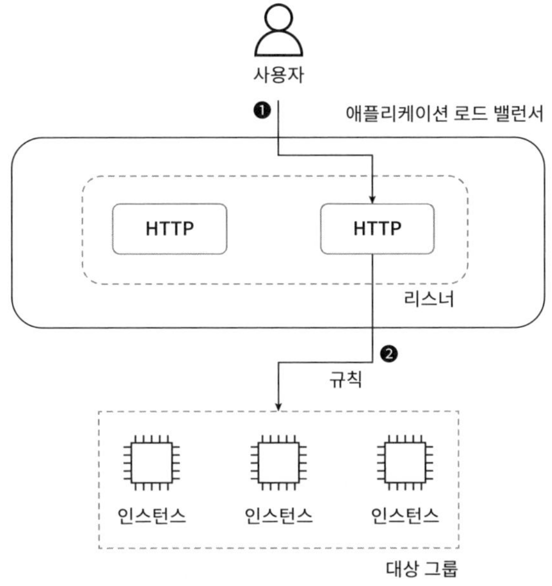

그림 4.12 애플리케이션 로드 밸런서의 트래픽 흐름

2 대상 그룹에 인스턴스가 정상적으로 등록되었는지 EC2 서비스 콘솔을 통해 확인하려면 테라폼 코드 적용 이후 약간의 시간이 걸릴 수 있다.

애플리케이션 로드 밸런서 입장에서는 크게 두 가지 트래픽이 존재한다.

- 인바운드 트래픽(❶): 인터넷상의 불특정 다수 사용자로부터 HTTP 요청을 받는다.
- 아웃바운드 트래픽(❷): 받은 요청을 대상 그룹에 있는 EC2 인스턴스에 전달한다.

따라서 애플리케이션 로드 밸런서의 보안 그룹은 외부에서의 HTTP 요청을 허용하는 인바운드 규칙과 EC2 인스턴스를 향하는 HTTP 요청을 허용하는 아웃바운드 규칙이 필요하다.

코드 4.18 애플리케이션 로드 밸런서를 위한 보안 그룹(alb.tf)

```
# 애플리케이션 로드 밸런서를 위한 보안 그룹
resource "aws_security_group" "alb" {
  name        = "simple-showcase-alb-sg"
  description = "Security group for ALB"
  vpc_id      = aws_vpc.main.id

  tags = {
    Name = "simple-showcase-alb-sg"
  }
}


# 애플리케이션 로드 밸런서 보안 그룹 인바운드 규칙 (HTTP)
resource "aws_vpc_security_group_ingress_rule" "alb_http" {
  security_group_id = aws_security_group.alb.id
  description       = "HTTP from my IP"
  from_port         = 80
  to_port           = 80
  ip_protocol       = "tcp"
  cidr_ipv4         = "${chomp(data.http.myip.response_body)}/32"  ❶
}
# 애플리케이션 로드 밸런서 보안 그룹 아웃바운드 규칙
resource "aws_vpc_security_group_egress_rule" "alb_http" {
  security_group_id = aws_security_group.alb.id
  description       = "Allow HTTP outbound traffic"
  from_port         = 80
  to_port           = 80
  ip_protocol       = "tcp"
  cidr_ipv4         = aws_vpc.main.cidr_block  ❷
}
```

❶ 아직은 테스트 환경이기 때문에 HTTP에 대한 인바운드 규칙은 내 PC의 IP만 허용한다.
외부에서의 모든 HTTP 접근이 가능하게 하려면 0.0.0.0/0으로 설정한다.

❷ VPC 내부의 EC2 인스턴스들로 트래픽을 전달할 수 있도록 VPC의 CIDR 블록을 목적지로
지정한다.

이제 애플리케이션 로드 밸런서를 위한 보안 그룹이 준비되었으니 마지막으로
애플리케이션 로드 밸런서와 리스너를 정의한다.

코드 4.19 애플리케이션 로드 밸런서 및 리스너 생성(alb.tf)

```
# 애플리케이션 로드 밸런서 생성
resource "aws_lb" "app" {
  name               = "simple-showcase-alb"
  internal           = false                            ❶
  load_balancer_type = "application"                    ❷
  security_groups    = [aws_security_group.alb.id]      ❸
  subnets            = [aws_subnet.public_a_01.id, aws_subnet.public_c_01.id]  ❹

  tags = {
    Name = "simple-showcase-alb"
  }
}


# 애플리케이션 로드 밸런서 리스너 생성
resource "aws_lb_listener" "http" {
  load_balancer_arn = aws_lb.app.arn                    ❺
  port              = 80                                 ❻
  protocol          = "HTTP"                             ❼

  default_action  {
    type             = "forward"  ❽
    target_group_arn = aws_lb_target_group.private_server_target_group.arn  ❾
  }
}
```

❶ 애플리케이션 로드 밸런서의 배치 유형을 지정한다. false로 설정하면 외부에서 접근 가
능한 애플리케이션 로드 밸런서가 되고, true로 설정하면 VPC 내부에서만 접근이 가능
하다.

❷ 로드 밸런서의 유형을 지정한다. application은 HTTP/HTTPS 트래픽에 최적화된 애플
리케이션 로드 밸런서를 의미한다. AWS는 이 외에도 TCP/UDP 트래픽을 처리하는 네트
워크 로드 밸런서(Network Load Balancer)와 가상 어플라이언스용 게이트웨이 로드 밸
런서(Gateway Load Balancer)를 제공하지만, Simple Showcase와 같은 웹 애플리케

이션에는 애플리케이션 로드 밸런서가 가장 적합하다.

❸ 애플리케이션 로드 밸런서에 적용할 보안 그룹을 지정한다. 앞서 생성한 애플리케이션 로드 밸런서용 보안 그룹을 참조한다.

❹ 애플리케이션 로드 밸런서가 배치될 서브넷들을 지정한다. 고가용성 확보를 위해 서로 다른 가용 영역의 퍼블릭 서브넷에 배치한다.

❺ 리스너가 연결될 애플리케이션 로드 밸런서의 ARN을 지정한다.

❻ 리스너가 요청을 수신할 포트를 지정한다. HTTP 트래픽을 위해 80번 포트를 사용한다.

❼ 리스너가 처리할 프로토콜을 지정한다. HTTP 트래픽을 처리하도록 설정한다.

❽ 요청을 받았을 때 수행할 기본 액션 유형을 지정한다. forward는 요청을 지정된 대상 그룹으로 전달하는 액션이다. redirect는 다른 URL로 리다이렉트하고, fixed-response 는 고정된 응답 값을 반환한다.

❾ 요청을 전달할 대상 그룹의 ARN을 지정한다. 앞서 생성한 프라이빗 서버의 대상 그룹을 참조한다.

마지막으로 app.simple-showcase.shop과 api.simple-showcase.shop 도메인의 질의 결과를 애플리케이션 로드 밸런서로 변경한다. 이를 통해 기존 모놀리식으로 구성된 단일 EC2 인스턴스로 인입되던 트래픽을 애플리케이션 로드 밸런서로 인입되도록 옮길 수 있다.

코드 4.20 도메인 변경(route53.tf)

```
# app.simple-showcase.shop A 레코드
resource "aws_route53_record" "app" {
  zone_id = data.aws_route53_zone.simple_showcase.zone_id  ❶
  name    = "app.simple-showcase.shop"                      ❷
  type    = "A"

 alias ❸ {
    name                   = aws_lb.app.dns_name            ❹
    zone_id                = aws_lb.app.zone_id             ❺
    evaluate_target_health = true                           ❻
  }
}

# api.simple-showcase.shop A 레코드
resource "aws_route53_record" "api" {
  zone_id = data.aws_route53_zone.simple_showcase.zone_id
  name    = "api.simple-showcase.shop"
  type    = "A"
```

```
  alias {
    name                     = aws_lb.app.dns_name
    zone_id                  = aws_lb.app.zone_id
    evaluate_target_health = true
  }
}
```

❶ DNS 레코드를 생성할 호스팅 영역의 ID를 지정한다. 2장에서 사용한 simple-showcase.shop 호스팅 영역에 대한 데이터 소스를 참조한다.

❷ 생성할 DNS 레코드의 이름을 지정한다.

❸ alias는 AWS 리소스를 직접 가리킬 수 있는 특별한 레코드 유형이다. CNAME과 비슷하게 동작하지만 CNAME은 IP를 알아내기 위해 여러 번 도메인 질의를 하지만 alias는 한 번의 질의로 IP를 알아낼 수 있다.

❹ 애플리케이션 로드 밸런서의 DNS 이름을 지정한다. 애플리케이션 로드 밸런서는 생성 시 AWS에서 DNS 이름을 자동으로 할당해 주며, 이 이름을 통해 애플리케이션 로드 밸런서에 접근할 수 있다.

❺ 애플리케이션 로드 밸런서가 속한 Route53 호스팅 영역 ID를 지정한다. 이는 사용자가 생성한 호스팅 영역이 아니고 AWS가 제공하는 호스팅 영역이다. AWS 리소스는 각각 고유한 호스팅 영역을 가지고 있다.

❻ 애플리케이션 로드 밸런서의 상태를 주기적으로 확인하여 장애가 발생했을 때 DNS 응답에서 제외하도록 설정한다.

도메인 변경 작업까지 완료되면 app.simple-showcase.shop과 api.simple-showcase.shop 도메인의 질의 결과가 달라진 것을 볼 수 있다(코드 4.21).

코드 4.21 도메인 질의 결과

```
〉 dig +short api.simple-showcase.shop    ❶
52.78.181.164                            ❷
52.78.38.97                              ❸

〉 dig +short app.simple-showcase.shop    ❹
52.78.38.97                              ❺
52.78.181.164                            ❻
```

❶❹ 각각 app.simple-showcase.shop과 api.simple-showcase.shop을 질의한다.

❷❸❺❻ 애플리케이션 로드 밸런서의 IP를 반환한다. 두 개의 IP가 나오는 이유는 애플리케이션 로드 밸런서가 두 개의 퍼블릭 서브넷에 배치되어 각 가용 영역마다 하나씩 IP 주소

를 가지기 때문이다. 순서는 매번 바뀔 수 있으며, 이는 DNS의 라운드 로빈 방식으로 부하를 분산하기 위함이다.

그리고 app.simple-showcase.shop 도메인으로 브라우저에서도 접속되는 것을 확인할 수 있다.

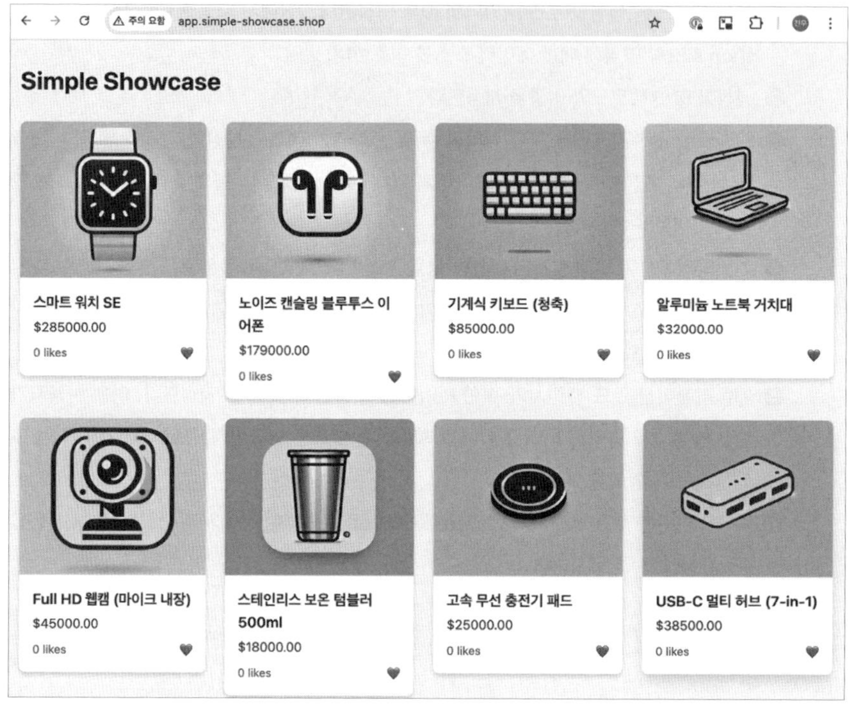

그림 4.13 접속 화면

지금까지의 작업을 통해 EC2 인스턴스를 프라이빗 서브넷으로 옮기고 애플리케이션 로드 밸런서를 퍼블릭 서브넷에 두어 사용자의 트래픽을 처리하도록 했다. 하지만 EC2 인스턴스는 여전히 한 대여서 요청을 분산하거나 가용성을 높이려는 의미로는 여전히 부족하다. 이 상황에서 동일한 역할을 하는 EC2 인스턴스를 한 대 더 추가해서 요청을 분산하고 가용성을 높이는 과정을 진행해 보자.

4.4 수평 확장을 통한 부하 분산 구현

앞 절에서는 애플리케이션 로드 밸런서를 생성하고, simple-showcase-server-private-01 인스턴스로 트래픽을 받아 처리할 수 있도록 아키텍처를 개선했다. 하지만 여전히 애플리케이션 서버는 한 대로 운영되고 있다. 이는 두 가지 문제를 발생시킨다.

첫째, 단일 장애점 문제이다. 이 EC2 인스턴스에 하드웨어나 소프트웨어 문제가 발생하여 중단된다면, 애플리케이션 로드 밸런서가 존재하더라도 트래픽을 전달할 대상이 없기 때문에 전체 서비스가 중단된다.

둘째, 성능 확장에 한계가 있다. 서비스의 인기가 높아져 트래픽이 증가할 경우, 단일 인스턴스는 모든 요청을 감당하지 못하고 응답 속도가 느려지거나 서비스 불능 상태에 빠질 수 있다.

이런 문제를 해결하는 가장 기본적인 방법은 동일한 역할을 수행하는 애플리케이션 서버를 여러 대로 늘려 수평적으로 확장하고 애플리케이션 로드 밸런서를 통해 이들 인스턴스에 트래픽을 고르게 분산시키는 것이다. 이렇게 하면 한 인스턴스에 장애가 발생해도 다른 인스턴스가 서비스를 계속 제공할 수 있어 가용성이 향상되고, 전체 시스템의 처리 용량도 늘어나게 된다.

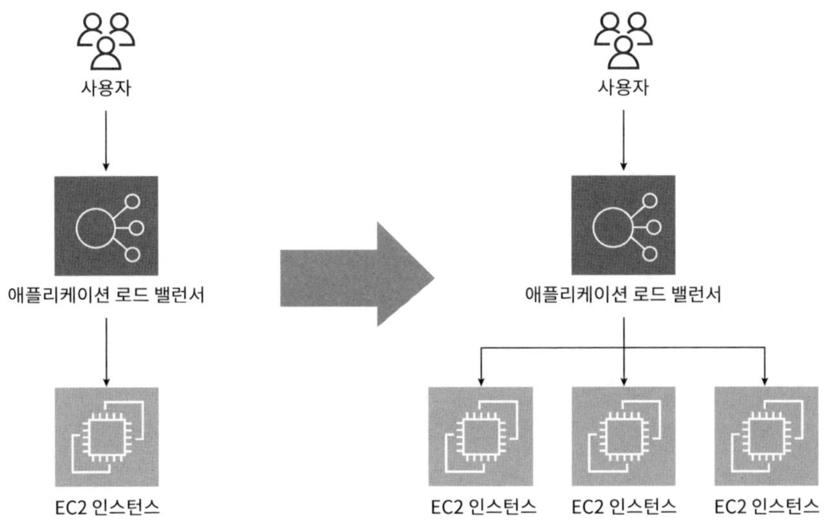

그림 4.14 수평 확장을 통한 부하 분산

문제는 어떻게 여러 대의 인스턴스가 동일한 역할을 수행하도록 만들 것인가 이다. 새로운 EC2 인스턴스를 시작할 때마다 2장과 앞 절에서 진행한 것처럼 모든 소프트웨어를 일일이 설치하고, 애플리케이션 코드를 배포하고 설정을 반복하는 방식은 매우 비효율적이고 오류 발생 가능성도 크다.

이 때 유용한 것이 바로 AMI(Amazon Machine Image)이다. 앞 절에서 EC2 인스턴스를 처음 생성할 때 OS 이미지를 선택한 것을 기억할 것이다. AMI는 단순히 OS 뿐만 아니라, 특정 시점의 EC2 인스턴스에 설치된 모든 소프트웨어, 설정, 애플리케이션 코드 등을 포함하는 서버 환경의 스냅샷을 의미한다.

이미 구성된 EC2 인스턴스로부터 사용자 지정 AMI를 생성해 두면, 이후에 이 AMI를 사용하여 구성과 상태가 동일한 EC2 인스턴스를 몇 분 안에 새로 생성할 수 있다.

앞 절을 통해 배포까지 완료한 simple-showcase-server-private-01 인스턴스로부터 AMI를 만들어 보자. AMI를 생성하기 전에 AWS CLI를 사용해서 프라이빗 서브넷에 생성한 인스턴스의 ID를 확인한다(코드 4.22).

코드 4.22 인스턴스 ID 확인

```
> export AWS_PAGER=""                           ❶
> aws ec2 describe-instances \                  ❷
  --filters "Name=tag:Name,Values=simple-showcase-server-private-01" \  ❸
  --query "Reservations[].Instances[].InstanceId" \                     ❹
  --output text \
  --region ap-northeast-2 ❺
i-05f369bee171be86e
```

❶ AWS CLI 출력 결과가 길 때 자동으로 실행되는 페이저를 비활성화한다. 이를 설정하지 않으면 결과를 보기 위해 추가 키 입력이 필요할 수 있다.

❷ EC2 인스턴스의 정보를 조회할 수 있는 describe-instances 명령을 사용한다.

❸ Name 태그 값이 simple-showcaser-server-private-01인 인스턴스만 필터링한다.

❹ JSON 결과에서 쿼리를 사용해 인스턴스 ID만 추출한다. 전체 정보가 아닌 AMI 생성에 필요한 값만 가져온다.

❺ ap-northeast-2, 즉 서울 리전에 있는 인스턴스를 대상으로 조회한다.

출력된 인스턴스 ID는 다음 단계에서 AMI를 생성할 때 사용된다. 이 값은 각 사용자마다 다르게 생성되기 때문에 자신의 환경에서 출력된 값을 기록해 둔다.

코드 4.22에서 확인한 인스턴스 ID를 사용해서 Simple Showcase 애플리케이션 서버의 AMI를 만든다(코드 4.23).

코드 4.23 AMI 만들기

```
> aws ec2 create-image \                              ❶
  --instance-id i-05f369bee171be86e \                 ❷
  --name simple-showcase-server-image \               ❸
  --description simple-showcase-server-image \
  --no-reboot \                                        ❹
  --region ap-northeast-2
```

❶ EC2 인스턴스로부터 AMI를 생성하는 create-image 명령을 사용한다.

❷ 코드 4.22에서 확인한 인스턴스 ID를 지정한다. 이 인스턴스의 현재 상태가 AMI로 저장 된다.

❸ 생성할 AMI의 이름을 지정한다. 나중에 이 이름으로 AMI를 찾을 수 있다.

❹ 인스턴스를 재부팅하지 않고 AMI를 생성한다. 이 옵션을 사용하면 서비스 중단 없이 AMI 를 만들 수 있지만, 메모리에 있던 데이터나 작성 중인 파일이 불완전하게 저장될 수 있 다. AMI를 만들기 전에 대상 인스턴스를 서비스에서 제외하고 재부팅한 후 AMI를 생성하 기를 권장하지만 상황에 맞게 유연하게 해도 된다.

AMI 생성 작업은 비동기로 이뤄지기 때문에 코드 4.23의 CLI를 입력한 후 EC2 서비스 콘솔에서 진행 상황을 볼 수 있다.

그림 4.15의 EC2 서비스 콘솔에서 [AMIs] 메뉴(❶)를 클릭하고 필터링을 [Owned by me]로 설정(❷)한 후 생성한 AMI를 클릭하면 하단 'Status'가 'Pend-ing'(❸)임을 볼 수 있다. 시간이 수 분 정도 지나면 'Status'가 'Available'로 바뀐 다. 그럼 AMI 생성이 완료된 것이다.

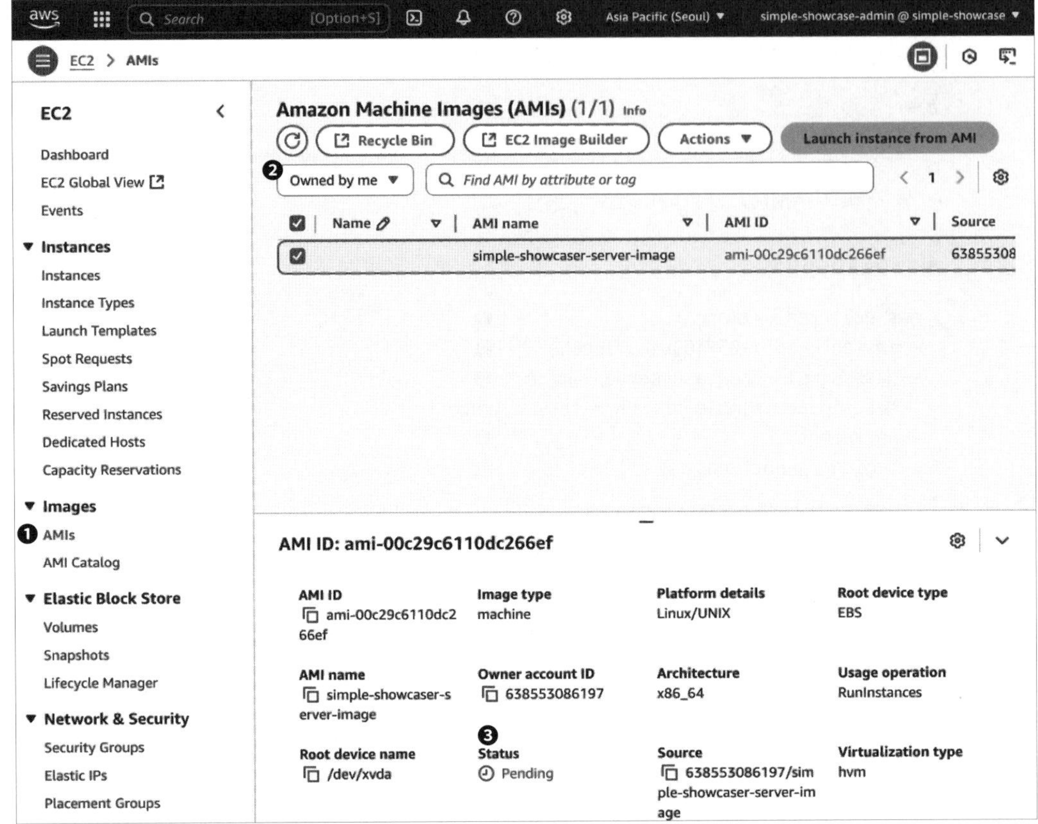

그림 4.15 AMI 생성 상황

이제 생성된 AMI를 바탕으로 프라이빗 서브넷에 새로운 인스턴스를 만든다(코드 4.24).

코드 4.24 새로운 인스턴스 생성(ec2.tf)

```
# 프라이빗 서브넷에 생성할 인스턴스 #2
resource "aws_instance" "private_server_02" {
  ami             = "ami-00c29c6110dc266ef" ❶
  instance_type   = "t3.small"
  subnet_id       = aws_subnet.app_private_c_01.id ❷
  key_name        = "simple-showcase-key-pair"

  vpc_security_group_ids = [aws_security_group.private_server.id]
```

```
  associate_public_ip_address = false

  tags = {
    Name = "simple-showcase-server-private-02"
  }
}
```

simple-showcase-server-private-01을 생성할 때와 다른 점은 생성할 때 사용하는 AMI ID가 Amazon Linux 2023이 아닌 우리가 앞서 생성한 AMI라는 것(❶), 그리고 가용성 확보를 위해 A존이 아닌 C존의 프라이빗 서브넷에 생성했다는 것(❷)이다.

생성을 완료한 다음 simple-showcase-server-private-01과 함께 대상 그룹에 등록한다.

코드 4.25 대상 그룹에 새로운 인스턴스 등록(ec2.tf)

```
# 대상 그룹에 두 번째 인스턴스 등록
resource "aws_lb_target_group_attachment" "private_server_02_target_group_
attachment" {
  target_group_arn = aws_lb_target_group.private_server_target_group.arn
  target_id        = aws_instance.private_server_02.id
  port             = 80
}
```

대상 그룹에 인스턴스를 등록한 후 대상 그룹 대시보드를 보면 두 대의 인스턴스가 등록되어 있고 애플리케이션 로드 밸런서로부터의 요청을 모두 Healthy 상태(❶, ❷)로 처리할 수 있음을 볼 수 있다(그림 4.16).

이렇게 AMI를 통해 인스턴스를 생성하면 우리가 앞서 진행한 패키지 설치, 애플리케이션 배포 등의 과정을 따로 진행하지 않아도 인스턴스를 추가하여 트래픽을 분산할 수 있다.

EC2 > Target groups > simple-showcase-target-group

simple-showcase-target-group

Actions ▼

Details
arn:aws:elasticloadbalancing:ap-northeast-2:638553086197:targetgroup/simple-showcase-target-group/4a546bcd3623f2b3

Target type
Instance

Protocol : Port
HTTP: 80

Protocol version
HTTP1

VPC
vpc-0edbd07ba7af6efeb

IP address type
IPv4

Load balancer
simple-showcase-alb

2	⊘ 2	⊗ 0	⊖ 0	⊘ 0	⊖ 0
Total targets	Healthy	Unhealthy	Unused	Initial	Draining
	0 Anomalous				

▶ **Distribution of targets by Availability Zone (AZ)**
Select values in this table to see corresponding filters applied to the Registered targets table below.

Targets   Monitoring   Health checks   Attributes   Tags

Registered targets (2) Info

ⓘ Anomaly mitigation: **Not applicable**   Deregister   Register targets

Target groups route requests to individual registered targets using the protocol and port number specified. Health checks are performed on all registered targets according to the target group's health check settings. Anomaly detection is automatically applied to HTTP/HTTPS target groups with at least 3 healthy targets.

Q Filter targets

< 1 >

Instance ID ▽	Name ▽	Port ▽	Zone ▽	Health status ▽	Health status det
i-0d07f9deab4d2cab3	simple-showca...	80	ap-northeast-...	⊘ Healthy ❶	-
i-05f369bee171be86e	simple-showca...	80	ap-northeast-...	⊘ Healthy ❷	-

그림 4.16 대상 그룹

4.5 마치며

이번 장에서는 Simple Showcase 애플리케이션의 안정성과 가용성, 그리고 보안을 한 단계 끌어올리기 위한 아키텍처 개선 작업을 진행했다. 지금까지 구축한 아키텍처를 정리한 것이 그림 4.17이다. 먼저 기존 퍼블릭 서브넷에 있던 애플리케이션 서버를 외부로부터 격리된 환경으로 옮기기 위해 새로운 프라이빗 서브넷을 생성했고(❶), 이 프라이빗 서브넷에서 외부 인터넷으로 아웃바운드 통신이 가능하도록 NAT 게이트웨이를 구성했다(❷).

이어서 애플리케이션 로드 밸런서를 도입(❸)하여 트래픽을 여러 EC2 인스

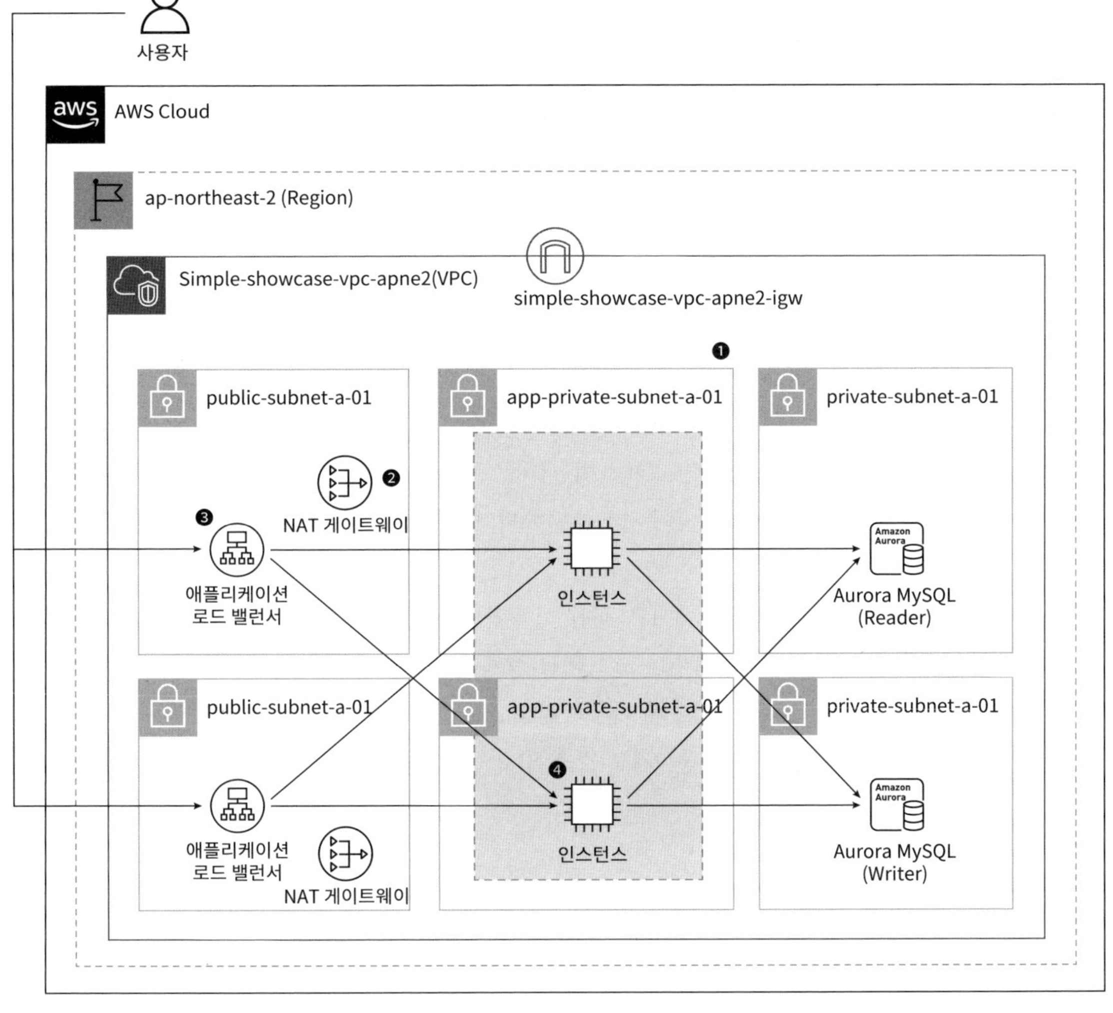

그림 4.17 지금까지 구축한 아키텍처

턴스로 분산시킬 수 있는 기반을 마련했다. 이 과정에서 고가용성을 위해 퍼블릭 서브넷을 하나에서 둘로 확장하고, 애플리케이션 로드 밸런서도 이 두 가용 영역에 배치했다. 또한 AMI를 활용하여 두 번째 EC2 인스턴스를 추가하고(❹), 애플리케이션 로드 밸런서의 대상 그룹에 등록하여 애플리케이션 계층을 수평 확장하고 부하 분산이 이뤄지도록 했다.

이런 개선들을 통해 현재의 아키텍처는 단일 장애점 문제가 일부 해소되었고, 트래픽 분산을 통해 이전보다 향상된 사용성과 성능을 기대할 수 있게 되었다. 또한 애플리케이션 서버를 퍼블릭 서브넷에서 프라이빗 서브넷으로 옮겨 배치하여 외부 인터넷의 접근을 최소화하고, 전반적인 보안 수준도 높였다.

하지만 여전히 한계점은 남아 있다. 현재는 트래픽이 증가하거나 특정 EC2 인스턴스에 장애가 발생했을 때, 새로운 인스턴스를 추가하거나 기존 인스턴스를 교체하는 작업을 모두 수동으로 진행해야 한다. 이는 신속한 대응을 어렵게 만들고 운영 부담을 가중시킨다.

다음 장에서는 이러한 수동 관리의 한계를 개선하기 위해 오토 스케일링 그룹(Auto Scaling Group, ASG)을 도입한다. 오토 스케일링 그룹을 통해 트래픽 변화나 서버의 상태에 따라 EC2 인스턴스의 수를 자동으로 조절하고, 장애 발생 시 자동으로 인스턴스를 교체하여 서비스의 탄력성과 안정성을 높이는 방법을 살펴본다. 이를 통해 한층 더 자동화되고 견고한 인프라를 구축할 수 있다.

마지막으로 이전 아키텍처에서 사용한 퍼블릭 서브넷의 EC2 인스턴스와 관련된 리소스들은 주석 처리하거나 코드에서 삭제하여 인프라에서도 삭제한다. 아키텍처가 개선된 후에는 기존에 사용하던 리소스들을 정리해 주어야 비용적인 면에서도 계속 유리하다. 총 9개 리소스이다. 주석 처리 후 `terraform apply`를 실행할 것을 권장한다.

- aws_instance.public_server
- aws_security_group.server
- aws_eip.server
- aws_eip_association.public_server
- aws_vpc_security_group_egress_rule.http
- aws_vpc_security_group_egress_rule.https
- aws_vpc_security_group_egress_rule.mysql
- aws_vpc_security_group_ingress_rule.http
- aws_vpc_security_group_ingress_rule.ssh

 이번 장에서 생성한 EC2 인스턴스들은 비용이 발생하기 때문에 실습을 잠시 멈춘다면 인스턴스들도 멈춰 두는 것이 좋다. EC2 관리 콘솔에서도 가능하지만 다음과 같이 AWS CLI를 통해서도 가능하다.

```
aws ec2 stop-instances --instance-ids ${INSTANCE_IDS} ❶
```

> ❶ : 뒤에 인자로 넘겨주는 --instance-ids에 멈추고자 하는 인스턴스들의 ID를 기입하면 되고 여러 개의 ID를 쉼표로 구분하여 넘겨줄 수도 있다.

실습을 다시 시작할 때도 EC2 관리 콘솔에서 제어할 수 있지만 AWS CLI를 통해서도 가능하다.

```
aws ec2 start-instances --instance-ids ${INSTANCE_IDS} ❶
```

> ❶ : 뒤에 인자로 넘겨주는 --instance-ids에 시작하고자 하는 인스턴스들의 ID를 기입하면 되고 여러 개의 ID를 쉼표로 구분하여 넘겨줄 수도 있다.

5장

트래픽에 따른 자동 확장, 오토 스케일링 그룹 도입

> **5장의 전체 테라폼 코드:**
> *https://github.com/sepiro2000/simple-showcase-terraform/tree/main/CHAP05*

지난 4장에서는 애플리케이션 로드 밸런서를 도입하여 트래픽을 여러 가용 영역의 EC2 인스턴스들로 분산시키는, 높은 가용성의 아키텍처를 구축했다. 하지만 이 구조는 여전히 한계가 있다. 트래픽이 급증하거나 기존 인스턴스를 교체해야 할 때 새로운 EC2 인스턴스를 수동으로 추가해야 한다. 이러한 수동 작업은 실수가 발생하기 쉽고 변화하는 트래픽에 즉각적으로 대응하기 어렵다.

5장에서는 이런 수동 개입의 한계를 극복하고, 상황에 맞게 유연하게 변화하는 자동 확장(Auto Scaling) 환경을 구축할 것이다. 자동 확장은 미리 정의된 조건(예: 평균 CPU 사용률, 네트워크 트래픽 등)에 따라 EC2 인스턴스의 수를 자동으로 늘리거나(Scale-out) 줄이는(Scale-in) 기능이다. 이를 통해 사용량이 많은 피크 타임에는 안정적인 성능을 유지하고, 사용량이 적을 때는 불필요한 인스턴스를 제거하여 비용을 최적화하는 탄력적인 인프라를 만들 수 있다.

이러한 자동 확장을 구현하기 위해 이번 장에서는 두 가지 핵심적인 AWS 리소스를 사용한다. 바로 시작 템플릿(Launch Template)과 오토 스케일링 그룹(Auto Scaling Group)이다. 시작 템플릿은 새로운 EC2 인스턴스를 생성할 때 필요한 설정(AMI, 인스턴스 유형, 키 페어, 보안 그룹 등)을 담고 있는 설계도 역할을 한다. 오토 스케일링 그룹은 이 설계도를 사용하여 특정 조건에 따라 인스턴스를 몇 개까지 늘리고 줄일지, 그리고 어떤 서브넷에 생성하고 제거할지 관리·감독 역할을 수행한다.

이번 장에서는 수동으로 관리하던 EC2 인스턴스들을 오토 스케일링 그룹으로 대체하여, 트래픽 변화에 자동으로 대응하는 인프라를 구축하는 과정을 다룬다.

5.1 EC2 인스턴스의 설계도, 시작 템플릿 생성

오토 스케일링 그룹이 트래픽 변화에 따라 EC2 인스턴스를 자동으로 생성하려면, 먼저 어떤 인스턴스를 생성할 것인지에 대한 정보가 필요하다. 이런 정보를 담고 있는 설계도 역할을 하는 것이 바로 시작 템플릿(Launth Template)이다.

시작 템플릿은 EC2 인스턴스를 생성하는 데 필요한 구성 정보를 하나의 템플릿으로 정의한 리소스이다. AMI ID, 인스턴스 유형, 키 페어, 보안 그룹, 스토리지 구성 등 인스턴스를 구성하는 정보를 미리 정의할 수 있다. 오토 스케일링 그룹은 이 템플릿을 참조하여 동일한 구성의 인스턴스를 필요에 따라 자동으로 생성하거나 제거한다.

시작 템플릿의 또 다른 중요한 특징은 버전 관리 기능이다. 템플릿을 수정할 때마다 새로운 버전이 생성되기 때문에, 필요 시 이전 버전으로 롤백하거나 여러 버전을 동시에 운영할 수 있다. 이를 통해 인프라 변경을 안전하게 관리할 수 있다.

특히 중요한 부분은 사용자 데이터(User Data) 스크립트를 포함할 수 있다는 점이다. 사용자 데이터는 인스턴스가 처음 부팅될 때 실행되는 스크립트로, 소프트웨어 설치, 환경 설정, 애플리케이션 배포 등 초기 설정 작업을 자동화할 수 있다. 이를 통해 오토 스케일링 그룹이 생성한 인스턴스가 사람의 개입 없이 서비스에 투입될 수 있다.

이렇게 오토 스케일링 그룹이 생성한 인스턴스를 초기화하는 방법에는 크게 두 가지 접근법이 있다.

첫 번째는 앞서 언급한 사용자 데이터를 활용하여 빈 AMI에서 시작해 필요한 소프트웨어를 설치하는 방법이다. 이 방법은 유연성이 높고 AMI 관리 부담이 적지만, 인스턴스 시작 시간이 길고 설치 과정에서 오류가 발생할 가능성이 있다.

두 번째는 필요한 소프트웨어가 미리 설치된 사용자 정의 AMI를 사용하는 방법이다. 시작 시간이 빠르고 환경이 일관되게 보장되지만, AMI를 주기적으로 업데이트하고 관리해야 하는 부담이 있다.

두 가지 방법은 장점과 단점이 명확하기 때문에 운영 중인 서비스의 패턴에 맞게 적절한 방법을 사용하는 것이 좋다. 자주 변경하지 않고 신속한 대응이 중요한 서비스라면 사용자 정의 AMI를 사용하는 것이 좋고, 변경이 잦거나 최신 버전 유지가 중요한 서비스라면 사용자 데이터를 활용하는 것이 좋다. 혹은 필수 소프트웨어만 미리 설치해 놓은 AMI를 준비하고 배포와 관련된 스크립트는 사용자 데이터로 준비해서 두 가지 방법을 적절하게 섞어서 사용하는 것도 좋다.

이 책에서는 오토 스케일링 환경에서 빠른 인스턴스 시작이 중요하므로, 4장에서 미리 만들어 놓은 AMI를 활용하는 방법을 사용할 것이다.

코드 5.1 시작 템플릿 생성(asg.tf)

```
# 시작 템플릿
resource "aws_launch_template" "simple_showcase_private_server" {
  name          = "simple-showcase-private-server-launch-template"
  image_id      = "ami-00c29c6110dc266ef" ❶
  instance_type = "t3.small"

  vpc_security_group_ids = [aws_security_group.private_server.id] ❷
  key_name = "simple-showcase-key-pair"                           ❸

}
```

❶ 오토 스케일링 그룹이 이 시작 템플릿을 사용해서 EC2 인스턴스를 생성할 때 기반이 되는 AMI ID를 지정한다. 4장에서 수평 확장을 위해 생성한 simple-showcase-private-server의 이미지를 지정한다. 이 AMI에는 이미 Nginx와 Simple Showcase 애플리케이션이 설치되어 있기 때문에 별도의 설정 없이 바로 서비스가 가능한 EC2 인스턴스를 생성할 수 있다.

❷ 생성될 EC2 인스턴스에 적용될 보안 그룹을 지정한다. 프라이빗 서브넷에 위치한 인스턴스들에 적용한 보안 그룹을 동일하게 적용한다.

❸ 생성될 EC2 인스턴스에 적용할 SSH 키 페어 이름을 지정한다.

EC2 서비스 콘솔에서 [Instances]-[Launch Templates]를 클릭하면 생성한 시작 템플릿을 볼 수 있다.

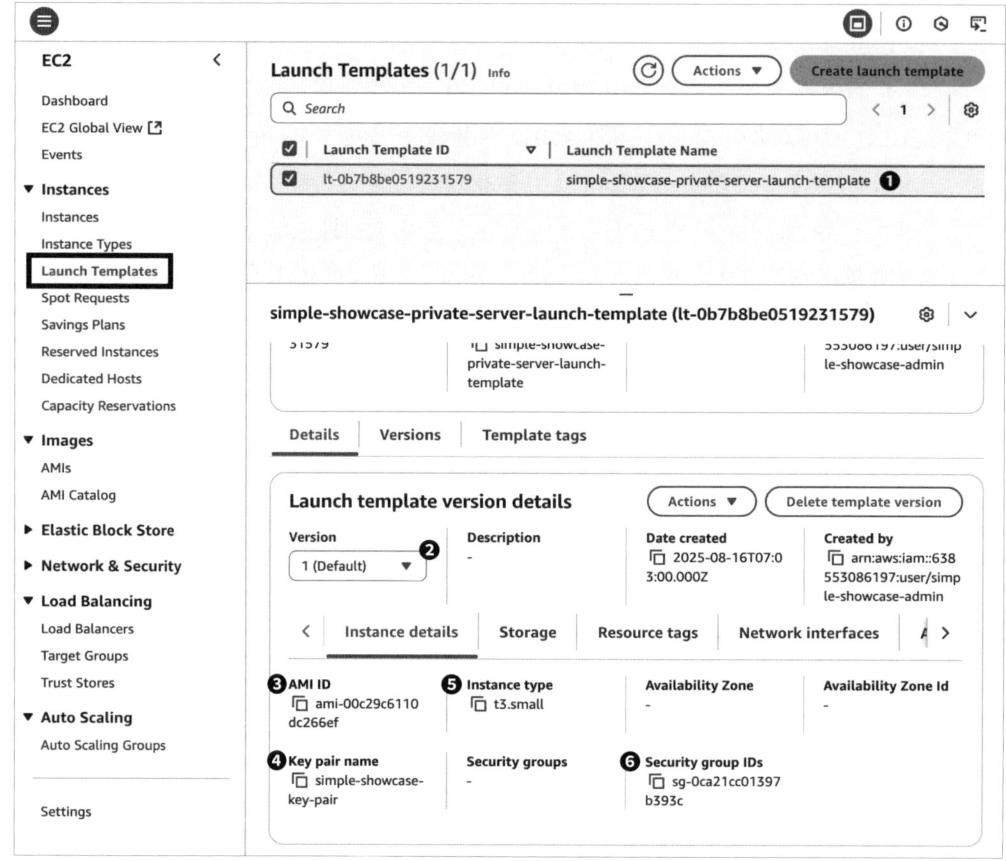

그림 5.1 EC2 서비스 콘솔에서 시작 템플릿 확인

❶ 시작 템플릿의 이름을 확인할 수 있다.

❷ 현재 시작 템플릿의 버전을 확인할 수 있다. 처음 생성했기 때문에 버전 1 이고, 기본(Default) 버전이 된다.

❸❹❺❻ 코드 5.1에서 정의한 AMI의 ID, SSH 키 페어 이름, 인스턴스 사양, 보안 그룹의 정보를 확인할 수 있다.

시작 템플릿에 변경 사항이 생기면 버전이 어떻게 관리되는지 살펴보자. 예를 들어 트래픽 증가로 더 높은 성능이 필요한 상황을 가정하고, 코드 5.2와 같이 인스턴스 사양을 변경한다고 하자.

코드 5.2 시작 템플릿의 인스턴스 사양 변경(asg.tf)

```
# 시작 템플릿
resource "aws_launch_template" "simple_showcase_private_server" {
  name            = "simple-showcase-private-server-launch-template"
  image_id        = "ami-00c29c6110dc266ef"
  instance_type = "t3.medium" ❶

  vpc_security_group_ids = [aws_security_group.private_server.id]

  key_name = "simple-showcase-key-pair"
}
```

❶ 성능을 높이기 위해 기존 t3.small에서 t3.medium으로 변경한다.

변경 사항을 적용한 후 EC2 서비스 콘솔로 이동해서 시작 템플릿을 확인한다. [Versions] 탭(❶)을 클릭하면 그림 5.2와 같이 방금 생성한 두 번째 버전(❷)을 확인할 수 있다.

[Versions] 탭에서 기본 버전을 확인할 수 있다. 시작 템플릿을 사용할 때는 버전을 지정해야 하는데, 세 가지 방식으로 지정할 수 있다.

- **특정 버전 번호:** 시작 템플릿의 특정 버전을 직접 명시한다. 예를 들어 버전 1을 사용하려면 1을, 버전 2를 사용하려면 2를 지정한다.
- **Default:** 기본 버전을 의미한다. 버전을 명시하지 않았을 때 사용되는 버전으로, 위 예에서는 버전 1이 Default가 된다.
- **Latest:** 가장 최근에 생성된 버전을 의미한다. 위 예에서는 버전 2가 Latest가 된다.

Default 버전과 Latest 버전이 다를 수 있다는 점이 중요하다. 두 버전은 다음과 같은 전략으로 관리할 수 있다.

- **안정성 우선 전략:** Default 버전은 충분히 검증된 버전으로 유지하고, Latest로 새 버전을 테스트한다.
- **배포 우선 전략:** Default와 Latest를 동일하게 유지하기 위해 변경 사항을 즉시 반영한다.

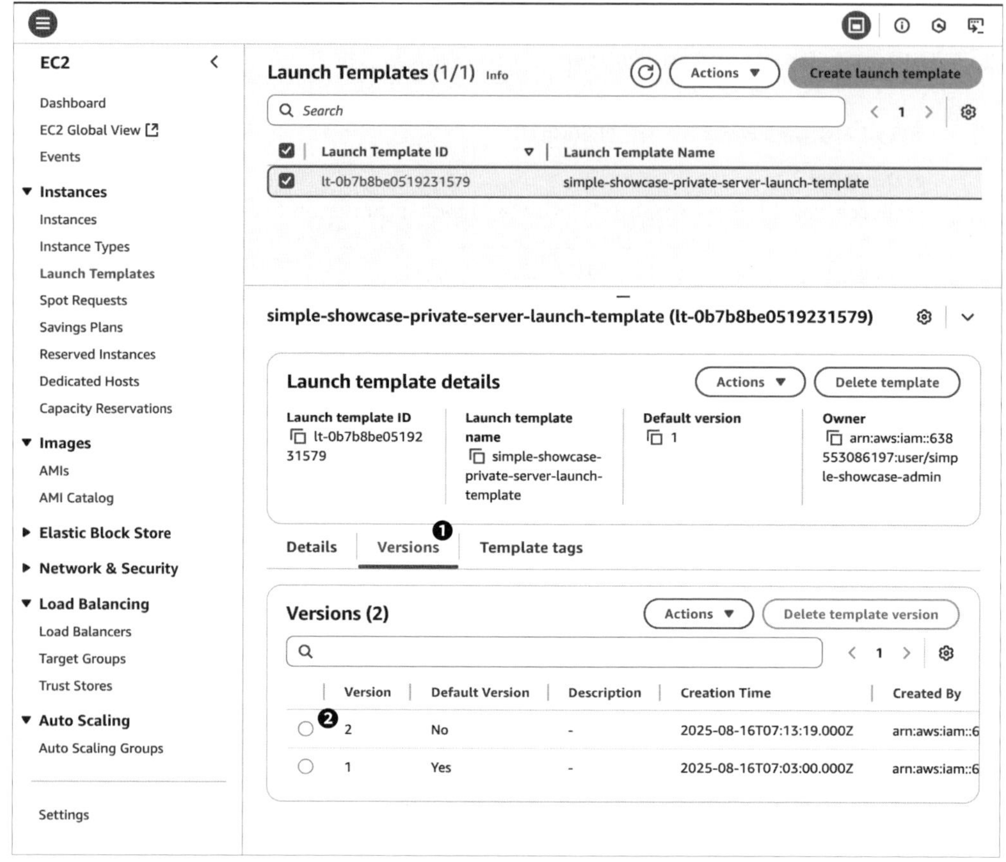

그림 5.2 시작 템플릿의 버전 확인

각 전략마다 장점과 단점이 있으니 각자의 환경에 맞는 전략을 사용하는 것이 중요하다.

이제 생성한 시작 템플릿을 바탕으로 EC2 인스턴스를 생성할 수 있도록 오토 스케일링 그룹을 만들고 애플리케이션 로드 밸런서와 연동해 보자.

5.2 오토 스케일링 그룹 생성과 애플리케이션 로드 밸런서 연동

오토 스케일링 그룹은 EC2 인스턴스를 그룹 단위로 관리하며, 미리 정의된 범위 내에서 인스턴스 수를 자동으로 조절하는 서비스이다. 오토 스케일링 그룹을 이해하려면 먼저 세 가지 핵심 파라미터를 알아야 한다.

- **최소 용량(Minimum Size):** 오토 스케일링 그룹이 유지해야 하는 최소 인스턴스 수다. 이 수 이하로는 인스턴스 수가 줄어들지 않는다.
- **원하는 용량(Desired Capacity):** 오토 스케일링 그룹이 유지하고자 하는 인스턴스 수다. 오토 스케일링 그룹은 항상 이 수를 유지하려 한다.
- **최대 용량(Maximum Size):** 오토 스케일링 그룹이 확장할 수 있는 최대 인스턴스 수다. 이 수를 초과하여 인스턴스 수가 늘어나지 않는다.

예를 들어 최소 용량 2, 원하는 용량 4, 최대 용량 6으로 설정된 오토 스케일링 그룹이 있다고 가정해 보자. 여기에 '5분간 평균 CPU 사용량이 10% 미만이면 인스턴스를 1대 줄인다'는 스케일 인(Scale-in) 규칙을 추가한다. 새벽 시간대에 트래픽이 감소하여 CPU 사용량이 5%까지 떨어지고 이 상태가 5분간 지속되면, 오토 스케일링 그룹은 규칙에 따라 원하는 용량을 4에서 3으로 변경하고 인스턴스 1대를 안전하게 종료한다. 여기서 다시 5분이 지난 후에도 여전히 CPU 사용량이 5% 수준을 유지한다면, 다시 한 번 규칙을 적용하여 원하는 용량을 3에서 2로 줄이고, 그에 맞게 인스턴스 수를 2개로 줄인다. 하지만 그 이후에도 사용량이 계속 낮게 유지된다고 해서 인스턴스를 더 줄이지는 않는다. 이미 설정해 둔 최소 용량인 2에 도달했기 때문에 오토 스케일링 그룹은 더 이상의 축소 작업을 진행하지 않는다. 이처럼 스케일 인은 조건이 충족될 때마다 설정된 정책에 따라 단계적으로 인스턴스 수를 조정하여 비용 효율성과 서비스 안정성을 동시에 확보한다.

또한 오토 스케일링 그룹은 애플리케이션의 안정성과 탄력성을 보장하기 위해 다음과 같은 역할을 한다.

- **인스턴스 자동 복구:** 오토 스케일링 그룹은 원하는 용량(Desired Capacity)을 항상 유지하려는 특징이 있다. 그룹 내의 인스턴스 중 하나가 예기치 않게 종료되거나 비정상 상태가 되면, 오토 스케일링 그룹은 이를 감지하여 즉시 해당 인스턴스를 종료시키고 시작 템플릿을 사용해 새로운 인스턴스를 자동으로 생성한다.
- **가용 영역에 인스턴스 배치:** 오토 스케일링 그룹은 여러 가용 영역에 인스턴스를 분산 배치하여 고가용성을 보장한다. 오토 스케일링 그룹에 여러 가용

영역에 속한 서브넷 목록을 제공하면, 각 가용 영역에 최대한 균등하게 분배하려 노력한다. 이를 통해 하나의 가용 영역에 장애가 발생하더라도 다른 가용 영역의 인스턴스로 서비스를 중단 없이 계속할 수 있다.

- **동적 확장 기능 제공**: 오토 스케일링 그룹은 CPU 사용률이나 네트워크 트래픽 같은 지표를 기준으로, 사전에 정의된 규칙에 따라 인스턴스 수를 자동으로 늘리거나(Scale-Out) 줄일(Scale-In) 수 있다. 이를 통해 트래픽 변화에 유연하게 대응하고 비용을 최적화할 수 있다.

하지만 단순히 오토 스케일링 그룹을 통해 인스턴스의 수를 관리하는 것만으로는 아무 의미가 없으며, 오토 스케일링 그룹을 통해 관리되는 인스턴스들이 사용자 트래픽을 받을 수 있도록 애플리케이션 로드 밸런서의 대상 그룹과 연동해야 한다. 이를 통해 오토 스케일링 그룹이 새로운 인스턴스를 시작할 때마다 해당 인스턴스를 대상 그룹에 자동으로 등록하고, 사용자 요청을 처리할 수 있게 된다.

코드 5.3 오토 스케일링 그룹 및 대상 그룹 연결(asg.tf)

```
# 오토 스케일링 그룹
resource "aws_autoscaling_group" "simple_showcase_private_server_asg" {
  name                = "simple-showcase-private-server-autoscaling-group"
  desired_capacity  = 2 ❶
  max_size          = 4 ❷
  min_size          = 2 ❸
  target_group_arns = [aws_lb_target_group.private_server_target_group.arn] ❹
  vpc_zone_identifier = [ ❺
    aws_subnet.app_private_a_01.id,
    aws_subnet.app_private_c_01.id
  ]

  health_check_type         = "ELB" ❻
  health_check_grace_period = 60      ❼

  launch_template {
    id      = aws_launch_template.simple_showcase_private_server.id ❽
    version = "$Latest"                                              ❾
  }

  tag {
```

```
    key                 = "Name"
    value               = "simple-showcase-private-server"
    propagate_at_launch = true ❿
  }
}
```

❶ 원하는 용량을 2로 설정한다. 오토 스케일링 그룹이 생성되면 즉시 2개의 EC2 인스턴스를 시작하고, 특별한 이벤트가 없는 한 2개를 유지한다.

❷ 최대 용량을 4로 설정한다. 트래픽이 아무리 많이 증가해도 인스턴스는 최대 4개까지만 생성된다. 이를 통해 예상치 못한 비용 증가를 방지할 수 있다.

❸ 최소 용량을 2로 설정한다. 최소 2개의 인스턴스는 항상 실행 상태를 유지한다. 이는 서비스의 최소 가용성을 보장한다.

❹ 애플리케이션 로드 밸런서의 대상 그룹과 연결한다. 오토 스케일링 그룹이 새로운 인스턴스를 생성하면 자동으로 이 대상 그룹에 등록되고, 인스턴스가 종료되면 자동으로 등록을 해제한다. 이렇게 하면 수동으로 대상 그룹을 관리할 필요가 없다.

❺ 인스턴스를 생성할 서브넷을 지정한다. 앞서 A존과 C존에 생성한 프라이빗 서브넷을 지정하여, 오토 스케일링 그룹이 두 가용 영역에 인스턴스를 균등하게 분산 배치하도록 한다. 이를 통해 가용 영역 장애에 대한 대응이 가능해진다.

❻ 오토 스케일링 그룹이 인스턴스의 상태를 판단하는 기준을 지정한다. ELB로 설정하면 로드 밸런서가 인스턴스를 비정상으로 판정할 때 오토 스케일링 그룹도 이를 인지하고 해당 인스턴스를 교체한다. 기본값은 EC2이며, 이 경우 인스턴스의 하드웨어나 OS에 문제가 생겨 응답이 없을 때만 비정상으로 감지한다.

❼ 인스턴스 기동 후 상태 검사를 대기하는 유예 시간을 설정한다. 이 값이 애플리케이션 기동 시간보다 짧으면 애플리케이션이 동작하기도 전에 검사가 실패하여 인스턴스가 반복적으로 교체될 수 있다. 따라서 애플리케이션의 기동 시간을 고려해 충분한 시간으로 설정해야 한다.

❽ 코드 5.1에서 생성한 시작 템플릿을 참조한다. 오토 스케일링 그룹은 이 템플릿의 설정을 사용하여 새 인스턴스를 생성한다.

❾ 시작 템플릿의 최신 버전을 사용하도록 설정한다. 앞서 언급한 것처럼 Default 버전을 사용할 수도 있고, 특정 버전을 기입해서 해당 버전을 사용하게 할 수도 있다.

❿ 오토 스케일링 그룹의 태그를 새로 생성되는 인스턴스에도 적용한다. 이를 통해 오토 스케일링 그룹이 생성한 인스턴스가 simple-showcase-private-server라는 이름을 갖게 되어 관리가 용이해진다.

테라폼 워크플로를 실행하여 오토 스케일링 그룹까지 생성한 다음 EC2 서비스 콘솔로 이동한다.

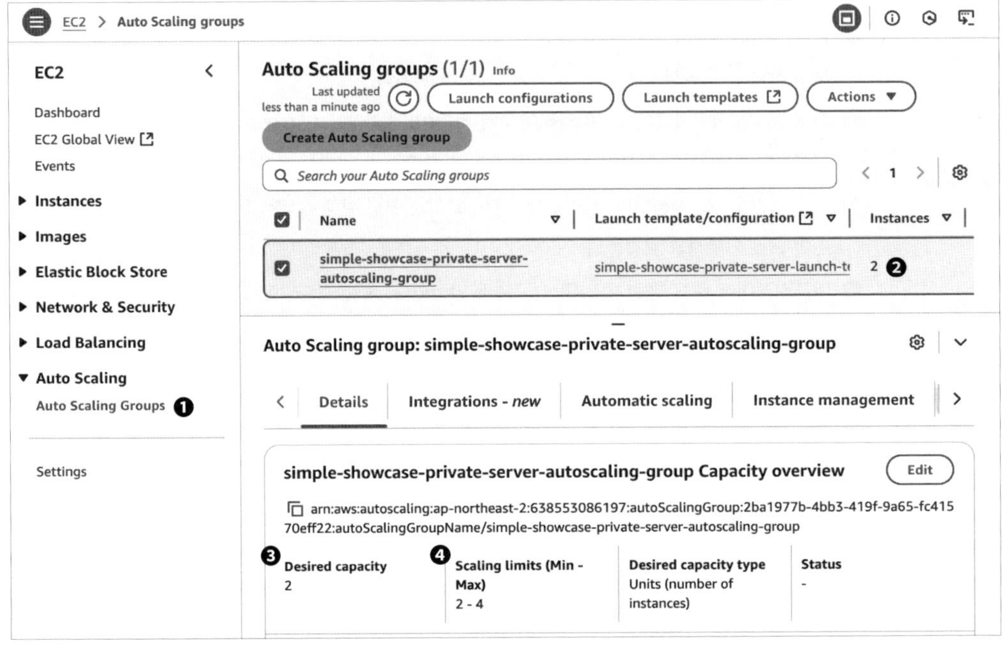

그림 5.3 오토 스케일링 그룹 정보 확인

그림 5.3의 왼쪽 메뉴에서 [Auto Scaling Groups](❶)를 클릭하면 생성된 오토 스케일링 그룹의 정보를 볼 수 있다. 오토 스케일링 그룹이 생성한 인스턴스의 수는 2대(❷)이고 원하는 인스턴스의 수도 2대(❸)라는 것을 알 수 있다. 즉 지금은 원하는 인스턴스의 수와 생성된 인스턴스의 수가 같은 상황이다. 마지막으로 오토 스케일링 그룹이 관리하는 인스턴스의 수는 최소 2대에서 최대 4대라는 것(❹)을 알 수 있다.

다음으로 대상 그룹에 잘 연결되었는지 확인해 보자. 그림 5.4처럼 EC2 서비스 콘솔에서[Target Groups]를 클릭한 다음 simple-showcase-target-group의 [Targets] 탭을 보면 4장에서 직접 대상 그룹에 연결한 simple-showcase-private-server-01, simple-showcase-private-server-02 이렇게 2대와 오토 스케일링 그룹이 생성한 simple-showcase-private-server 2대가 연결되어 있는 것을

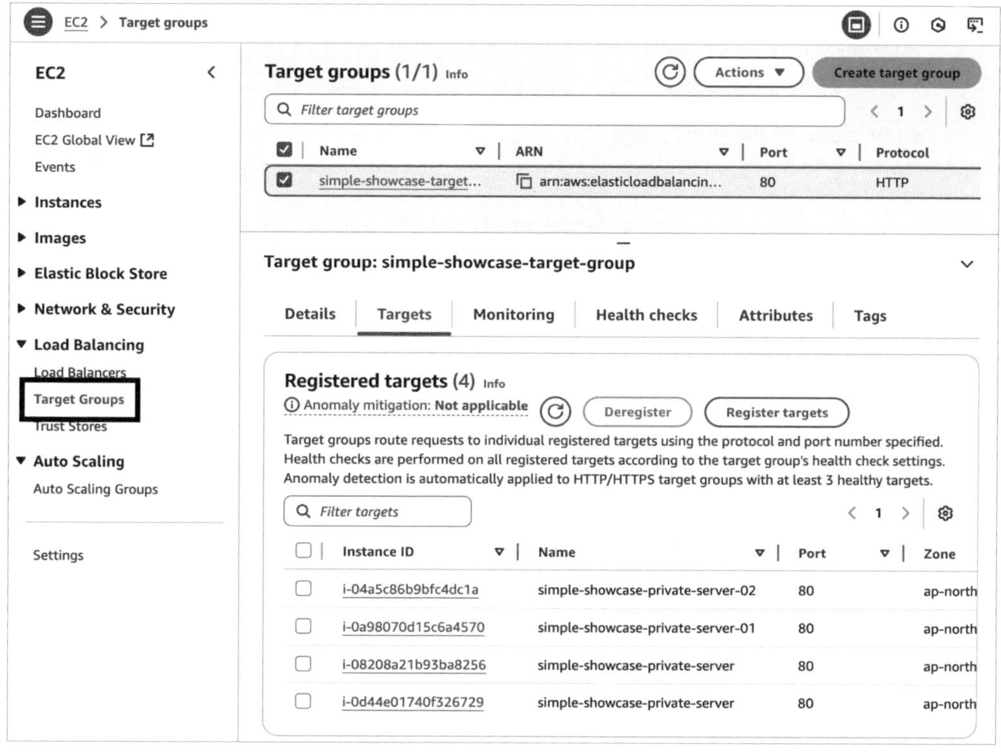

그림 5.4 대상 그룹 연결 정보 확인

볼 수 있다.

현재는 수동으로 관리하던 기존 인스턴스와 오토 스케일링 그룹이 관리하는 인스턴스가 함께 대상 그룹에 등록되어 있다. 이제 대상 그룹에 등록되어 있는 기존 인스턴스를 제거하고, 오토 스케일링 그룹이 관리하는 인스턴스만 남도록 연결을 끊어준다. 연결을 끊기 위해 서비스 콘솔을 사용하거나 AWS CLI를 사용할 수도 있지만, 인프라의 변경 사항이 코드로 남을 수 있도록 테라폼에서 해당 연결 부분을 주석 처리한다.

코드 5.4 기존 인스턴스와 대상 그룹 연결 해제(alb.tf)

```
/* ❶
# 대상 그룹에 첫 번째 인스턴스 등록
resource "aws_lb_target_group_attachment" "private_server_01_target_group_
attachment" {
```

```
  target_group_arn = aws_lb_target_group.private_server_target_group.arn
  target_id        = aws_instance.private_server_01.id
}

# 대상 그룹에 두 번째 인스턴스 등록
resource "aws_lb_target_group_attachment" "private_server_02_target_group_
attachment" {
  target_group_arn = aws_lb_target_group.private_server_target_group.arn
  target_id        = aws_instance.private_server_02.id
}
*/ ❷
```

> ❶❷ 테라폼의 코드 주석 문법에 맞게 /* 과 */ 로 코드 부분을 감싼다.

코드 5.4와 같이 대상 그룹과 인스턴스 간 연결 부분을 주석 처리한 후 terra
form plan을 실행하면 두 리소스가 삭제될 예정임을 볼 수 있다(코드 5.5).

코드 5.5 대상 그룹과 기존 인스턴스 연결 부분의 리소스 삭제

```
 # aws_lb_target_group_attachment.private_server_01_target_group_
attachment will be destroyed ❶
 # (because aws_lb_target_group_attachment.private_server_01_target_
group_attachment is not in configuration)
 - resource "aws_lb_target_group_attachment" "private_server_01_target_
group_attachment" {
    - id               = "arn:aws:elasticloadbalancing:ap-northeast-2:
638553086197:targetgroup/…" -> null
    - target_group_arn = "arn:aws:elasticloadbalancing:ap-northeast-2:
638553086197:targetgroup/…" -> null
    - target_id        = "i-0ff2ae06c7f2b874d" -> null
  }

 # aws_lb_target_group_attachment.private_server_02_target_group_
attachment will be destroyed ❷
 # (because aws_lb_target_group_attachment.private_server_02_target_
group_attachment is not in configuration)
 - resource "aws_lb_target_group_attachment" "private_server_02_target_
group_attachment" {
    - id               = "arn:aws:elasticloadbalancing:ap-northeast-2:
638553086197:targetgroup/…" -> null
    - target_group_arn = "arn:aws:elasticloadbalancing:ap-northeast-2:
638553086197:targetgroup/…" -> null
    - target_id        = "i-08e00f900f6f6b97c" -> null
  }
```

> ❶❷ will be destroyed라는 문구를 통해 리소스가 삭제될 예정임을 알 수 있다.

오토 스케일링 그룹이 이미 새로운 인스턴스 2대를 대상 그룹에 등록해 놓은 상태이므로, 기존 인스턴스 2대를 제거해도 서비스는 중단 없이 계속 운영된다. 테라폼 워크플로를 실행해서 변경 사항을 적용한 후, EC2 서비스 콘솔의 [Target Groups] 메뉴를 통해 대상 그룹을 확인하면 인스턴스의 상태를 볼 수 있다(그림 5.5).

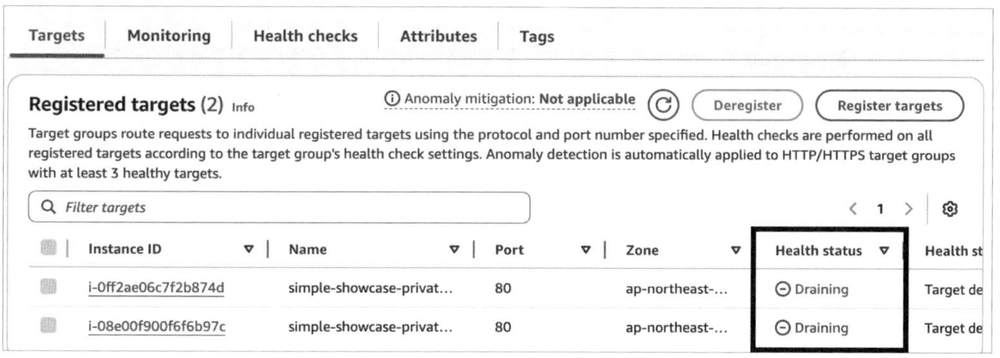

그림 5.5 연결이 해제된 인스턴스들의 상태

그림 5.5를 보면 연결 해제된 2대의 인스턴스의 상태가 'Draining'으로 표시되어 있다. Draining은 서비스의 연속성을 위해 필요한 기능인데, 단어의 의미대로 현재 처리중인 요청들을 안전하게 마무리할 시간을 주는 상태라고 생각하면 된다.

대상 그룹에서 연결을 해제한 인스턴스들은 바로 연결이 해제되지 않고 우선 Draining 단계로 변경된다. Draining 단계가 되면 해당 인스턴스에 새로운 요청이 전달되지 않는다. 하지만 그 직전까지 전달된 요청이 있기 때문에 그 작업들이 모두 완료될 때까지 기다린다. 이 시간은 대상 그룹의 Deregistration delay 값으로 설정할 수 있으며 기본값은 300초이다.

Deregistration delay 값은 서비스 특성에 따라 조정할 수 있다. 단순 API 서비스라면 30~60초로 짧게 설정해도 충분하지만, 파일 업로드나 복잡한 트랜잭션을 처리하는 서비스라면 충분히 길게 설정해야 할 수도 있다. 테라폼에서는 `deregistration_delay` 속성으로 이 값을 설정할 수 있다(코드 5.6).

코드 5.6 **deregistration_delay 속성 설정(alb.tf)**

```
resource "aws_lb_target_group" "private_server_target_group" {
  name                    = "simple-showcase-target-group"
  port                    = 80
  protocol                = "HTTP"
  vpc_id                  = aws_vpc.main.id
  deregistration_delay = 30 ❶
  … (중략)…
}
```

> ❶ deregistration_delay 값을 30으로 설정하여 Draining 상태로 유지되는 시간을 30초
> 로 설정한다.

Draining 과정 없이 인스턴스가 즉시 제거된다면, 해당 인스턴스에서 처리 중이던 모든 사용자 요청이 갑자기 끊어지게 되면서 에러를 유발할 수 있기 때문에 나쁜 서비스 경험을 주게 된다. Draining 과정을 넣음으로써 사용자의 요청을 안전하게 보호하고, 서비스 중단 없이 인스턴스를 교체하거나 제거할 수 있게 된다.

Draining이 완료되면 기존에 수동으로 관리하던 EC2 인스턴스들은 더 이상 필요하지 않다. 테라폼 코드에서 해당 EC2 인스턴스 리소스를 주석 처리하거나 삭제하여 불필요한 비용이 발생하지 않도록 정리한다. 대상 테라폼 리소스는 아래와 같다.

- aws_instance.private_server_01
- aws_instance.private_server_02

지금까지 시작 템플릿과 오토 스케일링 그룹을 사용해서 자동으로 인스턴스의 수를 조절하고, 서비스에 투입하는 과정을 진행했다. 하지만 지금은 원하는 인스턴스의 대수를 직접 설정해 줘야 하는 비효율이 남아 있기 때문에 트래픽에 따라 자동으로 조절되도록 동적 스케일링 정책을 적용할 것이다.

5.3 동적 스케일링 정책 설정

현재의 설정으로는 오토 스케일링 그룹의 원하는 용량(Desired Capacity) 유지 정책을 통해 비정상적인 인스턴스의 자동 교체와 같은 작업은 이루어지지만,

트래픽 변화에 따른 자동 확장 기능은 없다.

현재처럼 고정된 인스턴스 수로 운영하면 두 가지 문제가 발생한다.

첫째, 최대 트래픽을 기준으로 인스턴스를 운영하면 평상시에는 대부분의 리소스가 유휴 상태로 낭비된다. 예를 들어 점심시간에만 트래픽이 집중되는 서비스가 24시간 내내 같은 수의 인스턴스를 유지한다면 불필요한 비용이 발생한다.

둘째, 평균 트래픽을 기준으로 운영하면 예상치 못한 트래픽 급증 시 서비스 품질이 저하되거나 장애가 발생할 수 있다. 실제로 많은 서비스들이 마케팅 이벤트, 뉴스 노출, 시즌 특수 등으로 인한 갑작스러운 트래픽 증가를 경험한다.

동적 스케일링은 이런 문제를 해결한다. 실시간으로 부하를 모니터링하고, 필요에 따라 인스턴스를 자동으로 추가하거나 제거하여 성능과 비용의 균형을 맞춘다. 물론 이때도 최대 수와 최소 수 사이를 동적으로 이동한다. 이런 동적 스케일링은 크게 세 가지 방식으로 동작한다.

- 심플 스케일링(Simple Scaling): 단일 조건에 따라 고정된 수의 인스턴스를 추가/제거한다. 구현이 간단하지만 세밀한 제어가 어렵다.
- 단계적 스케일링(Step Scaling): 지표의 변화 정도에 따라 인스턴스 수를 다르게 조정한다. 예를 들어 평균 CPU 사용량이 50%를 초과하면 1대, 70%를 초과하면 2대, 이런 식으로 변화 정도에 따라 세밀하게 제어한다.
- 타깃 트래킹 스케일링(Target Tracking Scaling): 특정 지표를 목표 값으로 유지하도록 자동 조정한다. 예를 들어 평균 CPU 사용량을 30%에 맞게 조정하는 식으로 제어한다. 가장 세밀하게 조정할 수 있지만 복잡도가 높아진다.

이번 절에서는 가장 이해하기 쉬운 심플 스케일링 방식을 사용하여 동적 스케일링을 구현할 것이다. 이를 위해서는 두 가지 요소가 필요하다.

- 스케일링 정책: 어떤 조건이 충족되면 어떻게 행동할 것인가를 정의한다. 예를 들어 '인스턴스를 1대 추가하라' 혹은 '인스턴스를 1대 제거하라' 와 같은 구체적인 동작을 지정한다.
- 클라우드워치(CloudWatch) 알람: 어떤 조건을 감시할 것인가를 정의한다. 특정 지표를

모니터링하다가 설정한 임계치(예: 평균 CPU 사용량 등)를 넘어서면 클라우드워치 알람이 울리면서 연결된 스케일링 정책을 실행시킨다.

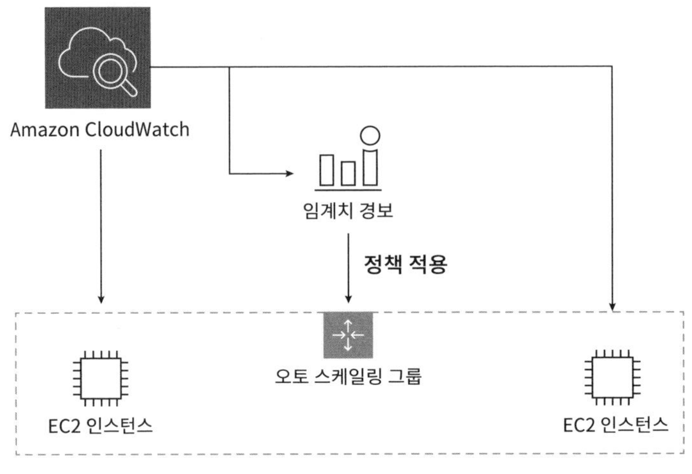

그림 5.6 동적 스케일링의 동작 과정

동적 스케일링 과정은 그림 5.6과 같이 진행된다. 클라우드워치가 오토 스케일링 그룹의 지표를 지속적으로 모니터링하다가 임계치를 초과하면 알람을 발생시킨다. 이 알람은 연결된 스케일링 정책을 트리거하고, 정책에 따라 오토 스케일링 그룹의 원하는 용량(Desired Capacity)이 조정된다. 오토 스케일링 그룹은 변경된 용량에 맞추기 위해 시작 템플릿을 사용하여 새 인스턴스를 생성하거나 기존 인스턴스를 종료한다.

중요한 점은 스케일링 활동 후 일정 시간 동안은 추가 스케일링이 발생하지 않는다는 것이다. 이를 쿨다운(Cooldown) 시간이라고 하며, 새 인스턴스가 안정화되고 지표가 정상화될 시간을 확보하여 불필요한 스케일링 반복을 방지한다.

여기서는 오토 스케일링 그룹에 속한 EC2 인스턴스들의 평균 CPU 사용량이 10%를 넘어가면 새로운 인스턴스를 1대 추가하고, 5% 미만으로 떨어지면 1대 제거하도록 동작하게 만들어 보자. 실제 운영 환경에서는 더 높은 임계치를 사용하지만, 실습을 위해 낮은 값으로 설정하여 스케일링 동작을 쉽게 확인할 수 있도록 한다.

코드 5.7 동적 스케일링 정책 설정(asg.tf)

```
# 1. 스케일 아웃 정책 정의
resource "aws_autoscaling_policy" "scale_out" {
  name                    = "simple-showcase-scale-out-policy"
  autoscaling_group_name = aws_autoscaling_group.simple_showcase_private_
server_asg.name
  policy_type             = "SimpleScaling"        ❶
  adjustment_type         = "ChangeInCapacity"     ❷
  scaling_adjustment      = 1                       ❸
  cooldown                = 180                      ❹
}


# 2. 스케일 아웃을 위한 클라우드워치 경보 정의
resource "aws_cloudwatch_metric_alarm" "cpu_10_high" {
  alarm_name          = "simple-showcase-cpu-10-high-alarm"
  comparison_operator = "GreaterThanThreshold" ❺
  evaluation_periods  = 1                        ❻
  metric_name         = "CPUUtilization"
  namespace           = "AWS/EC2"
  period              = 60                        ❼
  statistic           = "Average" ❽
  threshold           = 10          ❾

  dimensions = {
    AutoScalingGroupName = aws_autoscaling_group.simple_showcase_private_
server_asg.name
  }

  alarm_actions = [aws_autoscaling_policy.scale_out.arn] ❿
}


# 3. 스케일 인 정책 정의
resource "aws_autoscaling_policy" "scale_in" {
  name                    = "simple-showcase-scale-in-policy"
  autoscaling_group_name = aws_autoscaling_group.simple_showcase_private_
server_asg.name
  policy_type             = "SimpleScaling"
  adjustment_type         = "ChangeInCapacity"
  scaling_adjustment      = -1 ⓫
  cooldown                = 180
}


# 4. 스케일 인을 위한 클라우드워치 경보 정의
resource "aws_cloudwatch_metric_alarm" "cpu_5_low" {
  alarm_name          = "simple-showcase-cpu-5-low-alarm"
  comparison_operator = "LessThanThreshold" ⓬
```

```
evaluation_periods   = 1
metric_name          = "CPUUtilization"
namespace            = "AWS/EC2"
period               = 60
statistic            = "Average"
threshold            = 5 ⓭

dimensions = {
  AutoScalingGroupName = aws_autoscaling_group.simple_showcase_private_
server_asg.name
  }

alarm_actions = [aws_autoscaling_policy.scale_in.arn]
}
```

❶ 동적 스케일링 정책의 유형을 지정한다. 심플 스케일링 정책으로 설정한다. 조건이 충족되면 고정된 수의 인스턴스를 추가하거나 제거하는 가장 단순한 방식이다.

❷ 동적 스케일링 정책이 어떤 방식으로 인스턴스 수에 영향을 미칠지를 지정한다. Change InCapacity는 현재 용량에서 특정 수만큼 증감시킨다. 다른 옵션으로는 Percent ChangeInCapacity(백분율로 조정), ExactCapacity(특정 값으로 설정) 등이 있다.

❸ 스케일 아웃 시 인스턴스를 1대 추가한다. 양수 값은 인스턴스를 추가한다는 의미이다.

❹ 오토 스케일링 정책의 적용 간 대기 시간, 즉 쿨다운 시간을 지정한다. 180초(3분)로 설정한다. 스케일링 활동 후 3분 동안은 추가 스케일링이 발생하지 않아 시스템이 안정화될 시간을 확보한다.

❺ 지표가 임계치보다 크면 알람이 발생한다. CPU 사용량이 10%를 초과하는지를 모니터링한다.

❻ 메트릭에 대한 조건을 평가하는 횟수를 지정한다. 1로 지정하면 메트릭 값이 한 번만 조건을 만족해도 발생한다.

❼ 메트릭 관측 시간의 간격을 지정한다. 60초마다 메트릭을 수집한다.

❽ 오토 스케일링 그룹 내 모든 인스턴스의 평균 CPU 사용량을 계산한다.

❾ CPU 사용량 10%를 임계치로 설정한다.

❿ 알람 발생 시 실행할 스케일링 정책을 연결한다. 이를 통해 클라우드워치와 오토 스케일링 정책이 연동된다.

⓫ 스케일 인일 때 인스턴스를 1대 제거한다. 음수 값은 인스턴스를 제거한다는 의미이다.

⓬ 지표가 임계치보다 작으면 알람이 발생한다. CPU 사용량이 5% 미만인지 확인한다.

⓭ CPU 사용량 5%를 임계치로 설정한다.

테라폼 워크플로를 실행한 후 EC2 서비스 콘솔로 이동하여 오토 스케일링 그

룹의 정보 중 [Automatic scaling] 탭을 클릭하면 동적 스케일링이 적용된 것을
볼 수 있다(그림 5.7).

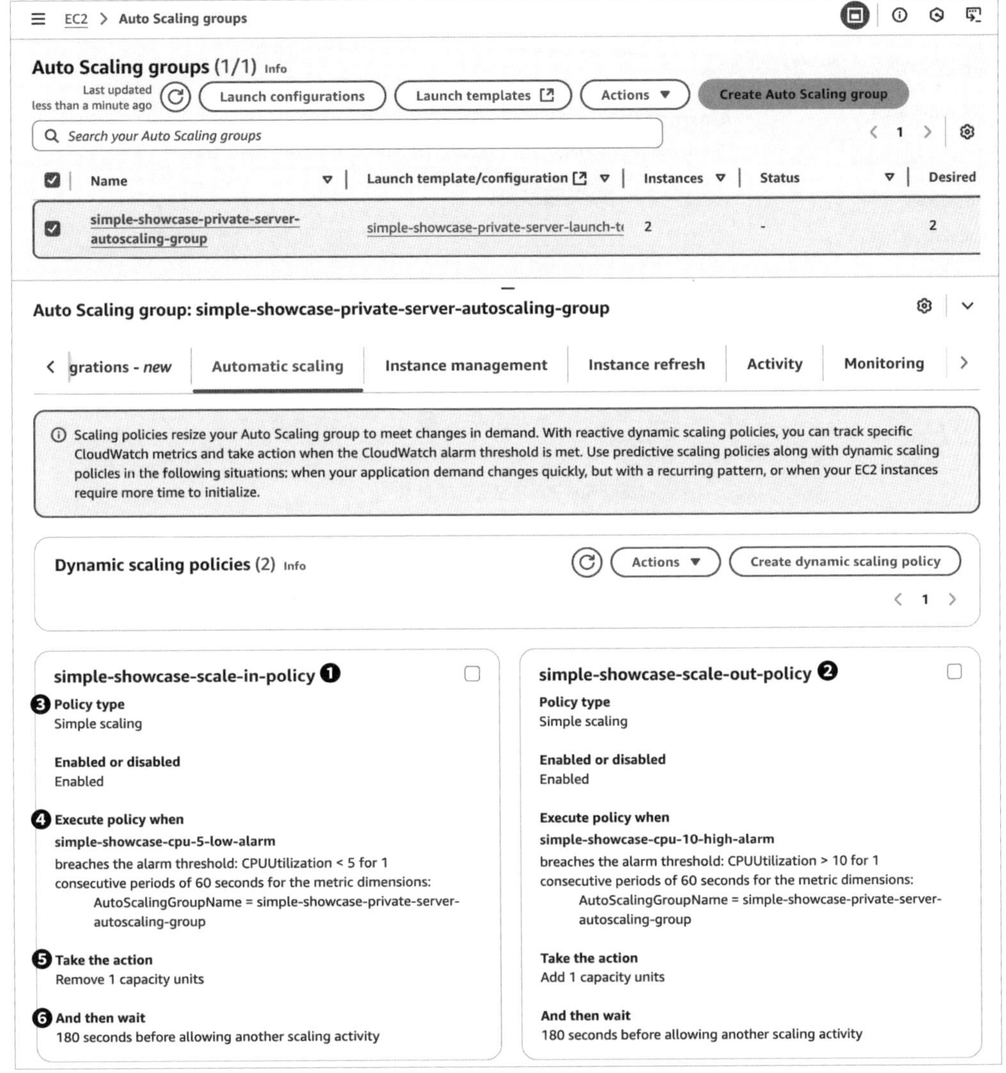

그림 5.7 오토 스케일링 그룹의 동적 스케일링 정보

그림 5.7을 보면 스케일 인 정책(❶)과 스케일 아웃 정책(❷)이 생성되었음을
볼 수 있고, 정책 타입(❸), 실행 조건(❹), 실행할 스케일링 정책(❺), 쿨다운 시

간(❻) 모두 코드 5.6에서 정의한 값으로 설정된 것을 볼 수 있다.

또한 클라우드워치 서비스 콘솔로 이동하면 그림 5.8과 같이 알람이 생성되어 모니터링을 시작한 것을 볼 수 있다.

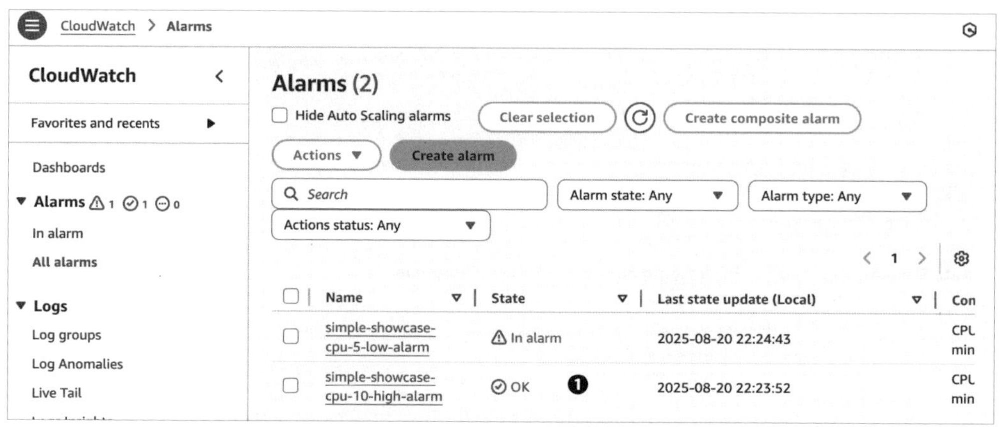

그림 5.8 클라우드워치 알람 확인

❶ 현재는 부하가 없어서 CPU 사용량이 5% 미만이기 때문에 알람이 발생한 상황이다. 따라서 스케일 인 정책이 실행되어야 하지만 오토 스케일링 그룹의 최소 서버 수와 원하는 용량이 모두 2대로 같은 상황이기 때문에 정책이 실행되지 않고 원하는 용량 2대로 유지된다.

이제 동적 스케일링을 위한 준비를 마쳤으니 부하 생성 도구를 사용해서 부하를 일으키고 정의한 조건에 따라 인스턴스의 수가 동적으로 변하는지 살펴보자.

5.4 부하 테스트를 통한 스케일 아웃과 스케일 인 동작 확인

이번 절에서는 두 단계의 테스트를 통해 오토 스케일링이 올바르게 작동하는지 검증한다. 먼저 서버에 의도적으로 부하를 주어 평균 CPU 사용률을 높이고, 오토 스케일링 그룹이 이에 반응하여 새로운 EC2 인스턴스를 추가하는 스케일 아웃 과정을 지켜본다. 그 다음 부하를 중단했을 때 그룹이 불필요해진 인스턴스를 정리하여 비용을 절감하는 스케일 인 과정까지 확인한다.

실제 사용자 트래픽과 유사한 환경을 만들기 위해 hey라는 HTTP 부하 테스트 도구를 사용한다. hey는 Go언어로 작성된 부하 테스트 도구로, 사용하기 쉽다는 장점이 있다.

코드 5.8 부하 테스트 도구 hey 설치

```
> brew install hey
```

코드 5.8은 로컬 환경(맥OS) 터미널에서 hey를 설치하는 명령어다. 이번 실습은 외부에서 AWS 인프라(애플리케이션 로드 밸런서)로 트래픽을 발생시켜 오토 스케일링 동작을 확인하는 것이기 때문에 AWS 내부가 아닌 외부, 즉 로컬 PC에서 실행하는 것이 가장 좋다.

> ✅ 만약 hey를 설치하기 어려운 환경(윈도우 등)이라면 ab(Apache Bench)나 wrk 같은 도구를 사용해도 무방하다. 이번 장의 핵심은 복잡한 사용자 시나리오를 검증하는 것이 아니라, 단순히 HTTP 요청량을 늘려 오토 스케일링의 동작 여부를 확인하는 것이기 때문이다.
>
> ab에 대한 내용은 *https://httpd.apache.org/docs/2.4/en/programs/ab.html*을, wrk에 대한 내용은 *https://github.com/wg/wrk*를 참고하자.

테스트를 진행하기 전에 현재 구성을 살펴보자. 먼저 오토 스케일링 그룹의 설정 값을 확인한다.

코드 5.9 오토 스케일링 그룹의 설정 값 확인

```
> aws autoscaling describe-auto-scaling-groups --auto-scaling-group-names
simple-showcase-private-server-autoscaling-group --region ap-northeast-2
{
    "AutoScalingGroups": [
        {
            "AutoScalingGroupName": "simple-showcase-private-server-
autoscaling-group", ❶
            "AutoScalingGroupARN": "arn:aws:autoscaling:ap-northeast-
2:638553086197:autoScalingGroup:a795c662-a80c-4a37-8c52-d447d5a9c460:autoS
calingGroupName/simple-showcase-private-server-autoscaling-group",
            "LaunchTemplate": {
                "LaunchTemplateId": "lt-0cfff487aca8fe0c6",
                "LaunchTemplateName": "simple-showcase-private-server-
```

```
launch-template",
                "Version": "$Latest"
            },
            "MinSize": 2,            ❷
            "MaxSize": 4,            ❸
            "DesiredCapacity": 2,    ❹
            "DefaultCooldown": 300,
            ..... (중략) .....
}
```

❶ 오토 스케일링 그룹의 이름이다.

❷❸❹ 각각 오토 스케일링 그룹의 최소값, 최대값, 그리고 현재 원하는 용량이다. 현재 2개
의 인스턴스가 실행 중이며, 최대 4개까지 확장 가능함을 알 수 있다.

오토 스케일링 그룹이 정상적으로 2대의 인스턴스를 생성했는지도 확인해 보자.

코드 5.10 오토 스케일링 그룹의 인스턴스 생성 확인

```
> aws ec2 describe-instances --filters "Name=tag:Name,Values=simple-
showcase-private-server" --region ap-northeast-2 | jq -r '.Reservations[].
Instances[] | {InstanceId: .InstanceId, Name: (.Tags[] | select(.
Key=="Name").Value)}' ❶
{
  "InstanceId": "i-0a37aef8a243af056",
  "Name": "simple-showcase-private-server"
}
{
  "InstanceId": "i-0f6b981d49c54c214",
  "Name": "simple-showcase-private-server"
}
```

❶ jq를 사용하여 JSON 출력에서 인스턴스 ID와 Name 태그 값만 추출한다. 오토 스케일링
그룹이 생성한 인스턴스들은 모두 동일한 Name 태그를 갖는다.

현재 오토 스케일링 그룹이 2대의 인스턴스를 생성하여 서비스 중인 것을 확인
할 수 있다.

마지막으로 테스트하기 전 인스턴스들의 CPU 사용량을 확인해 보자. 그림
5.9의 EC2 서비스 콘솔에서 인스턴스를 클릭하면 하단 [Monitoring] 탭에서 인
스턴스의 다양한 메트릭을 볼 수 있다. 현재는 CPU 사용량이 거의 0%에 가까
울 정도로 사용량이 낮은 것을 볼 수 있다. 이 상태를 기준점으로 삼아, 이후 부
하 테스트를 통해 CPU 사용량이 10%를 넘어갈 때 스케일 아웃이 발생하는지
확인한다.

그림 5.9 부하 생성 전의 CPU 사용량

이제 hey를 사용해서 부하를 생성해 보자. API 엔드포인트인 *http://api.simple-showcase.shop/api/products*를 호출한다.

코드 5.11 **부하 생성**

```
> ulimit -n 1024                                                        ❶
> hey -c 20 -z 600s http://api.simple-showcase.shop/api/products ❷
```

❶ 파일 디스크립터 제한을 1024로 설정한다. 일부 맥OS나 리눅스에서는 기본 파일 디스크립터 제한이 낮게 설정되어 있어, 동시 연결이 많은 부하 테스트 시 오류가 발생할 수 있다. 이를 방지하기 위해 미리 제한을 늘려준다.

❷ hey 도구를 사용하여 부하를 생성한다. −c 20은 동시에 20개의 연결을 유지하며 −z 600s는 10분 동안 지속적으로 부하를 생성한다는 의미이다. 10분이라는 충분한 시간을 설정하여 여러 번의 스케일 아웃이 발생할 수 있도록 한다.

부하가 인입될 때 인스턴스의 CPU 사용량을 확인한다.

그림 5.10 부하 생성 후의 CPU 사용량

그림 5.10과 같이 하단 CPU 사용량 그래프에서 오른쪽 점 세 개 부분을 누른 후 [View in metrics](❶)를 클릭하면 클라우드워치를 통해 더 상세하게 볼 수 있다.

그림 5.11과 같이 'Period'를 '1 minute'으로 변경하면(❶) CPU 평균 사용량이 10%를 훌쩍 넘는 것을 볼 수 있다. CPU 사용량이 10%를 넘었기 때문에 오토 스케일링 그룹이 새로운 인스턴스를 만드는 조건을 달성하게 된다.

스케일 아웃이 발생하는 과정을 살펴보면 다음과 같다. 우선 클라우드워치가 1분 동안의 평균 CPU 사용량을 계산하여 10%를 초과하면 알람을 발생시킨

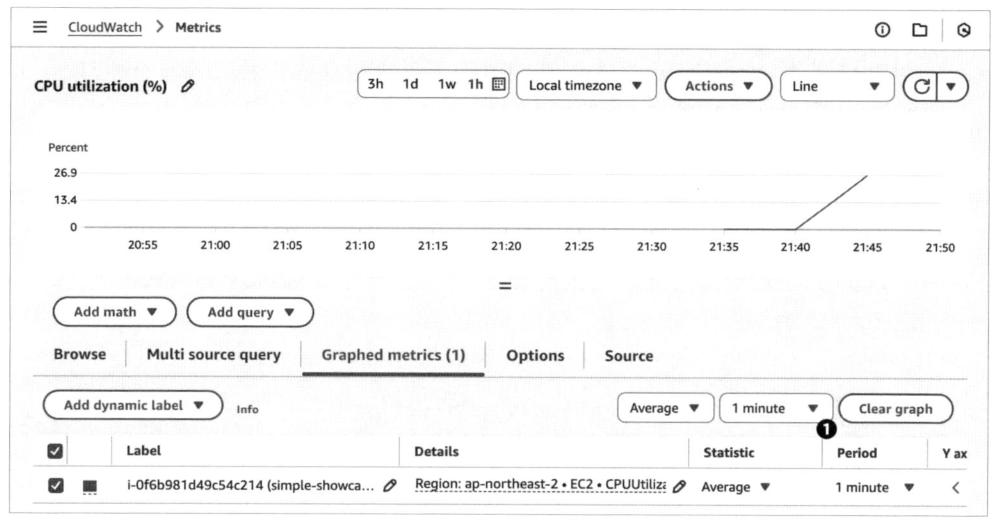

그림 5.11 클라우드워치에서 CPU 사용량 확인

다. 이 알람은 연결된 스케일링 정책을 실행하고, 오토 스케일링 그룹은 원하는 용량을 2에서 3으로 늘린다. 시작 템플릿을 사용하여 새 인스턴스가 생성되고, 헬스 체크를 통과하면 자동으로 대상 그룹에 등록되어 트래픽을 받기 시작한다. 이후 3분의 쿨다운 시간 동안은 추가 스케일링이 발생하지 않는다.

시간이 지나면 오토 스케일링 그룹이 CPU 사용량 알람에 따라 인스턴스를 4대까지 늘리는 것을 볼 수 있다(그림 5.12).

그림 5.12 EC2 서비스 콘솔에서 인스턴스 확인

EC2 서비스 콘솔에서 오토 스케일링 그룹의 정보를 확인해 보면, [Activity] 탭의 하단에 Activity history에서 어떤 이벤트가 언제 발생했고 오토 스케일링 그룹이 어떤 조치를 취했는지 볼 수 있다.

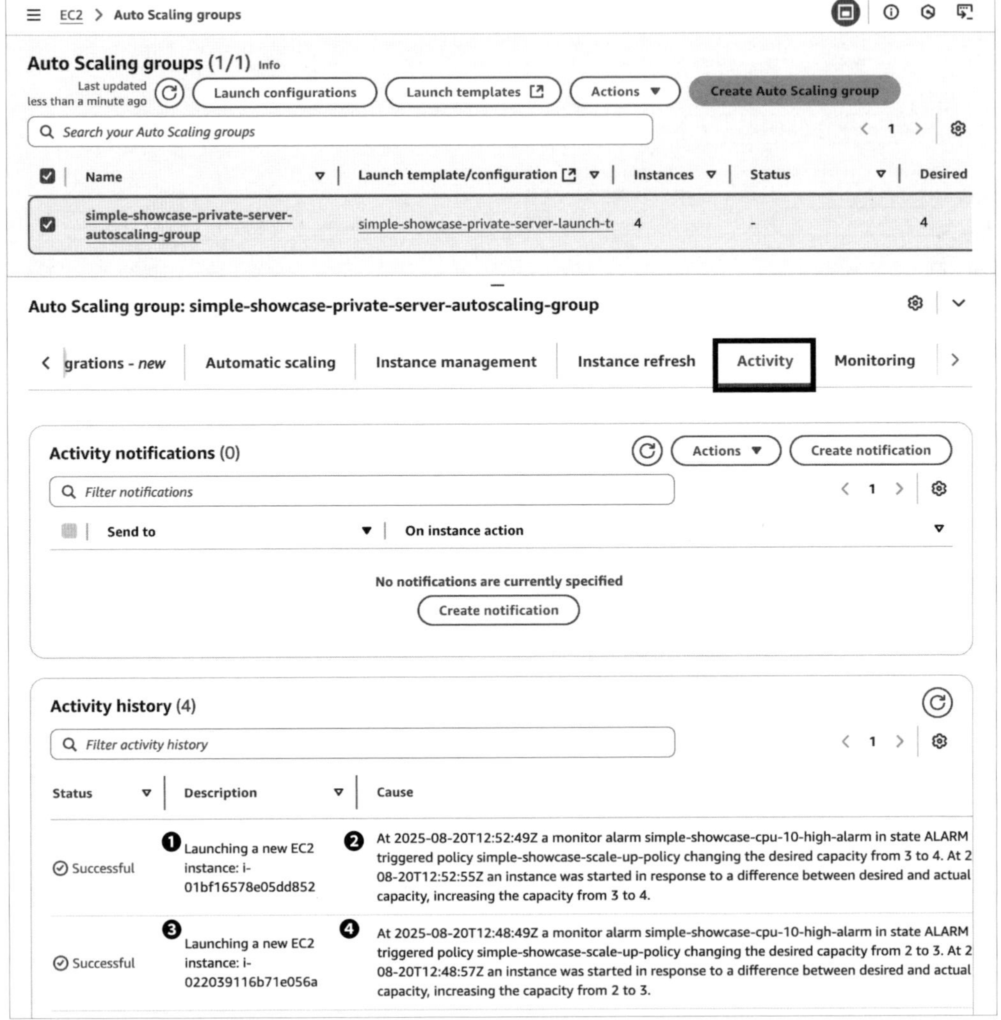

그림 5.13 스케일 아웃 상태를 확인할 수 있는 오토 스케일링 그룹의 Activity 탭

그림 5.13의 ❶과 ❸을 보면 오토 스케일링 그룹이 인스턴스를 한 대씩 생성한 것을 알 수 있다. ❷와 ❹를 통해 언제 어떤 이유로 인스턴스가 생성되었는

지 알 수 있다. 두 이벤트의 시간차가 4분인데 먼저 CPU 사용량 증가가 감지되어 새로운 인스턴스가 생성되었고, 쿨다운 시간이 3분이기 때문에 3분을 기다렸다가 다시 한번 1분간 평균 CPU 사용량이 10% 이상인지를 확인하기 때문에 두 이벤트 사이의 시간차는 총 4분이 된다.

이제 부하를 중지하고 일정 시간이 지나면 인스턴스들의 CPU 사용량이 다시 내려간다. CPU 사용량이 5% 밑으로 내려가면 오토 스케일링 그룹이 인스턴스를 줄인다(그림 5.14).

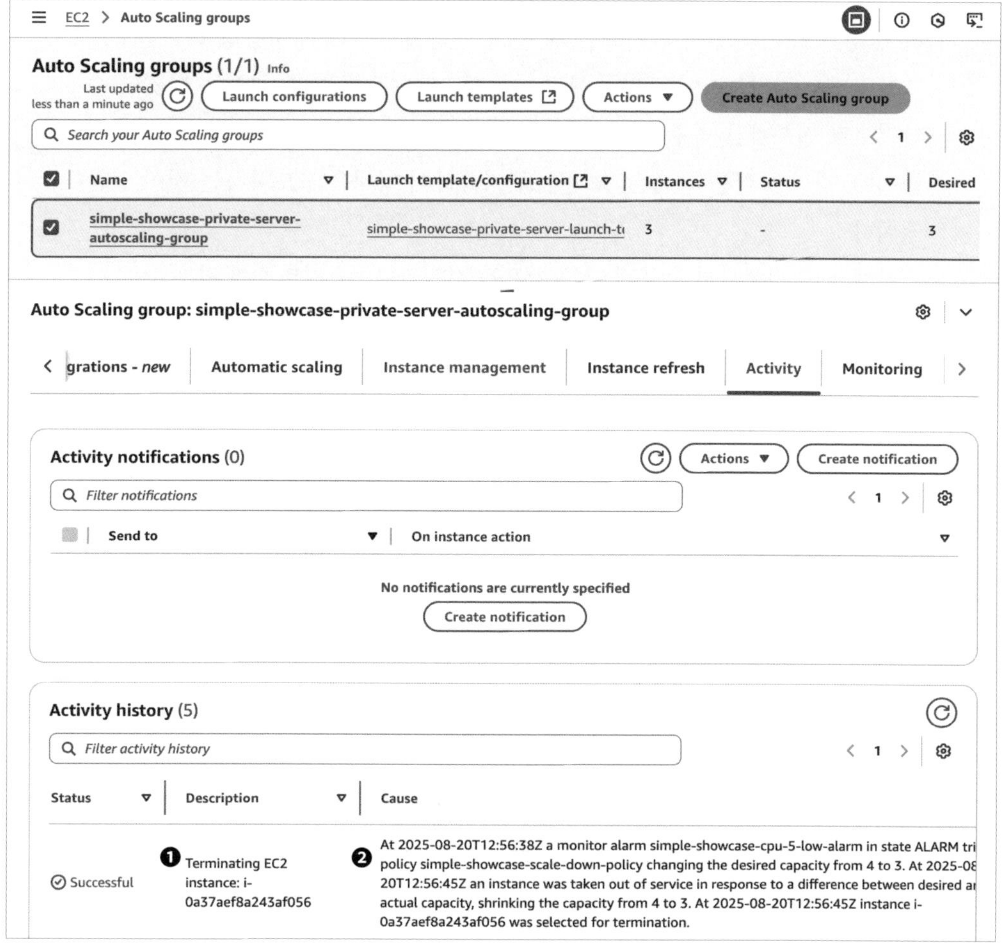

그림 5.14 스케일 인 상태를 확인할 수 있는 오토 스케일링 그룹의 Activity 탭

❶❷를 보면 CPU 사용량이 5% 이하로 내려가서 인스턴스 하나를 종료한 것을 확인할 수 있다.

스케일 인 과정에서 어떤 인스턴스가 종료될지는 기본 종료 정책에 따라 결정된다. 기본적으로 가장 오래된 시작 템플릿 버전을 사용하는 인스턴스가 먼저 종료되고, 버전이 같다면 가장 오래 실행된 인스턴스가 선택된다. 종료 대상으로 선택된 인스턴스는 먼저 대상 그룹에서 Draining 상태가 되어 새로운 요청을 받지 않고, 기존 요청이 완료되면 최종적으로 종료된다.

지금까지의 과정을 통해 트래픽 변화에 대해 유연하게 대응할 수 있는 인프라 구성이 완료되었다. 하지만 실제 운영 환경에서는 CPU 사용량 하나만으로 스케일링을 결정하기에는 위험 부담이 있다. 예를 들어, CPU 부하는 낮지만 순간적으로 접속자가 폭주하여 요청 처리가 지연되는 상황이 발생할 수 있기 때문이다. 따라서 다음과 같은 노하우를 적용하여 정책을 고도화하는 것이 일반적이다.

첫째, 애플리케이션 특성에 맞는 지표를 선정한다. 웹 서비스의 경우 CPU 사용량도 중요하지만, 로드 밸런서의 타깃당 요청 수가 실제 부하를 더 정확하게 대변하는 경우도 많다. 이 지표를 사용하면 트래픽이 늘어날 때 서버를 확장할 수 있기 때문에 CPU 사용량만을 지표로 삼을 때보다 더 빠르게 대응할 수 있다.

둘째, 스케일 아웃은 빠르게 하지만 스케일 인은 천천히 하는 원칙을 따른다. 서비스 중단을 막기 위해 서버를 늘릴 때는 과감하게 늘리되, 줄일 때는 신중하게 줄여서 간헐적인 트래픽 변화에도 안정적으로 서비스를 유지하도록 설정한다.

마지막으로 예측 가능한 트래픽에는 예약된 작업을 활용한다. 특정 시간 대에 트래픽이 급증하는 패턴이 명확하다면, 트래픽이 몰리기 직전에 미리 서버를 증설하는 것이 효과적이다. 예를 들어 오전 9시부터 트래픽이 급증하고, 오후 10시부터는 트래픽이 감소하는 패턴이라면 오전 9시부터 미리 인스턴스를 늘리고, 오후 10시에는 줄어들도록 설정하여 서비스 안정성을 확보할 수 있다.

코드 5.12 예약된 작업 예시

```
# 5. Scheduled Action - 오전 9:00 스케일 아웃
resource "aws_autoscaling_schedule" "scale_out_morning" {
  scheduled_action_name  = "simple-showcase-scale-out-morning"
  autoscaling_group_name = aws_autoscaling_group.simple_showcase_private_
server_asg.name

  min_size         = 2
  max_size         = 4
  desired_capacity = 4

  time_zone  = "Asia/Seoul"
  recurrence = "0 9 * * 1-5"  # 월~금 09:00 KST
}

# 6. Scheduled Action - 오후 10시 스케일 인 (업무 종료)
resource "aws_autoscaling_schedule" "scale_in_evening" {
  scheduled_action_name  = "simple-showcase-scale-in-evening"
  autoscaling_group_name = aws_autoscaling_group.simple_showcase_private_
server_asg.name

  min_size         = 2
  max_size         = 4
  desired_capacity = 2

  time_zone  = "Asia/Seoul"
  recurrence = "0 22 * * 1-5"  # 월~금 22:00 KST
}
```

5.5 마치며

이번 장에서는 수동으로 관리하던 애플리케이션 서버들을 자동 확장이 가능한 구조로 전환했다. EC2 인스턴스의 설계도 역할을 하는 시작 템플릿을 정의하고, 오토 스케일링 그룹이 이를 사용해서 새로운 인스턴스를 생성하고 애플리케이션 로드 밸런서의 대상 그룹과 연동했다. 그 다음 동적 스케일링 정책과 클라우드워치 알람을 설정해 부하에 따라 인스턴스 수가 자동으로 조절되는 자동화 환경을 구축했다.

이로써 Simple Showcase 애플리케이션은 트래픽에 따라 유동적으로 움직이는 탄력성까지 갖추게 되었다. 이제 갑작스러운 트래픽 증가에도 안정적인 성능을 유지할 수 있으며, 트래픽이 줄어들면 자동으로 반납하여 불필요한 비용을 절감한다. 서비스와 서버의 상태를 24시간 모니터링하면서 수동으로 개입하는 운영 부담이 줄어든 것이다.

하지만 아직 개선의 여지가 남아 있다. 현재는 사용자가 요청하는 모든 콘텐츠, 동적인 API 응답과 정적인 프론트엔드 파일(HTML, CSS, 이미지 등)을 모두 EC2 인스턴스에서 처리하고 있다. 정적 파일을 EC2 인스턴스가 직접 전달하는 것은 비효율적이며, 서버의 CPU와 네트워크 자원을 불필요하게 소모한다.

다음 장에서는 이러한 문제를 해결하기 위해 정적 컨텐츠와 동적 컨텐츠를 분리하는 아키텍처 개선을 진행한다. 모든 정적 파일을 AWS의 스토리지 서비스인 S3로 옮기고, 사용자에게 이 파일을 빠르고 효율적으로 전송하기 위한 CDN(Contents Delivery Network) 서비스인 클라우드프론트를 도입하는 방법을 살펴본다. 이를 통해 EC2 인스턴스는 동적인 API 요청 처리에만 집중하게 하여, 서비스의 성능과 효율성을 한 단계 더 끌어올릴 수 있다.

 이번 장에서 생성한 오토 스케일링 그룹 자체는 비용이 발생하지 않지만 오토 스케일링 그룹이 만든 EC2 인스턴스들은 비용이 발생하기 때문에 실습을 잠시 멈춘다면 오토 스케일링 그룹의 최소 용량, 원하는 용량, 최대 용량을 모두 0으로 설정하여 모든 EC2 인스턴스들을 종료하도록 만드는 게 좋다. EC2 관리 콘솔에서도 가능하지만 다음과 같이 AWS CLI를 통해서도 가능하다.

```
aws autoscaling update-auto-scaling-group --auto-scaling-group-
name simple-showcase-private-server-autoscaling-group --min-size 0
--max-size 0 --desired-capacity 0
```

실습을 다시 시작할 때는 같은 방식으로 최소 용량, 원하는 용량, 최대 용량을 원하는 대수로 맞춰준다.

6장

정적 콘텐츠 분리, S3와 클라우드프론트 도입

6장의 전체 테라폼 코드:
https://github.com/sepiro2000/simple-showcase-terraform/tree/main/CHAP06

5장에서는 오토 스케일링 그룹을 도입하여 트래픽 변화에 따라 EC2 인스턴스의 수가 자동으로 조절되는 인프라를 구축했다. 이를 통해 애플리케이션 계층의 확장성 문제를 해결하고 서비스의 안정성을 향상시켰다.

하지만 현재 아키텍처는 여전히 비효율적인 부분이 남아 있다. 바로 사용자가 요청하는 모든 콘텐츠, 즉 동적인 API 응답과 정적인 프론트엔드 파일을 모두 EC2 인스턴스가 처리하고 있다는 점이다.

정적 콘텐츠란 HTML, CSS, JavaScript, 이미지 파일 등 로직을 통한 별도의 처리 없이 그대로 전달되는 파일들을 의미한다. 동적 콘텐츠는 데이터베이스 조회나 비즈니스 로직 처리를 거쳐 생성되는 API 응답과 같은 콘텐츠이다. 현재는 이 두 가지를 모두 EC2 인스턴스가 담당하고 있어 정적 파일 전송에 서버 자원이 불필요하게 소모되고 있다.

이를 개선하기 위해 EC2 인스턴스는 동적인 API 응답 처리에만 집중하고, 정적 파일들은 이를 전문적으로 다루는 서비스가 맡도록 아키텍처를 개선할 수 있다. AWS에서는 이를 위해 S3(Simple Storage Service)와 클라우드프론트라는 두 가지 서비스를 제공한다.

S3는 높은 내구성을 제공하는 객체 스토리지 서비스로, 정적 파일을 안전하

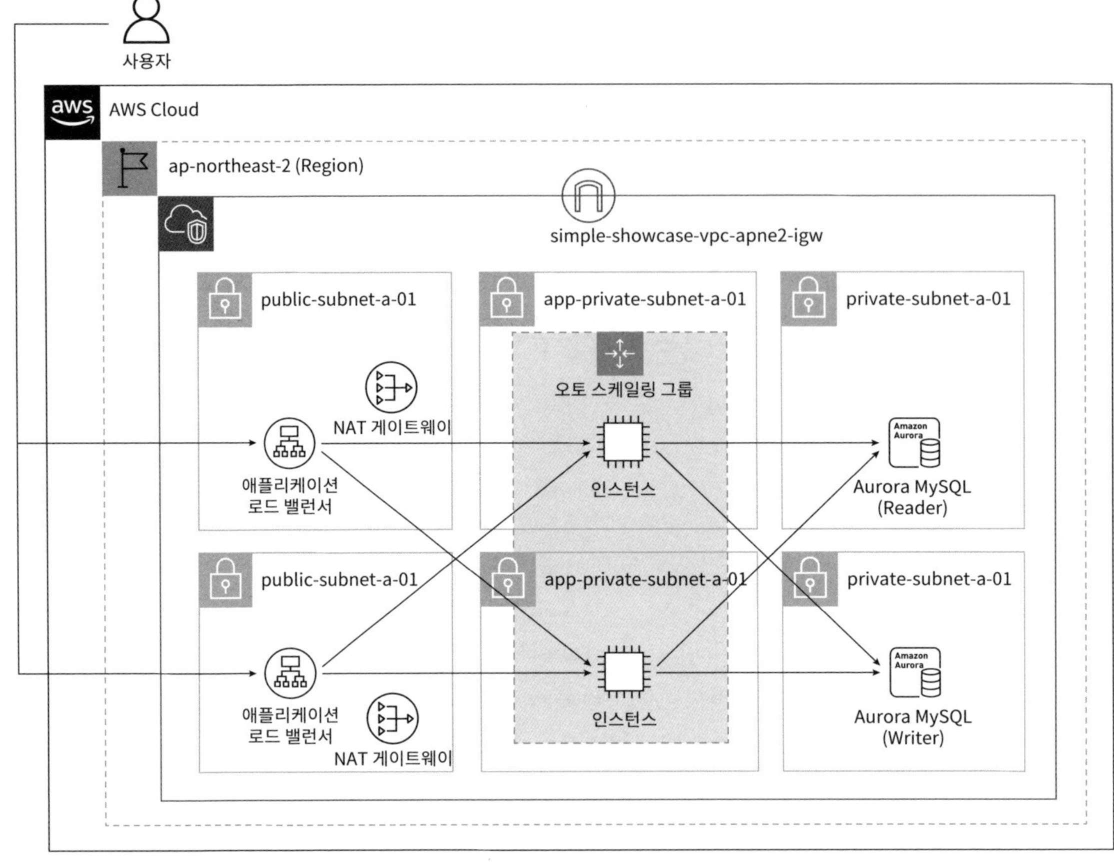

그림 6.1 현재 Simple Showcase의 아키텍처

고 경제적으로 저장할 수 있다. 클라우드프론트는 전 세계에 분산된 엣지 로케이션을 통해 사용자에게 가까운 지점에서 콘텐츠를 전달하는 CDN(Contents Delivery Network, 콘텐츠 전송 네트워크) 서비스이다. 이를 통해 사용자는 더 빠른 로딩 속도를 경험할 수 있고, 서버 부하도 줄일 수 있다.

이번 장에서는 이러한 개선점들을 단계별로 적용한다. 먼저 S3 버킷을 생성하여 React 빌드 결과물을 업로드하고, 클라우드프론트 배포를 구성하여 빠른 콘텐츠 전송 환경을 제공한다. 마지막으로 ACM(AWS Certificate Manager, AWS 인증서 매니저)으로 SSL 인증서를 발급받아 사용자 지정 도메인에 HTTPS를 적용하는 과정까지 다룬다. 이를 통해 현재 아키텍처의 성능과 보안을 향상시킨다.

6.1 정적 파일을 위한 저장소, S3 버킷 구성

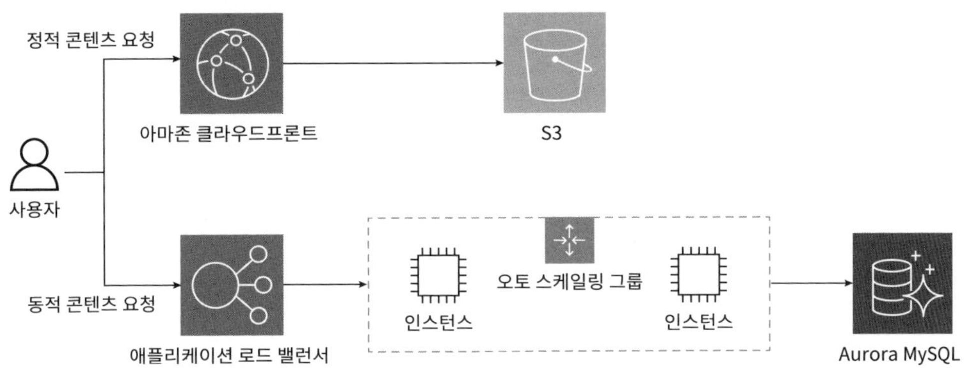

그림 6.2 정적 파일을 위한 아키텍처

그림 6.2는 6장에서 구현하고자 하는 정적 파일을 위한 아키텍처이다. 기존 아키텍처와 비교해 보면 사용자의 요청 흐름이 두 가지로 분리된다. 정적 콘텐츠 (HTML, CSS, JavaScript, 이미지 등)에 대한 요청은 클라우드프론트를 거쳐 S3에서 처리하고, 동적 API 요청만 기존처럼 애플리케이션 로드 밸런서를 통해 EC2 인스턴스로 전달된다. 이렇게 분리하면 EC2 인스턴스는 비즈니스 로직 처리에만 집중할 수 있게 되어 전체적인 성능과 효율성이 향상된다.

이를 위해 가장 먼저 정적 파일들을 저장할 저장소인 S3 버킷을 만든다. S3 버킷을 만들기 전에 S3에 대해 조금 더 살펴보자.

S3는 Simple Storage Service의 약자로 객체 스토리지 서비스를 의미한다. S3는 높은 수준의 확장성, 데이터 가용성, 보안, 성능을 제공한다. 일반적인 서버의 디스크가 파일을 계층적인 폴더 구조로 관리하는 것과 달리, S3는 파일과 메타데이터를 객체라는 단위로 저장한다. 이러한 설계 덕분에 정적 파일을 보관하는 용도 외에도 백업 파일을 저장하고 로그를 수집·분석하는 빅데이터 분석 등 다양한 용도로 활용된다.

S3의 작동 방식을 이해하려면 먼저 버킷과 객체라는 두 가지 핵심 구성 요소를 이해해야 한다.

- 버킷(Bucket): 버킷은 객체를 담는 컨테이너로, 모든 객체는 반드시 하나의 버킷 안에 존재해야 한다. S3에 데이터를 저장하기 위해서는 먼저 버킷을

생성하고 버킷 이름과 AWS 리전을 지정해야 한다. 대부분의 AWS 리소스들이 사용자 공간 내에서만 유일하면 되지만, 버킷은 전 세계 모든 AWS 사용자를 통틀어 유일해야 하는 글로벌 고유 값이다. 예를 들어 누군가 simple-showcase-bucket이라는 이름을 사용하고 있다면, 다른 사용자는 같은 이름의 버킷을 생성할 수 없다.

- **객체(Object)**: 객체는 S3에 저장되는 기본 데이터 단위로, 파일과 그 파일을 설명하는 메타데이터로 구성된다. 각 객체는 버킷 내에서 고유한 키(Key)로 식별되는데, 이 키는 파일 경로처럼 슬래시를 포함할 수 있어 폴더 구조처럼 구성할 수 있다. 예를 들어 images/logo.png라는 키를 사용하면 images라는 폴더 안에 logo.png 파일이 있는 것처럼 관리할 수 있다.

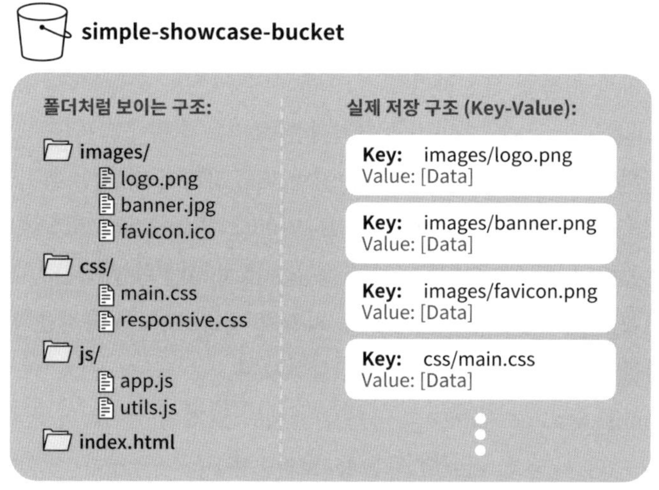

그림 6.3 S3의 구조

S3는 데이터 사용 패턴에 따라 비용을 최적화할 수 있도록 다양한 스토리지 클래스를 제공한다. 대표적으로 자주 접근하는 데이터에 적합한 S3 스탠다드(Standard), 접근 빈도는 낮지만 필요 시 즉시 사용할 수 있는 S3 스탠다드-IA(-Standard-IA), 그리고 장기 보관을 위한 S3 글래서(Glacier) 등이 있다. 각 클래스마다 저장 비용과 액세스 특성이 다르므로, 서비스 요건에 맞춰 적절한 클래스를 선택해야 한다. 표 6.1에 주요 스토리지 클래스의 특징을 정리해 놓았다.

표 6.1 S3 스토리지 클래스별 특징

스토리지 클래스	주요 특징
S3 스탠다드 (Standard)	기본형이다. 범용 스토리지, 클라우드 애플리케이션, 동적 웹 사이트, 콘텐츠 배포 등 자주 액세스하는 데이터에 적합하다.
S3 인텔리전트 티어링 (Intelligent-Tiering)	데이터 액세스 패턴이 불규칙하거나 알 수 없는 경우에 유리하다. 액세스 빈도에 따라 데이터를 가장 저렴한 클래스로 자동으로 이동시킨다.
S3 익스프레스 원 존 (Express One Zone)	스토리지 클래스 중 가장 빠른 속도를 제공한다. 잦은 액세스가 필요한 고성능 애플리케이션에 적합하다. 리전과 가용 영역까지 선택할 수 있어서 성능을 더욱 최적화할 수 있다.
S3 스탠다드-IA (Standard-IA)	액세스 빈도는 낮지만 필요 시 즉시 접근해야 하는 데이터에 적합하다. 스탠다드보다 저장 비용은 저렴하지만 데이터 반환(검색) 비용이 발생한다.
S3 원 존-IA (One Zone-IA)	데이터가 최소 3개 이상의 가용 영역에 복제되는 다른 클래스와 달리 단일 가용 영역에만 저장된다. 재생산 가능한 데이터나 보조 백업 복사본 저장에 적합하며 비용이 저렴하다.
S3 글래셔 인스턴스 리트리벌 (Glacier Instant Retrieval)	1년에 몇 번 액세스하지 않는 장기 보관용 데이터지만, 밀리초 단위의 즉각적인 접근이 필요할 때 사용한다.
S3 글래셔 플렉서블 리트리벌 (Glacier Flexible Retrieval)	1년에 1~2회 정도 액세스하는 아카이브 데이터에 적합하다. 데이터를 사용할 수 있게 되기까지 몇 분에서 몇 시간이 소요된다.
S3 글래셔 딥 아카이브 (Glacier Deep Archive)	규정 준수 등을 위해 장기 보관해야 하는 데이터에 적합하다. 비용이 가장 저렴하지만 데이터를 사용하게 되기까지 12시간 이상 걸릴 수도 있다.

보안 측면에서 S3는 기본적으로 모든 버킷과 객체를 프라이빗으로 생성한다. 버킷 소유자만 해당 리소스에 접근할 수 있으며, 명시적으로 권한을 부여해야 다른 사용자나 서비스가 접근할 수 있다. 접근 제어 정책은 버킷 정책(Bucket Policy), IAM 정책 등 여러 메커니즘을 통해 관리할 수 있다.

이제 정적 콘텐츠를 저장할 S3 버킷을 생성해 보자.

코드 6.1 S3 버킷 생성(s3.tf)

```
resource "aws_s3_bucket" "simple_showcase_frontend_bucket" {
  bucket       = "simple-showcase-frontend-bucket" ❶
}
```

❶ 버킷 이름은 글로벌하게 고유해야 하며 소문자, 숫자, 하이픈만 사용할 수 있다. 실제 환경에서는 계정 ID나 랜덤 문자열을 추가하여 고유성을 보장하는 것이 좋다.

테라폼 워크플로를 실행하여 S3 버킷을 생성한다. S3 버킷이 생성되면 React 애플리케이션을 빌드하고 S3에 업로드해야 한다. 이때 오토 스케일링으로 생성되는 인스턴스들과 동일한 환경에서 빌드하는 것이 빌드 결과물의 일관성을 유지하고 변경 사항에 따른 이슈를 최소화하기에 좋다. 이를 위해 배포 전용 EC2 인스턴스를 하나 생성하여 빌드와 배포 작업을 수행한다.

 6장에서 생성한 배포 전용 EC2 인스턴스는 7장에서도 활용하기 때문에 여기서 만들어 두는 편이 좋다.

코드 6.2 배포를 위한 전용 EC2 인스턴스 생성(deploy_ec2.tf)

```
resource "aws_instance" "deploy_ec2" {
  ami             = "ami-00c29c6110dc266ef"        ❶
  instance_type   = "t3.small"                     ❷
  subnet_id       = aws_subnet.app_private_c_01.id ❸
  key_name        = "simple-showcase-key-pair"

  vpc_security_group_ids = [aws_security_group.private_server.id] ❹

  associate_public_ip_address = false ❺

  tags = {
    Name = "simple-showcase-deploy-ec2"
  }
}
```

❶ 5장에서 오토 스케일링용으로 생성한 AMI와 동일한 이미지를 사용한다. 이미 필요한 도구들이 설치되어 있기 때문에 추가 설정 작업이 필요 없다.

❷ 빌드와 배포 작업만 수행하므로 t3.small 사양이면 충분하다.

❸ 인터넷에 직접 노출될 필요가 없기 때문에 C존에 위치한 프라이빗 서브넷에 배치한다.

❹ 프라이빗 서브넷의 기존 인스턴스들과 동일한 보안 그룹을 적용한다.

❺ 인터넷에 직접 노출될 필요가 없기 때문에 퍼블릭 IP는 할당하지 않는다.

테라폼 워크플로를 실행하여 인스턴스를 생성한 다음 4장에서 구성한 배스천 서버를 경유하여 SSH로 접속한다. 프라이빗 서브넷의 인스턴스는 직접 접속할 수 없기 때문에 배스천 서버를 경유해야 한다. 접속 후 프로젝트에 포함된 deploy-frontend-to-s3.sh 스크립트를 실행한다.

코드 6.3 프론트엔드 빌드 및 결과물 S3 업로드

```
[ec2-user@ip-10-1-0-237 ]$ cd /home/ec2-user/app/simple-showcase/frontend/
deploy
[ec2-user@ip-10-1-0-237 deploy]$ export AWS_ACCESS_KEY_ID=AKIAXXXXX ❶
[ec2-user@ip-10-1-0-237 deploy]$ export AWS_SECRET_ACCESS_KEY=XXXXX ❷
[ec2-user@ip-10-1-0-237 deploy]$ ./deploy-frontend-to-s3.sh simple-
showcase-frontend-bucket https://api.simple-showcase.shop            ❸
..... (중략) .....
> vite build

vite v5.4.18 building for production...
✓ 91 modules transformed.
dist/index.html                     0.46 kB │ gzip:  0.30 kB
dist/assets/index-DWMxzggQ.css      9.84 kB │ gzip:  2.54 kB
dist/assets/index-DrZNidIi.js     202.75 kB │ gzip: 68.14 kB
✓ built in 682ms
✓ PASS
upload: dist/assets/index-DWMxzggQ.css to s3://simple-showcase-frontend-
bucket/assets/index-DWMxzggQ.css ❹
upload: dist/images/placeholder_tumbler.png to s3://simple-showcase-
frontend-bucket/images/placeholder_tumbler.png
… (중략) …
upload: dist/index.html to s3://simple-showcase-frontend-bucket/index.html
upload: dist/assets/index-DrZNidIi.js to s3://simple-showcase-frontend-
bucket/assets/index-DrZNidIi.js
✓ PASS

✓ Frontend S3 deployment completed successfully!
```

❶ ❷ S3 업로드 권한이 필요하기 때문에 배포 스크립트를 실행하기 전에 AWS 자격 증명을 환경 변수로 설정한다.

❸ 배포 스크립트를 실행할 때 첫 번째 파라미터는 S3 버킷의 이름을, 두 번째 파라미터는 백엔드 API 엔드포인트를 넘겨준다. 이 장의 후반부에 HTTPS를 적용할 예정이므로 백엔드 API 엔드포인트를 http가 아닌 https로 설정한다.

❹ 빌드된 파일들이 S3에 업로드되는 것을 볼 수 있다.

스크립트가 성공적으로 실행되면 S3 서비스 콘솔로 이동하여 생성한 버킷을 클릭한 후 업로드 결과를 확인한다(그림 6.4).

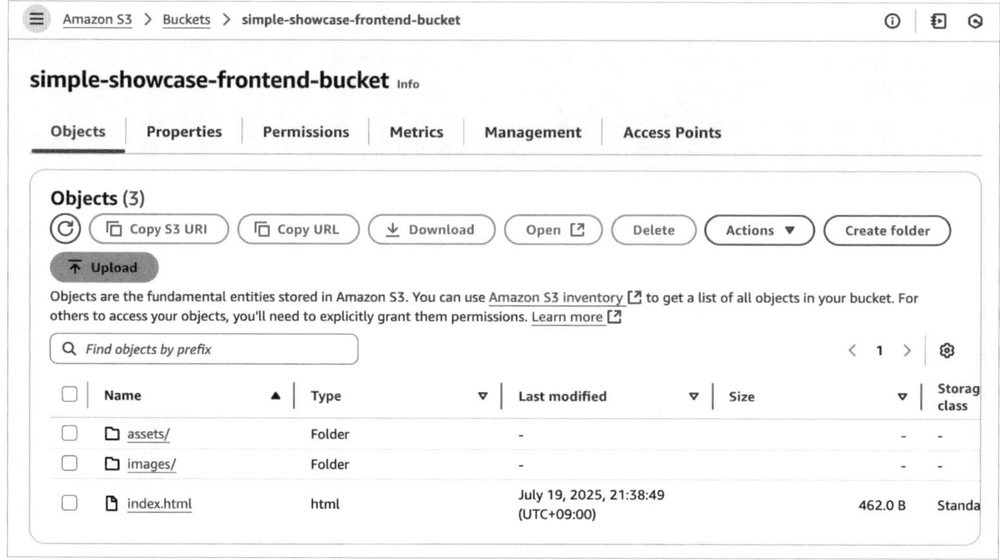

그림 6.4 S3 서비스 콘솔

버킷에 업로드된 파일들이 폴더 구조로 표시되는 것을 확인할 수 있다. AWS CLI를 사용하면 업로드된 모든 파일 목록과 크기를 한눈에 확인할 수 있다.

코드 6.4 AWS CLI로 S3 객체 조회

```
> aws s3 ls simple-showcase-frontend-bucket --recursive ❶
2025-07-19 21:38:49      202760 assets/index-DTfPGHc6.js ❷
… (중략) …
2025-07-19 21:38:49       84390 images/placeholder_webcam.png
2025-07-19 21:38:49         462 index.html
```

❶ --recursive 옵션을 사용하면 버킷 내의 모든 객체를 재귀적으로 조회하여 나열한다. 이 옵션이 없으면 최상위 항목들만 폴더 형태로 보여준다.

❷ 각 줄은 업로드 날짜/시간, 파일 크기, 객체 키 순으로 표시된다.

다시 S3 서비스 콘솔로 이동하여 업로드된 파일들이 정상 상태인지 확인해 보자. images 폴더를 클릭하고 보이는 이미지 파일들 중 placeholder_backpack.png를 클릭하면 그림 6.5와 같이 해당 파일의 다양한 메타데이터를 볼 수 있다.

업로드 과정에서 문제가 발생할 가능성도 있기 때문에, 이미지 파일이 정상

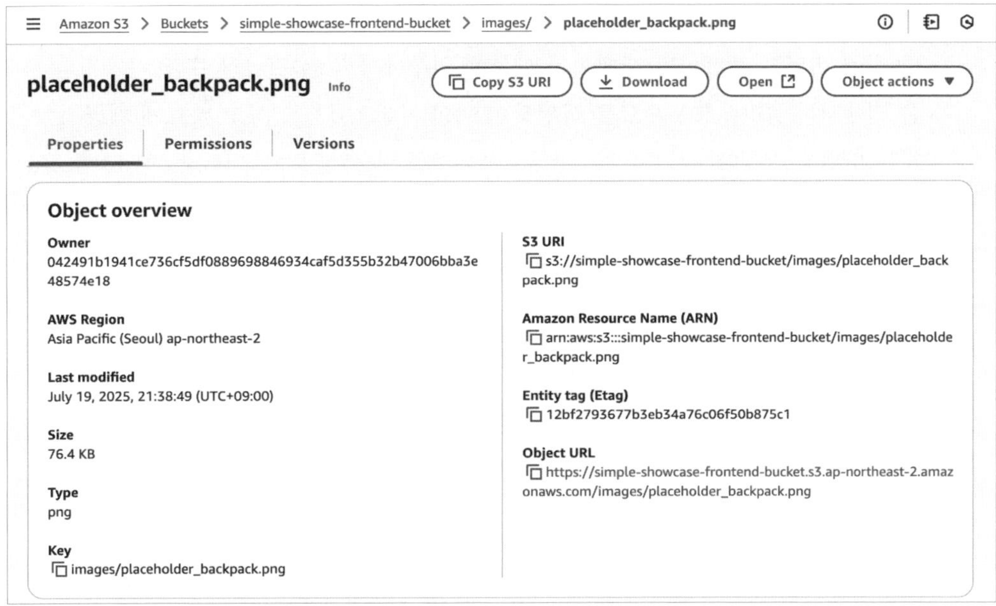

그림 6.5 placeholder_backpack.png 파일의 메타데이터

적으로 업로드되었는지 확인하기 위해 [Open] 버튼을 클릭한다. 그러면 그림 6.6과 같이 백팩 이미지가 브라우저에 표시된다. 이는 버킷 소유자로서 권한이 있기 때문에 접근이 가능한 것이며, 외부 사용자는 현재 이 파일에 접근할 수 없다.

그림 6.6 이미지 객체 확인

지금까지의 과정을 통해 S3 버킷 생성과 정적 파일 업로드가 완료되었다. 하지만 현재 버킷은 프라이빗 상태이기 때문에 외부에서 직접 접근할 수 없다. 다음 절에서는 클라우드프론트를 설정하여 S3의 콘텐츠를 안전하고 빠르게 제공하는 방법을 다룬다.

6.2 정적 파일 서빙을 위한 클라우드프론트 구성

지금까지 정적 파일들을 저장할 S3 버킷을 생성하고 프론트엔드의 빌드 결과물을 업로드했다. S3 버킷의 정적 웹 사이트 호스팅 기능만으로도 정적 파일을 서빙할 수 있지만, 이 방식은 성능과 기능면에서 한계가 있다.

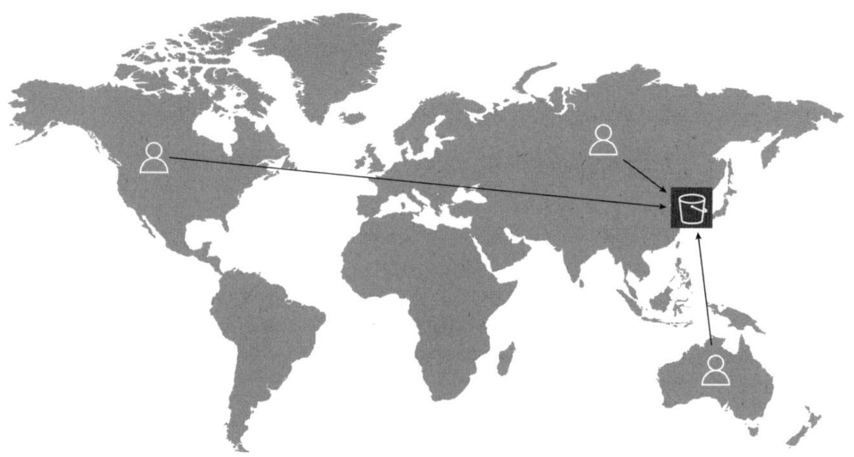

그림 6.7 S3로 정적 웹 사이트 호스팅을 했을 때의 지연 시간

그림 6.7처럼 S3 버킷이 서울 리전에 위치해 있다면 서울에서 접근하는 사용자들에게는 좋은 성능을 보여주겠지만 미국이나 유럽과 같은 해외에서 접근할 때는 물리적 거리로 인해 지연 시간이 늘어난다. 또한 S3 정적 호스팅은 HTTP만 지원하기 때문에 HTTPS를 사용하려면 추가 설정이 복잡하고, 압축이나 캐싱 제어 같은 기능도 제한적이다.

이러한 한계를 극복하기 위해 AWS는 클라우드프론트(CloudFront)라는 CDN(Contents Delivery Network, 콘텐츠 전송 네트워크) 서비스를 제공한다. 클라우드프론트는 전 세계에 분산된 엣지 로케이션을 통해 사용자와 가장 가까운 위치에서 콘텐츠를 제공한다.

엣지 로케이션은 AWS 리전과는 다른 개념이다. AWS 리전은 EC2, RDS, S3 등 모든 AWS 서비스를 제공하는 데이터 센터 집합인 반면, 엣지 로케이션은 클라우드프론트와 같은 콘텐츠 전송에 특화된 소규모 데이터 센터를 의미한다. 리전에 비해 엣지 로케이션은 더 많은 수를 운영하고 있어 훨씬 더 촘촘하게 분포되어 있다. 또한 리전은 사용자가 직접 선택하지만, 엣지 로케이션은 클라우드프론트가 자동으로 최적의 위치를 선택한다. 사용자가 콘텐츠를 요청하면 클라우드프론트는 자동으로 가장 가까운 엣지 로케이션으로 요청을 라우팅하여 최소한의 지연 시간으로 콘텐츠를 전달한다.

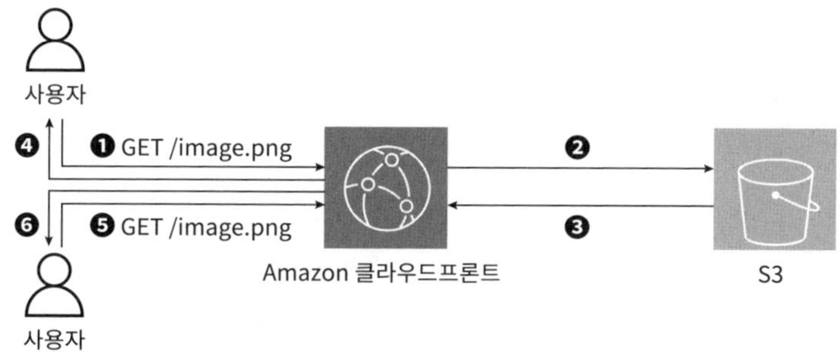

그림 6.8 CDN 캐싱 원리

클라우드프론트의 핵심은 콘텐츠 캐싱이다. 그림 6.8은 캐싱이 어떻게 동작하는지 보여준다.

먼저 첫 번째 사용자가 image.png라는 파일을 요청하면(❶), 클라우드프론트는 아직 캐시에 해당 파일이 없기 때문에 원본인 S3에 image.png 파일을 요청한다(❷). S3는 파일의 내용을 클라우드프론트에 반환하고(❸) 클라우드프론트는 이를 사용자에게 전달한다(❹). 이때 중요한 점은 클라우드프론트가 응답을 전달하면서 동시에 내부 캐시에 파일을 저장한다는 것이다.

이후 두 번째 사용자가 동일한 image.png라는 파일을 요청하면(❺), 클라우드프론트는 이미 캐시에 저장된 파일을 확인한 다음 S3까지 가지 않고 즉시 응답한다(❻). 이를 캐시 히트(Cache Hit)라고 하며, 이 방식을 통해 원본 서버의 부하를 줄이고 응답 속도를 크게 개선할 수 있다.

클라우드프론트를 이해하려면 원본(Origin)과 동작(Behavior)라는 두 가지 핵심 구성 요소를 이해해야 한다.

- 원본(Origin): 클라우드프론트가 콘텐츠를 가져올 소스를 의미한다. 주로 S3 버킷이 원본이 되지만 동적 콘텐츠 처리를 위해 ALB나 EC2 인스턴스를 원본으로 설정하기도 한다.
- 동작(Behavior): 특정 URL 패턴의 요청을 어떻게 처리할지 정의하는 규칙을 의미한다. 경로 패턴에 따라 서로 다른 원본과 캐싱 정책을 연결할 수 있다.

실제 운영 환경에서는 표 6.2와 같이 경로 패턴을 활용하여 정적 콘텐츠와 동적 콘텐츠의 캐싱 전략을 분리 적용하는 방식이 일반적이다.

표 6.2 경로 패턴에 따른 캐싱 정책 적용 예시

경로 패턴	연결할 원본	권장 캐싱 정책	설명
/api/*	ALB (백엔드 서버)	CachingDisabled	로그인 처리나 DB 조회 등 실시간 데이터가 필요한 API 요청을 캐싱하지 않고 매번 원본 서버(ALB)로 트래픽을 전달한다.
/images/* /static/*	S3 (정적 파일)	CachingOptimized	이미지, CSS, JS 파일 등은 자주 변경되지 않기 때문에 긴 시간 동안 캐시하여 로딩 속도를 높이고 원본 S3의 부하를 줄인다.
Default	S3 (프론트엔드)	CachingOptimized	React의 빌드 결과물인 index.html 등과 같은 프론트엔드 파일들은 자주 변경되기 때문에 캐시 유지 시간을 짧게 설정하여 최신성을 유지하도록 한다.

성능 외에도 클라우드프론트는 여러 장점이 있다. HTTPS를 자동으로 지원하여 보안 연결을 쉽게 구현할 수 있고, gzip 압축으로 전송 데이터 크기를 줄인다. 또한 S3에서 직접 데이터를 전송하는 것보다 클라우드프론트를 통한 전송이 더 저렴하며, 캐싱으로 인해 S3 요청 횟수가 줄어들어 비용이 크게 감소한다.

이제 클라우드프론트 배포를 생성하여 S3 버킷의 정적 콘텐츠를 전 세계 사용자에게 빠르고 안전하게 제공하는 환경을 구축해 보자.

코드 6.5 클라우드프론트 생성(cf.tf)

```
resource "aws_cloudfront_distribution" "frontend_distribution" {
  enabled          = true            ❶
  default_root_object = "index.html" ❷

  origin {
    domain_name = aws_s3_bucket.simple_showcase_frontend_bucket.bucket_
regional_domain_name ❸
    origin_id   = "simple-showcase-frontend-bucket-origin" ❹
  }

  default_cache_behavior {
    allowed_methods  = ["GET", "HEAD"] ❺
    cached_methods   = ["GET", "HEAD"]
    target_origin_id = "simple-showcase-frontend-bucket-origin"

    forwarded_values {
      query_string = false ❻
      cookies {
        forward = "none"
      }
    }

    viewer_protocol_policy = "redirect-to-https" ❼
    min_ttl                = 0
    default_ttl            = 3600 ❽
    max_ttl                = 86400
  }

  restrictions {
    geo_restriction {
      restriction_type = "none" ❾
    }
  }

  viewer_certificate {
    cloudfront_default_certificate = true ❿
  }
}
```

❶ 배포를 활성화한다. false로 설정하면 배포는 생성되지만 비활성 상태가 된다.

❷ 루트 경로(/)로 접근했을 때 제공할 기본 파일을 지정한다. React 애플리케이션의 진입점
인 Index.html로 설정한다.

❸ 원본 도메인으로 S3 버킷의 리전별 도메인 이름을 사용한다. S3 버킷의 도메인 형식은 크

게 두 가지로, 대표 도메인(버킷 이름.s3.amazonaws.com)과 리전별 도메인(버킷 이름.s3.region.amazonaws.com)이 있다. 클라우드프론트와 연동할 때는 리전별 도메인을 사용해야 한다. 리전별 도메인을 사용해야 버킷이 실제로 위치한 리전으로 요청이 전달되기 때문이다.

❹ 원본 식별자를 지정한다. 여러 원본을 사용할 때 각 원본을 구분하기 위한 ID 역할을 한다.

❺ 허용할 HTTP 메서드를 지정한다. 정적 콘텐츠만 제공하므로 GET과 HEAD 메서드만 허용한다. POST나 PUT은 필요 없다.

❻ 쿼리 문자열과 쿠키를 원본에 전달하지 않도록 설정한다. 경우에 따라서는 정적 파일도 쿼리 문자열이나 쿠키를 필요로 하지만 Simple Showcase 애플리케이션의 프론트엔드에는 필요하지 않다.

❼ HTTP 요청을 자동으로 HTTPS로 리다이렉트시킨다.

❽ 기본 캐시 TTL(Time To Live)을 3,600초로 설정한다. 콘텐츠가 엣지 로케이션에 캐시되는 기본 시간이며 min_ttl과 max_ttl 사이에서 조정된다.

❾ 지리적 제한을 설정하지 않는다.

❿ 클라우드프론트가 제공하는 기본 SSL 인증서를 사용한다. *.cloudfront.net 도메인으로 HTTPS 접속이 가능하다. 사용자 정의 도메인인 app.simple-showcase.shop 도메인에 HTTPS를 적용하는 과정은 이후의 절에서 다룬다.

클라우드프론트 서비스 콘솔에 접속한 후 생성된 배포 ID를 클릭하면 그림 6.9와 같이 기본적인 정보를 볼 수 있다.

Distribution domain name(❶)이 생성된 클라우드프론트의 기본 도메인 주소이다. 이 도메인 주소를 복사한 후 /images/placeholder_backpack.png를 조합해서 전체 URL을 만든다. 예를 들면 dj78d8g10ujg.cloudfront.net/images/placeholder_backpack.png의 형태가 된다. 이 URL을 브라우저에서 열어 보자.

그림 6.10과 같이 Access Denied 에러가 발생한 것을 볼 수 있다. 왜 이런 현상이 발생했을까? 이를 이해하기 위해 클라우드프론트가 S3 객체에 접근하는 과정을 생각해 보자.

앞서 생성한 S3 버킷은 프라이빗 모드로 동작하기 때문에 권한이 없으면 접근할 수 없다. S3 버킷 입장에서는 클라우드프론트의 접근도 외부 시스템의 접

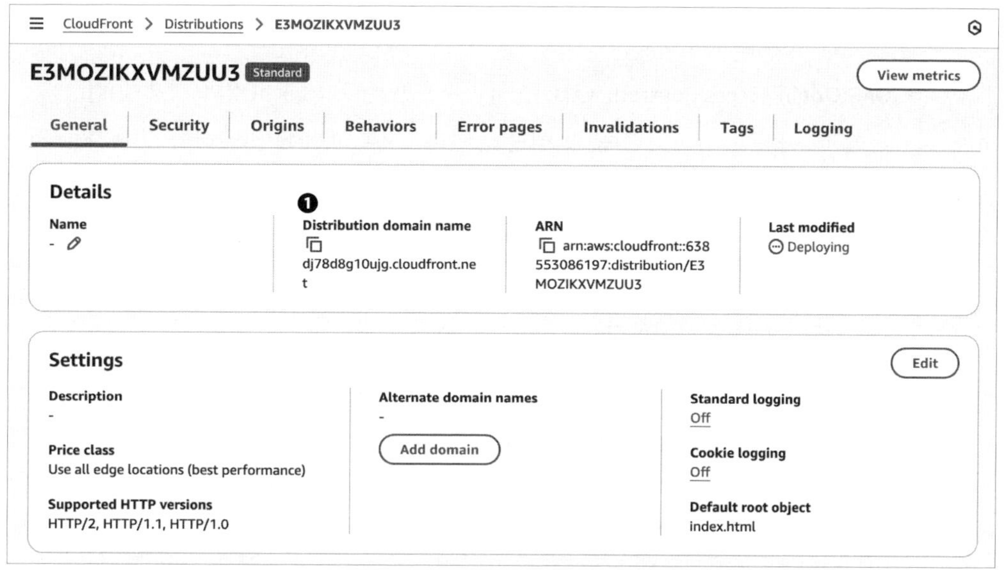

그림 6.9 생성된 클라우드프론트 배포의 기본 정보

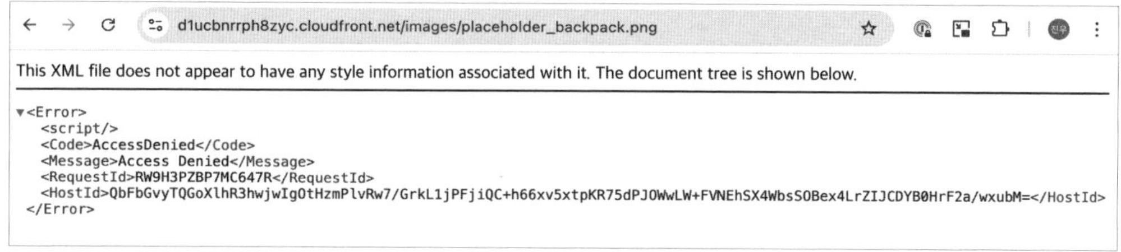

그림 6.10 클라우드프론트로 이미지 열기

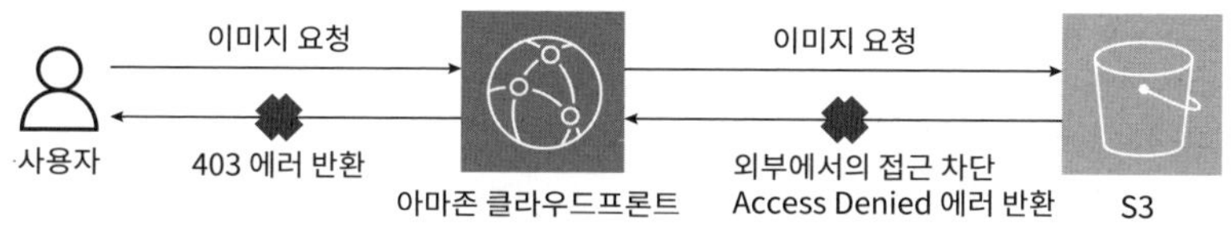

그림 6.11 클라우드프론트의 S3 접근 과정

근으로 인식해 차단한다. 이로 인해 그림 6.10처럼 Access Denied 에러가 발생
한다.

이 문제를 해결하기 위해서는 클라우드프론트에 S3에 접근할 수 있는 권한
을 주어야 한다. 이때 권한 설정은 클라우드프론트에서 사용할 OAC(Origin

Access Control)와 S3 버킷에 지정할 버킷 정책, 이렇게 두 가지로 구성된다.

- **OAC(Origin Access Control):** OAC는 클라우드프론트가 S3 버킷의 객체에 접근할 때 사용할 일종의 신분증 역할을 한다. 지금 객체에 접근하는 주체가 허가된 클라우드프론트임을 S3에 증명한다.
- **S3 버킷 정책:** S3 버킷 정책은 누가 어떤 방식으로 객체에 접근할 수 있는지를 정의한다. OAC를 사용하는 특정 클라우드프론트의 요청만 객체를 읽을 수 있도록 권한을 설정한다.

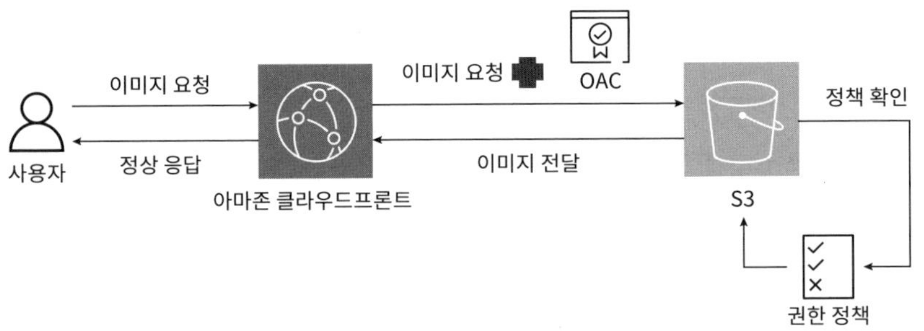

그림 6.12 OAC와 버킷 정책을 통한 접근 권한 검증

위 두 가지는 상호 보완적으로 동작한다. 클라우드프론트가 S3에 접근할 때 OAC를 제시하여 자신의 신원을 증명하고, S3는 버킷 정책을 확인하여 해당 클라우드프론트가 접근 권한이 있는지 검증한다.

코드 6.6 OAC 생성(cf.tf)

```
# OAC 리소스 생성
resource "aws_cloudfront_origin_access_control" "simple_showcase_frontend_
bucket_oac" {
  name                                = "simple-showcase-frontend-bucket-oac"
  description                         = "origin-access-control-for-simple-
showcase-frontend-bucket"
  origin_access_control_origin_type = "s3"      ❶
  signing_behavior                    = "always" ❷
  signing_protocol                    = "sigv4"  ❸
}
```

❶ OAC를 사용할 원본 타입을 지정한다. S3에 사용할 OAC이기 때문에 S3로 설정한다.

❷ OAC를 사용할 때 사용할 서명 동작을 지정한다. always로 설정하여 모든 요청에 대해

서명을 수행한다. 이 외에도 never와 no-override 서명 동작이 있지만 대부분의 경우 always로 설정한다.

❸ 서명 프로토콜을 지정한다. sigv4 프로토콜만 가능하다. sigv4는 AWS의 표준 인증 메커니즘이다.

OAC를 생성했으니 S3 버킷 정책을 통해서 앞서 생성한 클라우드프론트에서만 접근할 수 있도록 한다. 이 정책은 클라우드프론트의 특정 배포를 통해서만 S3 버킷의 객체를 읽을 수 있도록 허용하고, 다른 모든 접근은 차단한다.

코드 6.7 S3 버킷 정책(s3.tf)

```
# S3 버킷 오리진 액세스용 정책(OAC 방식)
resource "aws_s3_bucket_policy" "frontend_bucket_policy" {
  bucket = aws_s3_bucket.simple_showcase_frontend_bucket.id ❶

  policy = jsonencode({
    Version = "2012-10-17"
    Statement = [
      {
        Effect    = "Allow"                                    ❷
        Principal = { Service = "cloudfront.amazonaws.com" } ❸
        Action    = "s3:GetObject"                             ❹
        Resource  = "${aws_s3_bucket.simple_showcase_frontend_bucket.arn}/*" ❺
        Condition = {
          StringEquals = {
            "AWS:SourceArn" = aws_cloudfront_distribution.frontend_
distribution.arn ❻
          }
        }
      }
    ]
  })
}
```

❶ 정책을 적용할 S3 버킷을 지정한다.

❷ 접근을 허용한다. Deny를 사용하면 접근을 차단한다.

❸ 클라우드프론트에서의 접근으로 제한한다.

❹ GetObject, 즉 S3 버킷에서 객체를 가져올 수 있는 읽기 권한만 허용한다.

❺ 버킷 내의 모든 객체에 대한 접근을 허용한다. 루트 경로와 와일드카드를 사용하여 모든 객체에 접근이 허용된다. 특정 경로만 허용하려면 /images/* 같은 패턴을 사용할 수 있다.

❻ 특정 클라우드프론트 배포의 ARN과 일치할 때만 접근을 허용한다. 이를 통해 다른 클라우드프론트의 요청이나 직접 접근을 차단한다.

마지막으로 클라우드프론트가 생성한 OAC를 사용할 수 있도록 설정한다.

코드 6.8 클라우드프론트에 OAC 적용(cf.tf)

```
resource "aws_cloudfront_distribution" "frontend_distribution" {
  enabled           = true
  default_root_object = "index.html"

  origin {
    domain_name                = aws_s3_bucket.simple_showcase_frontend_
bucket.bucket_regional_domain_name
    origin_id                  = "simple-showcase-frontend-bucket-origin"
    origin_access_control_id = aws_cloudfront_origin_access_control.
simple_showcase_frontend_bucket_oac.id ❶
  }
..... (중략) .....
```

❶ 기존 코드에 추가된 부분이다. OAC를 사용할 수 있도록 관련 코드를 추가한다.

테라폼 워크플로를 실행하여 변경 사항을 적용한 후, Access Denied가 발생하던 URL을 브라우저에서 다시 열어 보자. 이번에는 정상적으로 이미지가 표시될 것이다. OAC와 버킷 정책이 함께 작동하여 클라우드프론트만 S3 객체에 접근할 수 있는 환경이 구성되었다.

지금까지의 과정을 통해 S3에 올라간 객체를 클라우드프론트로 서빙할 수 있는 구조를 만들었다. 하지만 최종 목표는 app.simple-showcase.shop 도메인으로 프론트엔드를 서빙하는 것이다.

현재 클라우드프론트는 기본 도메인(*.cloudfront.net)만 사용할 수 있다. 또한 클라우드프론트는 HTTPS를 기본으로 사용하므로 사용자 정의 도메인을 위한 SSL 인증서도 필요하다. 다음 절에서는 클라우드프론트에 사용자 정의 도메인인 app.simple-showcase.shop을 연결하고 인증서 발급까지 진행해 보자.

6.3 클라우드프론트와 도메인 연결 및 인증서 적용

클라우드프론트는 기본적으로 제공하는 도메인(*.cloudfront.net) 외에 사용자가 원하는 도메인을 설정할 수도 있다. 이를 Alias(별칭) 또는 CNAME이라고한다. 기본 도메인은 길고 복잡하여 사용자가 기억하기 어렵기 때문에, 서비스의 정체성을 나타내는 고유한 도메인을 연결하는 것이 일반적이다.

코드 6.9 Alias 설정(cf.tf)

```
resource "aws_cloudfront_distribution" "frontend_distribution" {
  enabled           = true
  default_root_object = "index.html"

  origin {
    domain_name                  = aws_s3_bucket.simple_showcase_frontend_
bucket.bucket_regional_domain_name
    origin_id                    = "simple-showcase-frontend-bucket-origin"
    origin_access_control_id = aws_cloudfront_origin_access_control.
simple_showcase_frontend_bucket_oac.id
  }

  aliases = ["app.simple-showcase.shop"] ❶
..... (중략) .....
```

❶ aliases 설정을 통해 클라우드프론트가 app.simple-showcase.shop 도메인으로도 접근할 수 있게 한다. aliases 설정은 문자열 리스트로 지정할 수 있기 때문에 여러 도메인을 사용하려면 리스트에 추가하면 된다.

하지만 사용자 도메인도 HTTPS로 제공해야 하기 때문에 SSL/TLS 인증서가 필요하다. AWS는 이를 위해 ACM(AWS Certificate Manager)이라는 인증서 관리서비스를 제공한다. ACM은 AWS 서비스와 연동되는 SSL/TLS 인증서를 무료로발급하고 자동으로 갱신해 준다. 인증서 발급 절차는 그림 6.13과 같다.

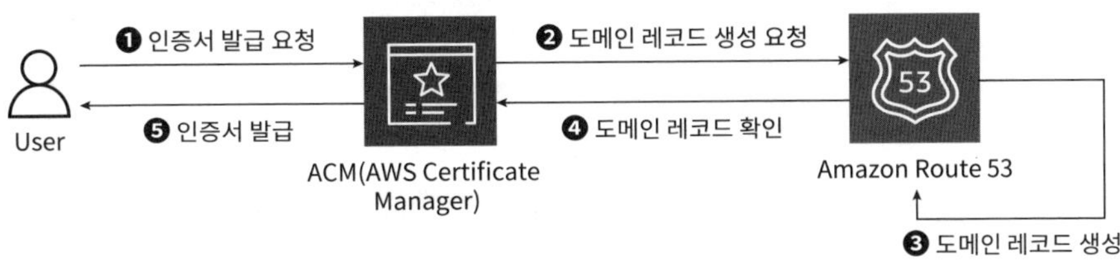

그림 6.13 ACM 인증서 발급 절차

가장 먼저 발급받을 도메인을 지정하여 인증서를 요청한다(❶). 요청 후에는 해당 도메인의 소유권을 검증해야 한다. 도메인의 소유권이 없는 사람이 해당 도메인의 인증서를 발급받으면 보안 문제가 발생할 수 있기 때문에 소유권 검증은 필수적이다. 검증 방법에는 DNS 검증과 이메일 검증이 있는데, DNS 검증 방법이 자동화가 쉽고 관리가 편해 일반적으로 사용된다.

DNS 검증은 ACM이 제공하는 특별한 도메인 레코드를 DNS에 등록하는 방식이다. DNS로 Route53을 사용할 경우 ACM은 Route53에 이 레코드에 대한 생성을 요청한다(❷). Route53은 요청받은 레코드를 생성하고(❸), ACM은 주기적으로 해당 레코드가 조회되는지 확인한다(❹). 레코드가 정상적으로 조회되면 도메인 소유권이 증명되어 인증서가 발급된다(❺). Route53을 사용하는 경우 이 과정을 테라폼으로 자동화할 수 있다.

ACM을 통한 인증서 발급 과정을 더 잘 이해하기 위해 먼저 서비스 콘솔을 통해서 진행해 보자. 중요한 점은 클라우드프론트에서 사용할 ACM 인증서는 반드시 미국 동부 리전(us-east-1)에서 발급해야 한다는 것이다. 이는 클라우드프론트가 글로벌 서비스이며, us-east-1 리전의 인증서만 사용할 수 있기 때문이다.

ACM 관리 콘솔에서 [Request a certificate] 버튼을 클릭한다.

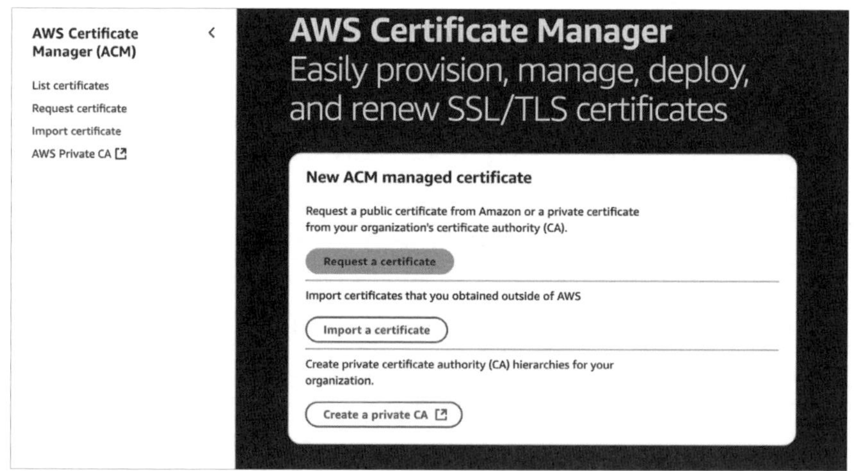

그림 6.14 ACM 서비스 콘솔

인증서 종류 선택 화면의 Certificate type에서 'Request a public certificate'를 선택한다(그림 6.15). 이는 인터넷에 공개적으로 접근 가능한 웹 사이트에서 사용할 수 있는 표준 SSL/TLS 인증서를 의미한다. Private certificate는 내부 네트워크나 사설 PKI 환경에서 사용하는 인증서로, Simple Showcase 애플리케이션의 프론트엔드를 위한 용도와는 맞지 않는다. [Next] 버튼을 클릭하여 다음 단계로 진행한다.

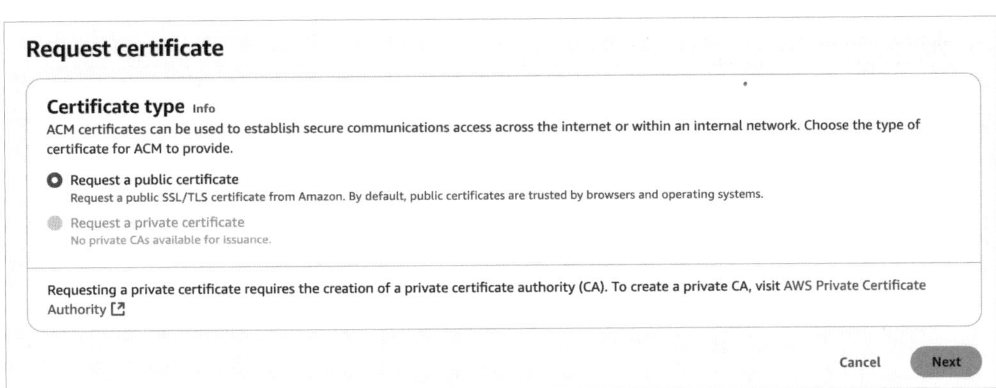

그림 6.15 생성할 인증서 종류 설정

그림 6.16은 인증서 발급을 위한 상세 정보를 입력하는 화면이다. 각 항목을 다음과 같이 설정한다.

❶ 인증서가 적용될 도메인을 지정한다. 개별 서브 도메인인 api.simple-showcase.shop과 app.simple-showcase.shop을 각각 지정할 수도 있지만, 향후 확장성을 고려하여 와일드카드 도메인인 *.simple-showcase.shop 으로 지정한다. 와일드카드 인증서는 하나의 인증서로 api.simple-showcase.shop, app.simple-showcase.shop, dev.simple-showcase.shop 등 동일 레벨의 모든 서브 도메인을 아우를 수 있어 관리가 편리하고 효율적이다.

❷ 인증 방법을 지정한다. DNS 인증을 사용할 것이기 때문에 'DNS valida-tion'을 선택한다.

나머지 항목은 기본값으로 두고 [Request] 버튼을 클릭한다.

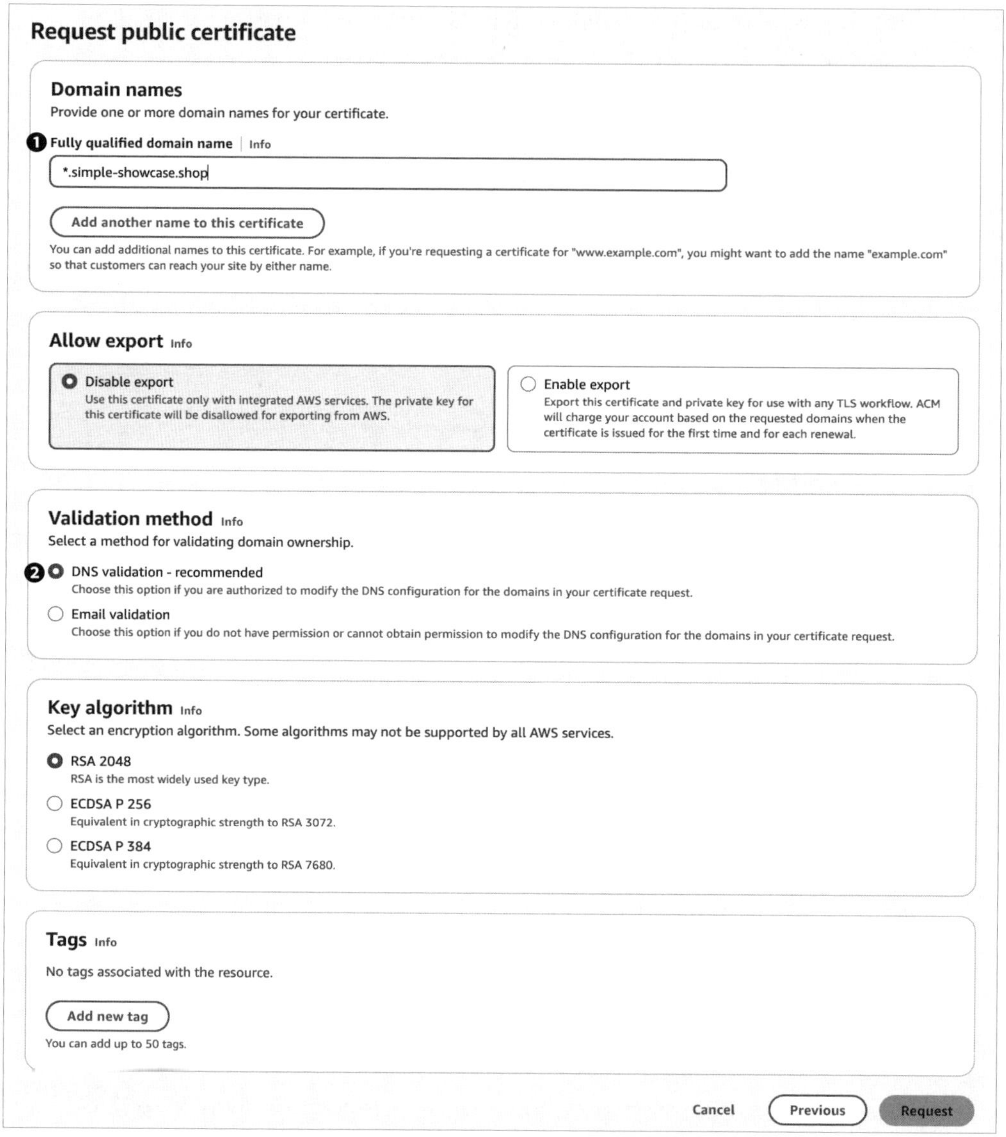

그림 6.16 인증서 정보 입력

인증서 생성 요청이 완료되면 ACL 서비스 콘솔 화면으로 돌아온다(그림 6.17). 이 화면에서 발급 요청한 인증서의 발급 진행 상황을 확인할 수 있는데, Status 가 Pending validation(❶)임을 볼 수 있다. 이는 도메인 소유권 확인이 아직 완

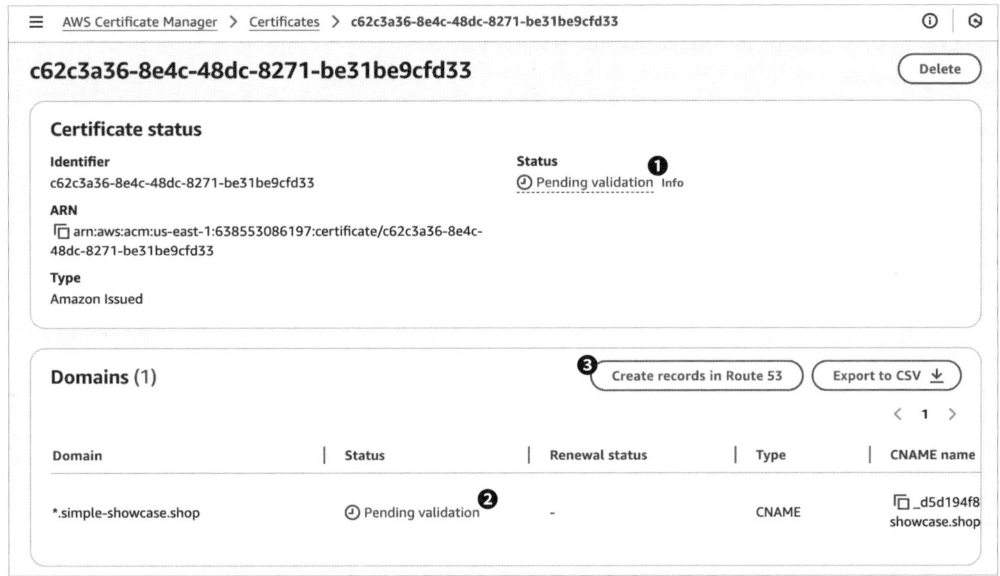

그림 6.17 생성 요청 완료 후 화면

료되지 않았다는 의미이다.

Domains의 [Status]도 Pending validation(❷)으로 표시되어 있다. 이 상태를 해결하기 위해 [Create records in Route 53](❸) 버튼을 클릭한다. 이 버튼은 simple-showcase.shop 도메인의 네임 서버로 Route53을 사용하고 있을 때만 활성화되는 편의 기능이다. 다른 DNS 서비스를 사용하고 있다면 해당 서비스에서 수동으로 레코드를 추가해야 한다.

그림 6.18은 Route53과의 연동을 통한 자동 DNS 레코드 생성 화면이다. [Create records] 버튼을 클릭하면 AWS가 Route53 호스팅 존에 필요한 도메인 레코드를 자동으로 생성한다.

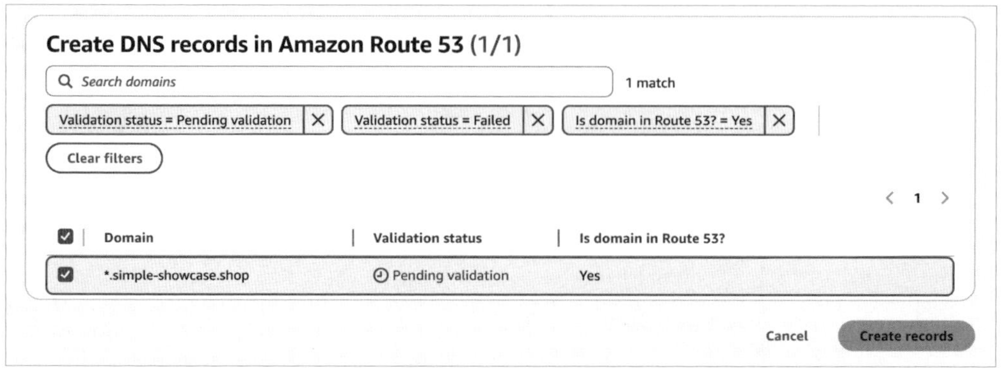

그림 6.18 DNS 인증 화면

이 과정에서 생성되는 도메인 레코드는 특별한 해시값을 포함하고 있으며, ACM이 이 값을 확인하여 도메인 소유권을 검증한다. 사용자가 직접 DNS 레코드를 관리할 필요 없이 AWS 서비스 간 연동을 통해 자동으로 처리된다는 점이 큰 장점이다.

[Create records] 버튼을 클릭한 다음 Route 53 서비스 콘솔에서 simple-showcase.shop 호스팅 존의 레코드를 확인하면 그림 6.19와 같이 이전에 직접

Record ...	Type	Routin...	Differ...	Alias	Value/Route traffic to	TTL (s...
simple-sh...	NS	Simple	-	No	ns-853.awsdns-42.net. ns-1507.awsdns-60.org. ns-114.awsdns-14.com. ns-1921.awsdns-48.co.uk.	172800
simple-sh...	SOA	Simple	-	No	ns-853.awsdns-42.net. awsd...	900
_4ab3ad7...	CNAME	Simple	-	No	_6e6b5fab0a8b5b7734b4e6...	300
api.simple...	A	Simple	-	Yes	simple-showcase-alb-11981...	-
app.simpl...	A	Simple	-	Yes	simple-showcase-alb-11981...	-

그림 6.19 Route53 레코드 화면

생성하지 않은 새로운 레코드들이 추가되어 있는 것을 볼 수 있다. 이 레코드들은 ACM에서 도메인 인증을 위해 Route53을 통해 자동으로 등록한 레코드들이다.

레코드명은 일반적으로 _해시값.도메인명 형태이며, 값은 ACM이 제공하는 특별한 검증용 도메인을 가리킨다. 이 레코드들은 인증서가 유효한 동안 계속 유지되어야 하기 때문에 임의로 삭제하면 안 된다.

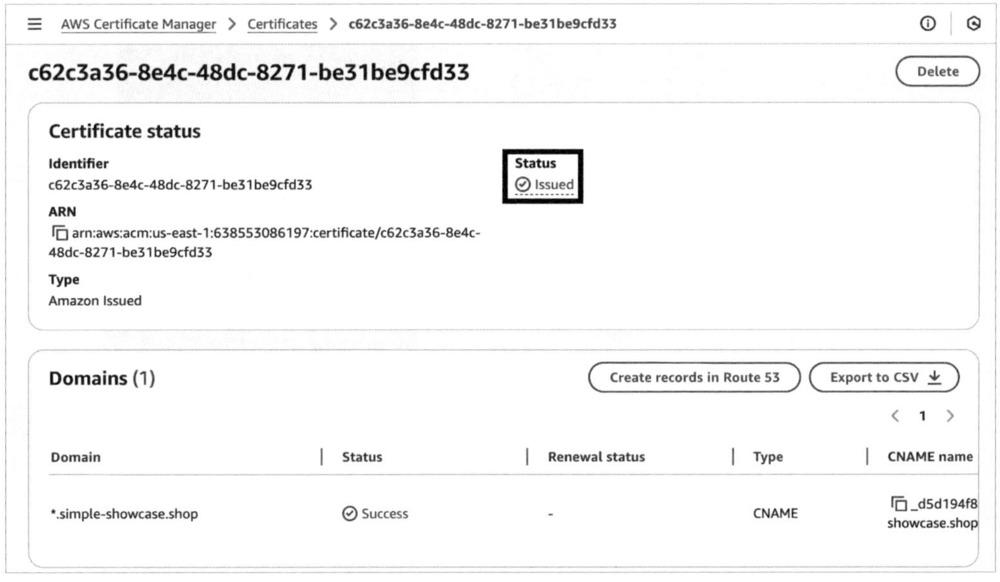

그림 6.20 ACM 인증서 발급 완료 화면

DNS 레코드 생성 후 보통 몇 분에서 최대 30분 정도 시간이 지나면 ACM이 도메인 소유권 확인을 완료한다. ACM 서비스 콘솔을 새로고침하면 그림 6.20과 같이 인증서 발급 상태가 Issued인 것을 볼 수 있다.

 인증서는 주기적으로 교체해야 하는데 ACM을 통해 발급된 인증서는 ACM이 자동으로 갱신한다. 갱신 시에도 동일하게 DNS 검증 과정을 거치기 때문에, Route53의 인증 레코드는 계속 유지되어야 한다. 만약 도메인의 네임 서버를 변경하거나 DNS 레코드를 삭제하면 자동 갱신이 실패할 수 있으므로 주의가 필요하다.

이제 발급 완료된 ACM 인증서를 클라우드프론트에 적용해 보자. 앞서 이야기한 것처럼 클라우드프론트에서 사용자 지정 도메인에 SSL/TLS 인증서를 적용하려면 인증서가 us-east-1 리전에 위치해야 한다. 이를 위해 ACM 서비스 콘솔에서 인증서를 만들 때도 us-east-1 리전에서 만들었다. 테라폼에서 ACM 인증서를 참조하기 위해서는 AWS 프로바이더 역시 us-east-1 리전에서 가져와야 하며, 이를 위해 테라폼에서는 멀티 프로바이더라는 개념을 사용한다.

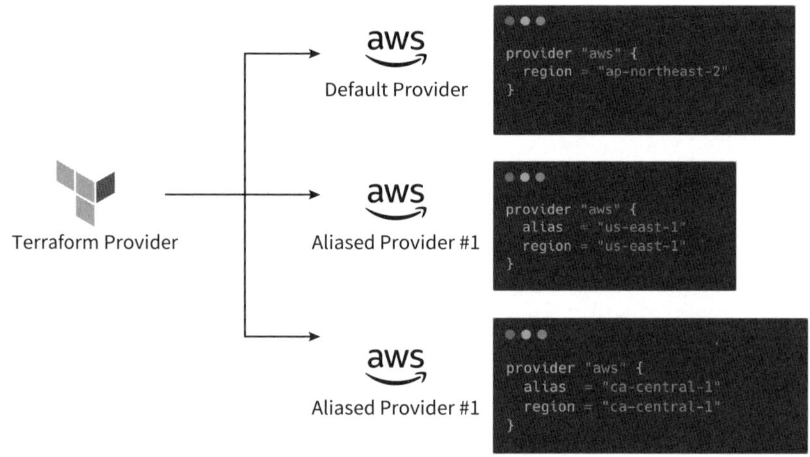

그림 6.21 테라폼의 멀티 프로바이더

그림 6.21과 같이 alias를 사용하면 하나의 테라폼 코드 내에서 여러 개의 AWS 프로바이더 설정을 동시에 운용할 수 있다.

Simple Showcase 애플리케이션의 인프라 구축을 위한 기본 프로바이더는 ap-northeast-2 리전을, 클라우드프론트에 적용할 ACM 인증서를 가져올 때 사용하는 프로바이더는 us-east-1을 바라보도록 설정한다.

코드 6.10 프로바이더 추가 설정(providers.tf)

```
# 인프라 구성에 사용하는 기존 프로바이더
provider "aws" {
  region = "ap-northeast-2" ❶
}

# ACM 인증서를 가져오기 위해 사용하는 추가 프로바이더
provider "aws" {
```

```
  alias  = "us-east-1" ❷
  region = "us-east-1" ❸
}
```

Simple Showcase 애플리케이션의 인프라를 계속해서 서울 리전에 생성해야 하기 때문에 기본 프로바이더는 ap-northeast-2 리전을 바라보도록 설정한다 (❶). data 블록을 통해 클라우드프론트를 위한 ACM 인증서를 가져올 때도 프로바이더가 필요하기 때문에 이를 위한 두 번째 프로바이더는 us-east-1 리전을 바라보도록 설정하고(❸) 이 프로바이더를 사용할 때 사용할 별칭도 us-east-1 으로 설정한다(❷).

이제 data 블록을 사용해서 us-east-1 리전에 있는 ACM 인증서를 가져온다. data 블록은 테라폼이 아닌 다른 방식으로 생성한 리소스의 정보를 조회할 때 사용하는 구문이다.

코드 6.11 ACM 인증서 가져오기(acm.tf)

```
# CF 배포를 위한 ACM 인증서
data "aws_acm_certificate" "certificate_for_cf" {
  provider = aws.us-east-1              ❶
  domain   = "*.simple-showcase.shop" ❷
  statuses = ["ISSUED"]                 ❸
}
```

❶ data 블록의 정보를 가져올 때 필요한 프로바이더를 코드 6.7에서 정의한 us-east-1의 별칭을 가진 프로바이더로 지정한다. provider.alias의 형태로 참조한다.

❷ 조회할 인증서의 도메인을 지정한다. 앞서 ACM 서비스 콘솔을 통해 인증서를 생성할 때 *.simple-showcase.shop으로 발급받았기 때문에 이 도메인으로 설정한다.

❸ 발행이 완료된 상태, 즉 ISSUED 상태의 인증서만 조회한다. 이를 통해 발급이 완료된 인증서만 선택할 수 있다.

이렇게 가져온 인증서를 코드 6.12와 같이 클라우드프론트 코드에 추가한다.

코드 6.12 클라우드프론트 배포에 인증서 반영(cf.tf)

```
resource "aws_cloudfront_distribution" "frontend_distribution" {
  enabled            = true
  default_root_object = "index.html"

  origin {
```

```
    domain_name                = aws_s3_bucket.simple_showcase_frontend_
bucket.bucket_regional_domain_name
    origin_id                  = "simple-showcase-frontend-bucket-origin"
    origin_access_control_id = aws_cloudfront_origin_access_control.
simple_showcase_frontend_bucket_oac.id
  }

  aliases = ["app.simple-showcase.shop"] ❶

  ..... (중략) .....

  viewer_certificate {
    acm_certificate_arn      = data.aws_acm_certificate.certificate_for_cf.arn ❷
    ssl_support_method       = "sni-only"          ❸
    minimum_protocol_version = "TLSv1.2_2021" ❹
  }
}
```

❶ 클라우드프론트에서 사용할 사용자 지정 도메인을 지정한다. Simple Showcase 애플리 케이션의 프론트엔드 역할을 할 것이기 때문에 app.simple-showcase.shop 도메인으로 설정한다.

❷ 클라우드프론트 배포에서 사용할 ACM 인증서의 ARN을 지정한다. 코드 6.11에 있는 data 블록을 통해 조회한 ACM 인증서의 ARN을 참조한다. 와일드카드 인증서이기 때문에 app.simple-showcase.shop 도메인에 대해 유효한 인증서를 제공할 수 있다.

❸ SSL 지원 방법을 지정한다. sni-only는 SNI(Server Name Indication)의 약자로, 하나의 IP 주소에서 여러 SSL 인증서를 지원할 수 있게 해주는 기능이다. 가장 많이 사용하는 방식이기도 하다.

❹ 최소 TLS 버전을 지정한다. 클라이언트와의 통신에 허용할 TLS 버전이기 때문에 이보다 낮은 버전의 TLS를 사용하는 클라이언트들은 접근이 차단된다. 얼마나 오래된 클라이언트를 지원할 것인지가 기준이 된다.

테라폼 워크플로를 실행하여 변경 사항을 적용하면 클라우드프론트를 통해 *https://app.simple-showcase.shop* 도메인을 서빙할 수 있게 된다. 하지만 아직 API 서버는 HTTP로 되어 있기 때문에 정상적으로 동작하지 않는다. 다음으로 API 서버도 HTTPS로 동작하도록 구성해 보자. 이전 장들을 통해 API 서버는 애플리케이션 로드 밸런서를 통해 사용자의 요청이 인입되게 해 두었기 때문에 HTTPS 적용 역시 애플리케이션 로드 밸런서에 적용하면 된다.

 앞서 S3에 업로드하기 위해 프론트엔드 빌드 시 API 주소를 *https://api.simple-showcase.shop*으로 설정하고 빌드한 것을 떠올려 보자.

애플리케이션 로드 밸런서는 클라우드프론트에 인증서를 적용할 때와는 다르게 실제 동작하는 리전에서 인증서를 생성해야 한다. 즉 클라우드프론트 인증서는 us-east-1에서 생성했지만 애플리케이션 로드 밸런서는 ap-northeast-2에서 동작하기 때문에 인증서도 ap-northeast-2에 만들어야 한다. 클라우드프론트용 인증서를 만들 때와 같은 방법으로 애플리케이션 로드 밸런서에서 사용할 인증서를 만든다.

 애플리케이션 로드 밸런서를 위한 ACM 인증서 생성 과정은 리전을 ap-northeast-2로 하는 것 외에는 동일하기 때문에 책에서 따로 언급하지 않는다.

코드 6.13 애플리케이션 로드 밸런서를 위한 인증서(acm.tf)

```
# ALB 배포를 위한 ACM 인증서
data "aws_acm_certificate" "certificate_for_alb" {
  domain   = "*.simple-showcase.shop"
  statuses = ["ISSUED"]
}
```

코드 6.11에서는 us-east-1에 있는 ACM 인증서를 가져오기 위해 provider 지시자가 필요했다면 애플리케이션 로드 밸런서용 ACM 인증서는 ap-northeast-2에 생성되어 있기 때문에 별도의 provider 지시자를 사용하지 않는다. 별도의 provider 지시자를 사용하지 않으면 ap-northeast-2 리전을 바라보고 있는 기본 프로바이더를 사용하기 때문이다.

애플리케이션 로드 밸런서가 HTTPS 트래픽을 처리할 수 있도록 인증서를 적용한 후 새로운 리스너를 만들고, 443번 포트에 대한 인바운드 트래픽을 허용하는 보안 규칙까지 적용한다.

코드 6.14 애플리케이션 로드 밸런서에 인증서 적용(alb.tf)

```
# ALB 보안 그룹 인바운드 규칙 (HTTPS)
resource "aws_vpc_security_group_ingress_rule" "alb_https" {
  security_group_id = aws_security_group.alb.id
```

```
  description          = "HTTPS from my IP"
  from_port            = 443
  to_port              = 443
  ip_protocol          = "tcp"
  cidr_ipv4            = "${chomp(data.http.myip.response_body)}/32"
}

# ALB HTTP 리스너 생성
resource "aws_lb_listener" "http" {
  load_balancer_arn = aws_lb.app.arn
  port              = 80
  protocol          = "HTTP"

  default_action  {
    type = "redirect"  ❶

    redirect {
      port        = "443"       ❷
      protocol    = "HTTPS"     ❸
      status_code = "HTTP_301"  ❹
    }
  }
}

# ALB HTTPS 리스너 생성
resource "aws_lb_listener" "https" {
  load_balancer_arn = aws_lb.app.arn ❺
  port              = 443                ❻
  protocol          = "HTTPS"            ❼
  ssl_policy        = "ELBSecurityPolicy-TLS-1-2-2017-01"              ❽
  certificate_arn   = data.aws_acm_certificate.certificate_for_alb.arn ❾

  default_action  {
    type             = "forward"  ❿
    target_group_arn = aws_lb_target_group.private_server_target_group.arn ⓫
  }
}
```

❶ 이제 모든 사용자 요청을 443번 포트로 받을 것이기 때문에, 기존 80번 포트를 처리하던 HTTP 리스너는 요청을 대상 그룹에 전달하지 말고 443번 포트로 다시 요청하도록 redirect로 동작을 수행한다. 이는 HTTP로 접근하는 사용자를 자동으로 보안 연결인 HTTPS로 안내하는 방식 중 하나이다.

❷ redirect 동작 시 443번 포트로 다시 요청하도록 지정한다. 사용자가 *http://api.simple-showcase.shop*으로 접근하면 자동으로 같은 도메인의 443번 포트로 리다이렉트(Redict) 되어 *https://api.simple-showcase.shop*:443이 된다.

❸ 프로토콜도 HTTP가 아닌 HTTPS로 요청하도록 변경한다.

❹ 리다이렉션 요청에 대한 응답 코드를 301(Moved Permanently)로 설정한다. 이는 해당 리소스가 영구적으로 새 주소(HTTPS)로 이동했음을 브라우저에 알리는 HTTP 상태 코드이다.

❺ 새롭게 생성하는 HTTPS 리스너가 연결될 애플리케이션 로드 밸런서의 ARN을 지정한다. 기존에 생성한 ALB 리소스를 참조한다.

❻ 443번 포트에서 HTTPS 트래픽을 수신하도록 설정한다. 이는 웹 표준에서 정의한 HTTPS의 기본 포트이다.

❼ SSL/TLS 암호화가 적용된 HTTPS 프로토콜로 동작하게 설정한다.

❽ 애플리케이션 로드 밸런서에서 사용할 SSL/TLS 보안 정책을 지정한다. 어떤 버전의 TLS 를 지원할 것인지, 어떤 알고리즘을 허용할 것인지 등을 허용하는 정책이다. 정책에 따라 오래된 클라이언트는 접속하지 못할 수도 있다.

❾ HTTPS 리스너에서 사용할 ACM 인증서의 ARN을 지정한다. 앞서 data 블록으로 조회한 와일드카드 인증서를 연결하여 api.simple-showcase.shop 도메인에 대해서도 유효한 SSL/TLS 인증서를 제공한다.

❿ HTTPS로 들어온 요청을 대상 그룹으로 전달하는 forward 동작을 설정한다. 기존 HTTP 리스너가 수행하던 실제 트래픽 처리 역할을 HTTPS 리스너가 이어받게 된다.

⓫ 요청을 전달할 대상 그룹을 지정한다. 애플리케이션 로드 밸런서는 이 대상 그룹에 등록 된 프라이빗 서브넷의 백엔드 서버들에 트래픽을 분산하여 전달한다.

지금까지의 과정을 통해 Simple Showcase 애플리케이션의 프론트엔드, 백 엔드 모두 HTTPS로 동작할 준비를 마쳤다. 마지막으로 도메인을 변경하여 트래픽을 새로운 환경으로 이전한다.

6.4 Route53을 통한 도메인 변경

EC2 인스턴스가 애플리케이션 로드 밸런서를 통해 app.simple-showcase. shop, api.simple-showcase.shop 두 도메인을 모두 처리하던 구조였으나 이제 클라우드프론트와 애플리케이션 로드 밸런서로 각각을 분리하고 HTTPS 트래픽 처리까지 가능해졌다. 마지막으로 Route53에서 도메인 레코드를 변경하여 사용자의 트래픽이 새로운 환경으로 인입될 수 있도록 구성한다. API 도메인

인 api.simple-showcase.shop은 지금도 애플리케이션 로드 밸런서를 바라보도록 되어 있기 때문에 프론트엔드 도메인인 app.simple-showcase.shop 도메인만 클라우드프론트를 바라보도록 수정한다.

코드 6.15 app.simple-showcase.shop 도메인 변경(route53.tf)

```
# app.simple-showcase.shop A 레코드 (CloudFront 연결)
resource "aws_route53_record" "app" {
  zone_id = data.aws_route53_zone.simple_showcase.zone_id
  name    = "app.simple-showcase.shop"
  type    = "A"

  alias {
    name                       = aws_cloudfront_distribution.frontend_
distribution.domain_name          ❶
    zone_id                    = aws_cloudfront_distribution.frontend_
distribution.hosted_zone_id       ❷
    evaluate_target_health = false ❸
  }
}
```

❶ 4장에서 도메인 레코드가 AWS 리소스를 직접 가리킬 수 있는 특별한 레코드 유형인 alias를 다뤘다. 이번에도 클라우드프론트 배포라는 AWS 리소스를 직접 가리키는 상황이기 때문에 alias를 사용해서 가리켜야 할 클라우드프론트 배포의 도메인 이름을 설정한다.

❷ 마찬가지로 클라우드프론트가 속한 Route53 호스팅 영역 ID를 지정한다. 애플리케이션 로드 밸런서와 마찬가지로 클라우드프론트 역시 AWS가 제공하는 고유한 호스팅 영역이 존재한다.

❸ 이번에는 Route53의 추가 헬스 체크 기능은 비활성화한다.

테라폼 워크플로를 실행하여 변경 사항을 적용한 후, app.simple-showcase.shop이 클라우드프론트로 서빙되는지 curl 명령을 사용해 확인해 본다(코드 6.16).

코드 6.16 curl로 확인

```
〉 curl -I https://app.simple-showcase.shop
HTTP/2 200
content-type: text/html
content-length: 462
date: Sat, 19 Jul 2025 13:12:52 GMT
```

```
last-modified: Sat, 19 Jul 2025 12:38:49 GMT
etag: "ad95b2a1b4e1babe180adaf6ac8a8c9a"
x-amz-server-side-encryption: AES256
accept-ranges: bytes
server: AmazonS3                        ❶
x-cache: Miss from cloudfront ❷
via: 1.1 b9d178e44a376489d36de04cc7c4d74a.cloudfront.net (CloudFront)
x-amz-cf-pop: ICN80-P3                   ❸
x-amz-cf-id: 6k_G0YxLZIiuFXxlIjBRmhHZSNFZPCzVxujXnE-BEvZkfL9Y7F6HbA==
```

❶ 원본 콘텐츠가 S3에서 제공됨을 알 수 있다. 루트 경로로 접근하면 index.html을 서빙하도록 구성되어 있는데, 이때 S3에 있는 Index.html을 가져와서 서빙한다.

❷ 이 요청이 클라우드프론트 캐시에서 처음 요청된 것임을 의미한다. 이후 동일한 요청은 Hit from cloudfront로 표시되어 캐시된 콘텐츠를 제공한다.

❸ 서울(ICN) 리전의 클라우드프론트 엣지 로케이션에서 응답했음을 나타낸다. 사용자 위치에 따라 가장 가까운 엣지 로케이션이 자동 선택된다.

브라우저에 *https://app.simple-showcase.shop*을 입력하면 잘 열리는 것을 확인할 수 있다.

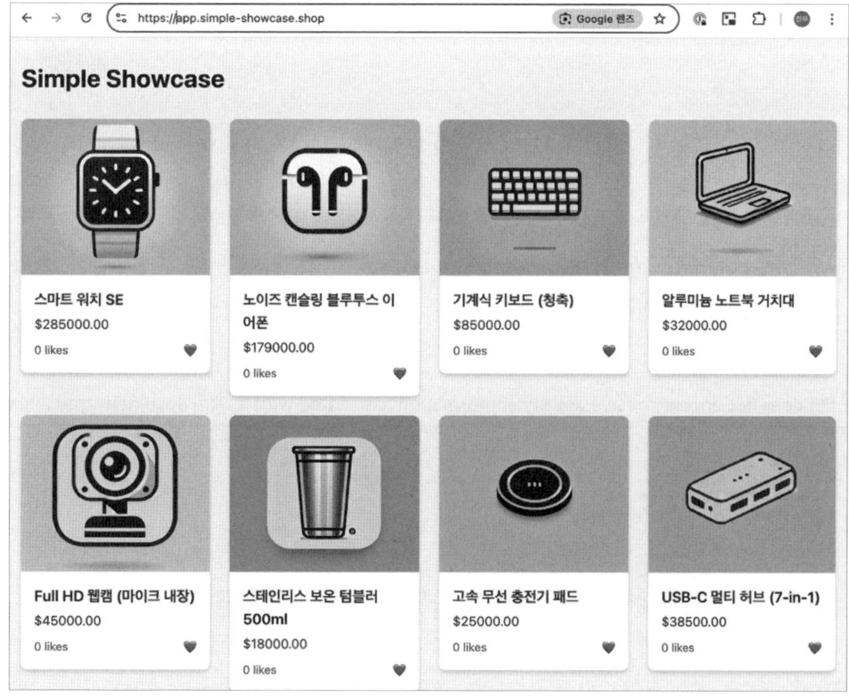

그림 6.22 https로 열리는 페이지

하지만 아직 SPA(Single Page Application)형태의 프론트엔드가 클라우드프론트 기반에서 정상적으로 동작하려면 추가로 설정해야 할 것이 남아 있다. 브라우저에서 열린 Simple Showcase 애플리케이션에서 각 상품의 세부 정보 페이지로 넘어가 보자. 가장 앞에 보이는 스마트 워치 SE를 클릭한다.

← Back to List
스마트 워치 SE
$285000.00
합리적인 가격의 스마트 워치. 건강 관리 기능 포함.
2 likes
Like

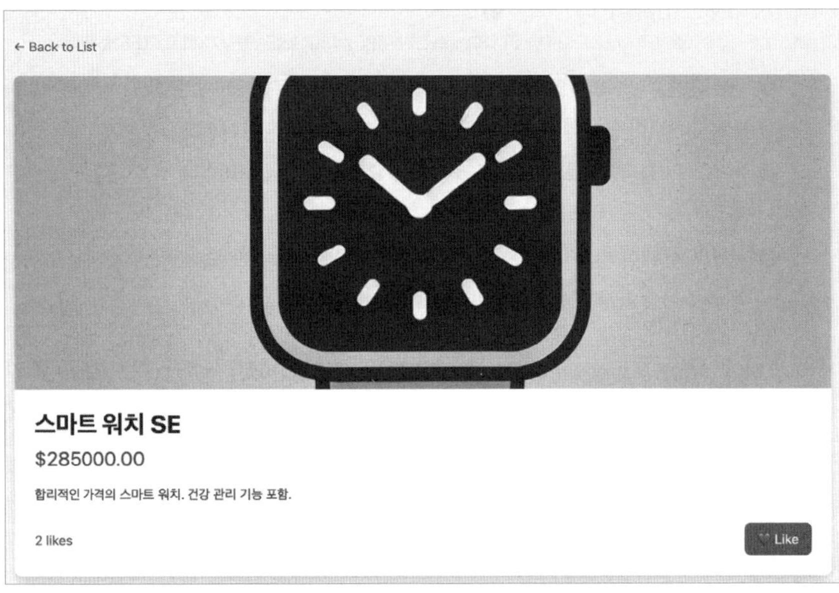

그림 6.23 스마트 워치 SE의 세부 정보 페이지

브라우저에서 새 탭을 열고 이번엔 스마트 워치 SE의 세부 정보 페이지의 URL *https://app.simple-showcase.shop/products/1*을 직접 입력해 보자. 그림 6.24와 같이 에러가 발생할 것이다.

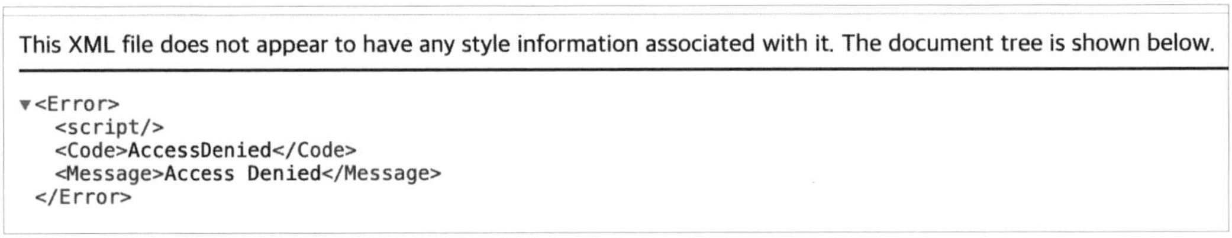

This XML file does not appear to have any style information associated with it. The document tree is shown below.
▾<Error>
<script/>
<Code>AccessDenied</Code>
<Message>Access Denied</Message>
</Error>

그림 6.24 세부 정보 URL을 직접 입력해서 접속했을 때의 에러 페이지

왜 이런 현상이 발생할까? 클라우드프론트가 URL을 처리하는 과정을 생각해 보자. 사용자가 브라우저를 통해 *https://app.simple-showcase.shop*을 입력하면 루트 경로이기 때문에 클라우드프론트는 설정된 규칙에 맞게 S3 버킷의 루트 경로에서 index.html 파일을 찾아서 서빙한다. 하지만 *https://app.simple-showcase.shop/products/1*을 입력하면 루트 경로가 아니기 때문에 클라우드프론트는 설정된 규칙에 맞게 URL 뒤의 객체를 S3 버킷에서 찾는다. 즉 S3 버킷에 가서 /products/1이라는 객체가 있는지 찾는다. 하지만 S3 버킷에는 해당 객체가 없기 때문에 에러가 반환된다.

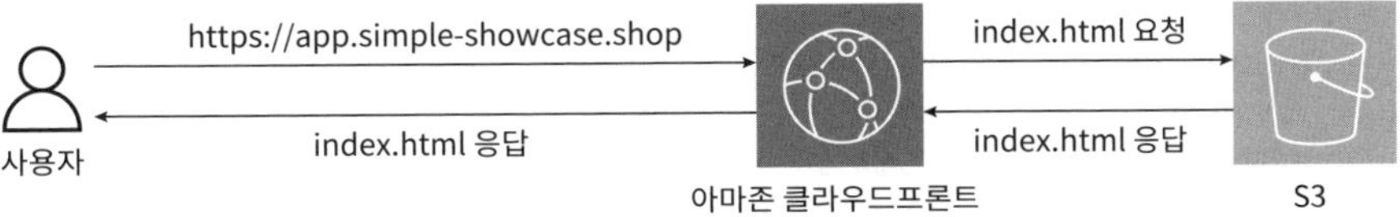

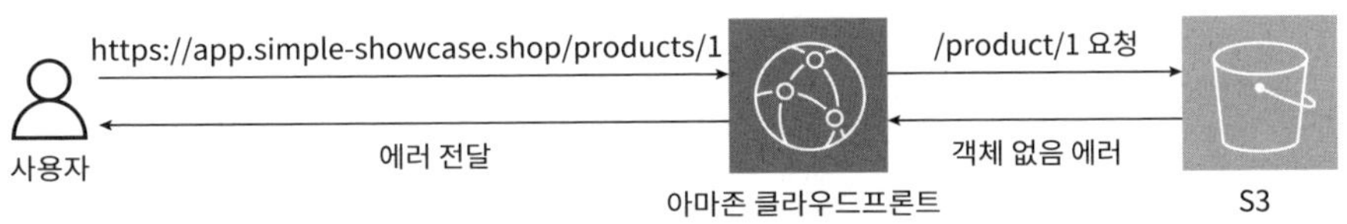

그림 6.25 클라우드프론트가 S3 버킷에 객체를 요청하는 과정

 404 Not Found 에러가 아닌 403 Forbidden(Access Denied) 에러를 반환하는 이유는 보안상의 이유가 크다. 악의적인 사용자가 버킷 내 객체의 존재 여부를 추측하는 것을 방지하기 위함이다.

따라서 SPA 방식의 프론트엔드가 정상적인 응답을 반환할 수 있도록 루트 경로가 아닌 URL로 인입될 때도 index.html을 찾아서 사용자에게 반환해야 한다. 이를 위해 클라우드프론트가 에러 페이지가 아닌 index.html 파일을 서빙하도록 수정한다. 403 에러 코드와 404 에러 코드 모두에 적용하여 두 에러 코드에서 모두 index.html을 반환하게 동작하도록 설정한다.

코드 6.17 403과 404에 대한 에러 처리 코드 추가(cf.tf)

```
resource "aws_cloudfront_distribution" "frontend_distribution" {
  enabled          = true
  default_root_object = "index.html"

  origin {
    domain_name                = aws_s3_bucket.simple_showcase_frontend_
bucket.bucket_regional_domain_name
    origin_id                  = "simple-showcase-frontend-bucket-origin"
    origin_access_control_id = aws_cloudfront_origin_access_control.
simple_showcase_frontend_bucket_oac.id
  }
 … (중략) …
# SPA를 위한 403 에러 처리
  custom_error_response {
    error_code        = 403                 ❶
    response_code     = "200"               ❷
    response_page_path = "/index.html"      ❸
  }

  # SPA를 위한 404 에러 처리
  custom_error_response {
    error_code        = 404 ❹
    response_code     = "200"
    response_page_path = "/index.html"
  }
 … (중략) …
}
```

❶ 에러 코드 403에 대해서 기본 에러 페이지가 아닌 사용자 지정 페이지를 반환하도록 설정한다.

❷ 응답 코드 역시 403이 아닌 200을 반환한다.

❸ 응답은 index.html을 반환한다.

❹ 404 에러도 같은 방식으로 처리한다.

테라폼 워크플로를 실행해서 변경 사항을 적용한 후 에러가 발생하던 페이지를 다시 열면 제품 상세 정보 페이지를 직접 입력해도 잘 보이는 것을 확인할 수 있다(그림 6.26).

그림 6.26 정상적으로 동작하는 세부 정보 URL 페이지

6.5 마치며

이번 장에서는 EC2 인스턴스가 처리하던 정적 프론트엔드 파일들을 S3 버킷으로 이전하고, 클라우드프론트를 도입하여 사용자에게 콘텐츠를 빠르고 안정적으로 전송할 수 있도록 아키텍처를 개선했다. S3 버킷 접근은 OAC(Origin Access Control)를 통해 클라우드프론트만 가능하도록 제한하여 보안을 강화했으며, ACM(AWS Certificate Manager)으로 발급받은 SSL/TLS 인증서를 적용하여 서비스 전체에 HTTPS 보안 통신을 구현했다.

이러한 아키텍처 개선 작업을 통해 아래와 같은 개선점을 얻었다.

- **성능 향상**: 클라우드프론트는 사용자에게 지리적으로 가장 가까운 엣지 서버에서 정적 파일을 전송하기 때문에 로딩 속도가 개선되고, EC2 인스턴스는 동적 API 요청에만 집중할 수 있다.
- **비용 효율성**: EC2 인스턴스에 비해 상대적으로 데이터 전송 비용이 저렴한 클라우드프론트를 활용함으로써 트래픽 부하에 따른 비용 증가를 최적화했다.

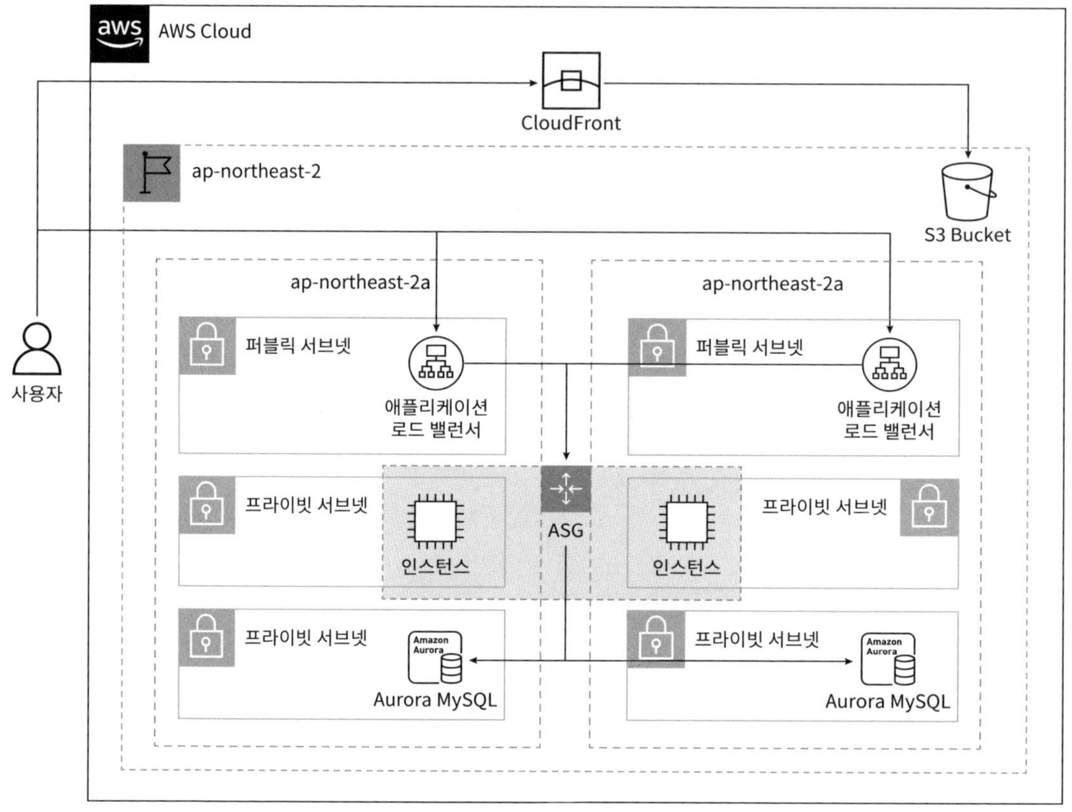

그림 6.27 정적 콘텐츠와 동적 콘텐츠가 분리된 아키텍처

- **보안 강화:** 서비스를 위한 모든 통신 구간이 HTTPS로 암호화되어 서비스의 보안이 강화되었다.

현재의 인프라는 2장의 모놀리식 구조에 비해 확장성과 안정성이 크게 향상되었다. 또한 데이터 전송 비용을 최적화하고 보안까지 향상시켰다. 하지만 여전히 개선의 여지는 남아 있다. 바로 데이터베이스 계층의 부하 문제이다. 3장에서 Aurora MySQL을 도입하여 데이터베이스 계층을 분리하고 부하 증가에 따라 읽기 전용 인스턴스를 증설하여 부하에 대응했지만, 아무리 읽기 전용 인스턴스를 증설해도 데이터베이스는 성능 병목의 지점이 될 수 있다.

다음 장에서는 이러한 반복적인 데이터베이스 읽기 부하를 줄이고, 애플리케이션의 응답 속도를 향상시킬 수 있는 인메모리 캐시(In-memory Cache) 계층을 도입한다. 이를 위해 AWS의 완전 관리형 캐시 서비스인 Amazon Elasti-cache for Redis를 아키텍처에 통합하는 과정을 다룬다.

 이번 장에서 생성한 S3 버킷은 저장 용량에 따라 비용이 청구된다. 하지만 프론트엔드 빌드 결과물은 용량이 매우 작아(MB 단위) 비용이 거의 발생하지 않거나 AWS 프리 티어 혜택 범위에 포함될 수 있기 때문에, 실습을 잠시 멈추더라도 굳이 파일을 삭제할 필요는 없다. 혹시 비용이 걱정된다면 삭제했다가 실습을 재개할 때 다시 업로드해도 된다. 또한 클라우드프론트는 데이터 전송량과 요청 횟수에 따라 과금되므로, 접속 트래픽이 없다면 추가 비용은 발생하지 않는다.

7장

DB 부하 감소와 응답 속도 향상, ElastiCache 도입

7장의 전체 테라폼 코드:
https://github.com/sepiro2000/simple-showcase-terraform/tree/main/CHAP07

지난 6장까지의 과정을 통해 사용자에게 정적 콘텐츠를 빠르게 전송하고, 트래픽에 따라 애플리케이션 서버가 자동으로 확장되는 등 안정성과 확장성을 갖추게 되었다.

하지만 아직 최적화할 부분이 남아 있다. 바로 반복적인 데이터베이스 읽기 요청으로 인한 부하와 지연 시간 문제이다. 예를 들어, 많은 사용자가 동시에 가장 인기 있는 상품 목록을 조회한다면 애플리케이션은 거의 동일한 SELECT 쿼리를 데이터베이스로 전송할 것이다. Aurora MySQL의 읽기 전용 복제본이 부하를 분산하더라도 데이터베이스 조회는 비효율적이며 응답 속도에 명확한 한계가 있다.

이러한 문제를 해결하기 위해 애플리케이션과 데이터베이스 사이에 인메모리 캐시(In-memory Cache)라는 새로운 레이어를 추가한다. 인메모리 캐시는 디스크보다 훨씬 빠른 메모리에 데이터를 임시로 저장하는 고속 저장소이다. 자주 요청되는 데이터를 캐시에 저장해 두면 데이터베이스까지 요청이 도달하기 전에 캐시에서 즉시 응답할 수 있다. 그러면 데이터베이스 부하를 줄이고 애플리케이션의 응답 속도를 향상시킬 수 있다.

AWS에서는 이러한 인메모리 캐시를 손쉽게 구축하고 운영할 수 있도록

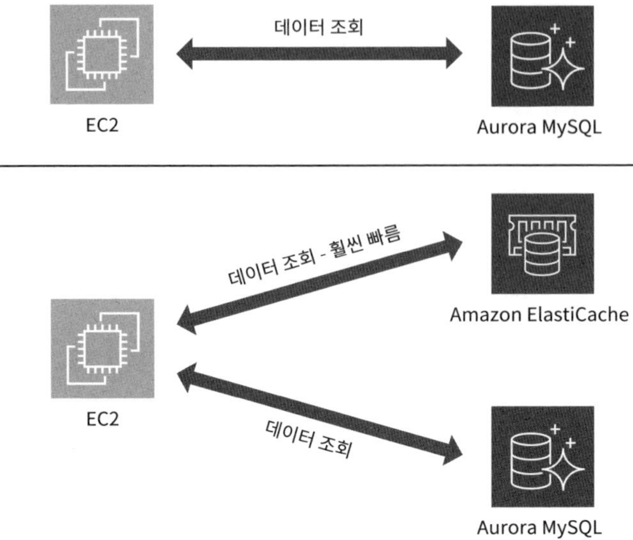

그림 7.1 인메모리 캐시 레이어 도입 구조

ElastiCache라는 완전 관리형 서비스를 제공한다. ElastiCache는 널리 사용되는 인메모리 캐시 엔진인 Redis와 Memcached, Valkey를 지원한다. 이 책에서는 그중 Redis를 사용하여 캐시 클러스터를 구축한다.

이번 장에서는 Simple Showcase에서 제공하는 전체 상품 목록을 Elasti Cache를 통해 서비스하도록 아키텍처를 개선할 것이다. 루트 경로를 통해 들어올 때 가장 먼저 보이는 전체 상품 목록을 ElastiCache에서 확인한 후, 전체 상품 목록 데이터가 없다면 데이터베이스를 조회하고 그 결과를 캐시에 저장하는 패턴(이를 Cache-Aside 패턴이라고 한다)을 구현한다.

7.1 ElastiCache를 위한 네트워크 구성

ElastiCache 역시 데이터베이스처럼 데이터를 보관하고 있는 저장소이다. 따라서 Aurora를 구성할 때와 마찬가지로 보안을 위해 외부에서의 접근이 불가능한 프라이빗 서브넷에 구축해야 한다. 또한 Aurora와 유사하게 서브넷 그룹을 생성해야 하며, 이 서브넷 그룹을 캐시 서브넷 그룹이라고 부른다.

캐시 서브넷 역시 DB 서브넷과 마찬가지로 최소 두 개 이상의 가용 영역에 분산해서 구성해야 한다. 이는 ElastiCache의 다중 가용 영역(AZ) 배포와 자동 장애 조치 기능을 활용하기 위함이다. 가용 영역이 복수로 존재하면 하나의 가용 영역에 장애가 발생하더라도 다른 가용 영역의 캐시 노드가 서비스를 계속 제공할 수 있어 높은 가용성을 확보할 수 있다.

ElastiCache를 위해 별도의 프라이빗 서브넷을 구성하는 것도 방법이겠지만, Aurora를 위해 생성한 프라이빗 서브넷이 데이터를 저장하고 있는 데이터 저장소를 위해 생성한 서브넷이니 이 서브넷을 그대로 사용하는 것도 인프라의 복잡성을 낮추고 효율성을 높일 수 있는 좋은 방법이다.

코드 7.1 캐시 서브넷 구성(elasticache.tf)

```
# 캐시 서브넷 구성
resource "aws_elasticache_subnet_group" "cache_subnet" {
  name       = "simple-showcase-cache-subnet"
  subnet_ids = [aws_subnet.private_a_01.id, aws_subnet.private_c_01.id] ❶
}
```

❶ 캐시 서브넷에 포함할 서브넷 ID를 지정한다. Aurora를 생성할 때 만든 A존과 C존의 프라이빗 서브넷의 ID로 설정한다.

캐시 서브넷 그룹을 생성하고 나면 캐시 파라미터 그룹을 생성한다. 캐시 파라미터 그룹은 ElastiCache가 제공하는 각 엔진별 세부 동작을 제어하는 용도로 사용된다. 특히 특정 엔진의 동작 방식(예: Redis 엔진의 maxmemory-policy 변경 등)을 제어할 수 있어서 성능을 최적화하거나 특정 요구 사항에 맞게 동작하도록 조정할 수 있다. 다만 Aurora의 파라미터 그룹이 DB 클러스터 파라미터 그룹, DB 파라미터 그룹 이렇게 두 가지 파라미터 그룹을 제공하는 것과 달리 ElastiCache는 한 종류의 파라미터 그룹만 제공한다.

코드 7.2 캐시 파라미터 그룹 생성(elasticache.tf)

```
resource "aws_elasticache_parameter_group" "redis_params" {
  family = "redis7" ❶
  name   = "simple-showcase-redis-params"

  tags = {
    Name = "simple-showcase-redis-params"
  }
}
```

❶ Redis 7.x 버전에서 제공하는 파라미터 그룹의 기본값을 그대로 사용해서 새로운 파라미터 그룹을 만든다.

코드 7.2와 같이 생성하면 Redis 7.x 버전에서 제공하는 파라미터 그룹의 기본값을 바탕으로 새로운 파라미터 그룹이 만들어진다. ElastiCache 서비스 콘솔에서 확인해 보면 변경 가능한 설정들은 어떤 게 있는지 확인할 수 있다(그림 7.2).

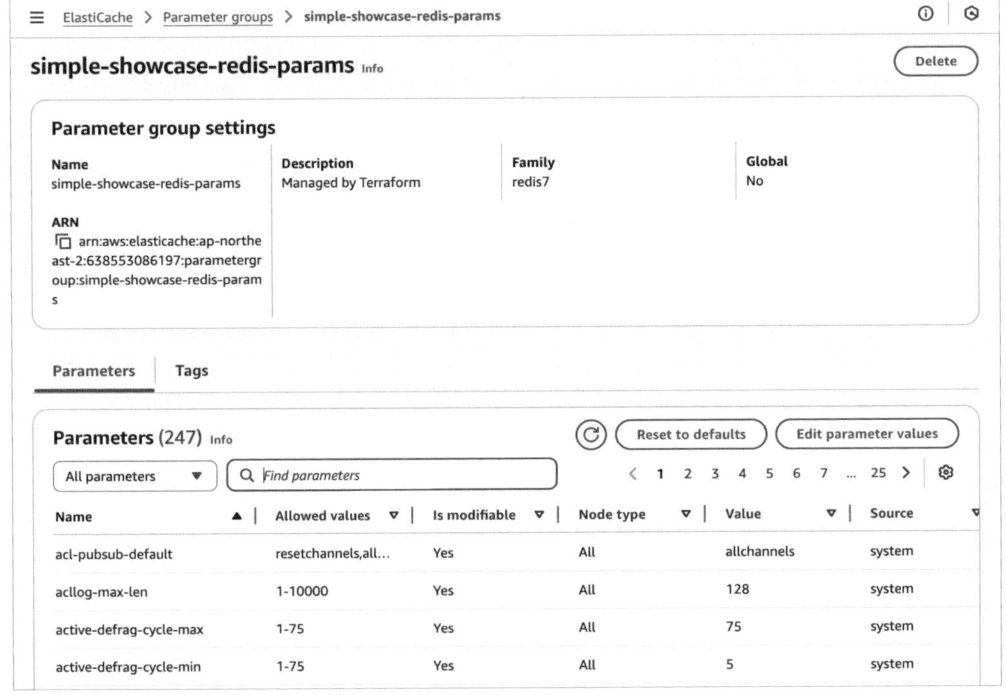

그림 7.2 ElastiCache 파라미터 그룹

특정 설정값을 변경하고자 한다면 parameter 블록으로 묶어서 정의한다(코드 7.3).

코드 7.3 캐시 파라미터 그룹의 설정값 변경(elasticache.tf)

```
resource "aws_elasticache_parameter_group" "redis_params" {
  family = "redis7"
  name   = "simple-showcase-redis-params"

  parameter ❶ {
    name  = "maxmemory-policy"
    value = "allkeys-lru"
  }
```

```
  tags = {
    Name = "simple-showcase-redis-params"
  }
}
```

❶ maxmemory-policy의 값을 allkeys-lru로 변경한다. maxmemory-policy 설정은 메모리가 부족할 때 어떤 식으로 키를 제거할지 결정하는 정책이다.

다음으로 ElastiCache에 접근할 수 있도록 관련된 보안 그룹도 생성한다. 보안 그룹을 생성하기 전에 먼저 EC2 인스턴스와 ElastiCache 간의 트래픽 흐름을 생각해 보자. 그림 7.3과 같이 EC2 인스턴스의 입장에서는 ElastiCache로 나가는 아웃바운드 트래픽(❶)을 허용해 주어야 하고, ElastiCache 입장에서는 EC2 인스턴스로부터 인입되는 인바운드 트래픽(❷)을 허용해 주어야 한다. 먼저 ElastiCache용 보안 그룹과 규칙을 생성한다.

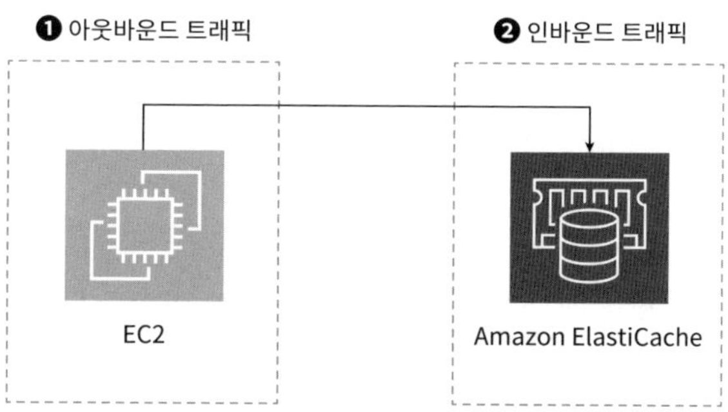

그림 7.3 ElastiCache의 트래픽 흐름

코드 7.4 ElastiCache용 보안 그룹 및 규칙 생성(elasticache.tf)

```
resource "aws_security_group" "elasticache" {
  name        = "simple-showcase-elasticache-sg"
  description = "Security group for simple showcase elasticache"
  vpc_id      = aws_vpc.main.id

  tags = {
    Name = "simple-showcase-elasticache-sg"
  }
}

resource "aws_vpc_security_group_ingress_rule" "elasticache_ingress" {
  security_group_id = aws_security_group.elasticache.id
```

```
  description           = "ElastiCache from VPC"
  from_port             = 6379                    ❶
  to_port               = 6379                    ❷
  ip_protocol           = "tcp"                   ❸
  cidr_ipv4             = aws_vpc.main.cidr_block ❹
}
```

> ❶❷ 캐시 엔진으로 Redis를 사용할 것이기 때문에 Redis가 사용하는 기본 포트인 6379로
> 설정한다.
>
> ❸ TCP 프로토콜을 사용하도록 지정한다. Redis는 TCP 기반으로 통신한다.
>
> ❹ VPC 전체 CIDR 블록에서의 접근을 허용한다. VPC 내부의 모든 IP에서 Redis에 접근이 가
> 능하다.

다음으로 EC2 인스턴스용 보안 규칙을 생성한다. ElastiCache는 A존과 C존의
프라이빗 서브넷에만 배치되므로, 보안 강화를 위해 애플리케이션 서버의 아
웃바운드 트래픽도 해당 서브넷들로만 제한한다.

코드 7.5 EC2 인스턴스용 보안 규칙(ec2.tf)

```
# 프라이빗 인스턴스에서 ElastiCache에 대한 아웃바운드 보안 규칙 추가, private_subnet_a
로 접근 가능하도록 설정
resource "aws_vpc_security_group_egress_rule" "redis_from_private_to_
private_a" {
  security_group_id = aws_security_group.private_server.id
  description       = "Allow ElastiCache outbound traffic"
  from_port         = 6379
  to_port           = 6379
  ip_protocol       = "tcp"
  cidr_ipv4         = aws_subnet.private_a_01.cidr_block ❶
}

# 프라이빗 인스턴스에서 ElastiCache에 대한 아웃바운드 보안 규칙 추가, private_subnet_c
로 접근 가능하도록 설정
resource "aws_vpc_security_group_egress_rule" "redis_from_private_to_
private_c" {
  security_group_id = aws_security_group.private_server.id
  description       = "Allow ElastiCache outbound traffic"
  from_port         = 6379
  to_port           = 6379
  ip_protocol       = "tcp"
  cidr_ipv4         = aws_subnet.private_c_01.cidr_block ❷
}
```

> ❶❷ 각각 캐시 서브넷 그룹에 속한 A존과 C존 프라이빗 서브넷의 CIDR 블록을 지정한다.

캐시 파라미터 그룹과 보안 그룹까지 생성이 완료되면 ElastiCache를 생성한다. 하지만 ElastiCache를 생성하기 전에 고려해야 할 사항이 있다. 바로 어떤 배포 모드를 사용할지 결정하는 것이다. ElastiCache는 서로 다른 특성을 가진 두 가지 배포 모드를 제공하며, 두 모드는 애플리케이션 성능과 확장성 측면에서 서로 다르다. 따라서 각 모드의 특징을 이해하고 Simple Showcase 애플리케이션의 요구 사항에 가장 적합한 방식을 선택해야 한다. 이 내용은 다음 절에서 더 알아보자.

7.2 ElastiCache for Redis 생성과 모드

AWS에서는 ElastiCache for Redis를 배포하기 위해 단일 노드 모드(Single node mode)와, 클러스터 모드(Cluster mode) 이렇게 두 가지 옵션을 제공한다. 각 모드는 성능과 확장성, 관리 복잡도가 다르기 때문에 애플리케이션의 요구 사항에 맞게 선택하는 것이 중요하다.

먼저 단일 노드 모드에 대해 살펴보자. 단일 노드 모드는 하나의 논리적 Redis 인스턴스로 동작하는 방식이다. 이 모드에서는 노드 하나만 사용할 수도 있고, 고가용성을 위해 프라이머리 노드와 읽기 전용 복제본을 함께 구성할 수도 있다. 이 방식은 프라이머리 노드에 장애가 발생하면 자동으로 복제본이 새로운 프라이머리로 승격되어 서비스 연속성을 보장한다. 복제본을 통해 읽기 성능

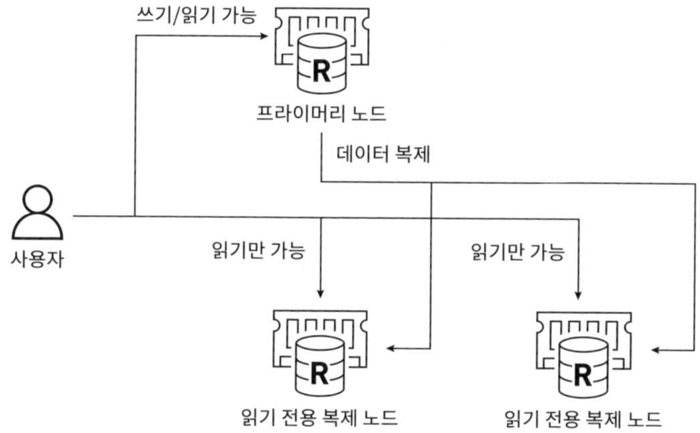

그림 7.4 ElastiCache for Redis의 단일 노드 모드

도 향상시킬 수 있으며, 관리가 간단하고 대부분의 애플리케이션에 충분한 성능을 제공한다.

클러스터 모드는 데이터를 여러 샤드로 분할하여 분산 저장하는 방식이다. 각 샤드는 독립적인 프라이머리-복제본 쌍으로 구성된다. 단일 노드의 메모리한계를 넘어서는 대용량 데이터를 처리할 수 있고, 더 높은 처리량을 제공한다. 하지만 애플리케이션에서 샤딩을 고려한 개발이 필요하며, Redis의 일부명령어가 제한되거나 동작 방식이 달라지기도 한다. 또한 네트워크 통신이 증가하고 관리 복잡도가 높아진다.

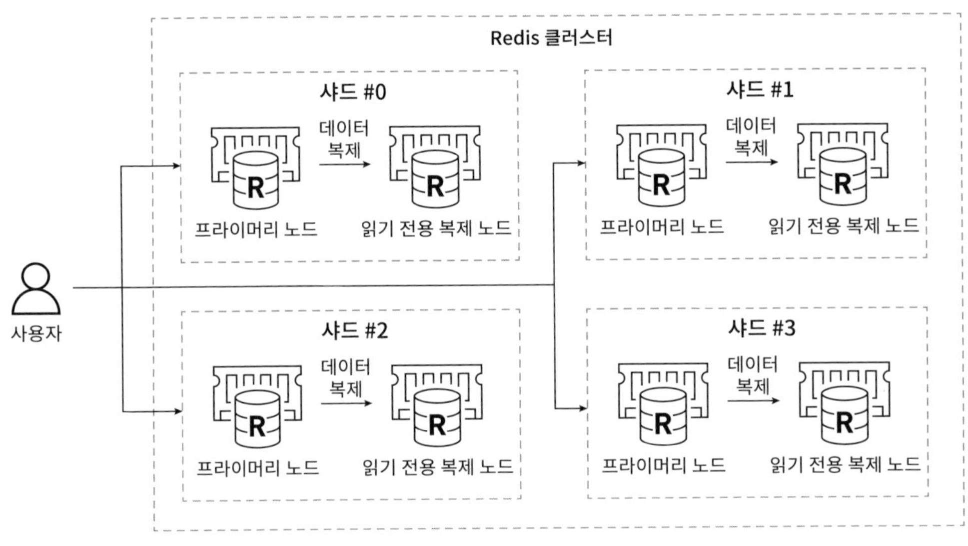

그림 7.5 ElastiCache for Redis의 클러스터 모드

단일 노드 모드와 클러스터 모드 중에 어떤 모드가 더 좋다기보다는 현재 애플리케이션에 어떤 모드가 더 적합한지를 기준으로 선택해야 한다. 이는 서비스의 성장에 따라 그 수준에 적절한 아키텍처를 선택하는 것과 같은 문제이다. 처음부터 대용량의 데이터를 저장할 수 있도록 클러스터 모드로 생성하는 것도 가능하지만, 관리 복잡도가 높아지고 불필요한 비용을 발생시키는 오버 엔지니어링일 수 있다. 따라서 시작할 때는 단일 노드 모드로 시작하는 것이 좋다. 서비스 성장에 따라 더 많은 데이터를 캐시에 저장해야 한다면 그때 클러

스터 모드로 전환하고 필요한 개발을 진행하는 것이 적절하다. 여기서는 단일 노드 모드에 복제본을 포함한 구성으로 진행할 것이다.

 물론 단일 노드 모드에서 클러스터 모드로의 전환을 위해서는 데이터 덤프 등 여러 작업들이 수반되지만, 이 역시 서비스 성장에 따라 발생하는 자연스러운 작업으로 이해하는 것이 적절하다.

코드 7.6 단일 노드 모드 ElastiCache for Redis 생성(elasticache.tf)

```
resource "aws_elasticache_replication_group" "simple_showcase_redis" {
  replication_group_id        = "simple-showcase-redis" ❶
  description                 = "Redis for simple showcase"
  engine                      = "redis"          ❷
  engine_version              = "7.1"            ❸
  node_type                   = "cache.t3.micro" ❹
  num_cache_clusters          = 2                ❺
  automatic_failover_enabled = true             ❻
  multi_az_enabled            = true             ❼
  parameter_group_name        = aws_elasticache_parameter_group.redis_
params.name ❽
  subnet_group_name           = aws_elasticache_subnet_group.cache_subnet.
name         ❾
  security_group_ids          = [aws_security_group.elasticache.id] ❿


  tags = {
    Name = "simple-showcase-redis"
  }
}
```

❶ ElastiCache 클러스터의 고유 식별자를 지정한다. 생성 후에는 변경할 수 없다.

❷ 사용할 캐시 엔진을 지정한다. Redis, Memcached, Valkey 세 종류의 엔진을 지원한다.

❸ 사용할 캐시 엔진의 버전을 지정한다.

❹ 클러스터 노드의 인스턴스 타입을 지정한다.

❺ 클러스터에 포함될 노드의 개수를 지정한다. 2개로 설정하면 프라이머리 노드 1개와 읽기 전용 복제본 1개로 구성된다. 이 값은 아래에 있는 `automatic_failover_enabled`와 `multi_az_enabled` 설정과도 연관이 있다.

❻ 자동 장애 조치 기능을 활성화한다. 프라이머리 노드에 장애가 발생했을 때 자동으로 읽기 전용 복제본 중 하나를 새로운 프라이머리로 승격시켜 서비스 중단 시간을 최소화한다. 이 기능을 사용하려면 최소 2개 이상의 노드와 다중 가용 영역 설정이 필요하다.

❼ 다중 가용 영역을 활성화한다. 프라이머리 노드와 복제본들을 서로 다른 가용 영역에 분산 배치하면 하나의 가용 영역에 장애가 발생하더라도 다른 가용 영역의 노드가 서비스를 계속 제공하여 높은 가용성을 확보할 수 있다.

❽ 캐시 파라미터 그룹을 지정한다. 앞서 생성한 사용자 정의 파라미터 그룹을 참조한다.

❾ 캐시 서브넷 그룹을 지정한다. 앞서 생성한 캐시 서브넷 그룹을 참조한다.

❿ 클러스터에 적용할 보안 그룹을 지정한다. 앞서 생성한 보안 그룹을 참조한다.

ElastiCache for Redis의 생성이 완료되면 ElastiCache 서비스 콘솔에서 생성된 정보를 확인할 수 있다(그림 7.6).

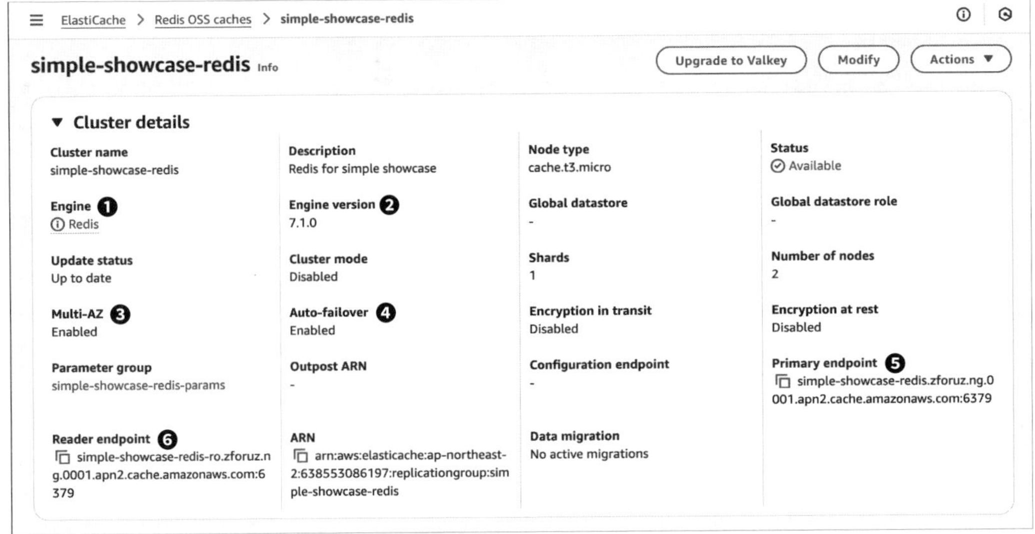

그림 7.6 ElastiCache for Redis의 생성된 정보 확인

테라폼에 정의한 대로 Redis 7.1.0 엔진(❶,❷)으로 생성되었고, 다중 가용 영역(❸)과 자동 장애 조치 기능(❹)이 모두 활성화되었다. 이 ElastiCache for Redis는 프라이머리 노드와 읽기 전용 복제 노드로 구성되어 있기 때문에 Aurora와 유사하게 프라이머리 엔드포인트(❺)와 읽기 전용 엔드포인트(❻), 두 개의 엔드포인트를 제공한다.

ElastiCache for Redis 생성을 완료했다면 이제 애플리케이션이 ElastiCache for Redis를 바라보고 동작할 수 있도록 백엔드 애플리케이션을 새롭게 빌드한다. 6장에서 프론트엔드 빌드 및 배포를 위해 생성한 배포 전용 인스턴스인 simple-showcase-deploy-ec2에서 백엔드 애플리케이션이 ElastiCache for Redis를 바라보도록 빌드한 후 이 서버로부터 AMI를 생성한다.

백엔드 애플리케이션을 빌드할 때는 ElastiCache for Redis의 엔드포인트를 입력해야 하는데 그림 7.6에서 확인한 두 개의 엔드포인트 중 프라이머리 엔드포인트를 사용한다.

코드 7.7 백엔드 애플리케이션 빌드

```
[ec2-user@ip-10-1-0-68 ~]$ cd app/simple-showcase/backend/deploy/
[ec2-user@ip-10-1-0-68 deploy]$ ./deploy-backend.sh 'DB_PASSWORD=Showcase_
user_123!@#' 'WRITE_DB_HOST=simple-showcase-aurora-mysql.cluster-
cjqkn8z77qlb.ap-northeast-2.rds.amazonaws.com' 'READ_DB_HOST=simple-
showcase-aurora-mysql.cluster-ro-cjqkn8z77qlb.ap-northeast-2.rds.
amazonaws.com' 'REDIS_HOST=simple-showcase-redis.zforuz.ng.0001.apn2.
cache.amazonaws.com:6379' ❶
Starting backend deployment...
Using environment variables:
  WRITE_DB_HOST: simple-showcase-aurora-mysql.cluster-cjqkn8z77qlb.ap-
northeast-2.rds.amazonaws.com
  READ_DB_HOST: simple-showcase-aurora-mysql.cluster-ro-cjqkn8z77qlb.ap-
northeast-2.rds.amazonaws.com
  DB_PORT: 3306
  DB_USER: showcase_user
  DB_PASSWORD: ****
  DB_NAME: simple_showcase
  APP_PORT: 8080
  REDIS_HOST: simple-showcase-redis.zforuz.ng.0001.apn2.cache.amazonaws.
com:6379
Installing required packages... Last metadata expiration check: 0:00:59
ago on Sun Jul 20 06:58:50 2025.
..... (중략) .....
✓ PASS
Restarting nginx... ✓ PASS

✓ Backend deployment completed successfully!
```

❶ ElastiCache for Redis의 프라이머리 엔드포인트를 REDIS_HOST라는 환경 변수로 지정하여 빌드한다.

새로운 빌드가 완료되면 이 인스턴스의 이미지를 바탕으로 AMI를 생성한다(코드 7.8).

코드 7.8 ElastiCache 클러스터를 바라보는 새로운 AMI 생성

```
> aws ec2 create-image \
  --instance-id i-05ddc50f29d2edc98 \
  --name simple-showcaser-server-image-with-elasticache \
  --description simple-showcaser-server-image-with-elasticache \
  --no-reboot \
  --region ap-northeast-2
```

지금까지의 과정을 통해 ElastiCache for Redis를 바라보는 AMI까지 준비했다. Simple Showcase 애플리케이션에 인메모리 캐시 레이어 도입을 위한 준비를 마쳤다. 새롭게 준비된 AMI를 시작 템플릿에 적용하고 오토 스케일링 그룹을 통해 인스턴스를 교체하면 인메모리 캐시 레이어까지 도입이 완료된다. 그 전에 인메모리 캐시 레이어를 도입하면 성능 개선에 어느 정도 효과가 있는지 간단한 성능 테스트를 통해 검증해 보자.

7.3 인메모리 캐시 레이어의 효과 검증

5장에서 트래픽에 따라 유연하게 인스턴스를 늘리거나 줄이는 인프라를 구성했고 hey를 사용해서 의도한 대로 동작하는지 간단하게 테스트를 진행했다. 이번 장에서도 같은 도구를 사용해서 테스트를 진행한다. 현재 상태의 Simple Showcase 애플리케이션은 데이터베이스 레이어만 있기 때문에 모든 요청이 데이터베이스로 가서 데이터베이스에 부하를 주게 된다.

코드 7.9 데이터베이스 레이어만 있는 구조에서의 성능 측정

```
> hey -n 100 -c 20 -z 30s https://api.simple-showcase.shop/api/products

Summary:
  Total:       30.0285 secs
  Slowest:      0.1730 secs
  Fastest:      0.0101 secs
  Average:      0.0307 secs ❶
  Requests/sec: 651.4156     ❷

  Total data:   39337171 bytes
  Size/request: 2011 bytes
... (중략) ...
```

❶ 평균 응답 시간은 0.03초이다.

❷ 초당 처리 요청 수는 651건이다.

이제 앞서 생성한 새로운 AMI ID를 사용해서 인메모리 캐시 레이어가 적용된 애플리케이션을 배포한다. 시작 템플릿에 설정되어 있는 AMI ID를 새로운 AMI ID로 변경한다(코드 7.10).

코드 7.10 AMI ID 변경(asg.tf)

```
# 시작  템플릿
resource "aws_launch_template" "simple_showcase_private_server" {
  name          = "simple-showcase-private-server-launch-template"
  image_id      = "ami-03a5647de89f80136" ❶
  instance_type = "t3.small"

  vpc_security_group_ids = [aws_security_group.private_server.id]
}
```

❶ 기존 시작 템플릿 코드에서 이미지 ID만 새롭게 생성된 AMI ID로 변경한다.

다음으로 오토 스케일링 그룹의 인스턴스 리프레시 기능을 사용해 새로운 AMI 기반으로 전체 인스턴스를 교체한다(코드 7.11).

코드 7.11 오토 스케일링 그룹을 통한 전체 인스턴스 교체

```
> aws autoscaling start-instance-refresh ❶ --auto-scaling-group-name
simple-showcase-private-server-autoscaling-group --region ap-northeast-2
```

❶ 오토 스케일링 그룹의 인스턴스 리프레시 기능을 사용하여 새로운 AMI 기반으로 기존 인스턴스들을 순차적으로 교체한다.

이렇게 오토 스케일링 그룹은 자신이 관리하는 인스턴스의 수를 조건에 맞게 조절하는 것뿐만 아니라 인스턴스를 하나씩 교체하는 작업도 할 수 있다. 인스턴스 리프레시는 롤링 업데이트 방식으로 진행되어 서비스 중단 없이 모든 인스턴스가 새로운 AMI로 교체된다.

새로운 AMI를 기반으로 인스턴스가 전부 교체되면 다시 한번 성능 테스트를 진행한다.

코드 7.12 인메모리 캐시 레이어가 추가된 상황에서의 성능 측정

```
〉 hey -n 100 -c 20 -z 30s https://api.simple-showcase.shop/api/products

Summary:
  Total:     30.0061 secs
  Slowest:       0.2400 secs
  Fastest:       0.0049 secs
  Average:       0.0137 secs ❶
  Requests/sec: 1462.4673    ❷

  Total data:    88248713 bytes
  Size/request: 2011 bytes
… (중략) …
```

❶ 평균 응답 시간은 0.01초이다.

❷ 초당 처리 요청 수는 1,462건이다.

코드 7.9와 코드 7.12의 성능 측정 결과를 비교해 보자. 데이터베이스 레이어만 있을 때는 평균 응답 시간이 0.03초, 초당 처리 요청 수가 651건이었다. 인메모리 캐시 레이어가 추가된 후에는 평균 응답 시간이 0.01초로, 초당 처리 요청 수는 1,462건으로 개선되었다. 이는 캐시 적중률이 높을 때 데이터베이스 조회 없이 메모리에서 직접 응답하기 때문이다. 테스트 환경에서도 이 정도 성능 향상이 나타난다면 실제 운영 환경에서는 더 큰 효과를 기대할 수 있다.

이번엔 새롭게 배포된 인스턴스에 SSH로 접근한 후 netstat 명령을 사용해서 의도한 대로 ElastiCache for Redis에 잘 연결되어 동작하는지 살펴보자.

코드 7.13 인스턴스에서 netstat 명령으로 네트워크 연결 확인

```
[ec2-user@ip-10-1-20-174 ~]$ sudo netstat -napo | grep 3306 ❶
tcp        0      0 10.1.20.174:48216          10.1.11.176:3306
ESTABLISHED 1450/simple-showcas  keepalive (5.04/0/0)            ❷
tcp        0      0 10.1.20.174:48206          10.1.11.176:3306
ESTABLISHED 1450/simple-showcas  keepalive (5.04/0/0)            ❸
[ec2-user@ip-10-1-20-174 ~]$ sudo netstat -napo | grep 6379 ❹
tcp        0      0 10.1.20.174:44094          10.1.11.86:6379
ESTABLISHED 1450/simple-showcas  keepalive (133.17/0/0)          ❺
```

❶ netstat 명령으로 현재 네트워크 연결 상태를 조회하고, grep 명령으로 MySQL의 기본 포트인 3306번을 필터링한다.

❷❸ Aurora MySQL 클러스터로의 연결을 볼 수 있다.

> **④** **❶**과 같은 방식으로 ElastiCache for Redis의 기본 포트인 6379번을 필터링한다.
> **❺** ElastiCache for Redis에 정상적으로 연결되었음을 볼 수 있다.

다음으로 의도한 대로 ElastiCache for Redis에 키와 값이 잘 설정되어 있는지 확인한다. 데이터베이스에 직접 접근해서 SELECT 쿼리를 사용해 데이터 적재 여부를 확인하는 것처럼 ElastiCache for Redis는 redis-cli를 사용하여 접근 후 데이터를 확인할 수 있다. 다만 현재 ElastiCache for Redis는 외부에서의 접근이 불가능한 프라이빗 서브넷에 생성되어 있기 때문에 로컬 PC에서 직접 접근이 불가능하다.

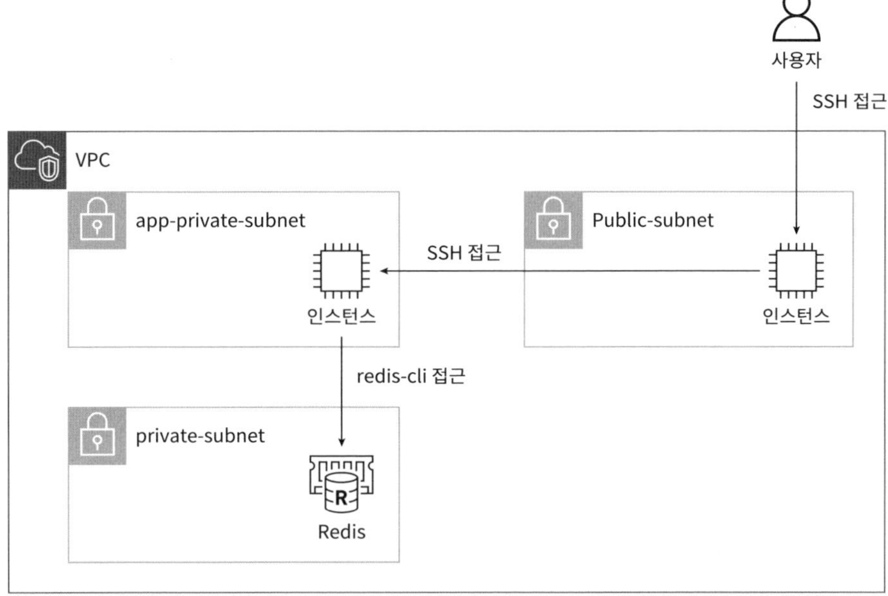

그림 7.7 ElastiCache for Redis 접근을 위한 트래픽 흐름도

이를 위해 그림 7.7과 같이 배스천 서버를 통해 애플리케이션 서버에 SSH로 접속하고 redis-cli를 설치 후 접근해 보자.

코드 7.14 애플리케이션 서버에 SSH 접근 후 redis-cli 설치

```
> ssh-add ./simple-showcase-key-pair ❶
Identity added: ./simple-showcase-key-pair
> ssh -A -l ec2-user -i ./simple-showcase-key-pair 13.125.108.162 ❷
```

```
   … (중략) …
Last login: Sat Sep  6 01:06:05 2025 from 118.32.84.241
[ec2-user@ip-10-1-1-225 ~]$ ssh -l ec2-user 10.1.20.113 ❸
   … (중략) …
Last login: Sat Sep  6 01:06:21 2025 from 10.1.1.225
[ec2-user@ip-10-1-20-113 ~]$ sudo yum install redis6 -y ❹
Last metadata expiration check: 0:00:05 ago on Sat Sep  6 01:08:25 2025.
Dependencies resolved.
================================================================================
 Package        Architecture      Version                  Repository      Size
================================================================================
Installing:
 redis6         x86_64            6.2.14-2.amzn2023.0.4     amazonlinux     1.2 M
… (중략) …
Installed:
  redis6-6.2.14-2.amzn2023.0.4.x86_64

Complete!
[ec2-user@ip-10-1-20-113 ~]$ redis6-cli -h simple-showcase-redis.zforuz.
ng.0001.apn2.cache.amazonaws.com -p 6379 ❺
simple-showcase-redis.zforuz.ng.0001.apn2.cache.amazonaws.com:6379> EXISTS
product:list ❻
(integer) 1 ❼
simple-showcase-redis.zforuz.ng.0001.apn2.cache.amazonaws.com:6379> GET
product:list ❽
" [{"id":1,"name":"스마트 워치 SE","description":"합리적인 가격의 스마트 워치.
건강 관리 기능 포함.","price":285000,"imageUrl":"/images/placeholder_watch.
png","likes":0}, … (중략) … {"id":10,"name":"대형 데스크 매트 (장패드)",
"description":"부드러운 표면의 넓은 마우스 패드 겸용 데스크 매트.","price":12000,
"imageUrl":"/images/placeholder_deskmat.png","likes":0}]"                      ❾
simple-showcase-redis.zforuz.ng.0001.apn2.cache.amazonaws.com:6379> EXIT ❿
[ec2-user@ip-10-1-20-113 ~]$
```

❶ 이전 장에서와 같이 배스천 서버를 통해 SSH 키를 전달하기 위해 ssh-add 명령으로 키를 등록한다.

❷ 배스천 서버에 SSH 접속을 시도한다. -A 옵션으로 키를 전달하도록 설정한다.

❸ 애플리케이션 서버 중 한 대에 SSH 접속을 시도한다.

❹ redis-cli를 설치하기 위해 Redis 패키지를 설치한다. redis-cli는 버전 호환성이 좋아 Redis 6버전의 CLI로 Redis 7 버전 서버에 접근해도 문제는 없다.

❺ redis-cli로 앞서 생성한 ElastiCache for Redis에 접속한다. -h 옵션은 프라이머리 엔드포인트를, -p 옵션은 포트를 지정한다.

❻ EXISTS 명령으로 지정된 키가 Redis 내에 존재하는지 확인한다. 여기서는 product:list라는 이름의 키가 존재하는지 확인한다.

❼ 결과값 1은 해당 키가 존재한다는 의미이다. 만약 0으로 나온다면 키가 존재하지 않는 것이다.

❽ GET 명령을 사용해서 실제 키 값을 조회한다.

❾ JSON 형태로 저장된 상품 목록 데이터를 확인할 수 있다.

❿ EXIT 명령으로 redis-cli를 종료한다.

지금까지 인메모리 캐시 레이어를 추가하고 애플리케이션의 성능을 개선하는 과정을 진행했다. 다음 절에서는 ElastiCache의 자동 장애 조치 기능을 통해 노드 간 역할이 어떻게 변경되는지 살펴보자.

7.4 ElastiCache의 자동 장애 조치 기능

앞서 ElastiCache를 생성할 때 multi_az_enabled 값과 automatic_failover_enabled 값을 true로 설정한 것을 기억할 것이다. 이를 통해 프라이머리 노드와 읽기 전용 복제본이 서로 다른 가용 영역에 배치되어, 하나의 가용 영역 전체에 장애가 발생하더라도 서비스가 중단되지 않는다. 장애 감지는 자동으로 이뤄지며, 일반적으로 1~2분 내에 복제본이 새로운 프라이머리로 승격된다. 이 과정에서 애플리케이션의 연결이 잠시 끊어질 수 있지만, 연결 재시도 로직을 구현해 두면 새롭게 프라이머리로 승격된 노드에 연결되기 때문에 사용자에게 미치는 영향을 최소화할 수 있다.

먼저 현재의 구성을 알기 위해서 redis-cli 명령을 사용해서 ElastiCache for Redis의 상태 정보를 살펴보자.

코드 7.15 INFO 명령으로 현재 상태 확인

```
[ec2-user@ip-10-1-1-225 ~]$ redis6-cli -h simple-showcase-redis.zforuz.
ng.0001.apn2.cache.amazonaws.com -p 6379
simple-showcase-redis.zforuz.ng.0001.apn2.cache.amazonaws.com:6379> INFO ❶
# Server
redis_version:7.1.0 ❷
redis_git_sha1:0
redis_git_dirty:0
redis_build_id:0
redis_mode:standalone ❸
os:Amazon ElastiCache ❹
arch_bits:64
```

```
… (중략) …

# Clients
connected_clients:7 ❺
cluster_connections:2
maxclients:20000
… (중략) …

# Memory
used_memory:6253664 ❻
used_memory_human:5.96M
used_memory_rss:19890176
… (중략) …

# Replication
role:master           ❼
connected_slaves:1 ❽
slave0:ip=10.5.1.126,port=6379,state=online,offset=10071,lag=0 ❾
master_failover_state:no-failover
… (중략) …
# Cluster
cluster_enabled:0 ❿
… (중략) …
```

❶ INFO 명령으로 ElastiCache for Redis 서버의 전체 상태 정보를 조회한다. 서버, 클라이언트, 메모리, 복제 정보 등 다양한 섹션의 정보를 확인할 수 있다.

❷ 현재 실행 중인 Redis 엔진의 버전을 나타낸다. 앞서 생성한 7.1 버전으로 정상 실행되고 있음을 확인할 수 있다.

❸ ElastiCache for Redis가 단일 노드 모드(standalone)로 동작하고 있음을 표시한다. 클러스터 모드와 구분되는 일반적인 Redis 동작 방식이다.

❹ AWS ElastiCache 환경에서 실행되고 있음을 나타낸다. 일반 Redis 서버라면 Linux 혹은 다른 OS 이름이 표시된다.

❺ 현재 ElastiCache for Redis에 연결된 클라이언트 수를 나타낸다. 애플리케이션 연결과 현재 redis-cli 연결을 포함한다.

❻ ElastiCache for Redis가 현재 사용하고 있는 메모리 양을 바이트 단위로 표시한다.

❼ 현재 노드가 프라이머리 역할을 하고 있음을 나타낸다. 읽기/쓰기가 모두 가능한 노드이다.

❽ 현재 노드에 연결된 복제본 노드의 수를 나타낸다. 1개의 복제본이 연결되어 있다.

❾ 연결된 복제본의 상세 정보를 표시한다. IP 주소, 포트, 온라인 상태, 복제 지연 시간 등을 확인할 수 있다.

❿ 클러스터 모드가 비활성화되어 있음을 나타낸다. 0은 비활성화, 1은 활성화를 의미한다.

INFO 명령을 사용하면 코드 7.15와 같이 현재의 프라이머리와 읽기 전용 복제본의 구성을 볼 수 있다. ElastiCache 서비스 콘솔을 통해서도 같은 정보를 확인할 수 있다(그림 7.8).

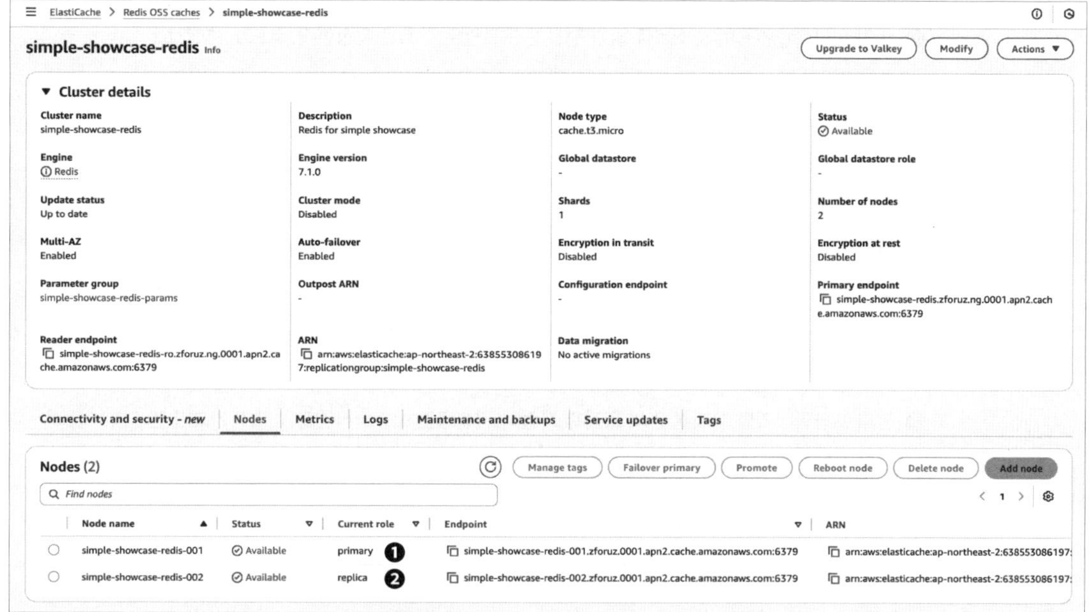

그림 7.8 ElastiCache 서비스 콘솔을 통해 확인한 현재 구성

그림 7.8을 보면 두 대의 노드로 구성되어 있으며 simple-showcase-redis-001 노드가 프라이머리 역할(❶)을, simple-showcase-redis-002 노드가 복제본 역할(❷)을 하고 있는 것을 볼 수 있다.

이번엔 redis-cli를 읽기 전용 엔드포인트로 연결해서 INFO 명령을 입력해 보자.

코드 7.16 읽기 전용 엔드포인트에서 INFO 명령

```
[ec2-user@ip-10-1-1-225 ~]$ redis6-cli -h simple-showcase-redis-ro.zforuz.
ng.0001.apn2.cache.amazonaws.com ❶ -p 6379
simple-showcase-redis-ro.zforuz.ng.0001.apn2.cache.amazonaws.com:6379>
INFO
… (중략) …
# Replication
role:slave ❷
```

```
master_host:simple-showcase-redis.zforuz.0001.internal.apn2.cache.
amazonaws.com ❸
master_port:6379
master_link_status:up ❹
master_last_io_seconds_ago:1
master_sync_in_progress:0 ❺
```

❶ redis-cli로 연결할 호스트를 읽기 전용 엔드포인트 주소로 지정한다. 코드 7.15에서는 프라이머리 엔드포인트를 사용했고, 일반적으로 클러스터의 이름 뒤에 -ro 접미사를 붙이면 읽기 전용 엔드포인트가 된다.

❷ 현재 노드가 복제본 역할을 하고 있음을 나타낸다. 프라이머리 노드의 데이터를 복제하여 읽기 전용으로 서비스를 제공한다.

❸ 현재 노드가 연결된 프라이머리 노드의 내부 호스트명을 표시한다. AWS 내부 네트워크를 통해 연결되어 있다.

❹ 프라이머리 노드와의 연결 상태를 나타낸다. up은 정상 연결을 의미하며, 데이터 복제가 원활히 이뤄지고 있음을 확인할 수 있다.

❺ 현재 프라이머리와 복제본 간의 동기화 작업이 진행중인지를 나타낸다. 0은 동기화가 완료된 상태로 정상적인 복제 상태를 의미한다.

이번에는 프라이머리 노드에 대해 강제 장애 조치(Failover)를 수행해 보자. ElastiCache 서비스 콘솔에서도 할 수 있지만 AWS CLI를 사용해서 진행한다. CLI를 사용하려면 노드 그룹 ID를 알아야 한다.

코드 7.17 프라이머리 노드에 대한 강제 페일오버 실행

```
〉 aws elasticache describe-replication-groups  --replication-group-id
simple-showcase-redis --region ap-northeast-2 | \
jq -r '.ReplicationGroups[0].NodeGroups[0] | "NodeGroupId: " +
.NodeGroupId + ", Nodes: " + ([.NodeGroupMembers[].CacheClusterId] |
join(", "))' ❶
NodeGroupId: 0001, Nodes: simple-showcase-redis-001, simple-showcase-
redis-002 ❷
〉 aws elasticache test-failover --replication-group-id simple-showcase-
redis --node-group-id 0001 --region ap-northeast-2 ❸
```

❶ AWS CLI와 jq 명령을 조합해서 현재 ElastiCache for Redis의 노드 그룹 ID와 해당 노드 그룹에 속한 노드들의 이름을 출력한다.

❷ 노드 그룹 ID가 0001 이고, 이 노드 그룹에 simple-showcase-redis-001과 simple-showcase-redis-002 두 대의 노드가 포함된 것을 볼 수 있다.

❸ ❶을 통해 확인한 노드 그룹 ID 0001을 대상으로 페일오버를 실행한다.

페일오버가 완료되면 ElastiCache 서비스 콘솔에서 변경된 정보를 확인할 수 있다(그림 7.9).

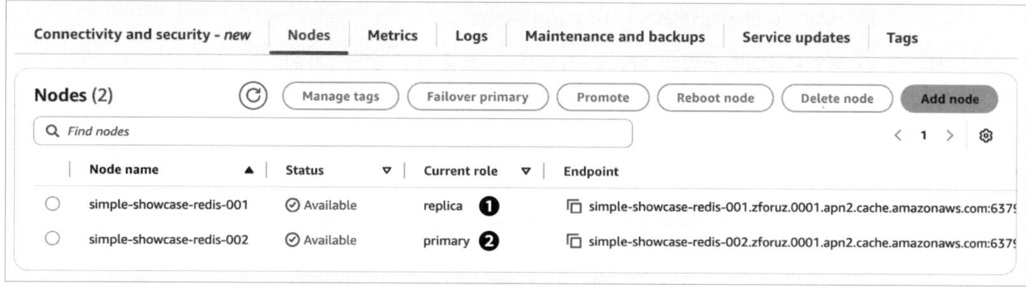

그림 7.9 페일오버 이후 변경된 정보 확인

그림 7.8과 달리 두 노드의 역할이 서로 바뀐 것을 볼 수 있다(❶, ❷). 또한 프라이머리 엔드포인트가 가리키는 IP 주소도 기존 읽기 전용 복제본이었던 simple-showcase-redis-002의 IP 주소로 바뀌었다.

코드 7.18 프라이머리 엔드포인트의 IP 주소 변경

```
[ec2-user@ip-10-1-1-225 ~]$ nslookup simple-showcase-redis.zforuz.ng.0001.
apn2.cache.amazonaws.com ❶
Server:    10.1.0.2
Address:    10.1.0.2#53

Non-authoritative answer:
simple-showcase-redis.zforuz.ng.0001.apn2.cache.amazonaws.com
canonical name = simple-showcase-redis-001.zforuz.0001.apn2.cache.
amazonaws.com. ❷
Name: simple-showcase-redis-001.zforuz.0001.apn2.cache.amazonaws.com
Address: 10.1.10.109 ❸
… (페일오버 이후) …
[ec2-user@ip-10-1-1-225 ~]$ nslookup simple-showcase-redis.zforuz.ng.0001.
apn2.cache.amazonaws.com ❹
Server:    10.1.0.2
Address:    10.1.0.2#53

Non-authoritative answer:
simple-showcase-redis.zforuz.ng.0001.apn2.cache.amazonaws.com    canonical
name = simple-showcase-redis-002.zforuz.0001.apn2.cache.amazonaws.com. ❺
Name:    simple-showcase-redis-002.zforuz.0001.apn2.cache.amazonaws.com

Address:    10.1.11.4 ❻
```

❶ 페일오버 이전에 프라이머리 엔드포인트의 DNS 정보를 조회한다.

❷ 프라이머리 엔드포인트가 simple-showcase-redis-001 노드를 CNAME으로 가리키고 있음을 확인할 수 있다.

❸ 해당 노드의 실제 IP 주소는 10.1.10.109이다.

❹ 페일오버 이후 동일한 프라이머리 엔드포인트를 다시 조회한다.

❺ 이제 프라이머리 엔드포인트가 simple-showcase-redis-002 노드를 가리키도록 변경된 것을 볼 수 있다.

❻ IP 주소도 simple-showcase-redis-002 노드의 IP 주소인 10.1.11.4로 바뀐 것을 볼 수 있다.

이처럼 ElastiCache의 자동 장애 조치 기능을 통해 서비스 중단 없이 고가용성을 확보할 수 있다.

7.5 마치며

이번 장에서는 반복적인 데이터베이스 조회가 유발하는 부하와 지연 시간을 해결하기 위해, 그림 7.10과 같이 애플리케이션과 데이터베이스 사이에 Elasti-Cache 기반의 인메모리 캐시 레이어를 도입했다. 이를 통해 Simple Showcase 애플리케이션은 초기 모놀리식 구조에서 확장성, 가용성, 효율성, 성능을 갖춘 클라우드 아키텍처로 발전했다.

지금까지는 기본적인 서비스 운영을 위한 인프라를 구축하는 과정이었다. 이제는 안정적인 운영을 위해 옵저버빌리티를 확보해야 하는 단계가 되었다. 옵저버빌리티란 시스템의 내부 상태를 외부에서 관찰할 수 있는 능력을 의미하며, 로그, 메트릭, 트레이스라는 세 가지 기본 요소로 구성된다. 현재 구축한 인프라에서는 이러한 관측 데이터들이 각 서비스와 인스턴스에 분산되어 있어 통합적인 관점에서 시스템을 파악하기 어려운 상황이다.

다음 장에서는 이러한 문제를 해결하기 위해 Amazon CloudWatch를 중심으로 통합 모니터링 시스템을 구축할 것이다. 흩어져 있는 로그와 메트릭을 중앙에서 수집하고, 대시보드를 통해 서비스 상태를 한눈에 파악할 수 있는 환경을 만든다. 또한 핵심 지표에 대한 임계값을 설정하고, 이상 상황 발생 시 이메일이나 슬랙(Slack)으로 즉시 알림을 받는 시스템을 구성한다. 이를 통해 현재까

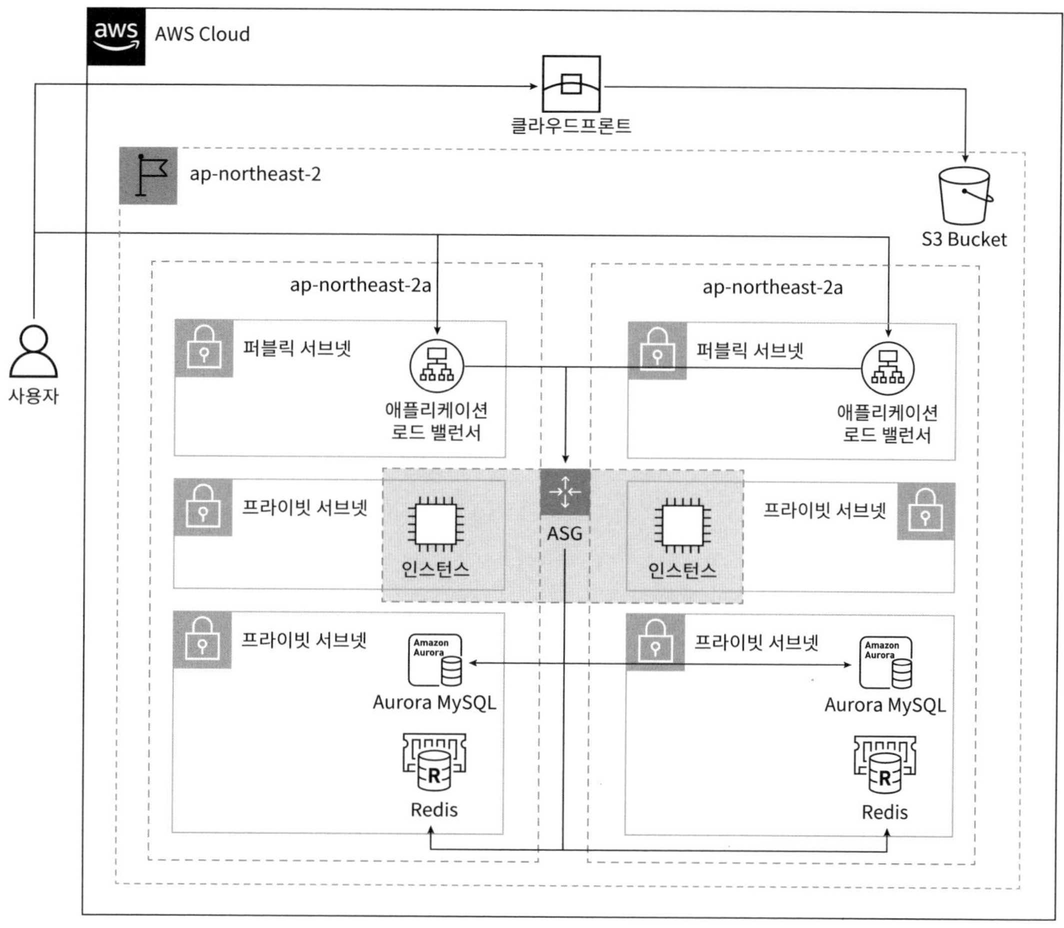

그림 7.10 이번 장에서 구성한 인프라 구성도

지 구축한 인프라를 안정적으로 운영할 수 있는 환경을 구성하게 된다.

> 이번 장에서 생성한 ElastiCache는 Aurora MySQL과는 달리 일시 정지 기능이 없어 실행 중인 시간 동안 계속 비용이 발생한다. 따라서 실습을 잠시 중단한다면 클러스터를 삭제하는 것이 좋다. 이때 콘솔에서 직접 삭제하기보다는, 테라폼 코드의 ElastiCache 관련 리소스를 주석 처리한 후 `terraform apply`를 실행하여 삭제하는 방법을 권장한다. 이렇게 하면 테라폼이 리소스 삭제 상태를 인식하게 되며, 나중에 실습을 재개할 때 주석만 해제하면 손쉽게 동일한 환경을 다시 구축할 수 있다.

8장

A W S I n f r a S c a l i n g

옵저버빌리티 확보, CloudWatch 통합 로깅 및 모니터링

> **8장의 전체 테라폼 코드:**
> *https://github.com/sepiro2000/simple-showcase-terraform/tree/main/CHAP08*

지금까지 Simple Showcase 애플리케이션을 위한 인프라를 단계적으로 확장해 왔다. 단일 EC2 인스턴스로 간단하게 시작했지만 이제 애플리케이션 로드밸런서, 오토 스케일링 그룹, Aurora MySQL 클러스터, ElastiCache for Redis, S3, 클라우드프론트 등 다양한 AWS 서비스들로 구성된 분산 시스템으로 발전했다.

이처럼 시스템이 복잡해질수록 전체 인프라의 상태를 파악하고 문제를 신속하게 진단하는 일은 점점 어려워진다. 과거 단일 EC2 인스턴스 환경에서는 SSH로 직접 접속해서 로그 파일을 확인하거나 top과 같은 명령어로 시스템의 상태를 점검하는 정도만으로 충분했지만, 현재의 Simple Showcase 애플리케이션처럼 여러 인스턴스가 오토 스케일링 그룹에 의해 동적으로 생성되고 삭제되는 상황에서는 기존 방식의 한계가 명확하다.

이런 문제들을 해결하기 위해 옵저버빌리티(Observability)라는 개념이 등장했다. 옵저버빌리티는 시스템 내부 상태를 외부에서 관찰할 수 있는 능력을 의미하며 AWS에서는 옵저버빌리티를 구현하기 위해 Amazon CloudWatch라는 통합 모니터링 서비스를 제공한다. CloudWatch는 AWS 리소스와 애플리케이션에서 발생하는 메트릭과 로그를 수집, 저장, 시각화하는 기능을 제공한다.

또한 임계값을 설정해서 이상 상황이 감지되면 자동으로 알림을 보내거나 특정 작업을 실행할 수도 있다.

8장에서는 이러한 CloudWatch의 다양한 기능을 활용해서 Simple Showcase 애플리케이션의 인프라에 대한 옵저버빌리티를 향상시킬 것이다. 이 과정을 통해 서비스의 상태를 실시간으로 파악하고, 문제가 발생했을 때 원인을 신속하게 추적하며, 장애가 발생하기 전에 이상 징후를 미리 감지하는 안정적인 운영 체계를 갖추게 된다.

8.1 옵저버빌리티와 CloudWatch 소개

Simple Showcase 애플리케이션의 초기 버전인 단일 EC2 인스턴스 기반의 모놀리식 아키텍처를 떠올려 보자. 그때는 문제가 발생하면 원인 파악이 비교적 간단했다. 문제가 생긴 EC2 인스턴스에 SSH로 접속하여, 특정 경로에 있는 Nginx 로그나 애플리케이션 로그 파일을 살펴보면 충분했다.

하지만 현재의 아키텍처는 다르다. 우선 사용자의 요청이 정적 콘텐츠 요청과 동적 콘텐츠 요청, 크게 두 가지 요청으로 나뉜다. 이 중 정적 콘텐츠 요청은 클라우드프론트를 거쳐 S3로 전달되고, 동적 콘텐츠 요청은 애플리케이션 로드 밸런서를 통해 여러 가용 영역에 분산해 놓은 오토 스케일링 그룹 내의 EC2 인스턴스 중 하나로 전달된다. 이 EC2 인스턴스는 다시 ElastiCache for Redis 나 Aurora MySQL 클러스터와 통신한다. 이처럼 여러 서비스가 독립적으로 동

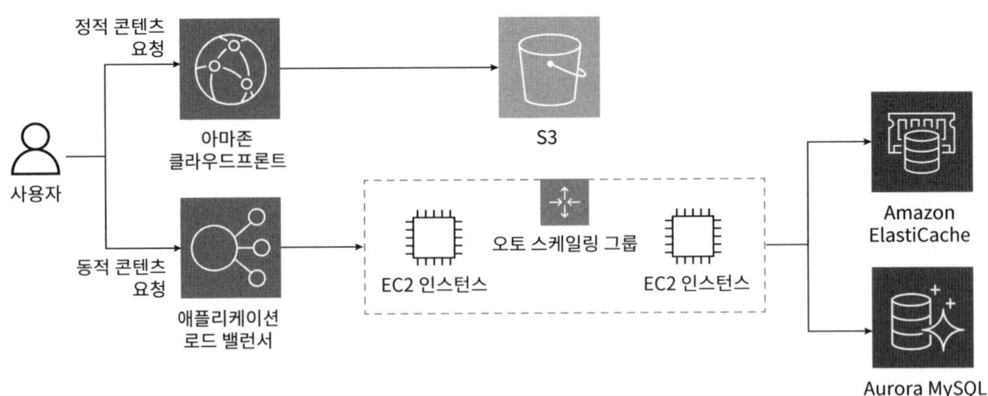

그림 8.1 Simple Showcase 애플리케이션의 아키텍처

작하면서 서로 유기적으로 연결된 구조를 분산 시스템이라고 부른다.

이러한 분산 시스템 환경에서는 기존의 운영 방식이 통하지 않는다. 어떤 EC2 인스턴스에서 에러가 발생했는지, 갑자기 API 응답이 느려졌는데 원인이 로드 밸런서인지 EC2 인지 데이터베이스인지 캐시 서버인지와 같은 질문에 답하기가 매우 어렵다. 인스턴스가 수시로 생성되고 사라지는 환경이기 때문이다.

이러한 복잡성을 해결하고 시스템의 상태를 명확하게 이해하기 위해 필요한 개념이 옵저버빌리티이다. 현대의 시스템에서는 옵저버빌리티를 확보하기 위해 일반적으로 다음 세 가지 핵심 데이터를 수집하고 분석한다.

- 로그: 로그는 시스템에서 발생한 개별적인 이벤트에 대한 기록이다. 애플리케이션의 에러 메시지, 사용자 접속 기록, 웹 서버 액세스 로그 등 특정 시점에 발생한 이벤트의 맥락을 가장 자세히 알 수 있다.
- 메트릭: 특정 시간 간격 동안 측정된 값으로, 시스템의 전반적인 상태와 성능을 나타낸다. EC2 인스턴스의 1분간 평균 CPU 사용률, 애플리케이션 로드 밸런서의 분당 요청 수, Aurora MySQL의 활성 연결 수 등이 모두 메트릭에 해당한다. 이 숫자들을 시계열 그래프로 시각화하면 시스템의 추세와 패턴을 쉽게 파악할 수 있다.
- 트레이스: 사용자 요청 하나가 시스템에 들어와서 응답으로 나갈 때까지, 여러 분산된 서비스들을 거치는 전체 여정을 추적한 기록이다. API 요청이 느린 이유를 분석하기 위해 데이터베이스 쿼리와 애플리케이션 로직에서 각각 어느 정도의 시간이 소요되었는지 등을 추적해 병목 지점을 찾아낼 수 있게 해준다.

8장에서는 옵저버빌리티의 핵심 요소 중 가장 기본적이고 필수적인 로그와 메트릭을 수집하고 활용하는 데 집중한다. AWS 환경에서는 CloudWatch라는 모니터링 및 관리 서비스를 통해 이러한 데이터를 통합적으로 수집하고 분석할 수 있다.

CloudWatch는 다음과 같은 주요 구성 요소로 이루어져 있다.

- **CloudWatch Logs**: EC2 인스턴스의 애플리케이션 로그, 시스템 로그 등 다양한 로그 데이터를 수집, 저장, 검색, 분석할 수 있는 로그 관리 서비스이다.

- **CloudWatch Metrics**: 모든 AWS 서비스는 자신의 상태를 나타내는 다양한 성능 지표(메트릭)를 자동으로 CloudWatch Metrics로 전송한다. 이 데이터를 사용하여 시스템의 전반적인 상태를 파악한다.
- **CloudWatch Alarms**: 특정 메트릭 값을 지속적으로 감시하다가, 정의한 임계치를 벗어나면 경보를 발생시켜 특정 동작(이메일/슬랙 알림, 오토 스케일링 정책 실행 등)을 자동으로 수행하게 한다.
- **CloudWatch Dashboards**: 여러 그래프와 통계를 하나의 화면에 모아볼 수 있는 대시보드를 제공한다. 이 대시보드를 통해 서비스의 핵심 지표들을 한눈에 파악하는 관제 화면을 만든다.

자동 확장 환경에서 수시로 생성되고 사라지는 EC2 인스턴스들의 로그를 안정적으로 수집하기 위한 첫 번째 단계로, CloudWatch Logs에 대해 먼저 살펴보자.

8.2 CloudWatch 에이전트를 이용한 로그 중앙화

앞서 말한 것처럼, 오토 스케일링 환경의 운영에서 가장 큰 어려움은 로그의 파편화와 유실이다. 각 EC2 인스턴스는 자신의 로컬 디스크에만 로그(Nginx 액세스 로그, 애플리케이션 로그 등)를 기록한다. 트래픽이 줄어들어 인스턴스가 종료되면 그 인스턴스가 가지고 있던 모든 로그 데이터는 사라진다. 또한 문제가 발생했을 때 어떤 인스턴스를 확인해야 할지 특정하기 어렵다. 이 문제를 좀 더 구체적인 시나리오로 살펴보자. 가령 한 사용자가 오후 5시에 서비스에서 오류를 겪었다고 신고했다고 가정해 보자. 당시에는 5대의 EC2 인스턴스가 요청을 처리하고 있었지만, 사용자의 신고를 받고 문제를 분석하기 시작한 시점에는 트래픽 감소로 인해 오토 스케일링 정책이 작동하여 2대의 인스턴스가 이미 종료된 상태일 수 있다. 사용자의 요청을 처리한 인스턴스가 종료된 인스턴스 중 하나라면, 오류의 원인을 담고 있는 로그 데이터는 영원히 사라지게 된다. 설령 인스턴스가 아직 실행 중이라도, 5대의 서버에 일일이 SSH로 접속하여 로그를 확인하는 것은 비효율적이고 고된 작업이다.

이러한 문제를 해결하는 방법이 바로 로그 중앙화이다. 각 인스턴스의 로컬 디스크에 흩어져 있는 로그를 중앙의 단일 시스템으로 지속적으로 전송하여 한곳에 모으는 방식이다. 로그 중앙화를 통해 얻을 수 있는 이점은 다음과 같다.

- **로그 데이터의 영속성**: 로그를 발생시킨 EC2 인스턴스의 수명 주기와 관계없이, 모든 로그가 중앙 시스템에 안전하게 보관된다. 인스턴스가 종료되더라도 과거의 로그를 언제든지 분석할 수 있다.
- **통합 검색 및 분석**: 여러 인스턴스에서 수집된 로그를 단일 인터페이스에서 한 번에 검색하고 분석할 수 있다. 이를 통해 여러 시스템에 걸쳐 발생하는 복잡한 문제의 원인을 훨씬 쉽게 찾을 수 있다.
- **실시간 모니터링 및 알림**: 중앙화된 로그 데이터를 기반으로 특정 패턴을 감시하고, 임계치를 초과하면 경보를 발생시켜 문제 상황을 조기에 인지할 수 있다.

AWS 환경에서 이러한 로그 중앙화를 구현하는 핵심 서비스가 CloudWatch Logs이다. 하지만 EC2 인스턴스에서 발생하는 로그가 자동으로 CloudWatch Logs로 전송되지는 않는다. 인스턴스 내부에 설치되어 로그 파일을 감시하고 CloudWatch Logs로 전송하는 역할을 수행하는 별도의 소프트웨어가 필요한데, 이를 CloudWatch 에이전트라고 부른다.

CloudWatch Logs 에이전트를 통해 수집한 로그를 효율적으로 관리하기 위해 로그 그룹과 로그 스트림이라는 계층적인 구조를 사용한다. 이 구조는 마치 컴퓨터의 폴더와 파일의 관계와 유사하다.

- **로그 그룹(Log Group)**: 특정 애플리케이션이나 서비스의 로그를 모아두는 최상위 컨테이너로, 폴더에 비유할 수 있다. 예를 들어, /simple-showcase/nginx/access.logs라는 로그 그룹을 만들어 모든 Nginx 접속 로그를 이곳에 저장하도록 규칙을 정할 수 있다. 로그 그룹 단위로 보존 기간을 설정하거나 접근 권한을 제어할 수 있다.
- **로그 스트림(Log Stream)**: 로그 그룹이라는 폴더 안에 있는 개별 파일에 해당

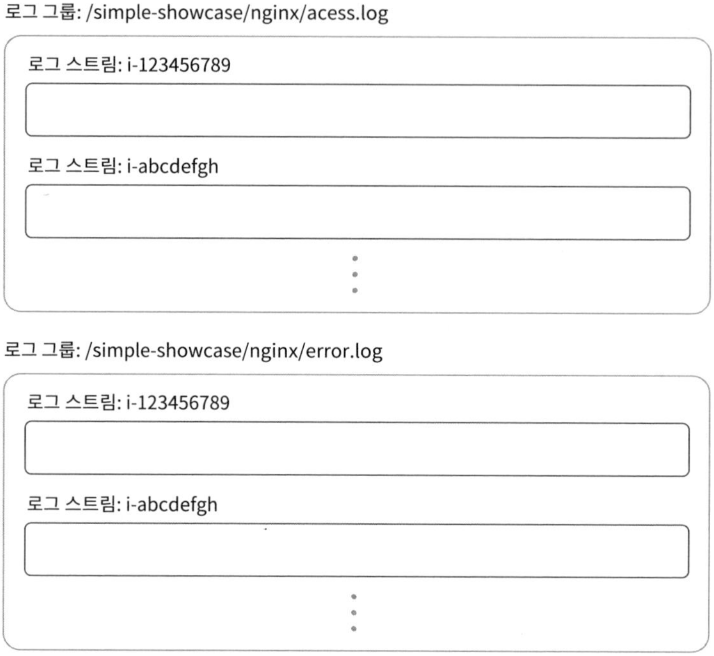

로그 그룹: /simple-showcase/nginx/acess.log

> 로그 스트림: i-123456789
>
> 로그 스트림: i-abcdefgh
>
> ⋮

로그 그룹: /simple-showcase/nginx/error.log

> 로그 스트림: i-123456789
>
> 로그 스트림: i-abcdefgh
>
> ⋮

그림 8.2 로그 그룹과 로그 스트림의 관계

한다. 실제 로그 이벤트가 시간 순서대로 기록되는 곳이다. 일반적으로 로그를 발생시키는 소스 하나당 하나의 로그 스트림이 생성된다. 예를 들어, 오토 스케일링 그룹에 의해 새로 생성된 EC2 인스턴스는 자신만의 고유한 로그 스트림을 갖게 되며 해당 인스턴스에서 발생한 모든 Nginx 로그는 이 스트림에 기록된다.

지금까지 CloudWatch Logs의 구조를 살펴보았으니 이제 실제 로그를 중앙화하는 작업을 진행해 보자. 가장 먼저 EC2 인스턴스들이 Nginx 접속 로그와 에러 로그를 보낼 로그 그룹을 생성한다.

코드 8.1 CloudWatch Logs의 로그 그룹 생성(cloudwatch.tf)

```
# 수집할 로그 그룹들을 미리 생성
resource "aws_cloudwatch_log_group" "nginx_access" {
  name              = "/simple-showcase/nginx/access.log"
  retention_in_days = 7 # 로그 보관 기간 (일)
}
```

```
resource "aws_cloudwatch_log_group" "nginx_error" {
  name              = "/simple-showcase/nginx/error.log"
  retention_in_days = 7
}
```

다음으로 EC2 인스턴스에서 발생하는 로그를 CloudWatch Logs로 보내기 위해 CloudWatch 에이전트를 설치한다. 이 에이전트는 설정 파일에 정의된 경로의 로그 파일을 감시하다가, 새로운 내용이 기록될 때마다 CloudWatch Logs로 전송하는 역할을 한다. 설치를 위해 오토 스케일링 그룹이 생성한 EC2 인스턴스 중 한 대에 SSH로 접근한다.

> ☑ 배포 전용 인스턴스인 simple-showcase-deploy-ec2가 아닌 오토 스케일링 그룹에 의해 생성되어 실제 서비스 중인 인스턴스에서 진행한다.

먼저 yum 패키지 매니저를 사용해 에이전트를 설치한다.

코드 8.2 CloudWatch 에이전트 설치

```
[ec2-user@ip-10-1-0-68 ~]$ sudo yum install -y amazon-cloudwatch-agent
..... (중략) .....
Installed:
  amazon-cloudwatch-agent-1.300054.1-2.amzn2023.x86_64

Complete!
```

설치가 완료되면, 에이전트가 어떤 로그를 어느 목적지로 보낼지 정의하는 설정 파일을 /opt/aws/amazon-cloudwatch-agent/etc/amazon-cloud-watch-agent.json 경로에 생성한다. 이 파일은 JSON 형식으로 작성하며, 수집할 로그 파일의 위치와 전송할 로그 그룹 등을 상세하게 설정할 수 있다.

이어서 CloudWatch Logs에 로그를 보낼 수 있도록 에이전트 설정을 진행한다.

코드 8.3 CloudWatch 에이전트 설정 파일(config.json)

```
{
  "agent": {
    "run_as_user": "root" ❶
  },
```

```
    "logs": {
      "logs_collected": {
        "files": {
          "collect_list": [ ❷
            {
              "file_path": "/var/log/nginx/simple-showcase-backend.access.log",     ❸
              "log_group_name": "/simple-showcase/nginx/access.log",                  ❹
              "log_stream_name": "{instance_id}",                                     ❺
              "timestamp_format": "%d/%b/%Y:%H:%M:%S %z"                              ❻
            },
            {
              "file_path": "/var/log/nginx/simple-showcase-backend.error.log",        ❼
              "log_group_name": "/simple-showcase/nginx/error.log",                   ❽
              "log_stream_name": "{instance_id}",              ❾
              "timestamp_format": "%d/%b/%Y:%H:%M:%S %z" ❿
            }
          ]
        }
      }
    }
  }
```

❶ 에이전트를 실행할 사용자 계정이다. root로 설정하면 시스템 로그 등 접근 제한이 있는 파일까지 모두 읽을 수 있는 권한이 생긴다. 불필요하게 너무 많은 권한을 주게 되기 때문에 실제 운영 환경에서는 root가 아닌 필요한 최소한의 권한을 가진 사용자로 설정한다.

❷ 수집할 로그 파일의 목록을 정의하는 배열이다. 이곳에 여러 로그 파일 설정을 추가할 수 있다.

❸ 에이전트가 실시간으로 감시할 로그 파일의 절대 경로이다. Nginx의 백엔드 애플리케이션용 접속 로그 파일을 지정한다.

❹ 수집한 로그를 전송할 CloudWatch Logs의 로그 그룹 이름을 지정한다.

❺ 로그 그룹 내에 생성될 로그 스트림을 지정한다. {instance_id}라는 변수를 사용해서 각 인스턴스의 인스턴스 ID를 동적으로 사용해 인스턴스별로 고유한 로그 스트림이 만들어질 수 있게 한다.

❻ 로그 한 줄에서 시간 정보를 추출할 때 사용할 형식을 지정한다. Nginx 기본 로그의 날짜/시간 형식과 일치해야 한다.

❼❽❾❿ 같은 방식으로 Nginx의 백엔드 애플리케이션용 에러 로그 파일을 지정한다.

설정 파일 작성이 끝나면 코드 8.4와 같이 에이전트를 재시작하여 새로운 설정을 적용한다.

코드 8.4 에이전트 재시작

```
[ec2-user@ip-10-1-0-68 ~]$ /opt/aws/amazon-cloudwatch-agent/bin/amazon-
cloudwatch-agent-ctl -a fetch-config -m ec2 -c file:/opt/aws/amazon-
cloudwatch-agent/etc/amazon-cloudwatch-agent.json -s
```

하지만 에이전트를 재시작하고 시간이 지나도 CloudWatch Logs의 로그 그룹에 로그 스트림이 생성되지 않고 로그도 수집되지 않는다. 이는 EC2 인스턴스가 CloudWatch Logs에 로그를 기록할 수 있는 권한을 가지고 있지 않기 때문이다. AWS의 모든 서비스는 IAM(Identity and Access Management)을 통한 권한 제어를 기반으로 동작하기 때문에, 명시적인 권한 없이는 에이전트의 로그 전송이 실패한다.

EC2 인스턴스에서 실행되는 애플리케이션(CloudWatch 에이전트 등)에 IAM 권한을 부여하는 방법은 크게 두 가지가 있다.

1. IAM 사용자 자격 증명 활용

2. 인스턴스 프로파일 활용

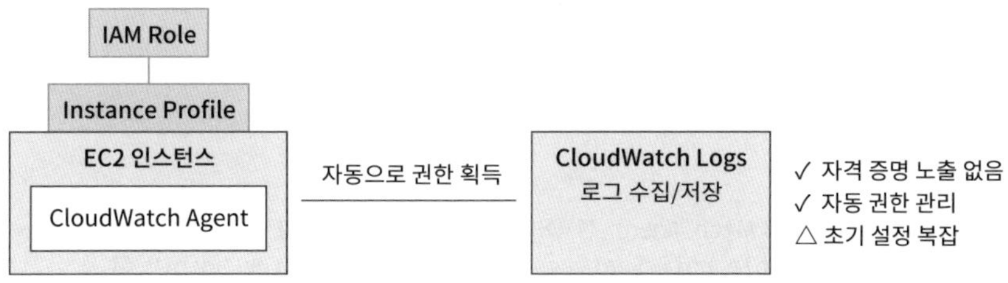

그림 8.3 EC2 인스턴스의 IAM 권한 사용 방법

- **IAM 사용자의 자격 증명 활용**: 필요한 권한을 부여한 IAM 사용자를 만들고, 해당 사용자의 자격 증명(액세스 키, 시크릿 키)을 EC2 인스턴스에 직접 저장하여 사용하는 방법이다. 설정 파일이나 환경 변수에 키를 저장하므로 비교적 간단하지만, 키가 노출되면 심각한 보안 사고로 이어질 수 있다.
- **IAM 역할 및 인스턴스 프로파일 활용**: 필요한 권한을 가진 IAM 역할을 만든 후, 인스턴스 프로파일을 통해 EC2 인스턴스와 연결한다. EC2 인스턴스는 별도의 자격 증명 없이 AWS API를 통해 임시 자격 증명을 받아 자동으로 권한을 얻는다. 설정이 조금 더 복잡하지만, 자격 증명을 직접 관리할 필요가 없어 훨씬 안전하다.

여기에서는 인스턴스 프로파일을 활용하는 방법을 사용한다. 이 방식을 통해 액세스 키와 같은 민감한 정보를 코드나 인스턴스 내부에 저장하지 않고도, 필요한 AWS 서비스에 안전하게 접근할 수 있다.

코드 8.5 CloudWatch Logs에 로그를 기록할 수 있는 권한 추가(cloudwatch.tf)

```
# EC2가 CloudWatch에 로그를 쓸 수 있도록 허용하는 IAM 역할
resource "aws_iam_role" "ec2_cloudwatch_agent" {
  name = "simple-showcase-ec2-cloudwatch-agent-role"

  # EC2 서비스가 이 역할을 맡을(assume) 수 있도록 허용하는 정책
  assume_role_policy = jsonencode({ ❶
    Version = "2012-10-17",
    Statement = [
      {
        Action = "sts:AssumeRole", ❷
        Effect = "Allow",          ❸
        Principal = {
          Service = "ec2.amazonaws.com" ❹
        }
      }
    ]
  })
}

# AWS가 관리하는 CloudWatch Agent 정책을 위에서 만든 역할에 연결
resource "aws_iam_role_policy_attachment" "ec2_cloudwatch_agent" ❺ {
  role       = aws_iam_role.ec2_cloudwatch_agent.name                    ❻
  policy_arn = "arn:aws:iam::aws:policy/CloudWatchAgentServerPolicy" ❼
}
```

```
# 생성한 IAM 역할을 EC2 인스턴스에 연결하기 위한 인스턴스 프로파일
resource "aws_iam_instance_profile" "ec2_cloudwatch_agent" {
  name = "simple-showcase-ec2-cloudwatch-agent-profile"
  role = aws_iam_role.ec2_cloudwatch_agent.name ❽
}
```

❶ 이 IAM 역할을 누가 사용할 수 있는지 정의한다. JSON 형식으로 정책을 작성한다. 이 역할을 믿고 맡길 대상이 누구인가를 지정한다고 이해하면 된다.

❷ 지정된 주체가 이 역할을 맡아 임시 자격 증명을 얻는 행위를 허용하는 구문이다.

❸ 앞서 ❷에 정의한 sts:AssumeRole 액션을 허용할 것인지를 명시한다. Deny로 설정하면 명시적으로 거부할 수도 있다.

❹ 역할을 믿고 맡길 대상을 EC2 서비스로 한정한다. 즉 AWS 계정 내의 모든 EC2 인스턴스가 이 역할을 사용할 수 있는 신뢰 관계가 만들어진다.

❺ 어떤 IAM 역할과 정책을 연결할지 정의한다. 앞서 생성한 IAM 역할인 ❻과 CloudWatch Logs로 로그를 전송할 수 있는 정책인 ❼을 연결한다.

❽ 인스턴스 프로파일에 IAM 역할을 연결한다. 이 프로파일을 EC2에 연결하면 여기에 지정해 놓은 역할의 권한을 EC2가 사용할 수 있게 된다.

앞서 생성한 인스턴스 프로파일을 시작 템플릿에 적용하여, 오토 스케일링 그룹에 의해 새로 시작되는 모든 EC2 인스턴스가 CloudWatch Logs에 로그를 기록할 수 있는 권한을 갖도록 수정한다.

코드 8.6 시작 템플릿에 인스턴스 프로파일 적용(asg.tf)

```
resource "aws_launch_template" "simple_showcase_private_server" {
  name          = "simple-showcase-private-server-launch-template"
  image_id      = "ami-03a5647de89f80136"
  instance_type = "t3.small"
  iam_instance_profile {
    name = aws_iam_instance_profile.ec2_cloudwatch_agent.name ❶
  }
  vpc_security_group_ids = [aws_security_group.private_server.id]
}
```

❶ 앞서 생성한 인스턴스 프로파일을 시작 템플릿에 연결한다.

인스턴스 프로파일을 적용해서 CloudWatch Logs에 로그를 기록할 수 있는 권한이 생겼다. 하지만 지금 오토 스케일링 그룹에 의해 생성되는 EC2 인스턴스들은 CloudWatch 에이전트가 존재하지 않는다. 이를 위해 앞에서 진행한 것처럼 CloudWatch 에이전트를 설치한 새로운 AMI를 만들 수도 있지만, 이번에는 시작 템플릿의 user-data를 활용해 보자. user-data는 오토 스케일링 그룹으로 인스턴스를 생성한 후 가장 먼저 실행되는 스크립트로, 인스턴스 초기화 등의 여러 가지 작업을 할 수 있다. CloudWatch 에이전트 설치부터 설정 파일 생성 및 실행까지 초기화 과정을 담은 스크립트를 생성한다(코드 8.7).

코드 8.7 CloudWatch 에이전트 설치(user-data.sh)

```bash
#!/bin/bash

# === CloudWatch Agent 설치 및 실행 추가 ===
# 1. 에이전트 설치
yum install -y amazon-cloudwatch-agent

# 2. 에이전트 설정 파일 생성 (SSM 대신 Here Document 사용)
tee /opt/aws/amazon-cloudwatch-agent/etc/amazon-cloudwatch-agent.json > /
dev/null <<'EOF'
{
  "agent": {
    "run_as_user": "root"
  },
  "logs": {
    "logs_collected": {
      "files": {
        "collect_list": [
          {
            "file_path": "/var/log/nginx/simple-showcase-backend.access.
                          log",
            "log_group_name": "/simple-showcase/nginx/access.log",
            "log_stream_name": "{instance_id}",
            "timestamp_format": "%d/%b/%Y:%H:%M:%S %z"
          },
          {
            "file_path": "/var/log/nginx/simple-showcase-backend.error.
                          log",
            "log_group_name": "/simple-showcase/nginx/error.log",
            "log_stream_name": "{instance_id}",
            "timestamp_format": "%d/%b/%Y:%H:%M:%S %z"
          }
        ]
      }
    }
  }
```

```
}
EOF
```

```
# 3. 에이전트 실행
/opt/aws/amazon-cloudwatch-agent/bin/amazon-cloudwatch-agent-ctl -a
fetch-config -m ec2 -c file:/opt/aws/amazon-cloudwatch-agent/etc/amazon-
cloudwatch-agent.json -s
```

다음으로 시작 템플릿에 user-data 스크립트를 적용한다.

코드 8.8 시작 템플릿에 user-data 스크립트 적용(asg.tf)

```
resource "aws_launch_template" "simple_showcase_private_server" {
  name            = "simple-showcase-private-server-launch-template"
  image_id        = "ami-03a5647de89f80136"
  instance_type = "t3.small"
  iam_instance_profile {
    name = aws_iam_instance_profile.ec2_cloudwatch_agent.name
  }

  user_data = filebase64("${path.module}/user-data.sh") ❶

  vpc_security_group_ids = [aws_security_group.private_server.id]
}
```

❶ 코드 8.7에서 생성한 user-data.sh 파일을 Base64 형식으로 인코딩하여 지정한다.

테라폼 워크플로를 실행하여 변경 사항을 적용한 후 오토 스케일링 그룹의 인스턴스 새로 고침 기능을 사용해 새로운 인스턴스를 배포한다. 잠시 후 웹 브라우저로 서비스에 여러 번 접속하여 로그를 발생시키면 CloudWatch Logs 서비스 콘솔에서 각 인스턴스 ID를 이름으로 하는 로그 스트림이 생성된 것을 확인할 수 있다(그림 8.4).

지금까지의 과정을 통해서 Nginx의 접속 및 오류 로그를 중앙에서 수집하는 기반이 마련되었다. 다음 절에서는 로그와 함께 옵저버빌리티의 또 다른 핵심 축을 이루는 메트릭에 대해 알아본다.

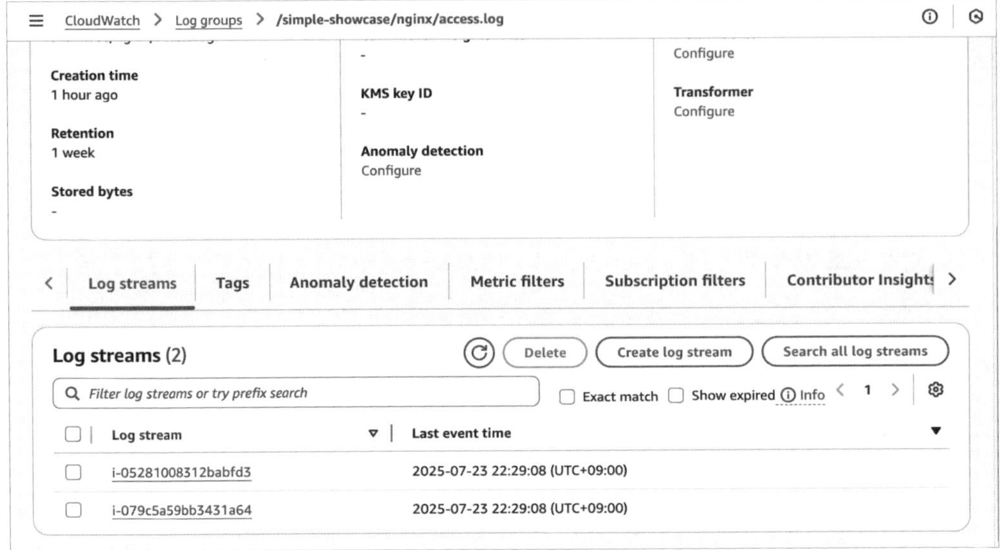

그림 8.4 로그 스트림이 생성된 모습

8.3 대시보드를 통한 메트릭 시각화

앞서 다룬 로그가 특정 오류의 원인을 파악하기 위해 개별 이벤트를 상세히 들여다보는 작업이라면, 메트릭은 시스템 전체의 상태와 추세를 조망하는 작업에 가깝다. CloudWatch 대시보드는 이 메트릭 데이터를 효과적으로 보여주는 시각화 도구이다. 여러 서비스에 흩어져 있는 성능 지표들을 위젯(Widget) 형태로 모아 하나의 화면에서 통합해 보여준다.

특히 Simple Showcase 애플리케이션처럼 애플리케이션 로드 밸런서, 오토 스케일링 그룹 내 EC2 인스턴스, Aurora MySQL 클러스터, ElastiCache for Redis 등 여러 서비스가 유기적으로 연결된 분산 시스템에서는 대시보드의 가치가 더욱 커진다. 대시보드가 없다면 애플리케이션 로드 밸런서의 요청 수를 보기 위해 EC2 서비스 콘솔에 갔다가, Aurora MySQL 클러스터의 커넥션 수를 보기 위해 RDS 서비스 콘솔로 이동해야 한다. 이런 방식으로는 서비스의 전체적인 흐름을 파악하기 어렵다. 예를 들어 갑자기 EC2 인스턴스들의 CPU 사용률이 증가했을 때, 이것이 애플리케이션 로드 밸런서로 들어온 요청 수가 급증했기 때문인지, 아니면 ElastiCache for Redis의 응답이 느려졌기 때문인지 상관

관계를 파악하려면 두 지표를 하나의 시간 축에 놓고 봐야 한다.

CloudWatch 대시보드는 이런 분석을 가능하게 하는 캔버스이다. 이 캔버스 위에 시계열 데이터를 보여주는 선 그래프, 특정 시점의 값을 보여주는 숫자 위젯, 로그 쿼리 결과를 보여주는 로그 테이블 등 다양한 위젯을 자유롭게 배치하여 맞춤형 관제 화면을 만들 수 있다.

이번 절에서 Simple Showcase 서비스의 상태를 한눈에 파악할 수 있는 관제 화면을 만들어 볼 것이다. 가장 먼저 위젯을 추가할 비어 있는 대시보드부터 생성한다.

코드 8.9 비어 있는 대시보드(cloudwatch.tf)

```
resource "aws_cloudwatch_dashboard" "simple_showcase_dashboard" {
  dashboard_name = "simple-showcase-service-dashboard"

  dashboard_body = jsonencode({
    widgets = []
  })
}
```

테라폼 워크플로를 실행하면 아직 아무것도 없는 비어 있는 대시보드를 볼 수 있다(그림 8.5).

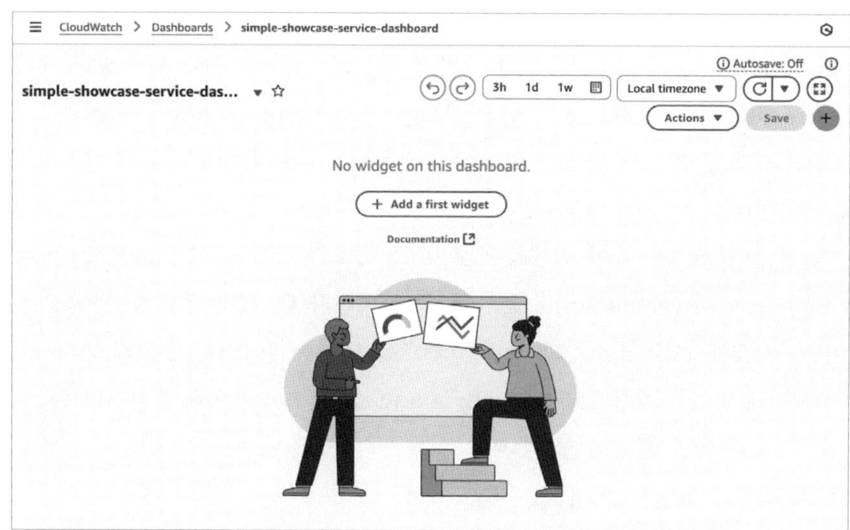

그림 8.5 비어 있는 CloudWatch 대시보드

이제 이 캔버스를 위젯으로 채워야 한다. 하지만 대시보드를 구성하는 dash-board_body의 JSON 구조는 복잡해서, 처음부터 직접 모든 코드를 작성하는 것은 어렵고 비효율적이다. 따라서 CloudWatch 서비스 콘솔에서 JSON을 만들고 코드로 옮기는 접근법을 사용한다. 먼저 CloudWatch 서비스 콘솔의 메트릭 도구를 활용해 원하는 그래프를 만들고, 해당 그래프의 소스 코드(JSON)를 복사하여 테라폼 코드에 붙여 넣는 방식이다.

첫 번째 위젯으로 서비스 상태를 파악하는 데 가장 기본이 되면서 중요한 지표인 EC2 인스턴스의 CPU 사용률을 선택한다. CPU 사용률은 다음과 같은 이유로 반드시 관찰해야 하는 핵심 메트릭이다.

- **성능 병목의 핵심 지표:** CPU 사용률이 비정상적으로 높다면 시스템 과부하 또는 애플리케이션의 성능 문제를 나타내는 첫 번째 신호일 수 있다.
- **오토 스케일링 정책의 기준:** 5장에서 평균 CPU 사용률을 기준으로 인스턴스 수가 자동으로 늘어나거나 줄어들도록 동적 스케일링 정책을 설정했다. 이 지표를 시각화하면 정책이 의도대로 잘 동작하는지 직접 확인할 수 있다.

그럼 이제 CloudWatch Metrics 서비스 콘솔로 이동하여, 오토 스케일링 그룹에 속한 EC2 인스턴스들의 평균 CPU 사용률을 보여주는 그래프를 찾아 위젯으로 만들어 보자.

그림 8.6과 같이 CloudWatch 서비스 콘솔로 이동한 다음 왼쪽 메뉴에서 [Metrics]-[All metrics](❶)를 선택하면 Metrics Explorer가 나타난다. Metrics Explorer는 계정 내 모든 AWS 서비스에서 수집되는 메트릭을 탐색하고 시각화하는 도구이다.

먼저 그림 8.7과 같이 검색창에 오토 스케일링 그룹의 이름(simple-showcase-private-server-autoscaling-group)을 입력한다(❶). CloudWatch는 리소스 이름만으로도 해당 리소스와 관련된 메트릭 네임스페이스를 추론해 준다. 그 결과 검색 범위가 자동으로 EC2 〉 By Auto Scaling Group으로 좁혀진다(❷).

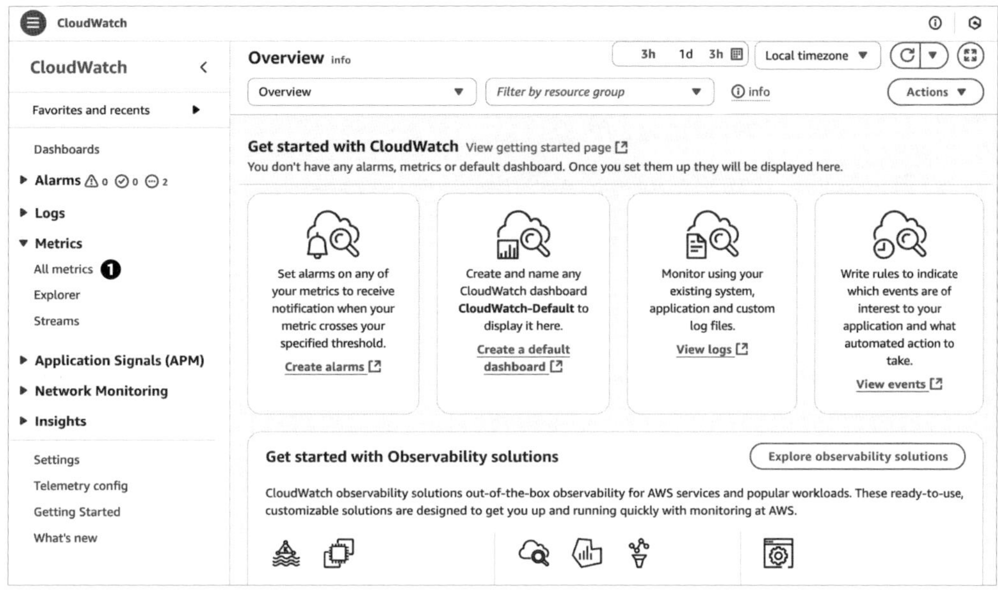

그림 8.6 CloudWatch 서비스 콘솔

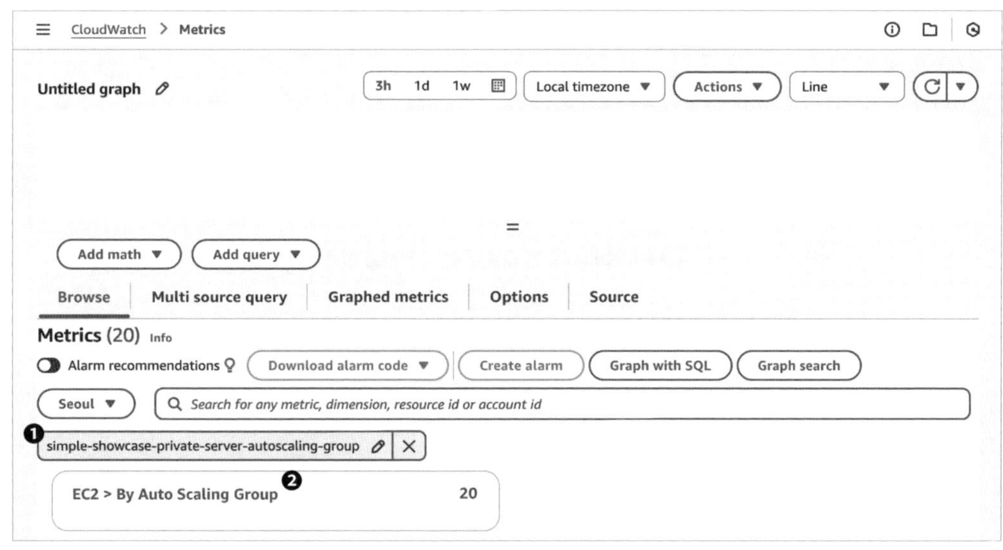

그림 8.7 CloudWatch Metrics 필터링

그 다음 그림 8.8과 같이 'CPUUtilization'으로 필터링하면(❶) 메트릭이 하나 검색되고, 검색된 메트릭을 체크하면 상단에 그래프가 그려진다.

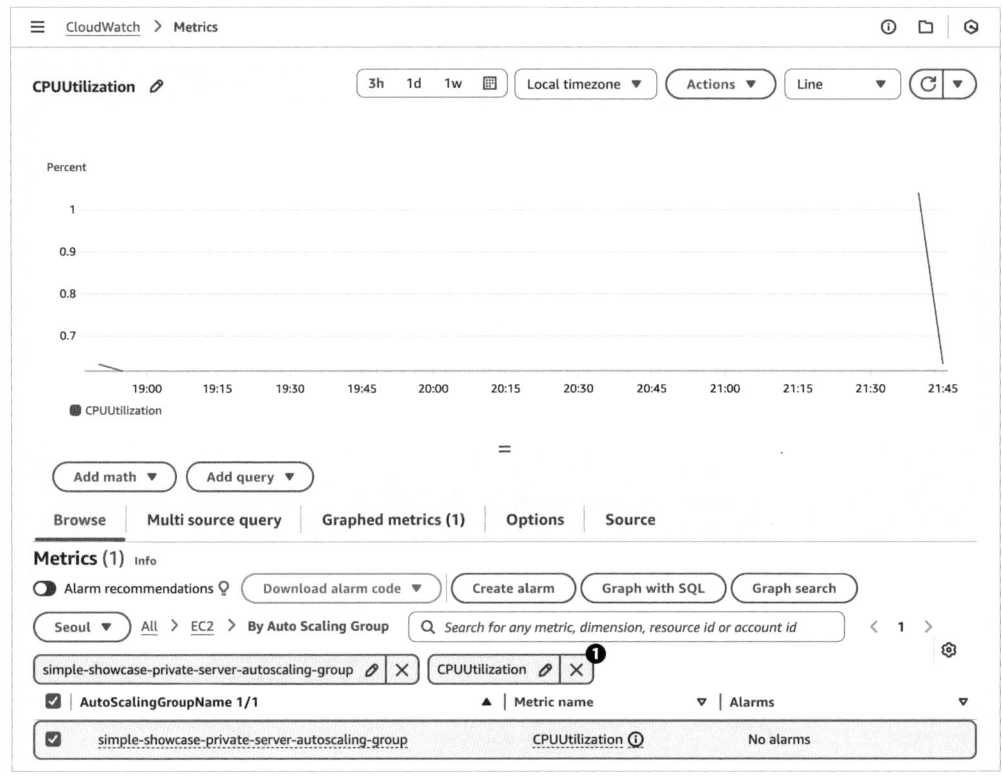

그림 8.8 오토 스케일링 그룹의 CPU 사용률 메트릭

기본적으로는 오토 스케일링 그룹에 속한 모든 인스턴스의 평균 CPU 사용률을 보여준다. 이 그래프를 더 의미 있는 정보로 만들기 위해 세 번째 탭인 [Graphed metrics] 탭으로 이동하여 통계와 주기를 수정한다. 그림 8.9와 같이 기본값인 평균값(❸) 외에도, CPUUtilization 메트릭의 최대값(❶), 최소값(❷) 통계를 함께 추가한다. 이렇게 세 가지 통계를 한 그래프에서 보면 단순히 그룹 전체의 평균적인 부하뿐만 아니라, 부하가 특정 인스턴스에 쏠리고 있지는 않은지(최대값), 또는 거의 일을 하지 않는 유휴 인스턴스가 있진 않은지(최소값) 등 부하 분산 상태까지 한눈에 파악할 수 있다. 또한 데이터의 상세한 흐름

을 보기 위해 그래프의 주기를 기본값 5분에서 1분으로 변경하여 더 세밀하게 관찰하도록 설정한다(❹).

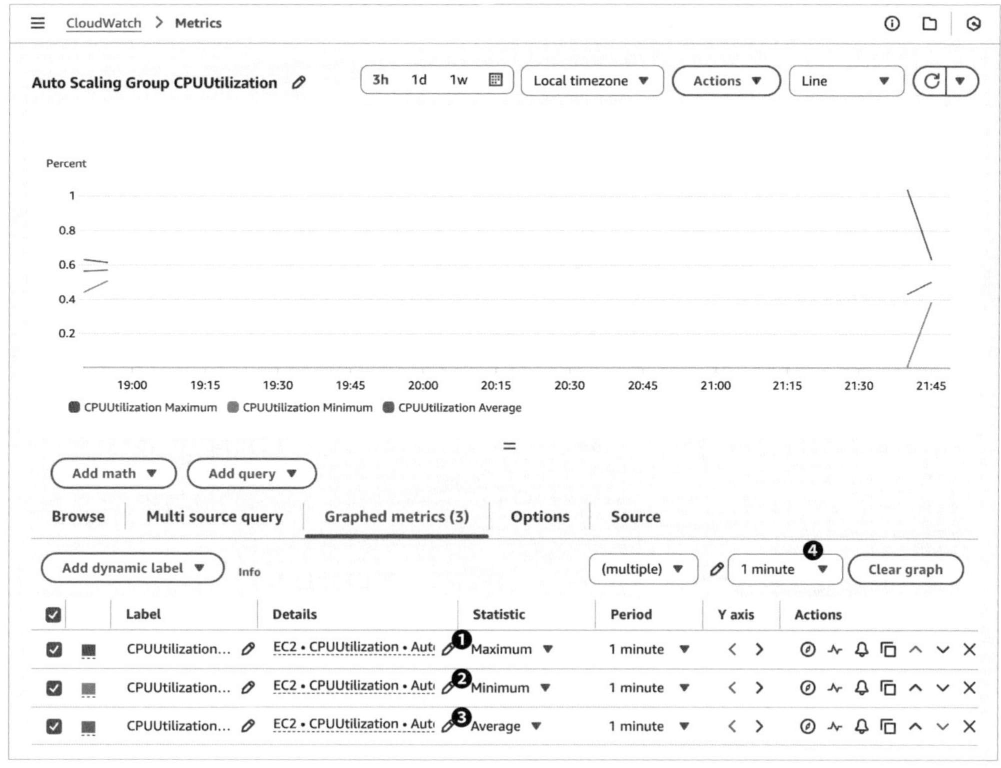

그림 8.9 CPU 사용률 메트릭 수정

마지막으로 다섯 번째 탭인 [Source]로 이동하면, 이 그래프 위젯을 정의하는 JSON 소스 코드가 자동으로 생성된 것을 볼 수 있다. [Copy] 버튼을 클릭해서 전체 JSON 내용을 클립보드에 복사한다(그림 8.10).

복사한 JSON 내용을 코드 8.10과 같이 dashboard_body 항목 안에 붙여 넣는다. CloudWatch 서비스 콘솔의 위젯에서 설정한 최대값, 최소값, 평균값 통계와 1분 주기가 코드에 어떻게 반영되었는지 눈여겨보자.

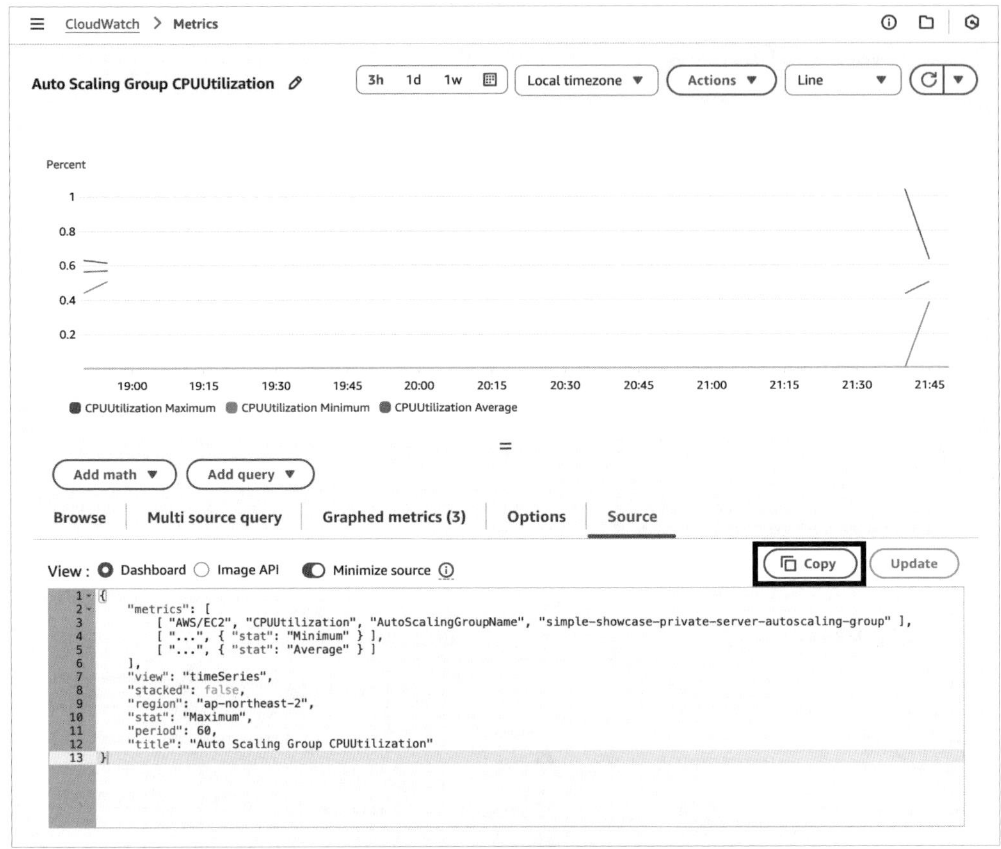

그림 8.10 Source 탭에서 위젯 JSON 복사

코드 8.10 오토 스케일링 그룹의 CPU 사용률 반영(cloudwatch.tf)

```
resource "aws_cloudwatch_dashboard" "simple_showcase_dashboard" {
  dashboard_name = "simple-showcase-service-dashboard"

  dashboard_body = jsonencode({
    widgets = [
      {
        "metrics" : [
          ["AWS/EC2", "CPUUtilization", "AutoScalingGroupName", "simple-
showcase-private-server-autoscaling-group"],
          ["...", { "stat" : "Minimum" }],
          ["...", { "stat" : "Average" }]
        ],
        "view" : "timeSeries",
```

```
        "stacked" : false,
        "region" : "ap-northeast-2",
        "stat" : "Maximum",
        "period" : 60,
        "title" : "Auto Scaling Group CPUUtilization"
    }]
  })
}
```

다음으로 전체 애플리케이션의 성능에 가장 큰 영향을 미치는 요소 중 하나인 데이터베이스의 CPU 사용률을 대시보드에 추가한다. 데이터베이스의 CPU 사용률이 높다는 것은 비효율적인 쿼리가 실행되고 있거나, 시스템의 부하가 데이터베이스에 집중되고 있다는 신호이다.

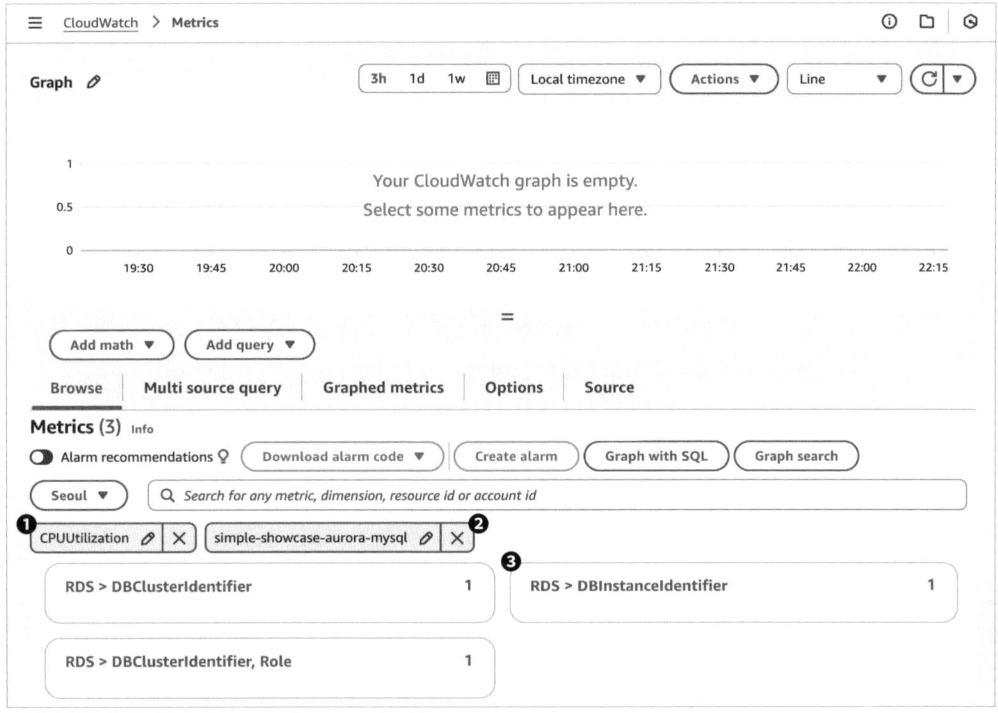

그림 8.11 Metrics Explorer에서 데이터베이스 관련 필터링

이번에도 Metrics Explorer에서 CPUUtilization(❶)과 simple-showcase-aurora-mysql(❷)로 필터링한다(그림 8.11). Aurora MySQL은 클러스터와 개별 DB

인스턴스로 구성되는데, CPU 사용률과 같은 컴퓨팅 자원 관련 지표는 개별 DB 인스턴스에 귀속된다. 따라서 여러 차원(Dimension) 중에서 RDS 〉 DBInstanceIdentifier를 선택해야(❸) 정확한 메트릭을 볼 수 있다.

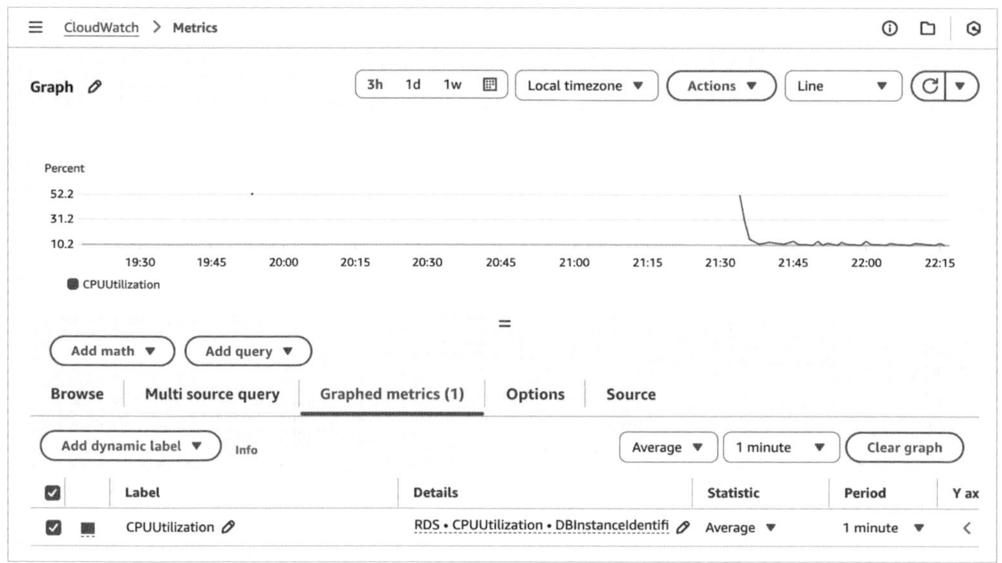

그림 8.12 Aurora MySQL 인스턴스의 CPU 사용률 그래프

[Source] 탭으로 이동해 생성된 JSON을 복사하고, 코드 8.4와 같이 widgets 배열에 새로운 위젯을 추가한다. 특히 x 좌표를 12로 설정하여 이전에 만든 오토 스케일링 그룹의 CPU 위젯의 오른쪽에 배치한다.

코드 8.11 데이터베이스의 CPU 사용률 반영(cloudwatch.tf)

```
resource "aws_cloudwatch_dashboard" "simple_showcase_dashboard" {
  dashboard_name = "simple-showcase-service-dashboard"

  dashboard_body = jsonencode({
    widgets = [
      {
      # 첫 번째 위젯 : 오토 스케일링 그룹의 CPU 사용률
      ..... (중략) .....
      },
      {
        "type" : "metric",
```

```
        "x" : 12,
        "y" : 0,
        "width" : 12,
        "height" : 6,
        "properties" : {
          "metrics" : [
            ["AWS/RDS", "CPUUtilization", "DBInstanceIdentifier", "simple-
showcase-aurora-mysql-instance-1", { "period" : 60 }]
          ]
          "view" : "timeSeries",
          "stacked" : false,
          "region" : "ap-northeast-2",
          "stat" : "Average",
          "period" : 60,
          "title" : "Aurora MySQL CPUUtilization",
        }
      }
    ]
  })
}
```

다음으로 Simple Showcase 애플리케이션의 입구에 해당하는 애플리케이션 로드 밸런서의 요청 수와, 데이터베이스 부하를 줄여주는 인메모리 캐시 레이어인 ElastiCache의 성능을 나타내는 두 가지 위젯을 추가한다.

애플리케이션 로드 밸런서의 요청 수는 사용자가 얼마나 많이 접속하는지를 보여주는 가장 직관적인 트래픽 지표이다. 이 지표의 통계는 합계(Sum)를 사용해야 일정 시간 동안 발생한 총 요청 수를 파악할 수 있다.

ElastiCache의 성능은 캐시 적중/실패로 측정한다. 이는 캐시가 얼마나 효율적으로 동작하는지 보여주는 핵심 성능 지표이다. 캐시 적중이 많고 실패가 적을수록 데이터베이스의 부하가 줄어들어 서비스 전체의 응답 속도가 향상된다.

이 두 위젯의 JSON까지 반영한 최종 위젯 코드는 코드 8.12와 같다. 이후로 애플리케이션 로드 밸런서의 요청 수, Elasticache의 메모리 사용량을 추가한다.

코드 8.12 ALB와 ElastiCache 관련 위젯 추가(cloudwatch.tf)

```
resource "aws_cloudwatch_dashboard" "simple_showcase_dashboard" {
  dashboard_name = "simple-showcase-service-dashboard"
```

```
    dashboard_body = jsonencode({
      widgets = [
        {
        ..... (중략) .....
        },
        {
        ..... (중략) .....
        },
        {
          # 세 번째 위젯: ALB 요청 수
          "type" : "metric",
          "x" : 0,
          "y" : 6,
          "width" : 12,
          "height" : 6,
          "properties" : {
            "metrics" : [
              ["AWS/ApplicationELB", "RequestCount", "LoadBalancer",
aws_lb.app.arn_suffix, { "stat" = "Sum" }]
            ]
            "view" : "timeSeries",
            "period" : 60,
            "stacked" : false,
            "region" : "ap-northeast-2",
            "title" : "ALB Request Count (Sum)"
          }
        },
        {
          # 네 번째 위젯: ElastiCache 캐시 Hit/Miss
          "type" : "metric",
          "x" : 12,
          "y" : 6,
          "width" : 12,
          "height" : 6,
          "properties" : {
            "metrics" : [
              ["AWS/ElastiCache", "CacheHits", "CacheClusterId",
aws_elasticache_cluster.elasticache_cluster.id],
              [".", "CacheMisses", ".", "."] # 이전 메트릭과 동일한 네임스페이스 및
차원을 사용
            ]
            "view" : "timeSeries",
            "period" : 60,
            "stacked" : false,
            "region" : "ap-northeast-2",
            "title" : "ElastiCache Hits & Misses",
```

```
        "stat" : "Sum"
      }
    }
  ]
})
}
```

테라폼 워크플로를 통해 변경 사항까지 적용하면 4개의 핵심 지표가 조화롭게 배치된 Simple Showcase 애플리케이션 관제 대시보드가 완성된다(그림 8.13). 이제 이 대시보드 하나로 사용자 트래픽이 EC2 인스턴스에 어떤 영향을 미치고, 캐시와 데이터베이스가 그 부하를 얼마나 효율적으로 처리하는지 전체적인 흐름을 한눈에 파악할 수 있다.

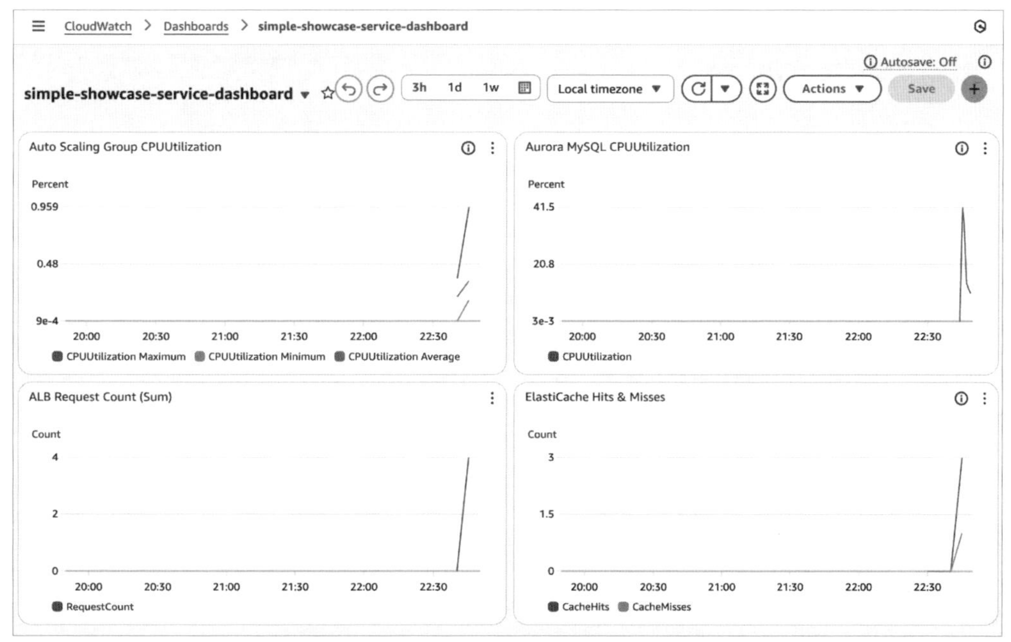

그림 8.13 네 가지 핵심 지표가 포함된 완성된 대시보드

이제 5장에서 오토 스케일링 정책을 시험하기 위해 사용한 성능 테스트를 다시 한번 실행하여, 대시보드의 각 지표가 실제 부하에 어떻게 반응하는지 확인해 보자. 당시에는 시스템이 부하를 잘 견디는지 확인하는 것이 목적이었다면, 지

금은 대시보드를 통해 시스템 내부에서 일어나는 변화를 얼마나 잘 관측할 수 있는지를 검증하는 것이 목적이다.

hey 도구를 사용하여 10분 동안 200개의 동시 연결로 API에 지속적으로 부하를 발생시킨다.

코드 8.13 hey 도구를 통한 부하 생성

```
> hey -n 100 -c 20 -z 600s https://api.simple-showcase.shop/api/products
```

부하를 발생시키고 잠시 후 CloudWatch 대시보드를 살펴보면 각 위젯의 그래프가 변화하는 것을 볼 수 있다(그림 8.14).

그림 8.14 성능 테스트 이후 변화하는 대시보드

❶ 가장 먼저 애플리케이션 로드 밸런서의 요청 수 위젯의 그래프가 상승한다. 이는 hey 도구로 생성한 대량의 트래픽이 시스템의 가장 앞단인 애플리케이션 로드 밸런서로 들어오고 있음을 보여준다.

❷ 애플리케이션 로드 밸런서를 통해 유입된 트래픽은 EC2 인스턴스들로 전

달된다. 각 인스턴스의 애플리케이션이 요청을 처리하기 위해 열심히 일하기 시작하면서 CPU 사용률 위젯의 그래프가 상승한다.

❸❹ 애플리케이션은 요청받은 상품 정보를 처리하기 위해 먼저 ElastiCache에서 데이터를 찾아본다. 이로 인해 ElastiCache의 Hits & Misses 그래프가 상승한다. 캐시에 데이터가 없다면 애플리케이션은 Aurora MySQL에 쿼리를 실행하게 되고, 그 결과 Aurora MySQL CPU 사용률 위젯의 그래프가 함께 상승한다.

이처럼 CloudWatch 대시보드는 단순히 여러 개의 그래프를 모아놓은 화면이 아니다. 사용자의 요청이 시스템의 각 계층에 어떤 영향을 미치는지 그 흐름과 인과 관계를 파악하게 해주는 관측 도구이다. 이렇게 통합된 뷰는 장애가 발생했을 때 문제의 원인이 어떤 계층에 있는지 신속하게 파악하는 데 결정적인 역할을 한다.

하지만 현재의 모니터링 시스템에는 큰 한계가 있다. 바로 직접 보고 있어야만 시스템의 이상 상태를 인지할 수 있다는 점이다. 장애는 운영자가 잠든 새벽에도, 혹은 주말에도 발생할 수 있다. 24시간 내내 사람이 대시보드를 감시하는 것은 불가능하며 매우 비효율적이기도 하다. 이 문제를 해결하기 위해 시스템에 문제가 생겼을 때 즉시 알려주는, 즉 자동화된 감시 체계가 필요하다.

8.4 이상 상황 감지 및 알람 발송

시스템을 수동으로 감시해야 하는 한계를 극복하기 위해, CloudWatch는 특정 조건이 충족되었을 때 능동적으로 알림을 보내주는 경보(Alarm) 기능을 제공한다. 마치 건물의 CCTV를 계속 보는 대신, 침입이 감지되면 자동으로 경비 시스템이 울리도록 설정하는 것과 같다.

CloudWatch 경보는 특정 메트릭을 감시하다가 설정한 임계치(Threshold)를 넘어서면 상태가 OK에서 ALARM으로 변경된다. 이미 5장에서 평균 CPU 사용률을 기준으로 ALARM 상태가 되면 오토 스케일링 정책을 실행하여 EC2 인스턴스를 자동으로 증설하도록 구현한 바 있다. 이번 절에서는 ALARM 상태가 되었을 때 담당자에게 알림을 보내도록 구현한다.

알람이 발생했다는 사실을 전달하려면 중간에서 메시지를 받아 여러 구독자에게 전달해 주는 서비스가 필요하며, AWS에서는 이 역할을 Amazon SNS(Simple Notification Service)가 담당한다. SNS는 메시지 큐 서비스가 아닌, 발행/구독 모델 기반의 메시징 서비스에 더 가깝다. SNS는 다음과 같은 세 가지 구성 요소로 이루어져 있다.

- **토픽(Topic)**: Simple Showcase 장애 알림처럼 메시지를 논리적으로 구분하는 채널이다. 특정 주제를 중심으로 구독자들이 채널을 구독하게 된다.
- **게시자(Publisher)**: 토픽에 메시지를 보내는 주체이다. 여기서는 CloudWatch 경보가 게시자 역할을 하며, 메트릭의 상태가 ALARM으로 변경되면 SNS 토픽으로 메시지를 발행한다.
- **구독자(Subscriber)**: 토픽을 구독하는 대상이다. 이메일, 문자(SMS), 슬랙, 람다 함수 등 다양한 대상을 구독자로 설정할 수 있다.

이번 절에서는 CloudWatch 경보와 SNS, 이 두 가지 서비스를 조합하여 EC2 인스턴스들의 평균 CPU 사용률이 10%를 넘을 때와 5% 미만으로 내려갈 때 이메일로 알람을 보내는 경보 시스템을 구현한다. 이를 통해 EC2 인스턴스가 증설될 때와 축소될 때의 타이밍도 알 수 있다.

먼저 알림 메시지를 발행할 SNS 토픽과 이메일 구독을 생성한다.

코드 8.14 알람을 발행할 SNS 토픽과 이메일 구독 생성(sns.tf)

```
# 1. 알림을 발행할 SNS 토픽 생성
resource "aws_sns_topic" "alarms" {
  name = "simple-showcase-alarms-topic" ❶
}


# 2. 위에서 만든 SNS 토픽에 이메일 주소 구독
resource "aws_sns_topic_subscription" "email_alerts" {
  topic_arn = aws_sns_topic.alarms.arn ❷
  protocol  = "email"                  ❸
  endpoint  = "sepiro2000@naver.com"   ❹
}
```

❶ SNS 토픽의 이름이다. 이 이름으로 토픽을 식별하게 되므로, 용도를 알기 쉽게 짓는 것이 좋다.

❷ 구독을 추가할 토픽을 지정한다. 앞서 생성한 토픽의 ARN을 참조하여 연결한다.

❸ 알림을 어떤 방식으로 받을지 지정한다. email 외에도 SMS, SQS 큐 등 다양한 프로토콜을 지원한다.

❹ 알림을 수신할 최종 목적지 주소이다. 프로토콜이 email이므로, 알림을 받을 실제 이메일 주소를 입력한다.

 테라폼을 통해 변경 사항을 적용하고 나면, AWS에서 endpoint에 지정한 이메일 주소(❹)로 구독 확인 메일을 발송한다. 메일 내용에 포함된 Confirm subscription 링크를 클릭해야 구독이 활성화된다. 이 과정을 진행하지 않으면 경보가 발생해도 알림 메일이 오지 않으니 주의해야 한다.

다음으로 EC2 인스턴스의 평균 CPU 사용률이 10%를 넘을 때와 5% 미만으로 내려갈 때 이메일을 보내는 로직을 추가해 보자. 이미 앞에서 오토 스케일링 그룹의 스케일 아웃과 스케일 인 룰을 실행하도록 설정해 놓았다. 이렇게 CPU 사용량의 변화에 따라 EC2 인스턴스의 수가 변화하는 과정을 메일로 인지할 수 있게 되어, 현재 시스템의 변경 사항을 직접 보지 않고도 공유받을 수 있다.

코드 8.15 스케일 아웃 경보에 SNS 알림 추가(asg.tf)

```
# 2. 스케일 아웃을 위한 CloudWatch 경보 정의
resource "aws_cloudwatch_metric_alarm" "cpu_10_high" {
  alarm_name          = "simple-showcase-cpu-10-high-alarm"
  comparison_operator = "GreaterThanThreshold"
  evaluation_periods  = 1
  metric_name         = "CPUUtilization"
  namespace           = "AWS/EC2"
  period              = 60
  statistic           = "Average"
  threshold           = 10

  dimensions = {
    AutoScalingGroupName = aws_autoscaling_group.simple_showcase_private_
server_asg.name
  }

  alarm_actions = [
    aws_autoscaling_policy.scale_out.arn,
    aws_sns_topic.alarms.arn ❶
  ]
}
```

> ❶ 기존 aws_autoscaling_policy.scale_out.arn만 존재하던 alarm_actions에 앞서
> 생성한 토픽의 ARN을 지정하여 알람을 보내도록 설정한다.

마찬가지로 스케일 인이 될 때도 알림을 받도록 cpu_5_low 경보에 동일한 SNS
토픽 ARN을 추가한다.

코드 8.16 스케일 인 경보에 SNS 알림 추가(asg.tf)

```
# 4. 스케일 인을 위한 CloudWatch 경보 정의
resource "aws_cloudwatch_metric_alarm" "cpu_5_low" {
  alarm_name          = "simple-showcase-cpu-5-low-alarm"
  comparison_operator = "LessThanThreshold"
  evaluation_periods  = 1
  metric_name         = "CPUUtilization"
  namespace           = "AWS/EC2"
  period              = 60
  statistic           = "Average"
  threshold           = 5

  dimensions = {
    AutoScalingGroupName = aws_autoscaling_group.simple_showcase_private_
server_asg.name
  }

  alarm_actions = [
    aws_autoscaling_policy.scale_in.arn,
    aws_sns_topic.alarms.arn ❶
  ]
}
```

> ❶ : 기존 aws_autoscaling_policy.scale_in.arn만 존재하던 alarm_actions에 앞서
> 생성한 토픽의 ARN을 지정하여 알람을 보내도록 설정한다.

지금까지의 과정을 통해 Simple Showcase 애플리케이션의 인프라는 정해진
규칙에 따라 서버 수를 유연하게 조절하면서 그 과정에서 일어나는 변화를 알
람을 통해 공유한다. 이를 통해 복원력을 자동화하고 운영 가시성을 확보하여
더욱 빠르고 안정적인 서비스 운영이 가능해졌다.

8.5 마치며

이번 장에서는 빠르게 성장하고 복잡해진 인프라 내부를 들여다볼 수 있는 옵저버빌리티 체계를 구축했다.

먼저, 오토 스케일링으로 인해 흩어지고 유실되기 쉬웠던 EC2 인스턴스의 로그를 CloudWatch Logs로 중앙화하여 영속성 있는 로그 시스템을 구현했다. 이를 통해 문제가 발생했을 때 개별 서버에 접속하여 헤맬 필요 없이, 한곳에서 모든 로그를 검색하고 분석할 수 있는 기반을 마련했다.

다음으로 애플리케이션 로드 밸런서, EC2, Aurora MySQL, ElastiCache 등 아키텍처의 핵심 서비스들이 보내는 각종 지표들을 CloudWatch 대시보드에 모아, 서비스의 전반적인 상태를 한눈에 파악할 수 있는 관제 화면을 완성했다. 마지막으로 CloudWatch 경보와 SNS를 연동해서 시스템에 이상 징후가 발생했을 때 자동으로 이메일 알람이 발송되도록 구성하여, 장애에 능동적으로 대응할 수 있는 체계를 갖추었다.

1장에서 모놀리식 구조로 시작한 시스템은 이제 트래픽에 따라 스스로 확장하고, 장애 발생 시 알람까지 수행하는 시스템으로 발전했다.

다음 장에서는 실제 서비스를 운영할 때 중요한 요소 중 하나인 비용에 대해 알아보고, AWS에서 제공하는 도구를 통해 인프라 운영 비용을 예측하고 관리하는 방법에 대해 살펴볼 것이다.

9장

AWS 운영 비용의 이해와 분석, Cost Explorer

9장의 전체 테라폼 코드:
https://github.com/sepiro2000/simple-showcase-terraform/tree/main/CHAP09

지금까지 8장에 걸쳐 Simple Showcase 서비스를 위한 인프라를 단계적으로 구축하고 확장하며 발전시켜 왔다. 사용자의 트래픽에 따라 서버가 자동으로 늘어나고, 장애가 발생하면 스스로 복구하며, 정적 콘텐츠를 빠르게 전송하고, 실시간으로 서비스 상태를 파악하는 모니터링 시스템까지 마련했다. 이로써 안정적인 서비스 운영을 위한 기술적 기반이 완성되었다.

이제 시야를 넓혀 인프라 운영의 또 다른 핵심 축인 비용에 대해 알아볼 차례이다. 클라우드의 가장 큰 장점인 유연성은 자칫 비용 관리의 복잡성이라는 양날의 검이 되기도 한다. 클릭 몇 번, 코드 몇 줄로 리소스를 손쉽게 생성할 수 있는 만큼 사용하지 않는 자원이 방치되거나 오토 스케일링 정책의 오작동으로 트래픽이 몰릴 때 예상치 못한 비용이 발생할 위험도 존재한다. 따라서 클라우드 운영을 위해서는 내가 만든 인프라가 비용을 어느 정도 발생시키는지 이해하고, 이를 효과적으로 추적, 관리하는 능력이 기술적 역량만큼이나 중요하다.

이번 장에서는 AWS가 제공하는 비용 관리 도구들을 사용하면서 이를 살펴본다. 먼저 종량제와 같이 클라우드 비용을 구성하는 기본적인 과금 원칙을 이해한다. 그 다음 AWS Cost Explorer를 사용하여 실제 발생한 비용을 서비스,

리전, 태그 등 다양한 기준으로 상세하게 분석하고 비용 증가의 원인을 찾는 방법도 익힌다. 더 나아가 AWS Budgets로 예산을 설정하여 지출이 임계치를 넘기 전에 경고를 받고, AWS Cost Anomaly Detection을 통해 평소와 다른 비용 패턴을 자동으로 탐지하는 등 비용을 선제적으로 관리하는 체계를 구축한다.

9.1 클라우드 비용의 기본 원칙

비용 분석을 시작하기에 앞서, AWS 비용을 산정하는 기본적인 원칙을 이해해야 한다. 클라우드 비용은 단순히 리소스를 켜고 끄는 것을 넘어, 어떤 과금 모델을 선택하고 각 리소스가 어떤 방식으로 상호작용하는지에 따라 달라지기 때문이다.

AWS의 과금 모델은 크게 두 가지, 즉 사용한 만큼 지불하는 종량제와 사용량을 약정하여 할인을 받는 약정 기반 할인 모델로 나뉜다. 각각의 모델에 대해 조금 더 살펴보자.

- 종량제(Pay-As-You-Go): 종량제는 클라우드 컴퓨팅의 가장 기본적인 과금 방식으로, 초기 비용이나 장기 계약 없이 사용한 만큼만 초 단위 또는 시간 단위로 비용을 지불하는 모델이다. 이 모델의 가장 큰 장점은 유연성이다. 언제든지 필요한 만큼 리소스를 생성하고, 필요가 없어지면 즉시 삭제하여 비용 지불을 중단할 수 있다.

  이런 특성 때문에 트래픽이 불규칙하거나 예측하기 어려운 초기 단계의 서비스, 단기적인 개발 및 테스트 환경, 새로운 서비스의 수요를 검증하는 파일럿 프로젝트 등에 적합하다. 지금까지 Simple Showcase 애플리케이션을 위한 인프라를 구축하며 생성한 모든 리소스는 기본적으로 이 종량제 모델을 따르고 있다. 하지만 유연성이 높은 만큼, 약정 기반 모델에 비해 시간당 단가가 높다는 단점이 있다.

- 약정 기반 할인(Commitment-based Discounts): 서비스가 안정화되어 트래픽과 리소스 사용량 예측이 가능해지면, 종량제보다 저렴하게 인프라를 운영할 방법이 필요하다. 약정 기반 할인은 향후 1년 또는 3년 동안 특정 사용량을

꾸준히 사용할 것을 미리 약정하는 대신, 시간당 요금을 할인받는 모델이다. 안정적으로 운영되는 서비스의 비용을 최적화하는 가장 효과적인 방법이며, 대표적으로 Savings Plans와 예약 인스턴스(Reserved Instance, RI)가 있다.

이러한 과금 모델을 기반으로 대부분의 AWS 비용은 컴퓨팅, 스토리지, 데이터 전송이라는 세 가지 핵심 요소의 조합으로 결정된다.

컴퓨팅은 가상 서버나 데이터베이스 인스턴스 등을 실행하는 데 드는 비용이다. 주로 인스턴스의 사양(vCPU, 메모리 등)과 실행된 시간을 곱하여 계산한다. EC2 인스턴스, Aurora MySQL 인스턴스, Elasticache 노드 등이 여기에 해당한다.

스토리지는 데이터를 저장하는 데 드는 비용이다. 주로 저장된 데이터의 용량과 저장 기간(월)을 곱하여 계산하며, 어떤 유형의 스토리지에 저장하느냐에 따라 GB당 단가가 크게 달라진다. EC2 인스턴스에 연결된 EBS 볼륨, S3 버킷에 저장된 정적 파일, Aurora MySQL 클러스터의 데이터 저장 공간이 스토리지 비용을 발생시킨다.

데이터 전송은 네트워크를 통해 데이터가 오고가는 데 드는 비용으로, 종종 예상치 못한 비용의 원인이 되며 이해하기 가장 어려운 요소이기도 하다. 기본적으로 인터넷에서 AWS로 들어오는 인바운드 데이터 전송 비용은 무료이지

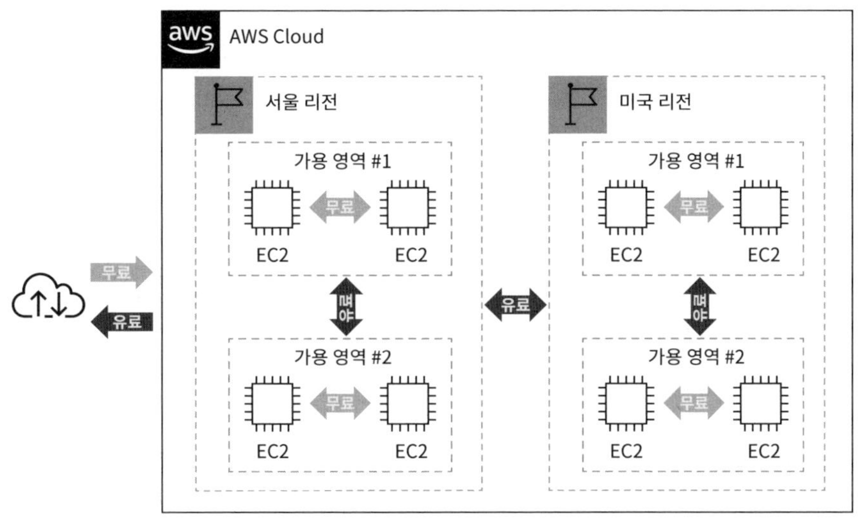

그림 9.1 AWS의 데이터 전송 비용

만, AWS에서 인터넷으로 나가는 아웃바운드 데이터 전송 비용은 유료이다. 또한, 고가용성을 위해 구성한 여러 가용 영역(AZ) 간 데이터 전송에도 비용이 발생한다. 특히 가용성을 높이기 위해 여러 가용 영역에 걸쳐 인프라를 구축하면 각 가용 영역에 위치한 EC2 인스턴스와 Aurora MySQL 클러스터, ElastiCache for Redis 노드들이 서로 통신하면서 데이터 전송 비용이 꾸준히 발생한다.

이러한 원칙들을 바탕으로, AWS가 제공하는 비용 분석 도구인 Cost Explorer를 사용하여 실제로 지출하고 있는 비용을 자세히 들여다보고 분석하는 방법을 알아보자.

9.2 Cost Explorer로 분석하기

앞 절에서 클라우드 비용의 기본 원칙을 살펴봤으니, 이제 실제 인프라에서 발생한 비용을 확인해볼 차례이다. 월별 청구서는 비용이 얼마가 나왔는지 최종 결과만 보여줄 뿐, 왜 비용이 이만큼 나왔는지는 알려주지 않는다. AWS Cost Explorer는 시간 경과에 따른 비용과 사용량 데이터를 상세하게 분석하고 시각화하여 비용 최적화의 실마리를 제공해 준다. Cost Explorer를 사용하면 어떤 서비스에서 비용이 가장 많이 발생했는지, 지난달과 비교해서 비용이 급증한 원인은 무엇인지 등을 추적할 수 있다.

다만 Cost Explorer 사용 시 몇 가지 주의할 점이 있다. 기업 환경에서 MSP (Managed Service Provider) 파트너사를 통해 요금 관리를 대행하고 있다면, 권한 정책에 따라 AWS 콘솔의 Cost Explorer 접근이 제한될 수 있다. 이 경우 보통 MSP에서 별도로 제공하는 비용 관리 포털을 이용해야 한다.

또한 Cost Explorer는 분석을 위해 가공되고 집계된 데이터를 보여주므로, 개별 리소스 단위의 아주 미세한 로그 수준 정보까지는 확인하기 어려울 수 있다. 더 깊이 있는 원천 데이터 분석이 필요하다면 AWS 비용 및 사용 보고서 (AWS Cost and Usage Reports, CUR)를 별도로 활용해야 한다.[1] 혹은 뒤이어 설명할 태그를 정교하게 설정하여 분석의 기준점을 마련하는 것도 비용 분석의 정확도를 높이는 좋은 방법이다.

---

1 AWS CUR에 대한 내용은 *https://docs.aws.amazon.com/ko_kr/cur/latest/userguide/what-is-cur.html* 에서 더 자세한 정보를 확인할 수 있다.

 Cost Explorer의 모든 기능에 접근하려면 강력한 권한이 필요하다. 일반 IAM 사용자는 보안상의 이유로 접근이 제한될 수 있다. 따라서 학습을 진행하는 현재 시점에서는 1장에서 IAM 사용자를 만들기 위해 잠시 사용한 루트 계정으로 다시 로그인하여 진행하는 것이 좋다. 실제 운영 환경에서는 재무팀이나 클라우드 관리자에게 필요한 권한(IAM Policy)를 부여하여 사용한다.

Cost Explorer를 사용하기 위해 Billing and Cost Management 서비스 콘솔로 이동한다.

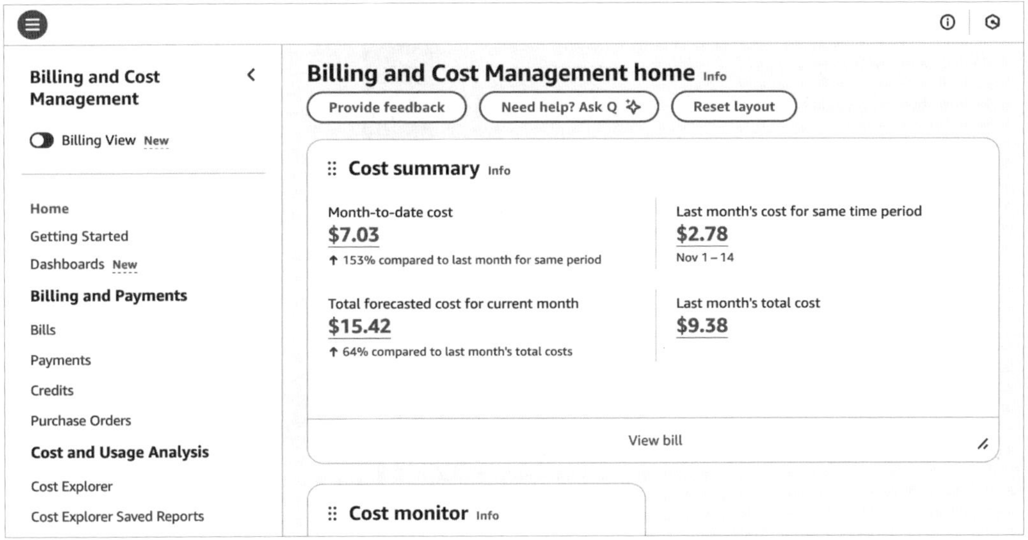

그림 9.2 Billing and Cost Management 서비스 관리 콘솔

메뉴에서 [Cost and Usage Analysis]-[Cost Explorer]를 클릭하면 분석을 시작할 수 있다. 기본 화면은 그림 9.3과 같이 지난 6개월간의 비용을 보여주는 리포트 형태이다.

먼저 Cost and usage graph를 통해 전체적인 비용 발생 현황을 파악한다. 그래프 하단의 범례를 보면 어떤 서비스가 비용의 가장 큰 부분을 차지하는지 알 수 있다. Simple Showcase 애플리케이션의 인프라에서는 RDS, 즉 Aurora MySQL 클러스터에서 가장 많은 비용이 발생한 것을 볼 수 있다. 이것이 비용 분석의 첫 단계인 가장 큰 비용 항목 식별이다.

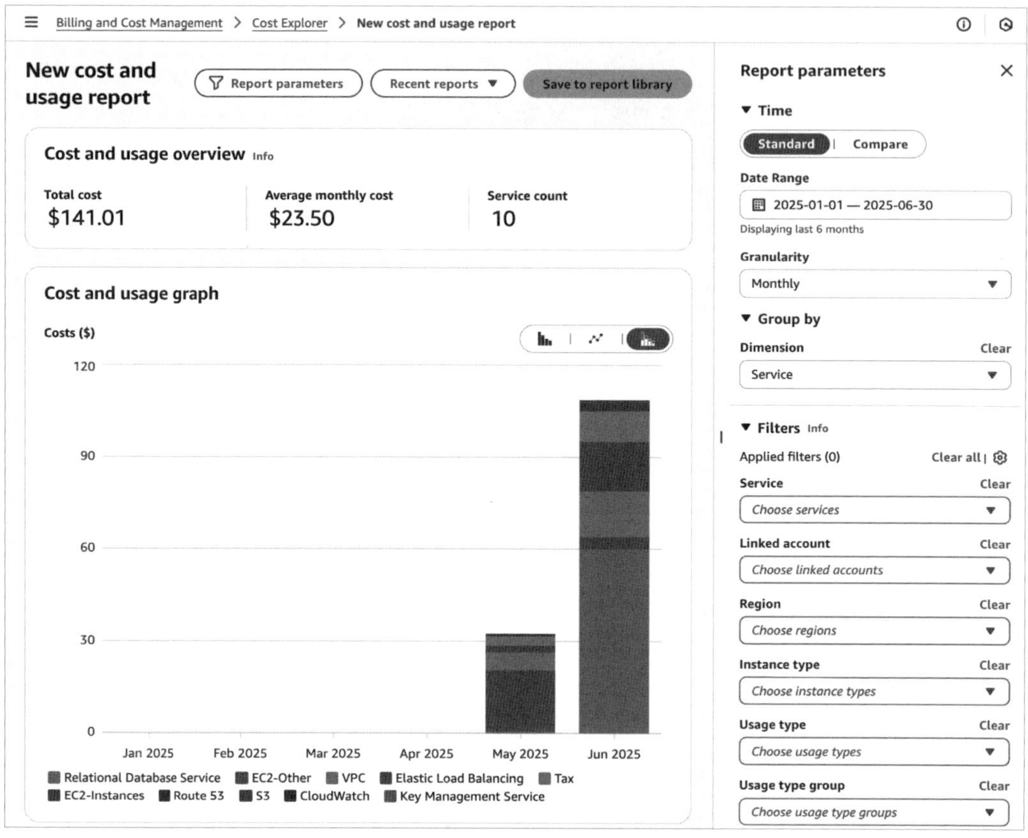

그림 9.3 Cost Explorer의 기본 화면

두 번째 단계로 RDS 비용은 구체적으로 무엇 때문에 발생했는지 분석해 보자. 오른쪽의 필터 기능을 사용하여 RDS 서비스 비용을 상세히 분석할 수 있다.

그림 9.4와 같이 필터 패널에서 'Dimension'을 'Usage type'으로 선택하고, 'Service'는 'RDS'로 지정하여 필터링한다. Dimension은 비용 데이터를 분석할 기준(서비스별, 리전별, 계정별 등)을 의미하며, Usage type은 AWS가 비용을 청구하는 세분화된 항목을 의미한다.

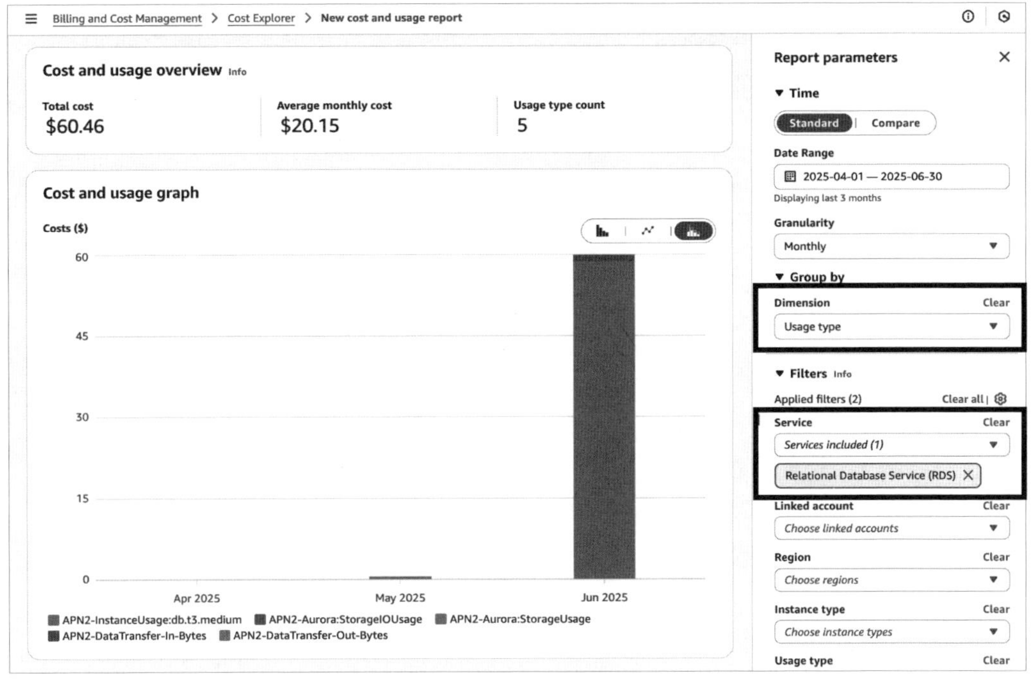

그림 9.4 세부 항목 필터링

필터링 결과로 나온 그래프를 보면, APN2-InstanceUsage:db.t3.medium이라는 항목이 비용의 대부분을 차지하는 것을 확인할 수 있다. 이 이름은 AWS의 과금 항목 약어로, 다음과 같이 해석할 수 있다.

그림 9.5 AWS 과금 항목 약어 해석

결국 이 비용은 서울 리전에서 사용한 db.t3.medium 인스턴스의 실행 시간에 대한 비용임을 알 수 있다. 화면 하단의 Cost and usage breakdown 표(그림 9.6)를 보면 그 외에도 다양한 유형의 비용이 함께 발생한 것을 확인할 수 있다.

Cost and usage breakdown (6)　　　　　⤓ Download as CSV

🔍 *Find cost and usage data*　　　　　< 1 > ⚙

	Total	April 2025	May 2025	June 2025
Total costs	$60.46	$0.00	$0.55	$59.92
APN2-InstanceUsage:db.t3.medium	$59.15	-	$0.51	$58.64
APN2-Aurora:StorageIOUsage	$1.30	-	$0.03	$1.27
APN2-Aurora:StorageUsage	$0.02	-	$0.01	$0.01
APN2-DataTransfer-In-Bytes	$0.00	-	$0.00	$0.00
APN2-DataTransfer-Out-Bytes	$0.00	-	$0.00	$0.00

그림 9.6 다른 유형의 비용들

그림 9.6을 보면 Aurora MySQL 클러스터의 스토리지 비용(APN2-Storage-Usage), IO 비용(APN2-StorageIOUsage), 데이터 전송 비용(APN2-DataTrans-fer-In-Bytes, APN2-DataTransfer-Out-Bytes) 등 앞 절에서 다룬 컴퓨팅, 스토리지, 데이터 전송이라는 3대 핵심 요소가 모두 청구되고 있다.

지금까지는 월 단위로 비용을 집계하여 보았는데, 특정 날짜에 발생한 비용 스파이크 등을 확인하려면 더 세밀한 분석이 필요하다. 필터 패널에서 'Granu-larity'를 'Daily'로 변경해 보자(그림 9.7).

일 단위로 보면 비용 변화를 훨씬 상세하게 추적할 수 있다. 예를 들어 특정 기능을 배포한 날짜 이후로 비용이 급증했다면 해당 변경 사항을 의심해 볼 수 있다. 그림 9.7에서는 실습을 진행하지 않은 날에 Aurora MySQL 클러스터를 중지시켰기 때문에, 중간중간 비용이 0으로 보이는 날들이 있음을 확인할 수 있다. 이처럼 리소스의 실행/중지와 실제 비용 발생이 어떻게 연결되는지도 직관적으로 파악할 수 있다.

이렇게 자주 사용하는 분석 조건 조합은 리포트로 저장하여 필요할 때마다 다시 필터를 설정하는 번거로움을 줄일 수 있다. [Save to report library] 버튼을 클릭하여 지금의 분석 화면을 리포트로 저장해 보자(그림 9.8).

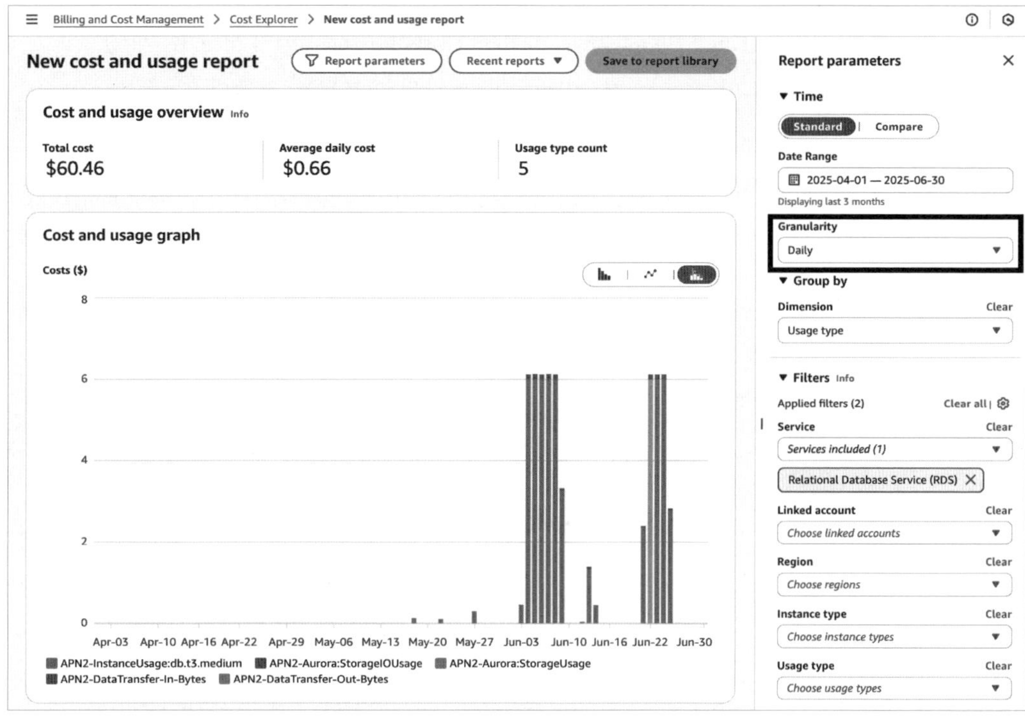

그림 9.7 일 단위 비용 보기

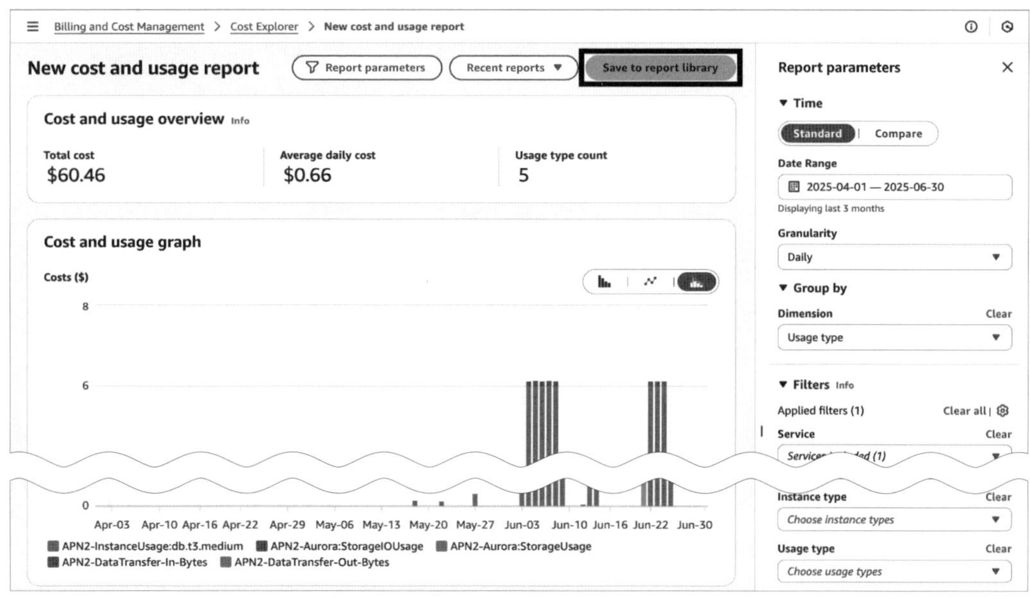

그림 9.8 리포트 만들기

리포트의 이름은 'Daily Breakdown of RDS Costs for the Last 3 Months'와 같이 내용을 명확히 알 수 있도록 지정한다. 저장된 리포트는 왼쪽의 [Cost Explorer Saved Reports] 메뉴에서 언제든지 다시 불러와 확인할 수 있다(그림 9.9). AWS에서 기본으로 제공하는 유용한 리포트들도 있으니 함께 살펴보는 것이 좋다.

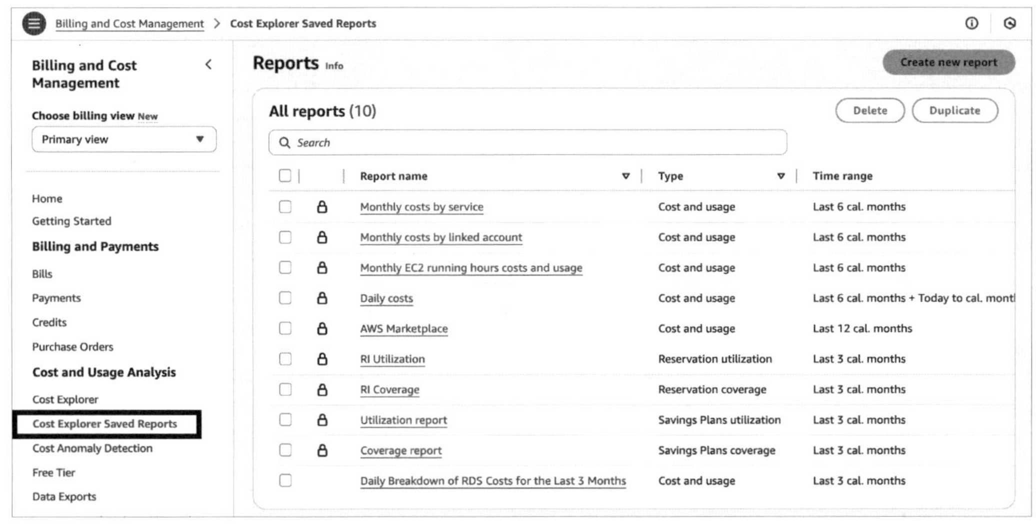

그림 9.9 생성된 리포트 확인

방금 생성한 Daily Breakdown of RDS Costs for the Last 3 Months를 클릭하면 비용 분석 내용을 다시 볼 수 있다. 이런 식으로 자주 사용하는 필터링은 리포트로 저장해 두고 필요할 때마다 확인하면 좋다.

지금까지는 AWS가 기본으로 제공하는 서비스, 리전 등의 기준으로 비용을 분석했다. 하지만 실제 운영 환경에서는 A 프로젝트에서 발생한 비용, 개발팀이 사용한 EC2 비용과 같이 조직의 논리적인 단위로 비용을 추적해야 할 필요가 있다. 이를 가능하게 하는 것이 태그 기반의 비용 추적이다.

EC2 인스턴스나 RDS DB 등에 붙인 태그를 기준으로 비용을 분류하고 분석할 수 있지만, 이를 위해서는 비용 할당 태그를 별도로 활성화해야 한다. 메뉴에서 [Cost allocation tags]를 클릭한다(그림 9.10).

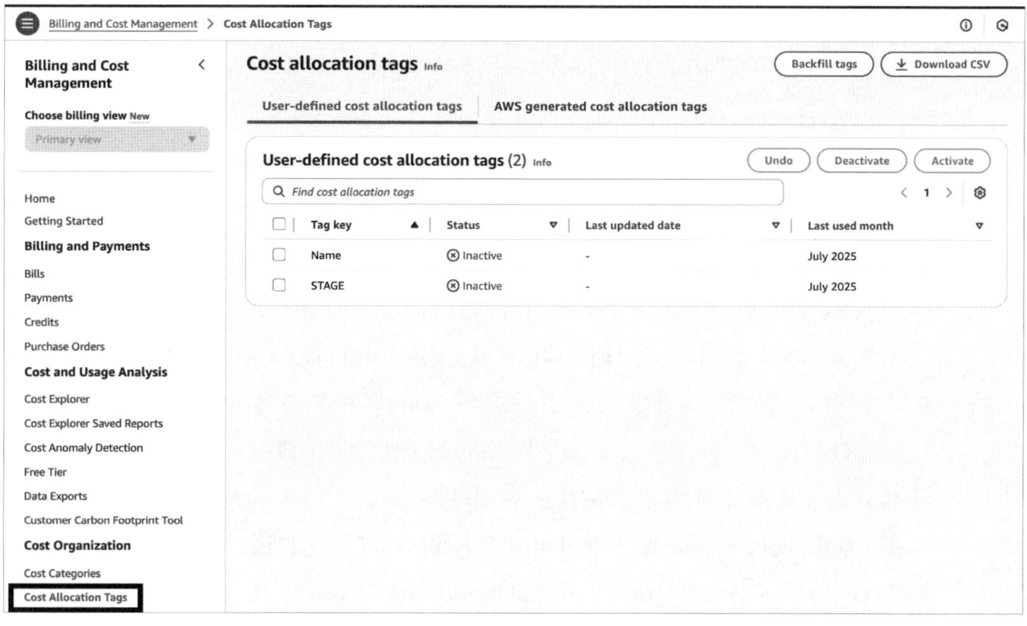

그림 9.10 Cost allocation tags 화면

[User-defined cost allocation tags] 탭에는 지금까지 리소스를 생성하며 만든, 사용자가 생성한 태그를 볼 수 있다(그림 9.11). 앞서 EC2 인스턴스를 생성했을 때 bastion-server, simple-showcase-private-server 등 Name 태그를 붙여서 사용했기 때문에 Name이라는 키를 볼 수 있다. 하지만 활성화하지 않았기 때문에 아직은 태그를 기준으로 비용을 볼 수는 없다. 이 태그를 비용 분석에 사용하려면 원하는 태그를 선택한 후(❶) [Activate] 버튼을 클릭한다(❷).

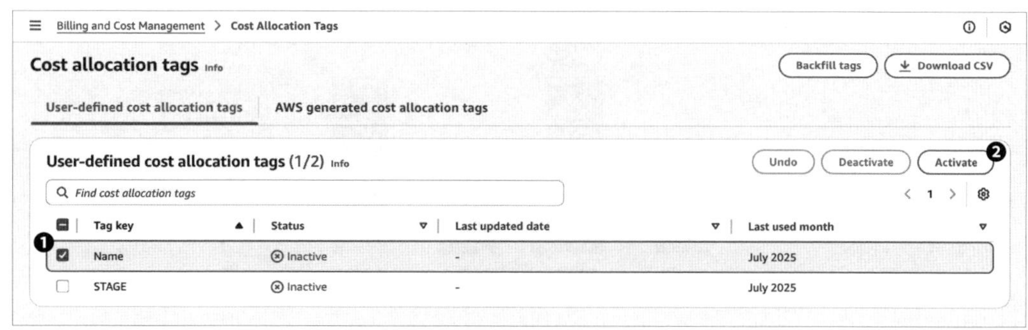

그림 9.11 태그를 통한 비용 분석 활성화

주의할 점은 태그 활성화의 경우 소급 적용이 되지 않기 때문에, 활성화한 시점 이후에 수집된 데이터에만 적용된다는 것이다. 따라서 비용 추적이 필요하다면 프로젝트 초기에 미리 태그 정책을 수립하고 활성화해두어야 한다.

[AWS generated cost allocation tags] 탭에서는 AWS가 특정 서비스에 대해 자동으로 생성해 주는 태그들을 볼 수 있다. 이 중에서 aws:autoscaling:groupName 태그를 활성화하면, 여러 오토 스케일링 그룹을 운영할 때 각 그룹별로 발생한 EC2 인스턴스 비용을 분리하여 분석할 수 있어 매우 유용하다.

태그 활성화 후 Cost Explorer에 데이터가 반영되기까지는 최대 24시간이 소요될 수 있다. 충분한 시간이 지난 뒤 Cost Explorer의 필터에서 'Dimension'을 'Tag'로(❶), 그리고 원하는 태그 키(예: Name)를 선택하면(❷) 그림 9.12와 같이 태그 값별로 분류된 비용을 확인할 수 있다.

지금까지 Cost Explorer를 사용하여 비용을 다각도로 분석하고, 태그를 통해 추적하는 방법을 살펴보았다. 이제 AWS Budgets를 사용해서 예산을 설정하고 초과 지출을 방지하기 위한 알림 체계를 구축해 보자.

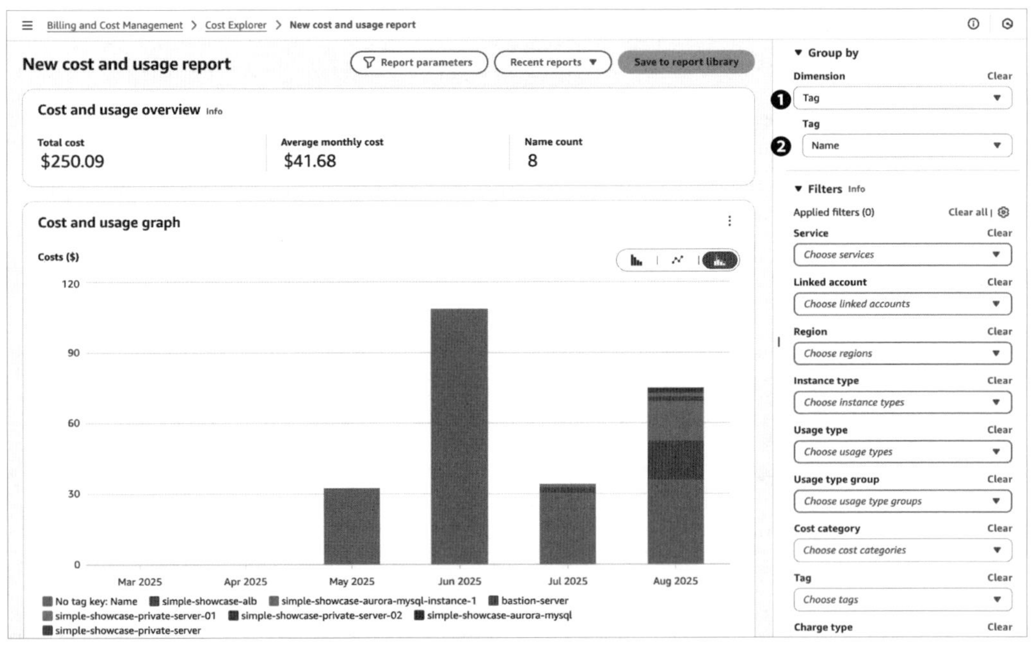

그림 9.12 태그 기반의 비용 분석 화면

9.3 AWS Budgets를 통한 예산 설정 및 관리

앞 절에서는 Cost Explorer를 사용하여 비용을 분석하고 원인을 추적하는 방법을 배웠다. 이는 지출 내역을 이해하는 데 매우 중요하지만, 이미 발생한 비용을 확인하는 사후 분석에 가깝다. 이것만으로는 예상치 못한 설정 오류나 트래픽 급증으로 인한 요금 폭탄을 실시간으로 막을 수 없다.

이러한 문제를 해결하기 위해 AWS는 AWS Budgets라는 서비스를 제공한다. AWS Budgets는 사용자가 특정 기간(월별, 분기별, 연간)에 대한 예산을 미리 설정하고, 실제 사용 비용이나 예상 비용이 그 예산에 도달하거나 초과할 것으로 예측될 때 즉시 알림을 보내준다. 이를 통해 비용 문제를 조기에 인지하고 대응할 수 있는 선제적인 비용 관리 체계를 구축할 수 있다.

이번 절에서는 Simple Showcase 서비스 전체에 대해 월별 비용 예산을 $50으로 설정하고, 지출이 예산의 30%에 도달했을 때 지정된 이메일로 알림을 받는 시스템을 만들어 볼 것이다.

코드 9.1 예산 설정 및 알림 설정(budgets.tf)

```
resource "aws_budgets_budget" "simple_showcase_monthly_all_services" {
  name         = "simple-showcase-monthly-all-services"
  budget_type  = "COST"       ❶
  limit_amount = "50"         ❷
  limit_unit   = "USD"        ❸
  time_unit    = "MONTHLY"    ❹

  # 알림 설정
  notification {
    comparison_operator = "GREATER_THAN"   ❺
    threshold           = 30               ❻
    threshold_type      = "PERCENTAGE"     ❼
    notification_type   = "ACTUAL"         ❽

    subscriber_email_addresses = ["sepiro2000@naver.com"]   ❾
  }
}
```

❶ 예산의 유형을 지정한다. 예제 코드에서는 비용(COST)으로 설정한다. 이는 가장 일반적인 방식으로, 금전적 지출을 추적한다. 이 외에도 특정 서비스의 사용량(예: S3 스토리지 100GB 사용 등)을 추적하는 USAGE, 예약 인스턴스 사용률을 추적하는 RI_UTILIZATION

등 다양한 유형을 설정할 수 있다.

❷ 예산의 한도 금액을 지정한다. 예제 코드에서는 50으로 설정한다. 이 값을 초과하는지를 기준으로 예산 준수 여부를 판단한다.

❸ 예산 한도의 통화 단위를 지정한다. 예제 코드에서는 미국 달러(USD)로 설정한다.

❹ 예산의 기간 단위를 지정한다. 예제 코드에서는 월별로 설정한다. 이 설정에 따라 예산은 매월 1일에 초기화된다. 필요에 따라 분기별(QUARTERLY), 연간(ANNUALLY)으로도 설정할 수 있다.

❺ 알림을 발생시키는 비교 연산자를 지정한다. 예제 코드에서는 초과(GREATER_THAN)로 설정한다. 즉, 실제 지출이 설정된 임계값을 넘어설 때 알림이 발생한다.

❻ 알림이 발생할 임계값을 숫자로 지정한다. 예제 코드에서는 30으로 설정한다. 이 숫자가 백분율을 의미하는지, 절대 금액을 의미하는지는 바로 아래 threshold_type에서 결정한다.

❼ 임계값의 유형을 지정한다. 예제 코드에서는 백분율(PERCENTAGE)로 설정한다. 여기서는 ❻에서 설정한 50이라는 값과 조합되어 예산 한도의 30%, 즉 $50의 30%인 $15가 임계값이 된다.

❽ 알림의 기준을 지정한다. 예제 코드에서는 실제 발생 비용(ACTUAL)으로 설정한다. AWS는 머신러닝을 통해 월말 예상 비용도 예측해주는데, FORECASTED로 설정하면 실제 지출이 아니라 예상 지출이 임계값을 넘을 것으로 예측될 때 알림을 받을 수도 있다.

❾ 알림을 수신할 구독자의 이메일 주소를 지정한다. 여러 명에게 동시에 알림을 보내야 할 경우, 콤마로 구분하여 이메일 주소를 여러 개 추가할 수 있다.

테라폼 워크플로를 실행하여 변경 사항을 적용한 다음 AWS Budgets 서비스 콘솔을 확인해 보면 예산 모니터링이 시작된 것을 볼 수 있다(그림 9.13). 예산 막대 그래프는 현재까지의 지출(Current), 월말 예상 지출(Forecasted), 그리고 앞서 설정한 예산 한도(Budgeted)를 시각적으로 보여 주어 비용 현황을 직관적으로 파악하게 해준다. 또한 이미 설정한 임계값($50의 30%인 $15)을 넘었

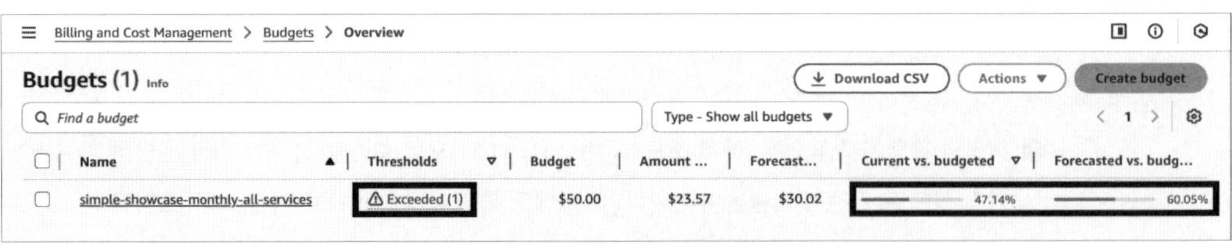

그림 9.13 Budgets 서비스 콘솔 화면

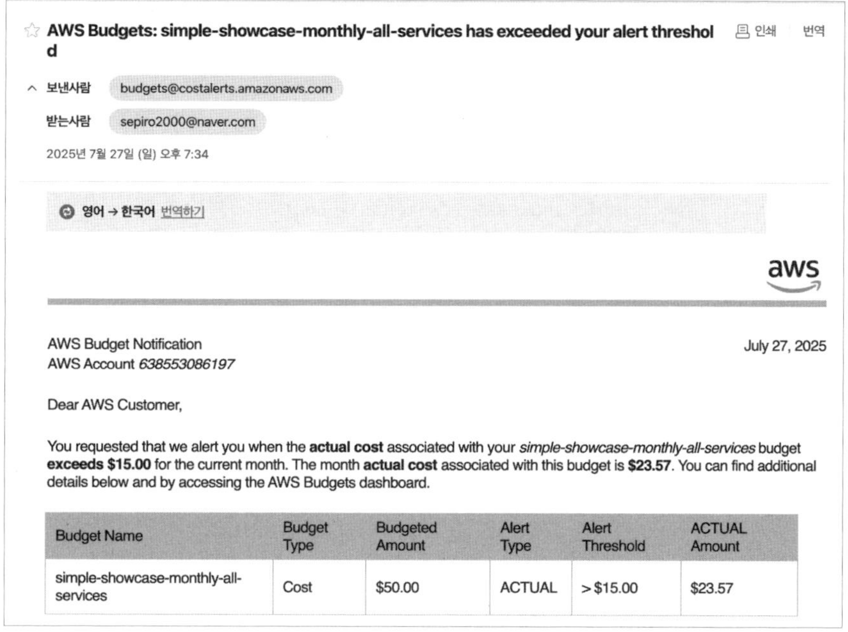

그림 9.14 비용 임계값 관련 알림 메일

기 때문에 Exceeded 상태가 된 것을 볼 수 있다.

실제 비용이 설정한 알림 임계값을 초과했기 때문에, 수 분 정도의 시간이 지난 후 앞서 지정한 이메일 주소로 알림 메일을 발송한다(그림 9.14).

이렇게 이메일을 받으면 비용이 예상보다 빠르게 소진되고 있음을 인지하고 즉시 Cost Explorer로 원인을 분석하거나 불필요한 리소스를 종료하는 등의 조치를 취할 수 있다. 이처럼 AWS Budgets는 의도치 않은 과다 비용 청구를 막아주는 중요한 안전 장치 역할을 한다.

앞서 설정한 예산은 계정에서 발생하는 모든 비용을 합산하여 추적한다. 이는 전체적인 지출을 관리하는 좋은 방법이지만, 어떤 서비스가 예산 소진의 주범인지 알려주지는 않는다. 따라서 비용 구조를 더 세밀하게 관리하기 위해 지출이 가장 큰 항목에 대해 별도의 예산을 설정하는 것도 좋다.

전체 서비스를 대상으로 할 수도 있지만 일부 서비스를 대상으로도 할 수 있다. Cost Explorer 분석을 통해 Simple Showcase 애플리케이션의 인프라에서 RDS 비용이 가장 큰 비중을 차지하는 것을 확인했으니, RDS 서비스에 대해서

별도로 월 $25의 예산을 설정하고, 이 예산의 80%가 소진되었을 때 알림을 받
도록 예산을 하나 더 생성해 보자.

코드 9.2 RDS 대상 비용 알람 설정(budgets.tf)

```
resource "aws_budgets_budget" "simple_showcase_rds_monthly" {
  name          = "simple-showcase-rds-monthly-cost"
  budget_type   = "COST"
  limit_amount  = "25"
  limit_unit    = "USD"
  time_unit     = "MONTHLY"

  # 비용 필터: "Amazon Relational Database Service" 비용만 집계
  cost_filter {
    name   = "Service" ❶
    values = ["Amazon Relational Database Service"] ❷
  }

  # 알림 설정
  notification {
    comparison_operator = "GREATER_THAN"
    threshold           = 80
    threshold_type      = "PERCENTAGE"
    notification_type   = "ACTUAL"

    subscriber_email_addresses = ["sepiro2000@naver.com"]
  }
}
```

❶ 비용을 필터링할 기준을 지정한다. 예제 코드에서는 기준을 서비스(Service)로 지정한
다. Cost Explorer에서 사용했던 필터와 동일한 개념이다. Service 외에도 Tag, Region
등 다양한 기준으로 필터링할 수 있다.

❷ 필터링할 기준에 부합하는 값을 지정한다. 앞서 서비스로 지정했기 때문에 AWS의 서비
스 중 하나로 지정해야 하며 RDS의 비용을 필터링할 것이기 때문에 Amazon Relational
Database Service로 설정한다. 서비스 이름은 Cost Explorer에 표시되는 공식 명칭과 정
확히 일치해야 한다. 이 값은 목록 형태이기 때문에 여러 서비스를 동시에 필터링할 수 있
다. 만약 EC2와 RDS 비용을 합산하여 추적하고 싶다면 Amazon Elastic Comput Cloud
- Compute, Amazon Relational Database Service와 같이 여러 값을 지정한다.

테라폼으로 변경 사항을 적용하고 나면 그림 9.15와 같이 기존의 전체 예산 외
에 RDS 서비스만을 위한 예산이 새로 생성된 것을 볼 수 있다.

그림 9.15 RDS 예산 항목 생성

지금까지 과정을 통해 예산을 설정하고 알림을 받는 체계까지 만들어 두었다. 이는 예상한 범위 내에서 비용을 관리하는 좋은 방법이다. 하지만 갑작스러운 트래픽 증가나 설정 오류로 인해 평소와 다른 패턴으로 비용이 급증하는 것은 어떻게 감지할 수 있을까? 다음 절에서는 Cost Anomaly Detection으로 이러한 비정상적인 비용 증가를 자동으로 탐지하는 방법을 알아보자.

9.4 이상 비용을 탐지하는 Cost Anomaly Detection

앞서 AWS Budgets를 통해 명확한 예산 상한선을 설정하고 관리하는 방법을 배웠다. 이는 알고 있는 위험, 즉 정해진 예산을 초과하는 상황에 대비하는 좋은 방법이다. 그런데 예산의 임계치에 도달하지는 않았지만, 평소와는 다른 이례적인 비용이 발생하고 있다면 어떨까? 예를 들어 매일 $1씩 꾸준히 발생하던 서비스에서 갑자기 $30의 비용이 발생했다고 가정해 보자. 월별 예산이 $100라면 이 변화로 Budgets 경고가 울리지는 않겠지만, 분명 시스템에 예상치 못한 변화가 생겼다는 신호가 될 수 있다.

이처럼 고정된 임계값 기반의 시스템이 놓칠 수 있는 비정상적인 비용 패턴을 자동으로 찾아내는 것이 AWS Cost Anomaly Detection이다. 이 서비스는 머신러닝을 사용하여 과거 비용 및 사용량 데이터를 지속적으로 학습하고, 이를 바탕으로 정상적인 지출 패턴 모델을 생성한다. 그리고 실제 발생하는 비용이 이 모델의 예상 범위를 벗어나면 이를 이상(Anomaly) 상황으로 탐지하여 즉시 알린다.

Cost Anomaly Detection을 사용하기 위해서는 두 단계의 설정이 필요하다. 먼저 어떤 비용을 감시할지 정의하는 모니터(Monitor)를 생성하고, 다음으로 이상 상황이 탐지되었을 때 알림을 보낼 구독(Subscription)을 설정한다.
먼저 어떤 기준으로 비용을 감시할지 정의하는 모니터를 생성한다.

코드 9.3 비용 이상 상황 탐지 모니터 생성(cost_anomaly_detection.tf)

```
resource "aws_ce_anomaly_monitor" "monitor" {
  name               = "simple-showcase-cost-anomaly-monitor"
  monitor_type       = "DIMENSIONAL" ❶
  monitor_dimension = "SERVICE"        ❷
}
```

❶ 모니터의 유형을 지정한다. DIMENSIONAL은 ❷에 지정된 기준에 따라 AWS가 비용을 자동으로 분류하고, 각 분류 항목마다 개별적인 모델을 만들어 이상 상태를 감지하는 방식이다. CUSTOM 유형을 사용하면 태그나 비용 카테고리 등 더 상세한 조건을 직접 지정할 수도 있다.

❷ 모니터링할 항목을 서비스(SERVICE)로 설정한다. 이렇게 설정하면 Cost Anomaly Detection은 EC2, RDS, S3 등 각 서비스별로 비용 패턴을 개별적으로 학습하고 분석한다.

모니터가 이상 비용을 감지했을 때 그 사실을 알려줄 알림 채널을 설정해야 한다. 이를 위해 구독을 생성한다.

코드 9.4 이상 비용 탐지 알림 구독 설정(cost_anomaly_detection.tf)

```
resource "aws_ce_anomaly_subscription" "email_alerts" {
  name      = "simple-showcase-cost-anomaly-subscription"
  frequency = "IMMEDIATE" ❶

  # 위에서 생성한 모니터의 ARN을 참조하여 연결
  monitor_arn_list = [aws_ce_anomaly_monitor.service_monitor.arn] ❷

  # 알림을 받을 대상으로 SNS 토픽 지정
  subscriber {
    type    = "SNS" ❸
    address = aws_sns_topic.alarms.arn # 8장에서 생성한 SNS 토픽 ARN ❹
  }
}
```

❶ 알림 빈도를 설정한다. IMMEDIATE는 이상이 탐지되는 즉시 알림을 발송하라는 의미로, 비용 문제를 가장 빠르게 인지할 수 있는 설정이다. DAILY나 WEEKLY로 설정하여 요약 보고서 형태로 받아볼 수도 있다.

❷ 이 구독이 어떤 모니터를 바라볼지 지정한다. 앞서 생성한 모니터의 ARN을 참조하여 설정한다.

❸ 알림을 수신할 대상을 정의한다. 8장에서 CloudWatch 알람을 이메일로 받기 위해 만들었던 SNS를 그대로 사용하면 이상 비용 탐지 알람을 이메일로 받아볼 수 있기 때문에 SNS로 설정한다.

❹ ❸과 같은 이유로 8장에서 생성한 SNS의 ARN을 참조하여 설정한다.

이렇게 간단한 설정을 통해 정해진 예산을 넘어서는 것뿐만 아니라, 예산 내에서 발생하더라도 평소와 다른 패턴을 보이는 비용 변화를 자동으로 감지하고 알림을 받을 수 있는 정교한 비용 관리 체계를 완성했다.

9.5 마치며

이번 장에서는 AWS 인프라 운영의 또 다른 핵심 축인 비용 관리에 대해 알아보았다. 비용 구조의 기본 원칙을 이해하는 것에서 시작하여, 세 가지 강력한 도구를 통해 클라우드 비용을 다각도로 통제하고 분석하는 방법을 익혔다.

먼저 AWS Cost Explorer로 발생한 비용의 상세 내역을 분석하여 '어디에서 왜 비용이 발생했는가'라는 질문에 답할 수 있게 되었다.

AWS Budgets를 통해서는 사전에 정의된 예산을 초과하지 않도록 경고하는 안전 장치를 마련하여 예상치 못한 과다 지출을 선제적으로 방지하는 체계를 구축했다.

마지막으로 AWS Cost Anomaly Detection을 통해서는 고정된 예산 설정만으로는 감지할 수 없는, 평소와 다른 비정상적인 비용 패턴을 머신러닝으로 탐지하여 알려지지 않은 위험에 대비하도록 했다.

이것으로 Simple Showcase 애플리케이션을 위한 인프라 구축과 운영에 필요한 핵심 기술 여정을 모두 마쳤다. 1장에서 시작한 작은 EC2 인스턴스 하나는 이제 외부 요청을 받아들이는 로드 밸런서, 트래픽에 따라 유연하게 확장되는 오토 스케일링 그룹, 안정적인 관리형 데이터베이스 Aurora, 빠른 콘텐츠 전송을 위한 CDN과 캐시, 그리고 모니터링과 비용 관리 체계까지 갖춘 아키텍처로 성장했다.

이제 마지막 10장에서는 한 걸음 물러서서 1장부터 9장까지 만들어온 전체 아키텍처의 모습을 다시 한번 조망하고, 이 아키텍처가 앞으로 어떤 방향으로 더 발전해 나갈 수 있는지에 대한 로드맵을 살펴보며 여정을 마무리하려 한다. 컨테이너 도입, 서버리스 아키텍처 전환, CI/CD를 통한 배포 자동화 등 다음 단계로 나아가기 위해 무엇이 필요할지 살펴보자.

10장

다음 단계의 아키텍처를 위한 고민

한 대의 EC2 인스턴스에서 시작한 Simple Showcase 애플리케이션은 이제 외부 트래픽 변화에 유연하게 대응하고, 데이터베이스와 정적 파일을 분리하여 효율적으로 처리하며, 예상치 못한 장애가 발생해도 스스로 복구하는 능력을 갖춘 아키텍처로 성장했다.

하지만 현재 아키텍처를 한 단계 더 발전시킬 지점들이 남아 있다. 예를 들어 컨테이너 기술과 쿠버네티스를 도입하여 이식성을 높이거나, 프로메테우스와 그라파나, 오픈서치와 같은 오픈소스를 활용해 모니터링 및 로그 분석 시스템을 고도화할 수 있다.

서비스 성장에 따른 비용 효율성 또한 중요한 과제가 된다. 이를 위해 세이빙스 플랜, 예약 인스턴스, 스팟 인스턴스 등을 활용하여 인프라 비용을 최적화하는 방안을 모색해야 한다.

이번 장에서는 이처럼 앞서 만든 아키텍처를 개선하는 데 도움이 될 기술과 방법론을 소개한다. 각 주제를 깊이 있게 다루기보다는 해당 기술이 왜 필요한지, 현재 아키텍처에 어떻게 적용할 수 있는지를 중점적으로 살펴본다.

10.1 지금까지의 아키텍처 돌아보기

본격적인 논의에 앞서, 1장부터 9장까지의 여정을 통해 완성한 Simple Show case 애플리케이션의 인프라 아키텍처를 돌아보자. 각 AWS 서비스가 어떤 문제를 해결하기 위해 도입되었고, 어떻게 유기적으로 연결되어 하나의 시스템을 이루었는지 다시 한번 확인함으로써 앞으로 논의할 개선점의 명확한 기준을 세울 수 있다.

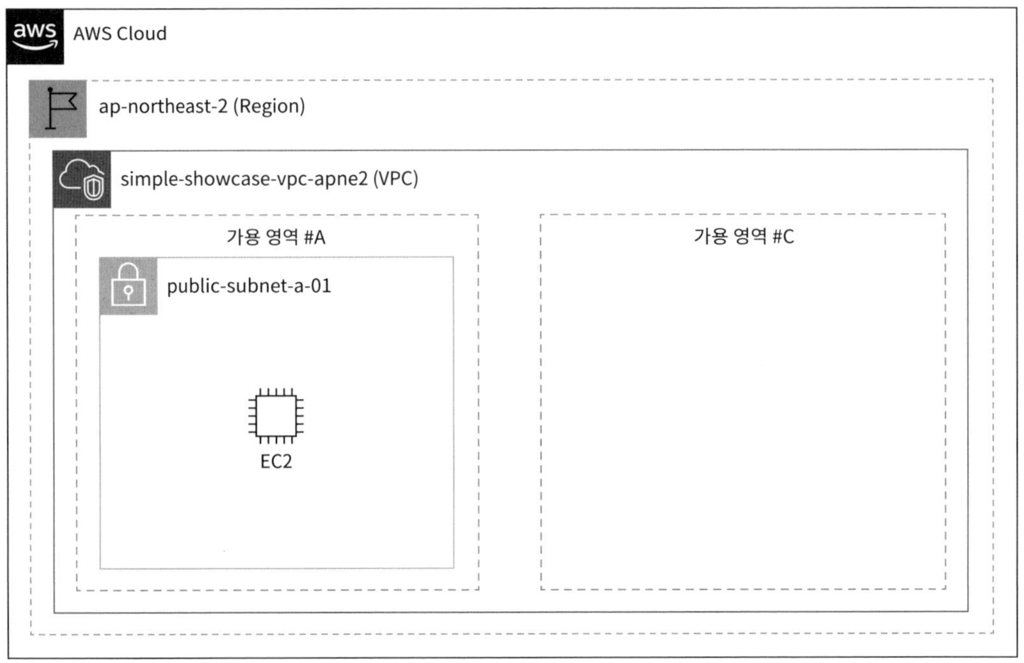

그림 10.1 모놀리식 구조의 아키텍처

먼저 1장에서 VPC 네트워크를 설계하고, 2장에서는 이 VPC 안에 위치한 단일 EC2 인스턴스에 웹 서버(Nginx), API 서버(Go), 데이터베이스(MySQL)를 모두 설치하는 모놀리식 구조를 채택했다(그림 10.1). 이 방식은 초기 개발과 배포가 빠르다는 장점이 있지만, 운영 환경에서는 몇 가지 약점이 있었다. 특정 컴포넌트의 자원 사용량이 급증하면 다른 컴포넌트에 영향을 주고, 서버 장애가 곧 전체 서비스의 중단으로 이어지는 단일 장애점(Single Point of Failure,

SPOF)이 되었다. 또한 트래픽이 증가해도 수직 확장(Scale-up) 외에는 뚜렷한 대응책이 없어 확장성에도 명확한 한계가 있었다.

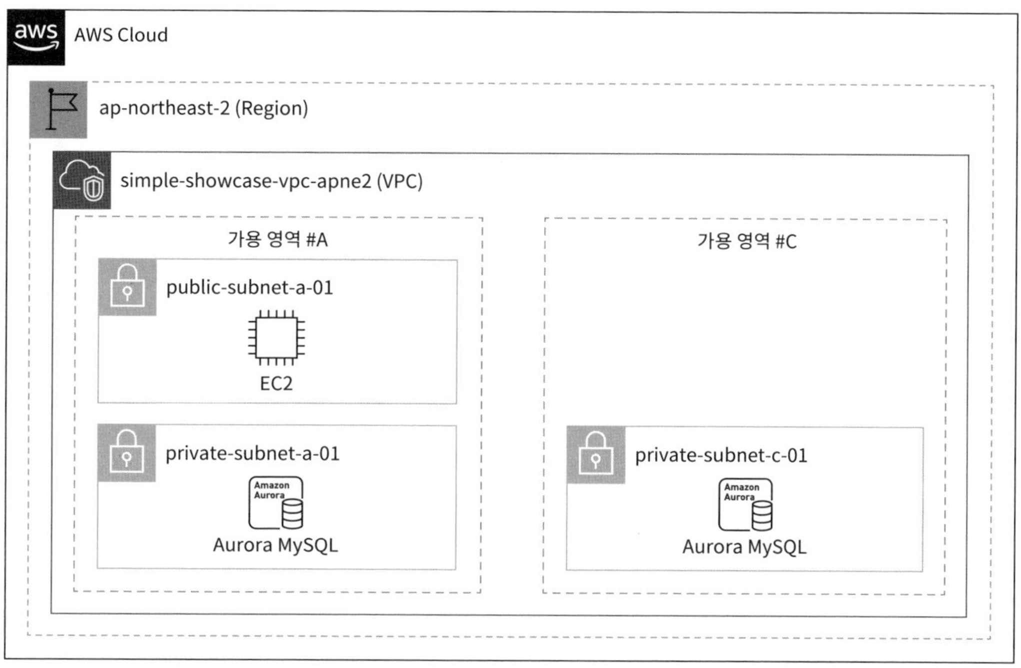

그림 10.2 Aurora MySQL 도입 후 아키텍처

이 문제를 해결하기 위해 첫 번째로 데이터베이스 분리를 진행했다(그림 10.2). 3장에서는 직접 설치하여 운영하던 MySQL을 AWS의 완전 관리형 데이터베이스 서비스인 Aurora MySQL로 이전했다. Aurora는 다중 가용 영역(AZ)에 데이터를 복제하여 높은 내구성과 가용성을 보장하며, 백업이나 복구, 패치와 같은 운영 업무를 자동화해준다. 이를 통해 개발자는 데이터베이스 관리 부담에서 벗어나 비즈니스 로직 개발에 더 집중할 수 있게 된다. 또한 데이터베이스를 외부 접근이 원천적으로 차단된 프라이빗 서브넷으로 이전하여 보안을 강화했다.

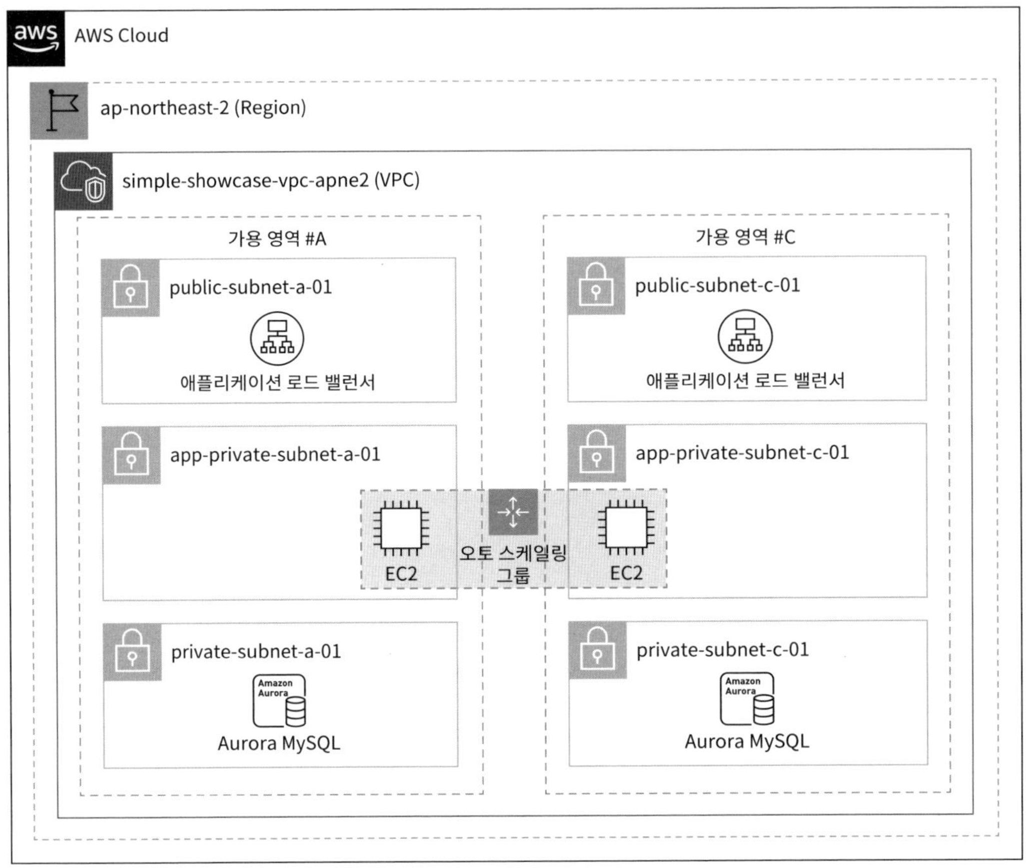

그림 10.3 애플리케이션 로드 밸런서와 오토 스케일링 그룹으로 트래픽에 자동 대응하는 아키텍처

다음으로 4장과 5장에 걸쳐 애플리케이션 계층의 가용성과 확장성 확보에 집중했다. 애플리케이션 로드 밸런서(Application Load Balancer, ALB)를 도입하여 외부에서 들어오는 트래픽을 여러 EC2 인스턴스로 분산시켰다. 애플리케이션 로드 밸런서는 단순히 트래픽만 분산하는 것이 아니라, 각 인스턴스의 상태를 주기적으로 확인하여 비정상적인 인스턴스로는 트래픽을 보내지 않기 때문에 가용성을 높여준다. 이어 오토 스케일링 그룹(Auto Scaling Group)을 설정하여, CPU 사용률과 같은 시스템 지표에 따라 EC2 인스턴스 수를 자동으로 늘리거나 줄이도록 구성했다. 이로써 갑작스러운 트래픽 증가에도 유연하게 대응하고, 트래픽이 적은 시간에는 인스턴스 수를 줄여 비용을 최적화하는 탄력

적인 아키텍처를 만들었다. 이 과정에서 기존에 퍼블릭 서브넷에 있던 EC2 인스턴스를 모두 프라이빗 서브넷으로 옮기고, 애플리케이션 로드 밸런서만이 유일한 진입점이 되도록 만들어서 외부 공격으로부터 애플리케이션 서버를 보호할 수 있도록 보안을 더욱 강화했다(그림 10.3).

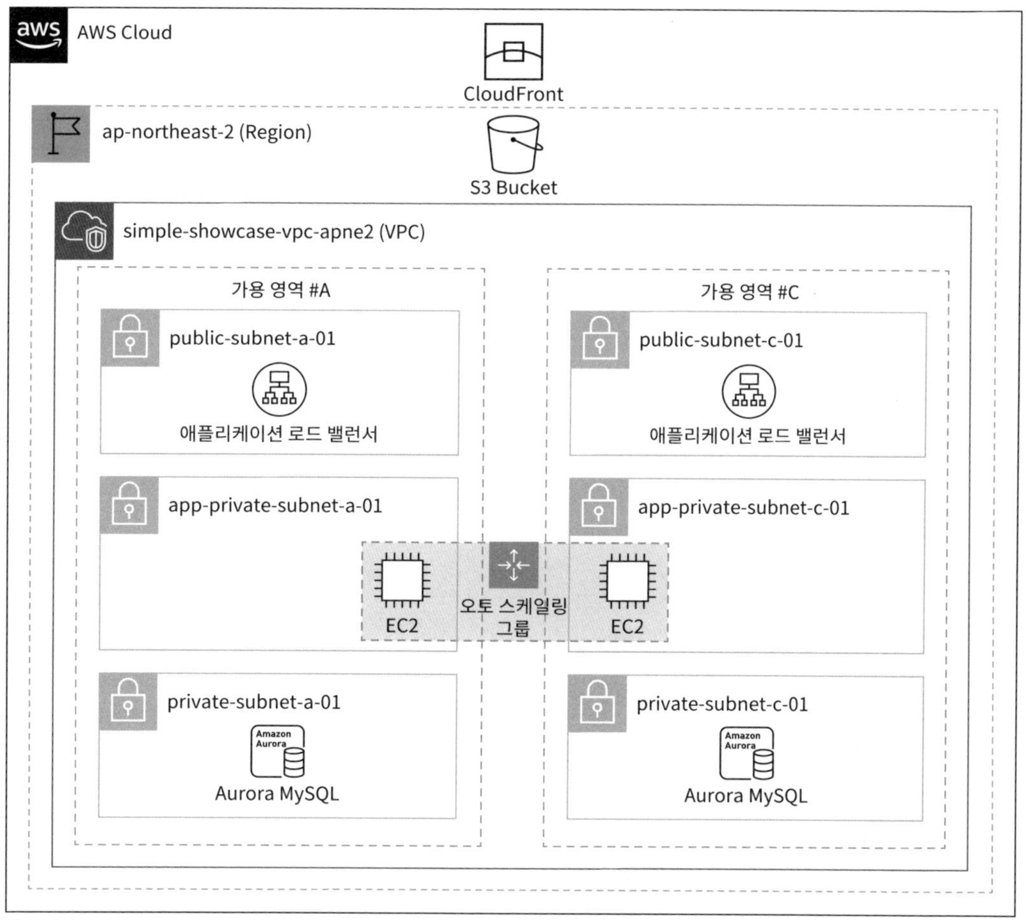

그림 10.4 정적 콘텐츠와 동적 콘텐츠 분리 후 아키텍처

이어서 애플리케이션 서버의 부하를 줄이고 사용자 경험을 향상시키기 위해 정적 콘텐츠와 동적 콘텐츠의 처리를 분리했다(그림 10.4). 기존에는 EC2 인스턴스가 API 요청 처리와 함께 React 애플리케이션의 빌드 결과물인 HTML,

CSS, JavaScript 파일 같은 정적 파일 전송까지 담당했다. 이는 API 서버의 리소스를 불필요하게 소모하는 비효율적인 방식이었다. 6장에서는 이러한 정적 파일들을 저렴하고 내구성이 뛰어난 스토리지 서비스인 S3로 이전했다. 여기에 더해, 전 세계에 분산된 엣지 로케이션에 콘텐츠를 캐싱하여 사용자에게 더 빠르게 전송하는 CDN 서비스인 클라우드프론트를 연동했다. 이로써 사용자들은 어디서 접속하든 빠른 로딩 속도를 경험하고, EC2 인스턴스들은 오롯이 동적인 API 요청 처리에만 집중할 수 있게 되었다.

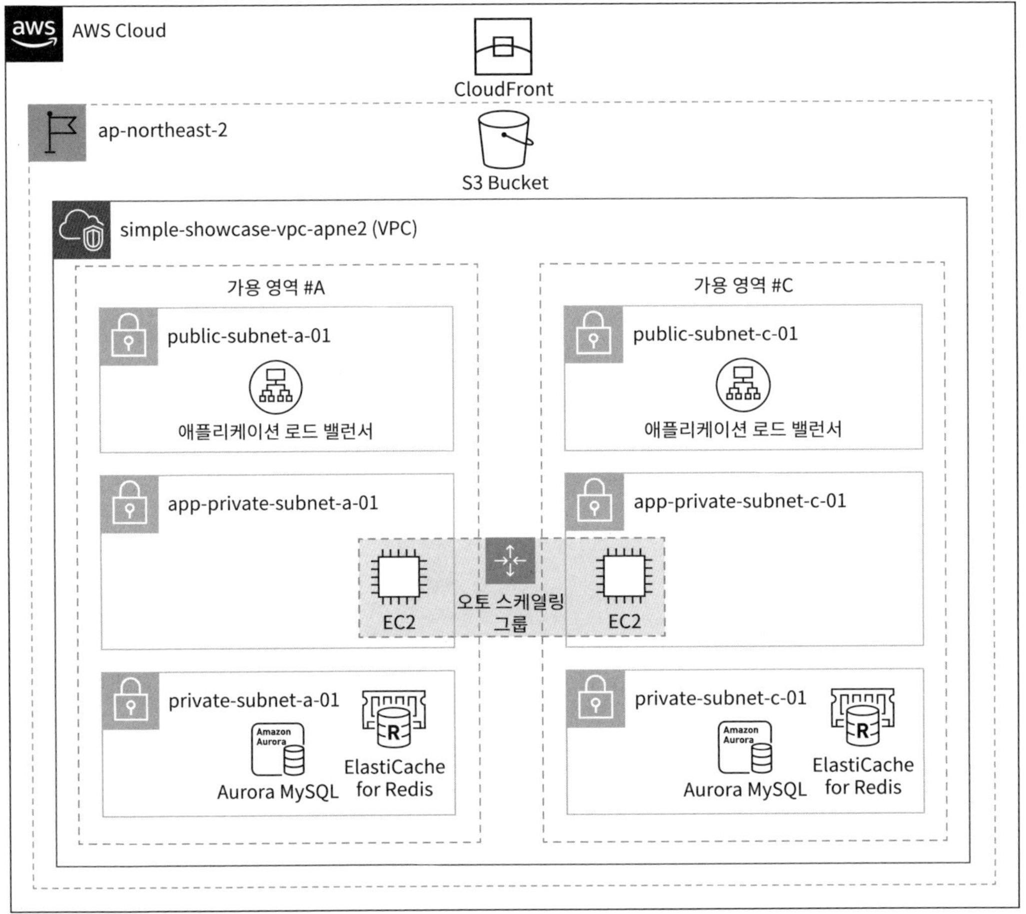

그림 10.5 인메모리 캐시 레이어 도입 후 아키텍처

7장에서는 데이터베이스의 부하를 줄여 응답 속도를 향상시키기 위해 인메모리 캐시 레이어를 추가했다(그림 10.5). 사용자가 자주 요청하는 데이터나 연산 비용이 비싼 조회 결과를 매번 데이터베이스에서 가져오는 것은 비효율적이다. 이를 해결하기 위해 완전 관리형 인메모리 데이터 스토어인 ElastiCache for Redis를 도입했다. 애플리케이션은 이제 데이터베이스를 조회하기 전에 먼저 캐시를 확인하고, 캐시에 데이터가 존재하면 즉시 반환한다. 이 캐시 계층의 추가로 애플리케이션의 응답 속도가 크게 향상되었으며, 데이터베이스의 불필요한 읽기 부하를 줄였다.

이렇게 완성된 현재의 아키텍처는 가용성, 확장성, 성능, 관리 효율성 측면에서 초기 모델인 모놀리식 아키텍처와 비교할 수 없을 정도로 발전했다. 이제 이 아키텍처를 기반으로 어떤 부분을 더 개선하고 고도화할 수 있을지 구체적으로 살펴보자.

10.2 컨테이너 도입을 통한 아키텍처 개선

5장에서 오토 스케일링 그룹을 도입해 트래픽에 따라 EC2 인스턴스가 자동으로 확장/축소되는 탄력적인 아키텍처를 완성했다. 애플리케이션이 이미 설치된 AMI를 바탕으로 EC2 인스턴스를 생성하여, 인스턴스가 시작된 후 별다른 설정 없이 즉시 서비스 가능한 상태가 되도록 만들었다. 또한 8장에서는 user-data를 활용하여 EC2 인스턴스가 생성되는 시점에 CloudWatch 에이전트를 설치하고 로그를 수집하도록 구성했다. 이 방식은 인프라를 코드로 관리하며 자동화를 구현했다는 점에서 의미가 있지만, 실제 운영 환경에서는 몇 가지 현실적인 문제에 부딪히게 된다.

골든 이미지(Golden Image)라 불리는 AMI를 미리 만들어두는 방식은 인스턴스의 시작 시간을 크게 단축시키고 배포 일관성을 높여주는 장점이 있다. 하지만 애플리케이션 코드의 작은 변경 하나에도 OS를 포함한 AMI 전체를 새로 빌드하고 테스트하는 과정이 필요하다. 이는 전체적인 배포 파이프라인을 복잡하고 느리게 만드는 원인이 된다. 7장에서 Simple Showcase 애플리케이션에 ElastiCache for Redis를 추가하기 위해 백엔드 애플리케이션을 새롭게 빌드하고 AMI를 재생성한 과정을 떠올려 보자. 애플리케이션에 새로운 기능을 추가하거나 성능을 개선할 때마다 이와 같은 과정을 계속해서 반복해야 한다는 뜻이다.

이런 문제는 근본적으로 애플리케이션과 애플리케이션이 실행되는 서버 환경이 너무 강하게 결합되어 있기 때문에 생긴다. 단순히 애플리케이션의 변경사항만 배포하고 싶은데, 실제로는 OS를 포함한 서버 전체를 관리하고 있는 셈이 된다. 이 문제를 해결하려면 운영체제나 인프라 환경에 구애받지 않고, 애플리케이션의 실행에 필요한 모든 종속성과 함께 가볍게 패키징하여 어디서든 동일하게 실행할 수 있는 방법이 필요하다.

이러한 요구 사항을 가장 효율적으로 만족시키는 기술이 바로 컨테이너이다. Simple Showcase 애플리케이션을 컨테이너 기반으로 만들어서 실행할 수 있다면, AMI 기반으로 배포하는 현재 방식보다 훨씬 효율적으로 인프라를 운영하고 트래픽에 대응할 수 있다.

컨테이너는 호스트 서버의 운영체제 커널을 공유하면서, 애플리케이션과 그 실행에 필요한 라이브러리 및 종속성만을 격리된 공간에 패키징한다. 각 컨테이너는 마치 독립된 서버에서 실행되는 것처럼 보이지만, 실제로는 호스트 OS 위에 격리된 프로세스일 뿐이다. 이 덕분에 컨테이너는 가상 머신에 비해 월등히 가볍고 OS 부팅 과정이 없어 매우 빠르게 시작될 수 있다.

이런 컨테이너 기술을 개발자들이 쉽고 편하게 사용할 수 있도록 만들어준 도구가 바로 도커(Docker)이다. 도커는 컨테이너를 만들고, 실행하고, 관리하기 위한 표준 플랫폼으로 자리잡았다. 도커의 핵심 구성 요소는 다음과 같다.

- **도커파일(Dockerfile):** 컨테이너의 설계도 역할을 하는 텍스트 파일이다. 어떤 베이스 이미지에서 시작하여 어떤 파일을 복사하고 어떤 명령어를 실행하여 최종적으로 애플리케이션을 실행할 것인지 순서대로 정의한다. AMI를 만들기 위한 일련의 수동 과정이나 스크립트를 표준화된 코드로 관리하는 것과 같다.
- **이미지(Image):** 도커파일을 빌드하여 생성되는 읽기 전용 템플릿이다. 애플리케이션을 실행하는 데 필요한 코드, 런타임, 라이브러리 등을 포함하고 있

다. 이미지만 있으면 어디서든 동일한 환경의 컨테이너를 생성할 수 있다.

- 컨테이너(Container): 이미지를 실행한 인스턴스이며, 격리된 환경에서 애플리케이션을 구동하는 실행 단위이다. 하나의 이미지로 여러 개의 컨테이너를 독립적으로 생성하고 실행할 수 있다.

Simple Showcase 애플리케이션을 컨테이너화한다면 프론트엔드 정적 콘텐츠는 이미 S3와 클라우드프론트로 분리했기 때문에 API 서버 역할을 하는 백엔드 Go 애플리케이션만 컨테이너화의 대상이 된다.

코드 10.1 도커파일 예제

```
FROM golang:1.21-alpine                                    ❶
RUN addgroup -S appgroup && adduser -S appuser -G appgroup ❷
WORKDIR /src          ❸
COPY . .              ❹
RUN go mod download ❺
RUN go build -o /app/simple-showcase-backend . ❻
USER appuser ❼
WORKDIR /app ❽
EXPOSE 8080  ❾
CMD ["./simple-showcase-backend"] ❿
```

❶ Go 언어 컴파일과 실행 환경을 모두 포함한 이미지를 베이스 이미지로 사용한다.

❷ 보안을 강화하기 위해 root가 아닌 일반 사용자(appuser)와 그룹(appgroup)을 생성한다.

❸ 소스 코드를 복사하고 빌드를 진행할 작업 디렉터리를 /src로 설정한다.

❹ 호스트의 현재 디렉터리에 있는 모든 파일을 컨테이너의 작업 디렉터리(/src)로 복사한다.

❺ 프로젝트 의존성 라이브러리를 모두 다운로드한다.

❻ 소스 코드를 컴파일하여 실행 파일을 /app 디렉터리 아래에 생성한다.

❼ 컨테이너 내에서 명령어를 실행할 사용자를 미리 생성한 appuser로 변경한다.

❽ 컨테이너 실행 시의 최종 작업 디렉터리를 애플리케이션이 위치한 /app으로 변경한다.

❾ 컨테이너가 8080 포트를 통해 외부와 통신할 것임을 명시적으로 알린다.

❿ 컨테이너가 시작될 때 기본으로 실행할 명령어로 애플리케이션 실행을 지정한다.

코드 10.1의 도커파일로 컨테이너 이미지를 만들었다면 이를 실제 서비스에 도입하기 위해 기존 아키텍처를 어떻게 변경해야 할지 살펴보자. 두 가지 측면에서 변화가 필요하다. 첫째는 컨테이너화된 애플리케이션을 어떻게 외부에 노출할 것인가이고, 둘째는 이 컨테이너들을 어떻게 효율적으로 배포하고 관리할 것인가이다.

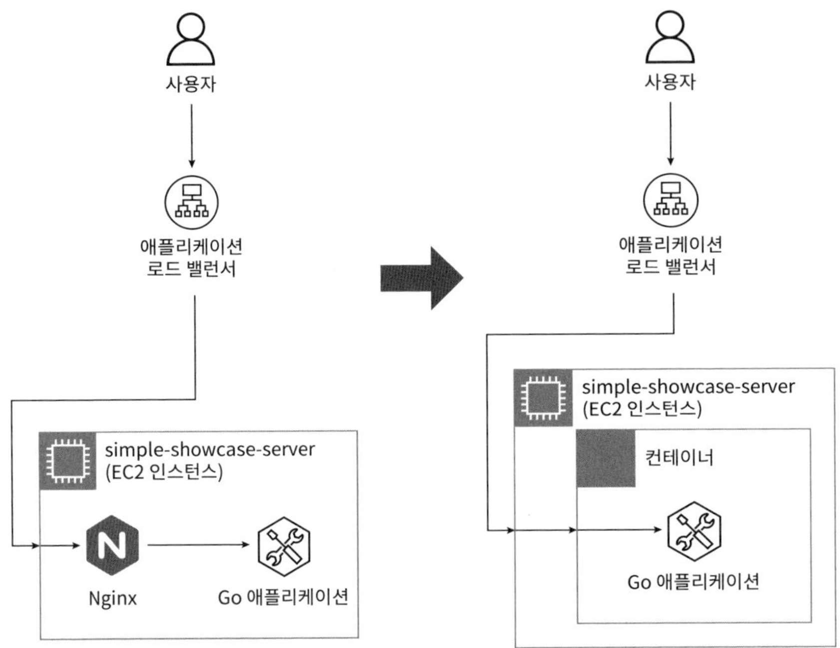

그림 10.6 컨테이너화를 통해 변경된 요청 처리 방식

먼저 요청 처리 방식의 변화를 살펴보자. 기존 아키텍처에서는 애플리케이션 로드 밸런서가 EC2 인스턴스의 Nginx로 요청을 전달하면, 다시 내부의 Go 애플리케이션으로 전달하는 리버스 프록시 구조였다. 하지만 컨테이너 환경에서는 이 구조를 단순화할 수 있다. Nginx를 거치지 않고 애플리케이션 로드 밸런서가 Go 애플리케이션 컨테이너의 8080 포트로 직접 트래픽을 전달하면, 각 컨테이너는 오롯이 자신의 핵심 기능(API 서버)에만 집중하는 더 효율적인 구조가 된다.

다음으로 컨테이너를 실행하고 관리하는 인프라를 고민해야 한다. 물론 기존처럼 EC2 인스턴스에 도커를 설치하고 컨테이너를 실행할 수도 있지만, 이 방식으로는 컨테이너 기술의 장점을 온전히 활용하기가 어렵다. 이 때문에 다수의 컨테이너를 대상으로 배포, 확장, 네트워킹 등을 자동화하고 관리하는 기술인 컨테이너 오케스트레이션(Container Orchestration) 기술이 필요하며, 업계에서 사실상의 표준으로 인정받는 컨테이너 오케스트레이션 도구인 쿠버네티스(Kubernetes) 도입을 고려해 볼 수 있다.

AWS 환경에서 쿠버네티스를 운영할 때는 주로 AWS EKS(Elastic Kubernetes Service)를 사용하며, 컨테이너 이미지를 저장하고 관리하는 데에는 AWS ECR(Elastic Container Registry)을 사용한다. 이 두 서비스에 대해 살펴보자.

먼저, AWS ECR은 프라이빗 컨테이너 이미지 저장소이다. 앞서 도커파일을 통해 빌드한 이미지는 일종의 실행 가능한 패키지이다. ECR을 통해 이 이미지를 버전별로 저장하고 관리할 수 있다. 소스 코드를 GitHub에 저장하듯 빌드된 컨테이너 이미지를 ECR에 업로드한다. ECR은 IAM과 통합되어 있어 허가된 사용자나 서비스만 이미지에 접근하도록 제어할 수 있으며, 이미지 취약점 스캔과 같은 보안 기능도 제공한다.

다음으로, EKS는 AWS의 완전 관리형 쿠버네티스 서비스이다. 쿠버네티스는 매우 강력한 도구지만, 컨트롤 플레인을 구성하는 관리 컴포넌트들을 직접 설치하고 운영하는 것은 복잡하고 어려운 일이다. EKS는 이러한 쿠버네티스 컨트롤 플레인의 설치, 확장, 고가용성 유지, 업그레이드 등의 운영 부담을 AWS가 책임지는 서비스이다. 덕분에 복잡한 클러스터 관리 대신 EKS가 제공하는 표준 쿠버네티스 환경 위에서 애플리케이션 컨테이너를 배포하고 운영하는 데에만 집중할 수 있다. 이는 RDS, ElastiCache 등의 완전 관리형 서비스가 제공해 주는 공통적인 장점이다.

EKS 아키텍처는 크게 컨트롤 플레인과 데이터 플레인(워커 노드), 두 가지 핵심 구성 요소로 나뉜다.

컨트롤 플레인은 쿠버네티스 클러스터 전체를 관리하고 조율하는 역할을 한다. API 서버, etcd, 스케줄러 등의 컴포넌트를 포함하고 있으며, EKS는 이 컨트롤 플레인을 여러 가용 영역에 자동으로 분산 배치하여 높은 가용성을 보장한다. 이 컨트롤 플레인의 운영을 AWS가 책임지게 되는 것이 EKS 사용의 가장 큰 장점이다.

데이터 플레인은 실제 애플리케이션 컨테이너가 실행되는 공간으로, 워커 노드(Worker Node)라고 부르는 서버들로 구성된다. 워커 노드는 컨테이너에

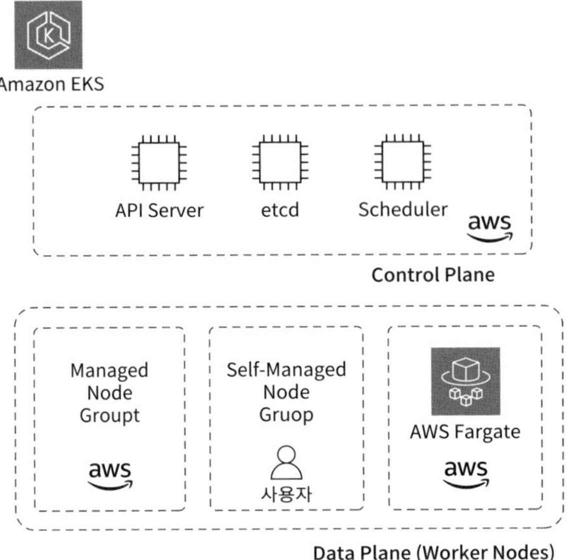

그림 10.7 EKS 컨트롤 플레인과 데이터 플레인 아키텍처

CPU, 메모리, 스토리지, 네트워크 등 컴퓨팅 리소스를 제공하는 역할을 한다. 워커 노드는 다음과 같이 크게 세 가지 방식으로 나눌 수 있다.

- **EKS 관리형 노드 그룹(Managed Node Group):** 일반적으로 권장되는 방식이다. 관리형 노드 그룹을 사용하면 워커 노드로 사용할 EC2 인스턴스의 프로비저닝과 전체 수명 주기 관리를 EKS가 자동화하여 운영 부담이 적다.

- **자체 관리형 노드 그룹(Self-Managed Node Group):** EKS 컨트롤 플레인만 사용하고, 워커 노드로 사용할 EC2 인스턴스는 사용자가 직접 구성하고 관리하는 방식이다. 노드에 대한 모든 구성을 사용자가 직접 제어할 수 있어서 자유도가 높지만 그만큼 OS 업데이트, 보안 패치, 버전 업그레이드, 오토 스케일링 설정 등 모든 것을 직접 운영해야 한다.

- **AWS Fargate:** 서버리스 컨테이너 실행 방식이다. 워커 노드로 사용할 EC2 인스턴스를 프로비저닝하거나 관리할 필요가 없다. 하지만 OS 수준의 세밀한 제어가 불가능하며, 일부 쿠버네티스 기능을 사용하는 데 제약이 있을 수 있다.

현재 아키텍처를 EKS 기반의 아키텍처로 개선하려면 어떤 과정을 거쳐야 할지 살펴보자. 전체 아키텍처 중 EKS 기반의 아키텍처로 개선해야 할 영역은 애플리케이션 로드 밸런서와 오토 스케일링 그룹으로 구성된 동적 콘텐츠 서빙, 즉 API 서버 영역이다.

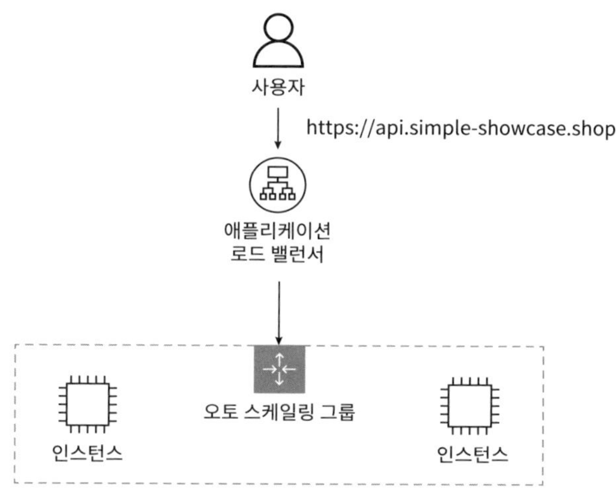

그림 10.8 현재 아키텍처에서의 API 서버 영역

현재는 사용자의 트래픽이 api.simple-showcase.shop 도메인을 통해 애플리케이션 로드 밸런서로 인입되고, 이 애플리케이션 로드 밸런서를 거쳐 오토 스케일링 그룹이 관리하는 EC2 인스턴스 중 하나로 분산된다(그림 10.8). 서비스 연속성을 보장하기 위해 기존 구조를 유지하면서, EKS 기반의 새로운 API 서버 아키텍처를 옆에 나란히 구성하는 방식으로 점진적인 전환을 진행한다. 이는 블루/그린 배포 전략과 유사하며, 위험을 최소화하면서 시스템을 전환하는 데 효과적이다.

EKS 기반의 신규 API 서버 아키텍처를 도식화하면 그림 10.9과 같다. 전환 과정은 다음의 주요 단계로 진행된다.

먼저 EKS 클러스터 및 워커 노드 그룹을 생성한다. EKS 서비스 콘솔 혹은 테라폼을 사용하여 EKS 클러스터와 컨테이너가 실행될 워커 노드 그룹을 구성한다. 워커 노드는 기존처럼 오토 스케일링 그룹을 기반으로 구성하여 트래픽 변화에 유연하게 대응하도록 설계한다.

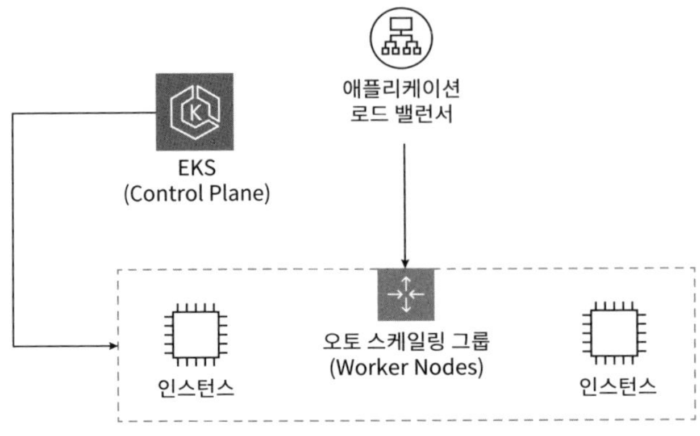

그림 10.9 EKS 기반의 신규 API 서버 아키텍처

그 후 도커파일로 빌드한 이미지를 ECR에 업로드하고, 쿠버네티스 디플로이먼트를 사용하여 EKS 클러스터에 배포한다. 디플로이먼트는 컨테이너의 복제본 수, 업데이트 전략 등을 코드로 정의하고 관리하는 핵심 리소스이다.

 Fargate의 경우 제약 사항이 있을 수 있기 때문에 아직은 중요한 워크로드를 처리하는 워커 노드로 사용하는 것을 권장하진 않는다.

코드 10.2 쿠버네티스 디플로이먼트 매니페스트 예제

```
apiVersion: apps/v1
kind: Deployment
metadata:
  name: simple-showcase-backend
spec:
  replicas: 3
  selector:
    matchLabels:
      app: simple-showcase-backend
  template:
    metadata:
      labels:
        app: simple-showcase-backend
    spec:
      containers:
      - name: backend
        image: <ACCOUNT_ID>.dkr.ecr.us-east-1.amazonaws.com/simple-showcase:v1.0.0
        ports:
        - containerPort: 8080
```

코드 10.2와 같은 매니페스트 파일은 kubectl 명령어로 직접 클러스터에 적용할 수 있다. 하지만 운영 환경에서는 수동으로 명령어를 실행하는 대신, 변경 사항을 더 안정적이고 자동화된 방식으로 배포하는 체계가 필요하다.

이러한 요구를 해결하는 대표적인 방법이 GitOps이며, ArgoCD는 널리 사용되는 GitOps 기반의 지속적 배포 도구 중 하나이다. ArgoCD를 사용하면 GitHub 같은 Git 저장소를 신뢰할 수 있는 단일 소스로 삼아, 저장소의 매니페스트 내용과 클러스터의 상태가 항상 일치하도록 자동으로 동기화할 수 있다. 즉, 코드 10.2의 매니페스트를 수동으로 적용하지 않고 GitHub에 올려 두어 현재의 디플로이먼트 상태와 코드상 정의된 디플로이먼트 상태를 항상 동기화한다.

쿠버네티스의 디플로이먼트까지 배포하고 나면 배포된 컨테이너들이 기존 Aurora MySQL 클러스터 및 ElastiCache for Redis에 접근할 수 있도록 네트워크 및 보안 설정을 완료한다. 이후 인그레스 컨트롤러를 이용해 새로운 애플리케이션 로드 밸런서를 EKS 클러스터와 연동하여 외부 트래픽이 컨테이너로 전달되도록 설정한다.

새로운 EKS 기반 아키텍처의 안정성이 검증되면 기존 api.simple-showcase.shop 도메인의 DNS 레코드를 수정하여 새로운 애플리케이션 로드 밸런서를 가리키도록 변경한다.

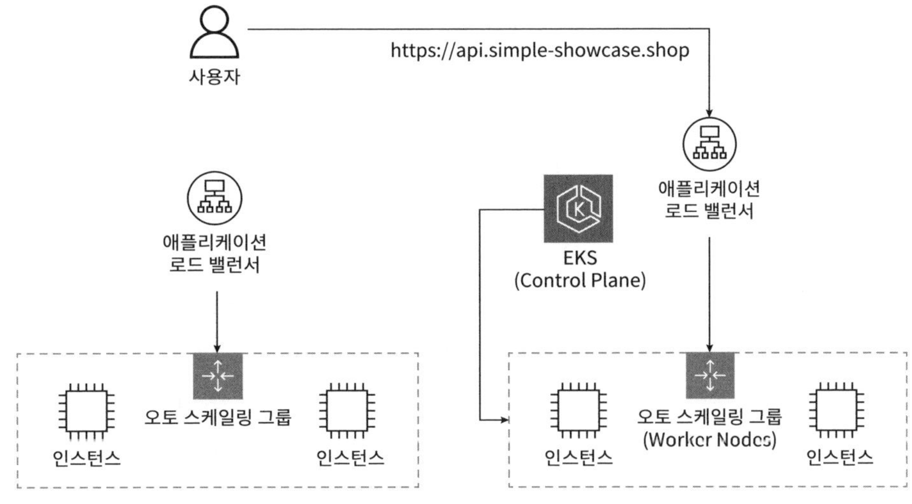

그림 10.10 도메인 변경을 통한 트래픽 전환

이처럼 도메인을 이용한 트래픽 전환 방식은 서비스 중단 없이(무중단) 전체 아키텍처를 개선할 수 있다는 큰 장점이 있다. 문제가 발생하더라도 DNS 레코드를 원래대로 되돌려 언제든지 기존 아키텍처로 빠르게 롤백할 수 있기 때문에 사용자에게 미치는 여파를 최소화할 수 있다.

하지만 이 방식은 새로운 아키텍처를 준비하고 운영하는 동안 기존 아키텍처와 함께 병렬로 자원을 사용하므로, 일시적으로 비용이 과하게 발생할 수 있다. 또한 단순히 트래픽만 전환하는 것이 아니라 새로운 아키텍처가 기존 데이터베이스와 연동되는 방식, 로그 및 모니터링 체계 등 여러 측면을 통합적으로 고려해야 한다. 이처럼 아키텍처를 개선하는 과정에서는 기술적 효율성뿐만 아니라 비용 효율성도 중요한 고려 사항이 된다.

지금까지 컨테이너와 쿠버네티스를 통해 아키텍처를 개선하는 과정을 살펴보았다. 다음 절에서는 지속 가능한 운영을 위한 비용 최적화 전략에 대해 살펴보자.

10.3 비용 최적화를 위한 아키텍처 도입

클라우드는 필요한 만큼만 자원을 사용하고 사용한 만큼만 비용을 지불하는 유연성을 제공한다. 하지만 이러한 유연성 뒤에는 예상치 못한 비용 지출이라는 잠재적인 위험도 함께 존재한다. 서비스 규모가 커지고 아키텍처가 복잡해질수록, 비용 관리는 단순한 지출 절감을 넘어 서비스의 지속 가능한 성장을 위한 필수적인 운영 역량이 된다.

AWS 비용에서 가장 많은 비중을 차지하는 것은 EC2, RDS, ElastiCache와 같은 컴퓨팅 자원이다. 다행히 AWS는 꾸준히 사용할 것이 확실한 컴퓨팅 자원에 대해 큰 폭의 할인을 제공하는 약정 기반 할인 모델을 제공한다. 대표적으로 세이빙스 플랜(Savings Plans)과 예약 인스턴스(Reserved Instance, RI)가 있다. 두 모델의 특징을 자세히 살펴보자.

세이빙스 플랜은 1년 또는 3년 약정으로 특정 컴퓨팅 사용량(시간당 USD 기준)을 약정하면 온디맨드 요금 대비 할인을 제공하는 모델이다. 가장 큰 특징이자 장점은 유연성에 있다

세이빙스 플랜에는 가장 많이 쓰이는 두 가지 주요 유형이 있다.

- 컴퓨트 세이빙스 플랜(Compute Savings Plans): 가장 유연한 유형이다. 리전, 인스턴스 사양, 운영체제에 관계없이 EC2, Fargate, Lambda 사용량에 할인 이 자동으로 적용된다. 예를 들어 c5.large 인스턴스를 사용하다가 m5.large 로 변경해도 약정한 사용량 내에서는 할인이 그대로 유지된다.
- EC2 인스턴스 세이빙스 플랜(EC2 Instance Savings Plans): 특정 리전의 특정 인 스턴스 패밀리(예: 서울 리전의 c5) 사용을 약정하는 조건으로, 컴퓨트 세이 빙스 플랜보다 더 높은 할인율을 제공한다.

서울 리전에서 c5.large 인스턴스 1대를 꾸준히 사용한다고 가정하고 컴퓨트 세이빙스 플랜의 효과를 계산해 보자.

그림 10.11 서울 리전 c5.large 인스턴스의 온디맨드 비용

시간당 온디맨드 비용은 $0.096이며, 1년 사용 시 약 $840.96의 비용이 발생한 다. 이때 1년 약정 컴퓨트 세이빙스 플랜(전체 선결제)를 적용하면 약 27% 할 인된 시간당 $0.07로 줄어든다. 결과적으로 연간 비용은 $613.2로, 약 $227를

절감할 수 있다. 세이빙스 플랜은 시간당 약정 금액으로 구매하므로, 이 경우 $0.07/시간만큼의 플랜을 구매하면 된다.

c5.large 인스턴스 1대, c5.xlarge 인스턴스 1대, 이렇게 총 2대의 인스턴스를 꾸준히 유지한다고 가정해 보자. 1년 기간으로(❶) 전체 비용을 미리 선결제하면(❷) 두 인스턴스의 세이빙스 플랜 요율인 $0.07(❸)과 $0.14(❹)의 비용으로 할인을 적용받을 수 있다(그림 10.12).

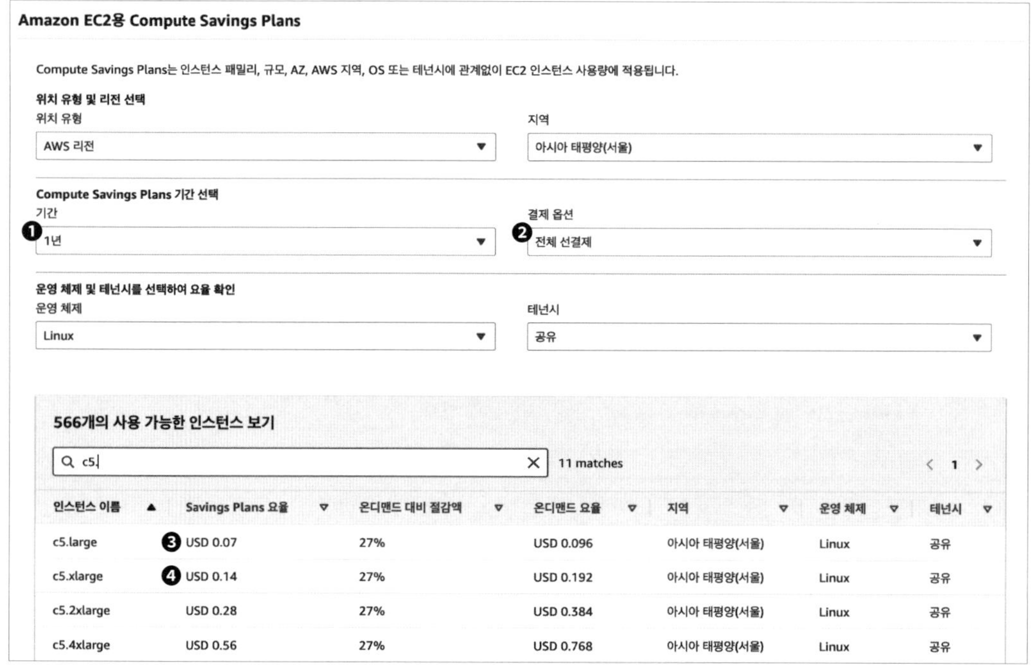

인스턴스 이름 ▲	Savings Plans 요율 ▽	온디맨드 대비 절감액 ▽	온디맨드 요율 ▽	지역 ▽	운영 체제 ▽	테넌시 ▽
c5.large ❸	USD 0.07	27%	USD 0.096	아시아 태평양(서울)	Linux	공유
c5.xlarge ❹	USD 0.14	27%	USD 0.192	아시아 태평양(서울)	Linux	공유
c5.2xlarge	USD 0.28	27%	USD 0.384	아시아 태평양(서울)	Linux	공유
c5.4xlarge	USD 0.56	27%	USD 0.768	아시아 태평양(서울)	Linux	공유

그림 10.12 여러 인스턴스 사용 시 세이빙스 플랜 약정 금액 계산

세이빙스 플랜 구매는 Cost Explorer가 있던 AWS Billing and Cost Management 콘솔에서 할 수 있다.

이번엔 세이빙스 플랜과 조금 다른, 예약 인스턴스에 대해 살펴보자. 예약 인스턴스는 Reserved Instance, 줄여서 RI라고 표현하고 세이빙스 플랜보다 먼저 도입된 할인 모델이다. 1년 또는 3년 약정으로 특정 리전의 특정 EC2 인스턴스 유형을 사용한다고 약정하여 할인을 받는 방식이다. 세이빙스 플랜보다 유연성은 낮지만, 일반적으로 할인율이 더 높은 편이다.

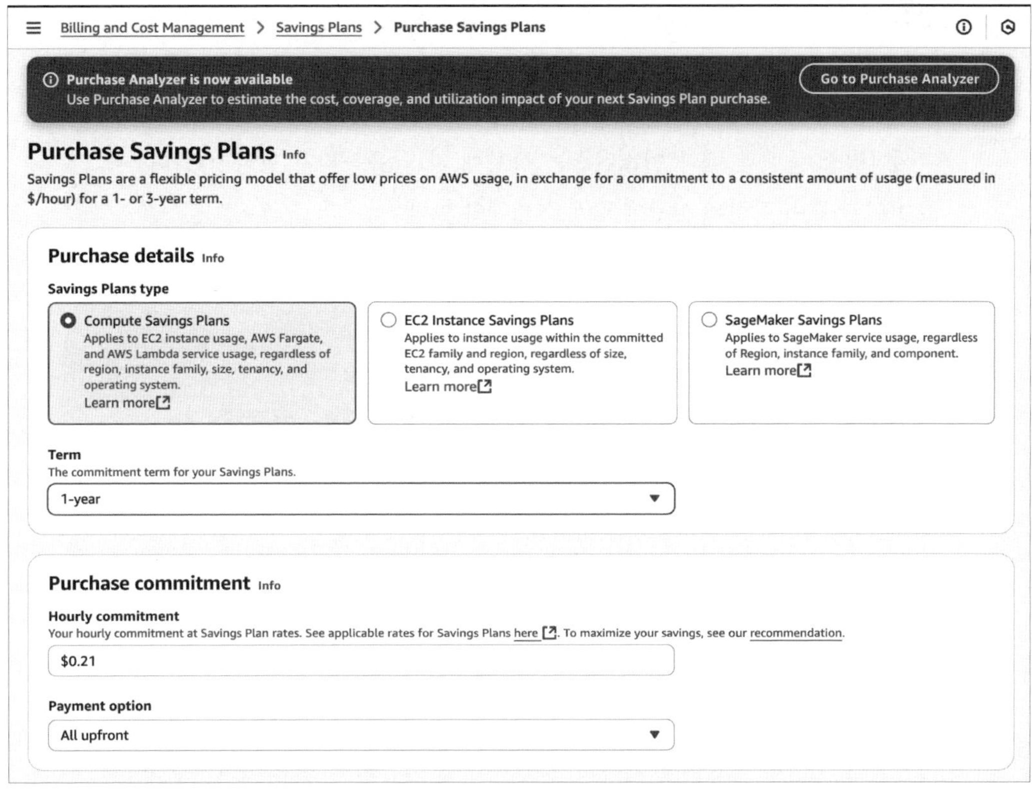

그림 10.13 세이빙스 플랜 구매를 위한 화면

예약 인스턴스에도 두 가지 주요 유형이 있다.

- 표준(Standard) RI: 가장 높은 할인율을 제공하며, 약정 기간 동안 인스턴스 패밀리, OS 등을 변경할 수 없다. 단 동일 패밀리 내 사이즈 변경은 가능하다.
- 컨버터블(Convertible) RI: 표준 RI보다 할인율은 낮지만, 약정 기간 중 다른 인스턴스 패밀리, OS 등으로 교환할 수 있는 유연성을 제공한다.

인스턴스 이름 ▲	RI 선결제 요금 ▽	RI 월별 요금* ▽	RI 시간당 요금** ▽	온디맨드 대비 절감액 ▽	온디맨드 요율 ▽
c5.large	USD 494	USD 0.00	USD 0.056	41%	USD 0.0960

그림 10.14 c5.large 인스턴스의 예약 인스턴스 비용

앞의 예와 동일하게 c5.large 인스턴스를 1년간 변경 없이 사용할 것이 확실하다면, 표준 RI(전체 선결제)를 약정할 수 있다. 이 경우 시간당 비용이 $0.056으로 줄어든다. 세이빙스 플랜의 할인 요율(시간당 $0.07)보다 더 저렴하다.

세이빙스 플랜과 예약 인스턴스는 상황에 따라 유불리가 달라지기 때문에 표 10.1과 같이 각각의 상황에 맞게 선택해야 한다.

표 10.1 세이빙스 플랜과 예약 인스턴스 비교

구분	세이빙스 플랜	예약 인스턴스
장점	높은 유연성	높은 할인율
인스턴스 변경	인스턴스 패밀리, 리전, OS 변경이 자유로움	인스턴스 패밀리 변경에 제약 많음
적용 서비스	EC2, Fargate, Lambda 등 다양한 컴퓨팅 서비스에 자동 적용	EC2, RDS 등 특정 서비스에 한정
적합한 사용 사례	아키텍처 변경이나 다양한 인스턴스 유형을 혼용하여 사용하는 경우	최소 1~3년간 인스턴스 유형 변경 계획이 없는 경우 변동 없는 안정적인 워크로드를 운영하는 경우
한 줄 요약	앞으로 어떻게 바뀔지 모르니 유연하게 할인받자	향후 3년간 이 서버 사양은 안 바뀌니 최대로 할인받자

다음으로 세이빙스 플랜과 예약 인스턴스 외에 컴퓨팅 비용을 절감할 수 있는 스팟 인스턴스에 대해 살펴보자.

스팟 인스턴스는 AWS 클라우드 내의 사용되지 않는 유휴 EC2 인스턴스를 온디맨드 요금 대비 최대 90%까지 할인된 가격으로 제공하는 모델이다. 약정 없이 매우 저렴하게 EC2 인스턴스를 사용할 수 있다는 장점이 있지만, 한 가지 중요한 특징이 있다. 바로 AWS가 해당 EC2 인스턴스를 필요로 할 경우, 2분 전에 짧게 공지한 다음 인스턴스를 언제든지 회수할 수 있다는 점이다.

이러한 특성 때문에 모든 워크로드에 스팟 인스턴스가 적합하지는 않다. 언제 중단될지 알 수 없기 때문에 처리 중단에도 유연한, 즉 내결함성과 유연성을 갖춘 워크로드에 사용해야 한다. 예를 들어 오랫동안 실행되어야 하는 배치(batch) 작업에 스팟 인스턴스를 사용하면 중간에 의도치 않게 배치 작업이 중단될 위험이 있다. 따라서 API 서버와 같이 중간에 중단되더라도 큰 문제가 발생하지 않는 워크로드에 사용하는 것이 좋다.

Simple Showcase 애플리케이션의 API 서버 같은 경우가 스팟 인스턴스를 사용하기에 적절한 워크로드이다. 특히 오토 스케일링 그룹에서 스팟 인스턴스를 사용할 때는 혼합 인스턴스 정책을 통해 온디맨드와 스팟 인스턴스의 비율을 유연하게 지정할 수 있다.

예를 들어, 최소한의 안정성을 위해 기본 용량은 온디맨드로 유지하고, 트래픽 증가에 따른 확장은 스팟 인스턴스로 채워 비용을 크게 절감하는 전략을 사용할 수 있다. 이때 인스턴스 다각화 전략을 사용하는 것이 매우 중요하다. c5.large, m5.large, c6i.large 등 여러 인스턴스 유형을 스팟 후보로 지정하면, 특정 유형의 스팟 용량이 일시적으로 부족해지더라도 다른 유형의 인스턴스를 시작하여 서비스 안정성을 높일 수 있다.

이제 Simple Showcase 애플리케이션의 인프라에서 스팟을 어떻게 활용하면 좋을지 살펴보자. 앞에서 살펴본 오토 스케일링 그룹을 생성하는 테라폼 코드에 스팟을 추가한다.

코드 10.3 오토 스케일링 그룹에 스팟 사용

```
resource "aws_autoscaling_group" "simple_showcase_private_server_asg" {
  name                = "simple-showcase-private-server-autoscaling-group"
  … (중략) …
  health_check_grace_period = 60

  mixed_instances_policy { ❶
    launch_template {
      launch_template_specification {
        launch_template_id = aws_launch_template.simple_showcase_private_
server.id
        version                = "$Latest"
      }
      override { ❷
        instance_type = "t3.large"
      }
      override {
        instance_type = "t3a.large"
      }
      override {
        instance_type = "m5.large"
      }
    }
```

```
    instances_distribution {                              ❸
      on_demand_base_capacity = 1                         ❹
      on_demand_percentage_above_base_capacity = 0        ❺
      spot_allocation_strategy = "capacity-optimized"     ❻
    }
  }
capacity_rebalance  = true ❼

tag {
  key                = "Name"
  value              = "simple-showcase-private-server"
  propagate_at_launch = true
  }
}
```

❶ 오토 스케일링 그룹에서 온디맨드 인스턴스와 스팟 인스턴스를 혼합해서 사용할 수 있도록 `mixed_instances_policy` 블록을 추가한다.

❷ `override` 구문을 사용해서 시작 템플릿에 정의해 놓은 인스턴스 타입 외에 스팟 인스턴스로 실행시킬 인스턴스 타입을 정의한다. 여러 인스턴스 유형을 지정하여 유연성을 확보한다.

❸ 온디맨드와 스팟 인스턴스의 비율 및 할당 정책을 정의한다.

❹ 최소한의 안정성을 위해 유지할 온디맨드 인스턴스의 기본 개수를 지정한다. 최소 1대의 인스턴스는 온디맨드로 동작하도록 구성한다.

❺ 기본 개수를 초과하는 용량에 대해 온디맨드 인스턴스를 사용할 비율을 지정한다. 퍼센티지를 의미하고 0으로 되어 있다는 건 ❹에서 정의한 기본 개수를 초과하는 인스턴스는 모두 스팟 인스턴스를 사용한다는 의미이다.

❻ 스팟 인스턴스의 할당 전략을 지정한다. `capacity-optimized`는 단순히 가격이 가장 저렴한 것보다 중단 가능성이 가장 낮은 스팟 풀에서 인스턴스를 가져오도록 하는 AWS 권장 전략이다.

❼ 특정 스팟 인스턴스의 중단 위험이 높아졌다는 재조정 권고 이벤트를 미리 받아 선제적으로 인스턴스를 교체하도록 설정한다. 이를 통해 2분 전 중단 이벤트보다 더 여유롭게 대응할 수 있다. 하지만 이렇게 재조정 권고 이벤트를 받는다고 해서 해당 스팟 인스턴스가 반드시 중단되는 건 아니기 때문에 불필요한 인스턴스 교체가 이뤄질 수 있다.

앞서 이야기한 것처럼 스팟 인스턴스는 갑작스럽게 회수될 수 있기 때문에 이에 대한 자동화된 대비책을 만들어 두어야 한다. 다행히 스팟 인스턴스가 회수되기 2분 전, AWS는 AWS EventBridge 서비스를 통해 EC2 Spot Instance

Interruption Warning이라는 이벤트를 보낸다. 이 이벤트를 트리거로 설정하여 람다 함수를 실행하거나, SNS 알림을 보내는 등 자동화된 후속 조치를 구성할 수 있다.

또한 오토 스케일링 그룹은 스팟 인스턴스의 종료 예고 이벤트를 감지하면 자동으로 해당 인스턴스를 애플리케이션 로드 밸런서에서 제외하고 Draining 작업을 시작한다. 인스턴스 종료 전에 수행해야 할 정리 작업이 있다면 오토 스케일링 그룹의 라이프사이클 훅을 활용할 수 있다.

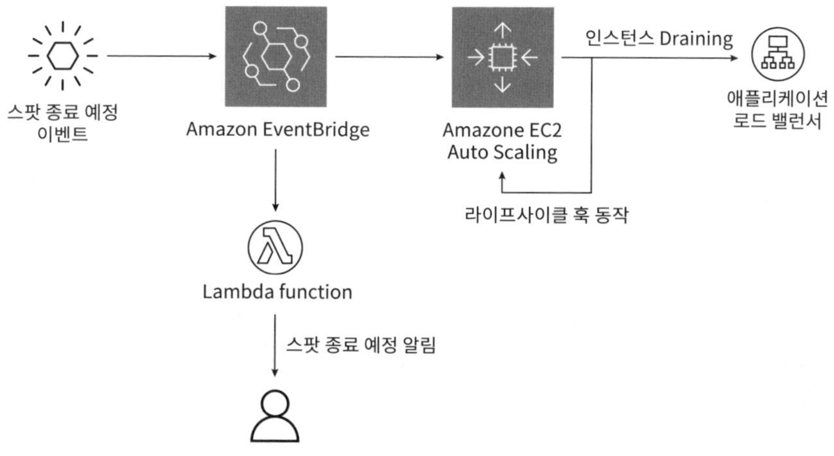

그림 10.15 스팟 인스턴스 종료 자동화

마지막으로 비용 최적화에서 가장 중요한 건 워크로드에 적합한 인스턴스 사양을 사용하는 것이다. '올바른 사이징(Right Sizing)'이라 부르는 작업이 가장 중요한 작업이며, 이에 대해서는 부록 D에서 살펴볼 것이다.

지금까지 비용을 최적화하는 방안에 대해 살펴봤다. 이제 옵저버빌리티를 한 단계 높여줄 모니터링 고도화 방안을 알아볼 것이다.

10.4 옵저버빌리티를 높이는 모니터링 강화

지금까지는 CloudWatch를 통해 EC2 인스턴스의 CPU 사용률, 애플리케이션 로드 밸런서의 요청 수 등 기본적인 인프라 지표와 애플리케이션 로그를 수집해왔다. CloudWatch는 AWS 서비스와 통합되어 있어 기본적인 모니터링 환경을 손쉽게 구축할 수 있다는 장점이 있다.

하지만 서비스 규모가 커지고 아키텍처가 복잡해지면 CloudWatch만으로는 부족한 부분들이 생긴다. 예를 들어, API 응답 시간 분포(95th 99th 퍼센타일), Go 애플리케이션의 고루틴(Goroutine 개수), 데이터베이스 커넥션 풀 상태 등 애플리케이션 내부의 상세한 지표들을 수집하고 분석하기에는 한계가 있다. 마찬가지로 여러 시스템에 흩어져 있는 로그를 중앙으로 수집하여 실시간으로 검색하고, 의미 있는 정보로 시각화하는 데에도 어려움이 따른다.

이번 절에서는 이 두 가지 영역, 즉 지표 기반 모니터링과 로그 기반 분석을 고도화하여 옵저버빌리티를 높이는 방안을 찾아볼 것이다. 먼저 지표 수집 및 시각화 영역을 고도화하기 위해 프로메테우스(Prometheus)와 그라파나(Grafana) 조합에 대해 살펴보자.

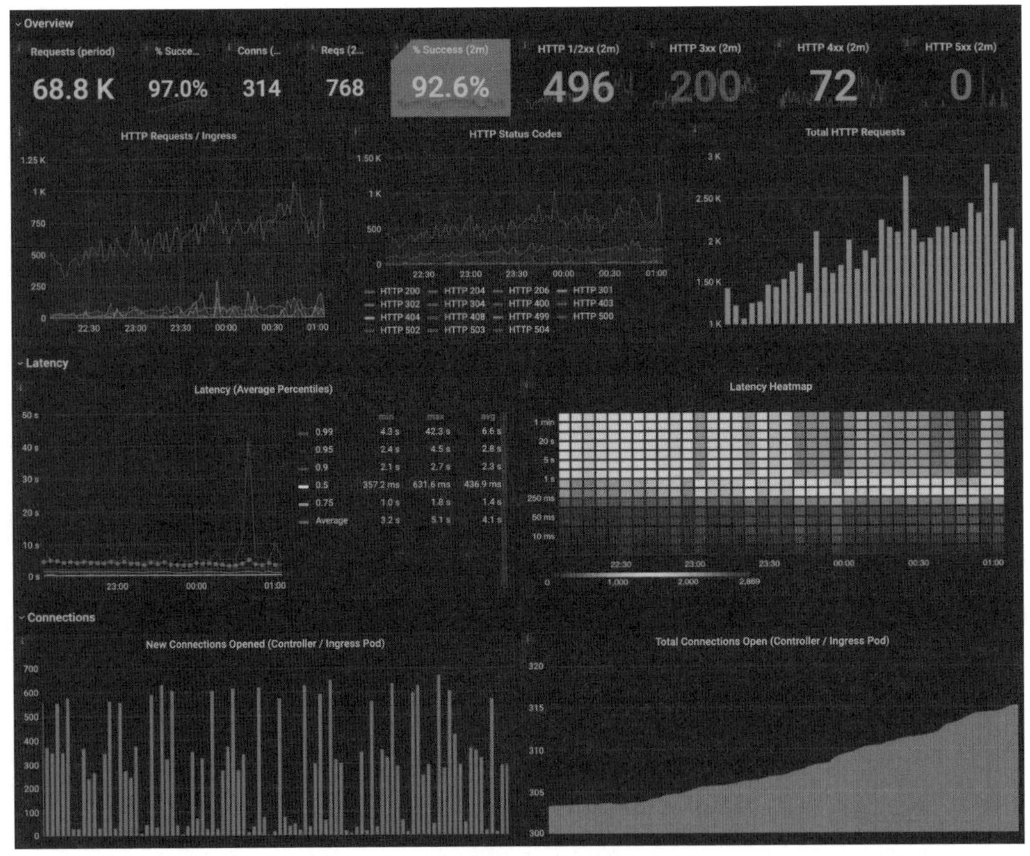

그림 10.16 프로메테우스와 그라파나를 조합한 대시보드 예제

프로메테우스는 시계열 데이터(시간의 흐름에 따라 기록된 데이터)를 수집하고 저장하는 데 특화된 오픈소스 모니터링 시스템이다. 프로메테우스의 가장 큰 특징은 풀(Pull) 방식으로 동작한다는 점이다. 프로메테우스 서버가 주기적으로 모니터링 대상(애플리케이션, 서버 등)이 노출하는 HTTP 엔드포인트에 접속하여 지표를 직접 가져오는 방식이다. 이 모델을 구현하기 위해 프로메테우스는 익스포터(Exporter)라는 개념을 사용한다. 예를 들어, node-exporter는 EC2 인스턴스의 상세한 시스템 지표를, mysqld-exporter는 Aurora MySQL 클러스터의 상세한 지표를 노출하는 역할을 한다. 수집된 데이터는 PromQL(Prometheus Query Language)이라는 쿼리 언어를 통해 조회하고 분석할 수 있다.

그라파나는 수집된 데이터를 시각적으로 표현하는 데 널리 사용되는 오픈소스 시각화 도구이다. 그라파나의 가장 큰 장점은 다양한 데이터 소스(Data Source)를 지원한다는 점이다. 프로메테우스는 물론 CloudWatch, Open-Search, MySQL 등 여러 시스템을 데이터 소스로 등록하여 하나의 대시보드에 통합된 정보를 시각화할 수도 있다. 이렇게 하면 각 시스템의 모니터링 화면을 따로 봐야 하는 불편함을 해소하고, 여러 지표 간의 상관관계를 한눈에 파악할 수 있다. 그래프, 게이지, 히트맵, 테이블 등 다양한 시각화 패널을 제공하여 CloudWatch보다 더 풍부하고 직관적인 대시보드를 손쉽게 구축할 수 있다.

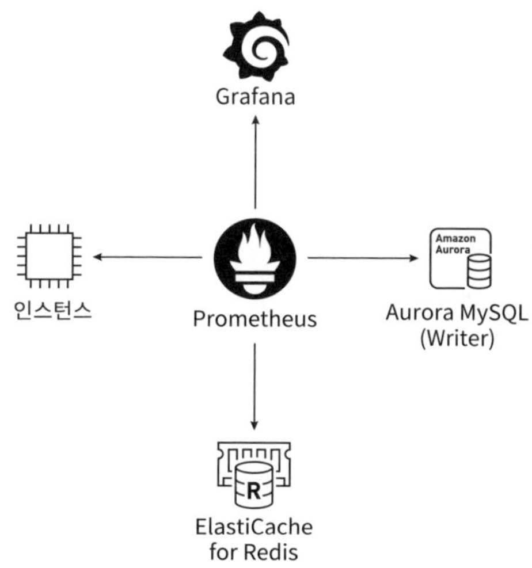

그림 10.17 프로메테우스와 그라파나를 이용한 모니터링 구조

프로메테우스와 그라파나를 직접 EC2 인스턴스에 설치하여 운영할 수도 있지만 이 두 서비스 역시 AWS에서 완전 관리형 서비스를 제공한다. Amazon Managed Service for Prometheus는 프로메테우스 서버의 설치, 확장, 고가용성 구성 등의 운영 작업을 AWS가 수행하는 완전 관리형 프로메테우스 서비스이다. Amazon Managed Grafana 역시 그라파나 서버의 운영을 AWS가 수행하는 서비스로, 다른 AWS 서비스와의 연동이 간편하고 강화된 보안을 제공한다. 다른 관리형 서비스와 마찬가지로 프로메테우스와 그라파나 역시 관리형 서비스를 사용하면 확장성, 가용성, 보안 확보에 들이는 노력을 줄이고 모니터링 시스템 구축 및 활용 자체에만 집중할 수 있는 장점이 있다.

다음으로 로그 수집을 강화하기 위한 방안을 살펴보자. CloudWatch Logs는 기본적인 로그 수집에는 유용하지만, 여러 서버에서 발생하는 방대한 로그 속에서 특정 오류를 찾거나 사용자의 요청 흐름을 추적하는 것과 같은 복잡한 분석에는 한계가 있다. 이러한 중앙화된 로그 시스템을 구축하기 위해 널리 사용되는 오픈소스 조합이 바로 ElasticStack이다.

ElasticStack은 분산된 환경의 로그를 한곳으로 모아 저장, 검색, 분석, 시각화하는 솔루션으로, 다음 네 가지 컴포넌트로 구성된다.

- 엘라스틱서치(ElasticSearch): 분산형 검색 및 분석 엔진이다. 수집된 모든 로그 데이터를 JSON 문서 형태로 저장하고, 준 실시간으로 복잡한 검색과 집계 분석을 수행할 수 있다.
- 비츠(Beats): 로그 수집 원본에 설치되는 경량 데이터 수집기이다. 로그 파일이나 시스템 지표 등 다양한 데이터를 수집하여 중앙 파이프라인으로 전달하는 역할을 한다.
- 로그스태시(Logstash): 비츠로부터 데이터를 받아 정규식, 필터 등을 통해 가공하고 정제한 뒤 엘라스틱서치로 전송하는 중앙 데이터 처리 파이프라인이다.
- 키바나(Kibana): 엘라스틱서치에 저장된 데이터를 시각적으로 탐색하고 분석하기 위한 웹 UI 도구이다. 직관적인 인터페이스로 로그를 검색하고, 시간에 따른 오류 발생 추이를 그래프로 그리거나 특정 IP 주소의 접속 빈도를 파이 차트로 나타내는 등 다양한 대시보드를 구축할 수 있다.

이 컴포넌트들을 조합하여 비츠가 로그를 수집하고 로그스태시가 가공하여 엘라스틱서치에 저장하는 기본 파이프라인을 구성할 수 있다. 하지만 대규모 트래픽 환경에서는 로그 발생량이 급증할 때 로그스태시나 엘라스틱서치에 과부하가 걸려 데이터 유실이 발생할 수 있다.

이러한 문제를 해결하고 파이프라인의 안정성과 확장성을 높이기 위해, 흔히 컴포넌트들 사이에 카프카(Kafka)와 같은 메시지 큐를 두는 아키텍처를 사용한다.

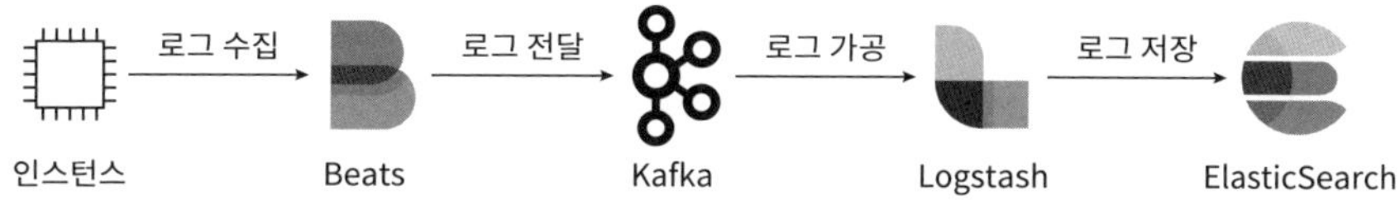

그림 10.18 카프카를 포함한 ElasticStack 로그 파이프라인

그림 10.18과 같이 카프카를 중간에 배치하면 각 컴포넌트는 맡은 역할에만 충실하게 된다. 비츠는 로그 원본에서 로그를 수집해서 카프카에 전송하는 프로듀서(Producer) 역할만 수행하고, 로그스태시는 카프카에서 로그를 가져와 처리하는 컨슈머(Consumer) 역할만 수행한다. 이렇게 각 컴포넌트를 분리하면 로그 발생량이 급증해도 카프카가 이를 모두 받아내어 시스템 전체의 안정성을 유지할 수 있다. 또한 로그 수집에 문제가 생겼을 때 어떤 단계에서 문제가 있는 건지, 예를 들면 데이터가 카프카에 적재되지 않았는지, 아니면 로그스태시가 소비하지 못하는 것인지 등 문제의 원인을 단계별로 명확하게 파악할 수 있어 장애 추적에도 유리하다.

엘라스틱서치와 카프카는 모두 다수의 노드로 클러스터를 구성해야 하는 분산 시스템이기 때문에 직접 설치하고 운영하기에는 복잡도가 높고 어려움이 크다. AWS에서는 이를 위한 관리형 서비스도 제공하고 있다.

- **Amazon OpenSearch Service:** 엘라스틱서치를 대체할 수 있는 관리형 서비스이다. 오픈소스 엘라스틱서치와 키바나를 기반으로 하며, 클러스터의 프로비저닝, 확장, 백업 등을 AWS가 수행하여 운영 부담을 크게 줄여준다.
- **Amazon MSK(Managed Streaming for Kafka):** 카프카 클러스터의 운영을 AWS가 수행하여 부담을 줄여주는 관리형 서비스이다.

이러한 관리형 서비스를 활용하면, 비츠와 로그스태시 정도만 직접 구축하고 운영하면 되기 때문에 훨씬 효율적으로 로그 파이프라인을 구축하고 관리할 수 있다.

10.5 마치며

이번 장에서는 9장까지 완성한 아키텍처를 기반으로, 서비스를 한 단계 더 발전시키기 위한 여러 가지 방안을 살펴보았다. 애플리케이션의 배포 효율성과 이식성을 높이기 위해 컨테이너 기술과 쿠버네티스(EKS)를 도입하는 과정을 알아보았고, 지속 가능한 운영을 위해 세이빙스 플랜, 예약 인스턴스, 스팟 인스턴스를 활용한 비용 최적화 전략도 다루었다. 마지막으로 CloudWatch를 넘어 프로메테우스, 그라파나, ElasticStack과 같은 오픈소스 도구를 활용하여 시스템의 상태를 더 깊이 있게 파악할 수 있는 모니터링 방안을 확인했다.

이번 장의 핵심은 클라우드 아키텍처가 한 번의 구축으로 완성되는 정적인 결과물이 아니라, 변화하는 비즈니스 요구 사항과 새로운 기술에 맞춰 끊임없이 개선하고 발전시켜야 하는 동적인 존재라는 사실이다.

이 책에서 소개한 내용이 클라우드 아키텍처의 모든 것을 담고 있지는 않다. 10장에서 살펴본 컨테이너 오케스트레이션이나 모니터링 시스템은 각각이 한 권의 책이 될 수 있을 만큼 깊이 있는 주제들이다. 이 장에서 다룬 내용들이 다음 단계의 학습으로 나아가는 데 이정표가 되기를 바란다.

부록 A

도메인 구매 및 Route53으로
관리 권한 넘기기

2장에서 모놀리식 구조로 서비스를 위한 인프라를 구성할 때 Route53을 통해 도메인 레코드를 등록하는 과정을 진행했다. 이는 이미 도메인을 소유하고 있고, 해당 도메인의 DNS 관리를 Route53에서 수행하도록 설정한 상태를 가정한 것이다. 여기에서는 그 선행 작업인 도메인 구매와 구매한 도메인의 DNS 관리 권한을 Route53으로 넘기는 네임 서버 변경 과정에 대해 다룬다.

먼저 도메인 등록 대행자(Domain Registrar)와 DNS 서비스(DNS Service)의 역할을 구분해서 이해하는 것이 중요하다. 도메인 등록 대행자는 simple-showcase.shop과 같은 고유한 도메인 이름을 구매하고 소유권을 등록하는 서비스를 제공한다. DNS 서비스는 해당 도메인 주소로 요청이 왔을 때 어느 IP 주소로 연결해야 하는지 알려주는 역할을 한다.

Route53은 이 두 가지 역할을 모두 수행할 수 있지만, 도메인 구매 비용은 등록 대행사마다 다르므로 더 저렴한 곳에서 도메인을 구매하고 DNS 관리만 Route53에서 하는 것이 효율적일 수 있다. 여기서는 국내에 잘 알려진 가비아(Gabia)에서 도메인을 구매한 후, Route53으로 네임 서버를 이전하여 DNS 레코드를 관리하는 과정을 진행할 것이다.

도메인을 사용하려면 먼저 고유한 이름을 구매해야 한다. 국내에는 가비아[1], 후이즈[2] 등 여러 등록 대행 사이트가 있다. 원하는 도메인 이름을 가장 저렴하

---

1   *https://www.gabia.com/*
2   *https://domain.whois.co.kr/*

게 판매하는 곳을 선택하거나, 앞서 이야기한 것처럼 Route53 서비스 콘솔에서 직접 구매할 수도 있다.

먼저 도메인 구매 사이트에서 원하는 도메인 이름을 검색한다. 그림 A.1과 같이 검색하면 입력한 도메인뿐만 아니라 .com, .net 등 다른 최상위 도메인들의 구매 가능 여부도 함께 확인할 수 있다.

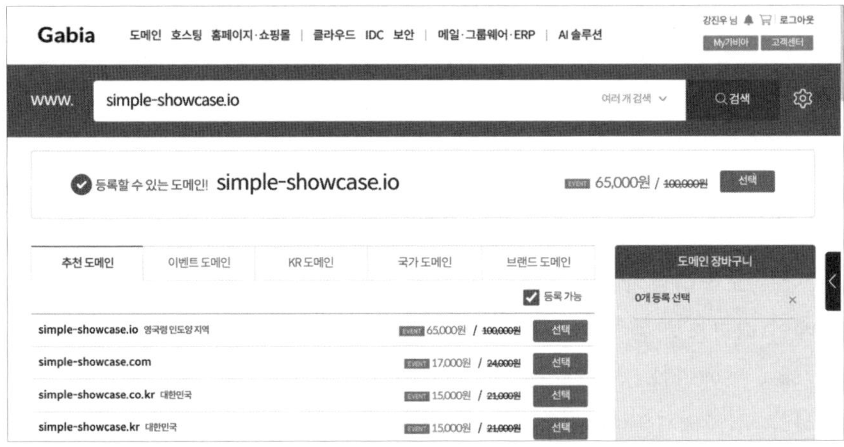

그림 A.1 가비아에서 구매 가능 도메인 검색

원하는 도메인을 선택하여 구매 절차를 완료하면, 해당 도메인은 기본적으로 구매처에서 제공하는 네임 서버를 사용하도록 설정된다. 그림 A.2는 가비아에서 도메인을 구매한 직후 설정된 기본 네임 서버 목록의 예시이다.

네임서버 설정			
1차	ns.gabia.co.kr	8차	데이터 없음
2차	ns1.gabia.co.kr	9차	데이터 없음
3차	ns.gabia.net	10차	데이터 없음
4차	데이터 없음	11차	데이터 없음
5차	데이터 없음	12차	데이터 없음
6차	데이터 없음	13차	데이터 없음
7차	데이터 없음		

그림 A.2 가비아에서 제공하는 네임 서버 목록

이제부터 이 도메인에 대한 A 레코드나 CNAME 레코드를 추가, 수정하려면 가비아의 DNS 관리 메뉴를 이용해야 한다. 하지만 모든 AWS 리소스를 한 곳에서 관리하기 위해 Route53을 사용할 것이기 때문에 도메인의 DNS 질의 응답 서버인 네임 서버를 Route53으로 변경해 보자.

먼저 Route53 서비스 콘솔로 이동하여 DNS 레코드를 관리할 공간인 호스팅 영역(Hosted Zone)을 생성한다.

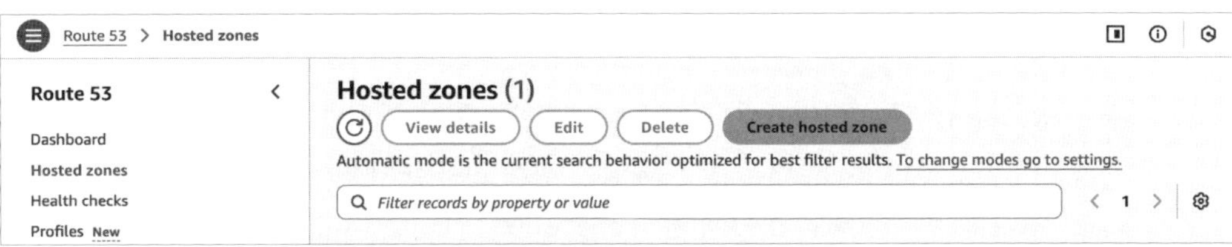

그림 A.3 Route53 서비스 콘솔

[Created hosted zone]을 클릭한 다음 그림 A.4와 같이 구매한 도메인 정보를 입력한다.

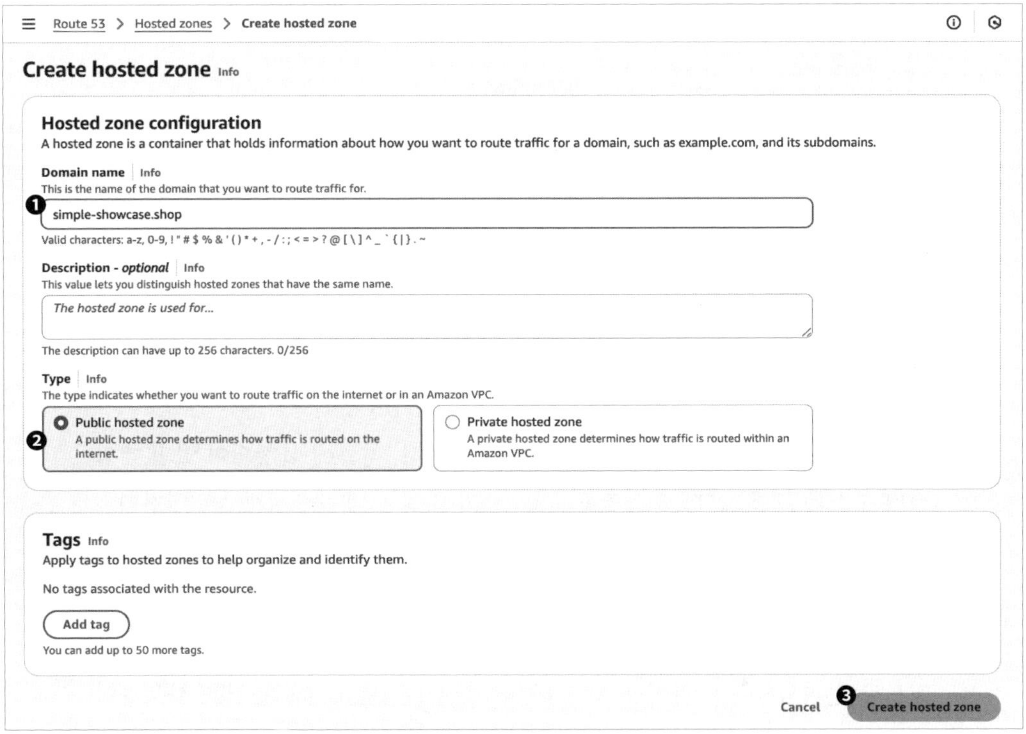

그림 A.4 simple-showcase.shop의 호스티드 존 생성

각각의 항목을 아래와 같이 설정한다.

❶ 가비아에서 구매한 도메인 이름인 'simple-showcase.shop'을 입력한다.

❷ 'Public hosted zone'을 선택한다. 이는 인터넷상의 누구나 이 도메인에 대한 DNS 질의를 할 수 있도록 허용하는 설정이다. 만약 VPC 내부에서만 사용할 목적이라면 'Private hosted zone'을 선택한다.

모든 정보를 입력한 후 [Create hosted zone] 버튼(❸)을 클릭한다.

생성이 완료되면 Route53은 이 도메인을 위해 고유한 네임 서버 4개를 할당한다. 생성한 호스팅 영역의 상세 화면으로 이동하면 NS(Name Server) 유형의 레코드를 볼 수 있다(그림 A.5). 이 레코드 값(❶)들이 바로 가비아에 새로 설정해야 할 Route53의 네임 서버 주소이다.

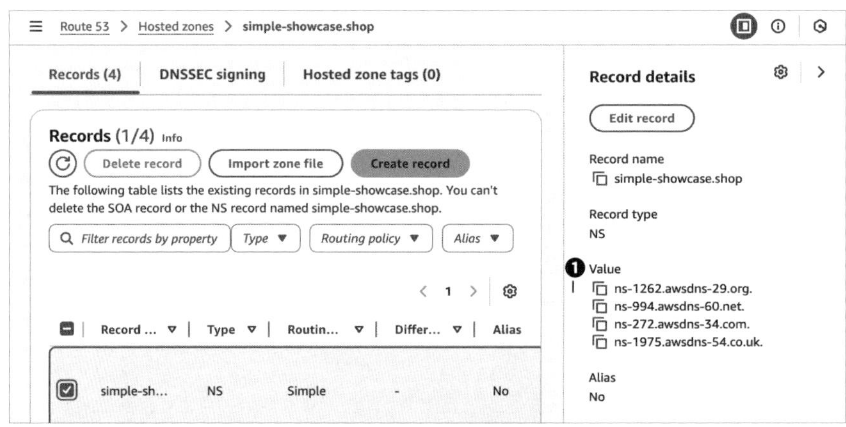

그림 A.5 NS 레코드 값

이제 다시 가비아의 도메인 관리 콘솔로 돌아가서, 기존에 설정되어 있던 네임 서버 주소를 그림 A.5에서 확인한 Route53의 네임 서버 주소 4개로 변경한다.

네임 서버 변경 정보가 전 세계의 DNS 서버로 전파되는 데에는 일반적으로 수 분에서 수 시간 정도의 시간이 소요된다. 이를 DNS 전파라고 한다.

충분한 시간이 지난 후, 터미널에서 `nslookup` 명령을 통해 네임 서버가 정상적으로 변경되었는지 확인할 수 있다. 코드 A.1은 –type=ns 옵션을 사용하여

그림 A.6 가비아에서 네임 서버 변경

해당 도메인의 네임 서버 레코드만 조회하는 예시이다. 조회 결과가 Route53
에서 할당받은 네임 서버 주소와 일치하면 성공적으로 이전된 것이다.

코드 A.1 nslookup 명령으로 네임 서버 조회

```
〉 nslookup -type=ns simple-showcase.shop
Server:   210.220.163.82
Address:  210.220.163.82#53

Non-authoritative answer:
simple-showcase.shop      nameserver = ns-1262.awsdns-29.org.
simple-showcase.shop      nameserver = ns-994.awsdns-60.net.
simple-showcase.shop      nameserver = ns-272.awsdns-34.com.
simple-showcase.shop      nameserver = ns-1975.awsdns-54.co.uk.
```

이제 simple-showcase.shop 도메인의 DNS 관리 권한이 Route53으로 이전되
었다. 앞으로 이 도메인에 대한 모든 레코드 생성, 수정, 삭제 작업은 Route53
을 통해 할 수 있다.

부록 B

테일스케일을 활용한 VPN 환경 만들기

4장에서 보안 강화를 위해 애플리케이션 서버들을 프라이빗 서브넷으로 이전했다. 이 구조의 가장 큰 불편함은 서버에 직접 SSH로 접근할 수 없다는 점이었다. 프라이빗 서브넷은 인터넷과 직접 통신하는 경로가 없기 때문에 외부의 개발자 PC에서 서버로 접근할 수 없다. 당시에는 이 문제를 해결하기 위해 그림 B.1과 같이 퍼블릭 서브넷에 배스천 서버라 불리는 중계용 서버를 두고, 이를 경유해서 내부 서버로 접근하는 방법을 사용했다.

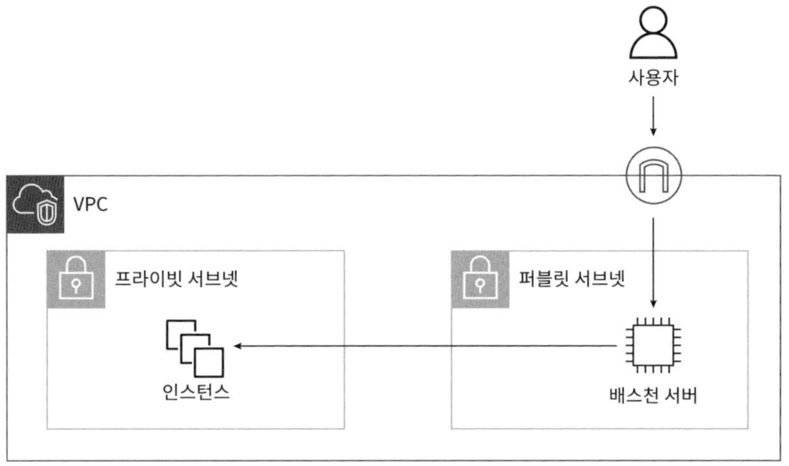

그림 B.1 배스천 서버를 통한 SSH 접근

하지만 이 방식은 몇 가지 한계가 있다. 우선 접속 과정이 번거롭고, 데이터베이스 GUI 툴이나 다른 애플리케이션에서 내부 리소스에 접근하려면 복잡한 SSH 터널링 설정 등이 추가로 필요하다. 또한 배스천 서버 자체가 공격 지점이 될 수도 있다.

이러한 문제를 해결하는 효과적인 방법 중 하나가 VPN(Virtual Private Network) 환경을 구축하는 것이다. VPN은 단어 의미 그대로 가상의 사설 네트워크를 만드는 기술이다. 쉽게 비유하자면, 인터넷이라는 공용 도로 위에 회사 내부의 리소스와 내 컴퓨터만 다닐 수 있는 암호화된 전용 터널을 만드는 것과 같다. 이 터널을 통하면 마치 VPC 내부 네트워크에 직접 연결된 것처럼 동작하여 내 컴퓨터가 프라이빗 서브넷에 있는 서버들과 자유롭게 통신할 수 있게 된다.

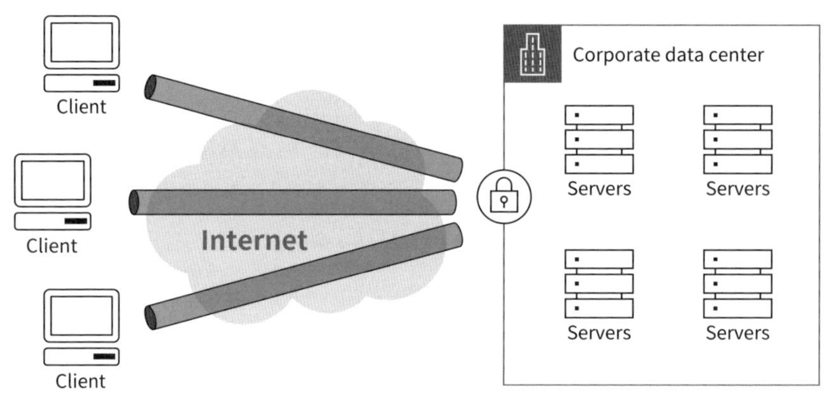

그림 B.2 VPN의 역할

시중에 다양한 VPN 솔루션이 있지만, 이번 장에서는 와이어가드(WireGuard) 프로토콜 기반으로 동작하여 설치와 사용이 매우 간편한 테일스케일(Tailscale)을 활용하는 방법을 다룬다. 테일스케일을 이용하면 복잡한 네트워크 설정 없이도 단 몇 분 만에 VPN 환경을 구축하여 배스천 서버 없이 내부 서버에 안전하고 편리하게 접근할 수 있다.

그림 B.2는 테일스케일을 이용해 VPC에 접근하는 원리를 간략하게 보여준다. 이 구조의 핵심은 퍼블릭 서브넷에 위치한 EC2 인스턴스 하나가 서브넷 라

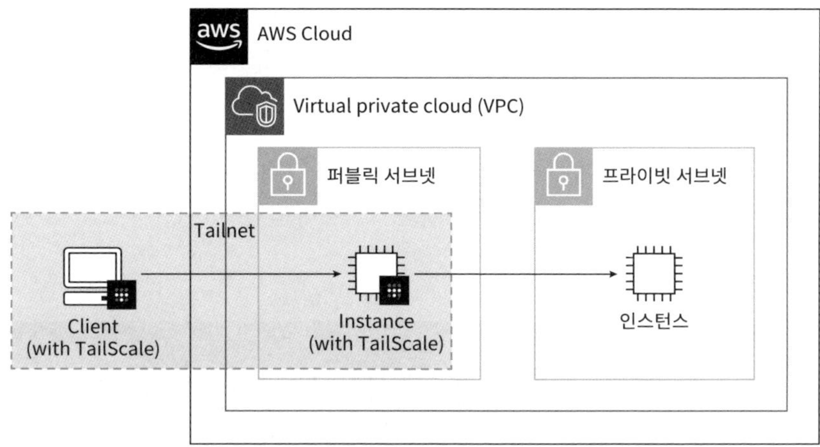

그림 B.3 테일스케일을 통한 VPN 환경 구조

우터 역할을 수행하는 것이다. 전체적인 동작 과정은 다음과 같다.

1 테일넷(Tailnet) 형성: 먼저 개발자의 PC와 VPC 내의 서버들에 테일스케일 에이전트를 설치하고 동일한 계정으로 로그인한다. 이렇게 연결된 기기들은 테일넷이라는 하나의 가상 사설망으로 묶이며, 각각 100.x.x.x 형태의 고유한 IP 주소를 할당받는다.

2 경로 광고(Route Advertising): 서브넷 라우터 역할을 할 EC2 인스턴스에서 VPC의 내부 IP 대역(예: 10.1.0.0/16)을 테일넷 전체에 광고하도록 설정한다. 이 광고는 10.1.0.0/16 대역으로 향하는 모든 트래픽은 나에게 보내라는 약속과 같다.

3 트래픽 전달: 개발자가 자신의 PC에서 프라이빗 서브넷에 있는 EC2 인스턴스의 IP 주소로 SSH 접근을 시도하면, PC에 설치된 테일스케일 에이전트가 목적지 주소를 확인한다. 에이전트는 이 주소가 서브넷 라우터를 통해야 갈 수 있다는 것을 경로 광고를 통해 이미 알고 있기 때문에 이 네트워크 트래픽을 AWS의 서브넷 라우터 인스턴스에게 전송한다.

4 내부 라우팅: 트래픽을 수신한 서브넷 라우터는 최종 목적지로 트래픽을 전달한다. 이 인스턴스는 VPC 내부에 있기 때문에 VPC의 라우팅 규칙에 따라 프라이빗 서브넷의 목표 서버까지 정상적으로 패킷을 보낼 수 있다.

이러한 방식을 사용하면 배스천 서버를 경유할 필요가 없어진다. ssh 명령을 직접 실행할 수 있으며, 보안 그룹에서 포트만 허용되어 있다면 MySQL Work-bench 같은 GUI 툴로 Aurora MySQL 클러스터에, Redis CLI로 ElastiCache for Redis에 직접 접속하는 등 모든 내부 리소스를 마치 로컬 환경에 있는 것처럼 다룰 수 있게 된다. 이제 테일스케일을 설치하고 구축하는 과정을 진행해 보자.

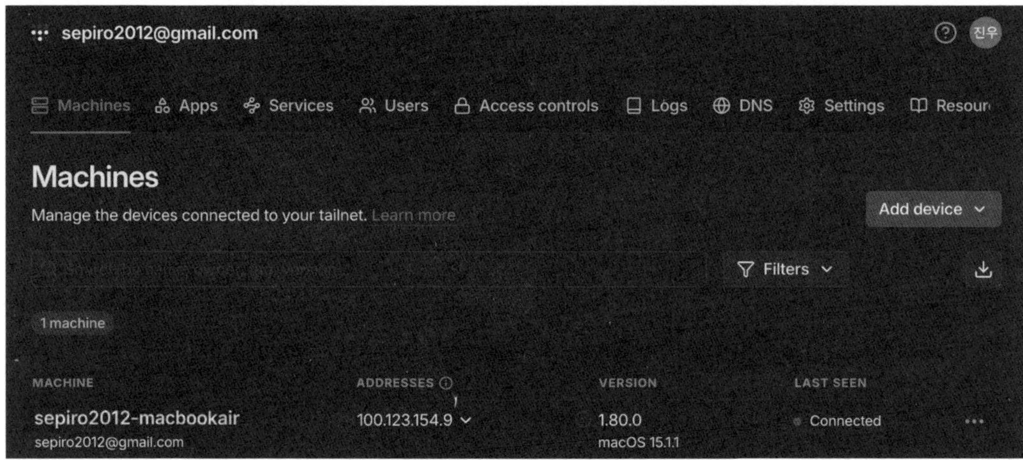

그림 B.4 테일스케일 관리 콘솔의 Machines 정보

테일스케일에 로그인한 후 관리 콘솔에서 PC를 위한 테일스케일 에이전트를 다운로드하고 설치한다. PC에 테일스케일을 설치하고 나면 관리 콘솔의 [Ma-chines] 탭에서 PC의 정보를 확인할 수 있다.

다음으로 4장에서 구성한 환경을 기반으로, 퍼블릭 서브넷에 테일스케일 서브넷 라우터 역할을 수행할 EC2 인스턴스를 하나 생성한 후 SSH로 접근한다.

가장 먼저 할 일은 이 EC2 인스턴스가 라우터처럼 동작하도록 리눅스 커널 설정을 변경하는 것이다. 서브넷 라우터는 자신의 IP가 목적지가 아닌 네트워크 패킷을 받으면, 이를 VPC 내의 다른 목적지로 전달해 주어야 한다. 코드 B.1은 IP 포워딩 기능을 활성화하는 과정이다.

코드 B.1 커널 파라미터 수정

```
[ec2-user@ip-10-1-1-225 ~]$ echo 'net.ipv4.ip_forward = 1' | sudo tee -a /
etc/sysctl.d/99-tailscale.conf ❶
echo 'net.ipv6.conf.all.forwarding = 1' | sudo tee -a /etc/sysctl.d/99-
tailscale.conf                             ❷
sudo sysctl -p /etc/sysctl.d/99-tailscale.conf ❸
net.ipv4.ip_forward = 1                        ❹
net.ipv6.conf.all.forwarding = 1               ❺
```

❶ IPv4 패킷 포워딩을 활성화하여, 이 서버가 다른 목적지로 가는 트래픽을 중계하는 라우터 역할을 하도록 설정한다.

❷ 모든 네트워크 인터페이스에 대해 IPv6 패킷 포워딩을 활성화하여, IPv6 환경에서도 라우터로 동작하도록 설정한다.

❸ /etc/sysctl.d/99-tailscale.conf 파일에 추가한 커널 파라미터 설정을 시스템에 즉시 적용한다. 이 명령어를 입력하지 않으면 시스템을 재부팅해야 새로운 커널 파라미터 설정이 적용된다.

❹❺ sysctl -p 명령 실행 후, 변경된 커널 파라미터 값이 정상적으로 적용되었음을 보여준다.

이제 커널 파라미터 수정을 통해 EC2 인스턴스가 라우터 역할을 할 준비를 마쳤다. 다음으로 테일스케일 에이전트를 설치한다.

코드 B.2 테일스케일 에이전트 설치

```
[ec2-user@ip-10-1-1-225 ~]$ curl -fsSL https://tailscale.com/install.sh |
sh
Installing Tailscale for amazon-linux 2023, using method yum
… (중략) …
```

커널 파라미터 수정과 에이전트 설치를 마쳤으니, 이제 이 EC2 인스턴스를 테일넷에 참여시킬 차례이다. 코드 B.3과 같이 tailscale up 명령어를 실행하면 에이전트가 시작되고 해당 기기를 테일넷에 참여시키기 위한 인증 절차가 진행된다.

코드 B.3 테일스케일 에이전트 설치

```
[ec2-user@ip-10-1-1-225 ~]$ sudo tailscale up
To authenticate, visit:
    https://login.tailscale.com/a/74e0160018c0e
```

> ✅ 위와 같이 브라우저를 열어서 로그인하지 않고 키 방식으로도 테일스케일 에이전트를 설치할 수 있지만 이 책의 범위를 벗어나기 때문에 다루지 않는다. 자세한 내용은 *https://tailscale.com/kb/1085/auth-keys* 링크를 참고하자.

인증을 위한 일회성 URL을 복사하여 로컬 PC의 웹 브라우저에 붙여 넣고 로그인을 완료하면 기기 등록이 승인된다. 성공적으로 로그인하면 터미널상에서도 Success 문구를 볼 수 있다.

코드 B.4 테일스케일 에이전트 설치 성공

```
Success.
[ec2-user@ip-10-1-1-225 ~]$
```

이후 테일스케일 콘솔에 다시 들어오면 [Machines] 탭에 설치한 EC2 인스턴스가 보이는 것을 확인할 수 있다(그림 B.5).

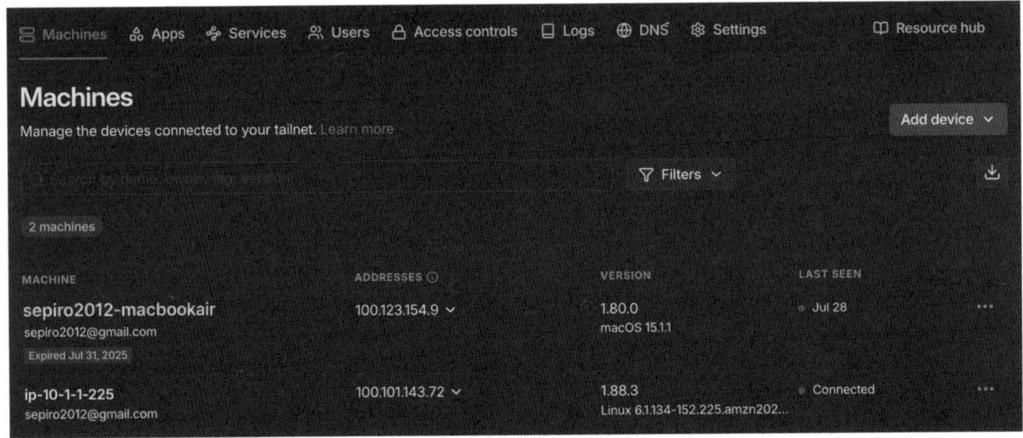

그림 B.5 테일스케일의 Machines 탭

다만 지금까지의 과정은 해당 EC2 인스턴스가 테일넷에 하나의 노드로 추가된 것일 뿐, 아직 VPC 내부망과 연결해 주는 서브넷 라우터의 역할을 하지는 못한다. 이제 이 EC2 인스턴스가 서브넷 라우터의 역할을 할 수 있도록 설정한다.

코드 B.5 서브넷 라우터로 설정

```
[ec2-user@ip-10-1-1-225 ~]$ sudo systemctl enable --now tailscaled ❶
[ec2-user@ip-10-1-1-225 ~]$ sudo tailscale set --advertise-routes=
10.1.0.0/16 ❷
```

❶ 테일스케일 에이전트 데몬이 시스템 부팅 시 자동으로 시작되도록 활성화한다. --now 옵션은 지금 바로 서비스를 시작하라는 의미이다. 이를 통해 EC2 인스턴스가 재부팅되어도 테일스케일 에이전트 데몬이 자동으로 실행되어 서브넷 라우터 기능이 중단되지 않는다.

❷ 서브넷 라우터 설정의 핵심이다. --advertise-routes 옵션을 통해 이 EC2 인스턴스가 VPC의 CIDR 대역인 10.1.0.0/16으로 향하는 모든 트래픽을 처리하겠다고 테일넷 전체에 경로를 광고한다.

명령을 실행한 후 다시 테일스케일 콘솔의 [Machines] 탭으로 돌아오면 그림 B.6과 같이 서브넷 라우터로 설정한 인스턴스 하단에 Subnets라는 배지가 생긴 것을 볼 수 있다(❶).

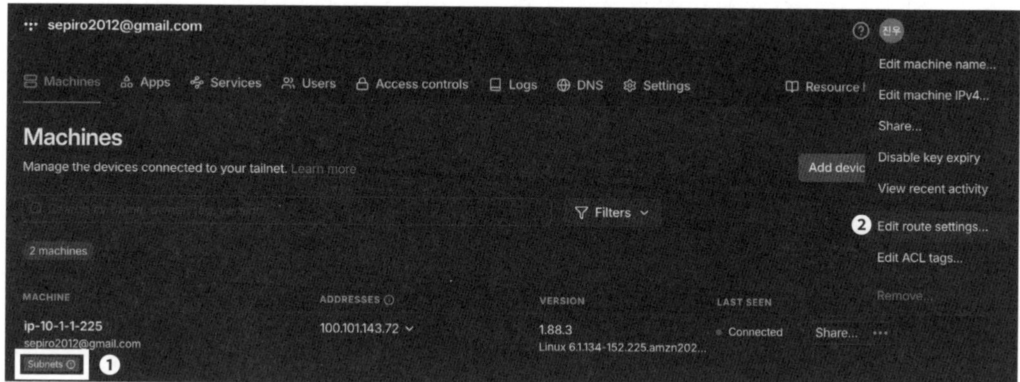

그림 B.6 서브넷 라우터 승인 대기

이는 서브넷 라우터가 되겠다는 요청이 들어왔지만, 아직 관리자의 승인이 나지 않았다는 의미이다. 악의적인 사용자가 임의의 노드를 서브넷 라우터로 만들어 트래픽을 가로채는 것을 방지하기 위한 중요한 보안 절차이다. 오른쪽 상단의 확장 메뉴 버튼을 클릭한 후 [Edit route settigns]를 선택하여 클릭한다(❷).

광고한 10.1.0.0/16 서브넷 경로를 활성화하고 저장하면, 해당 EC2 인스턴스는 테일넷과 VPC를 잇는 서브넷 라우터로 동작하게 된다(그림 B.7).

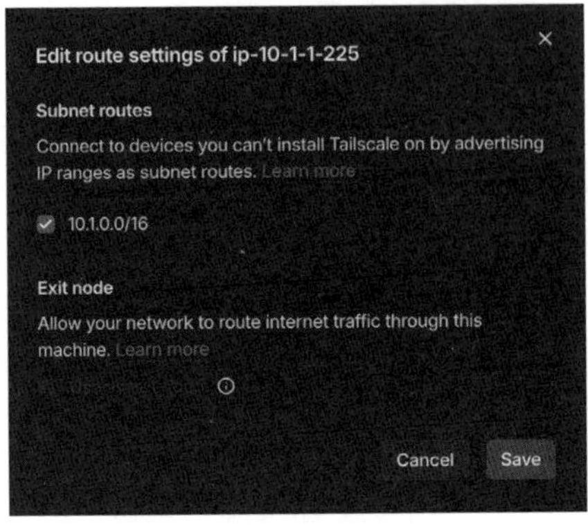

그림 B.7 서브넷 라우터 승인

이제 모든 설정을 완료했다. 로컬 PC에 설치된 테일스케일 클라이언트를 실행하여 테일넷과 연결한다. 'Connected'로 보이면 정상적으로 테일넷에 합류했다는 의미이다(그림 B.8).

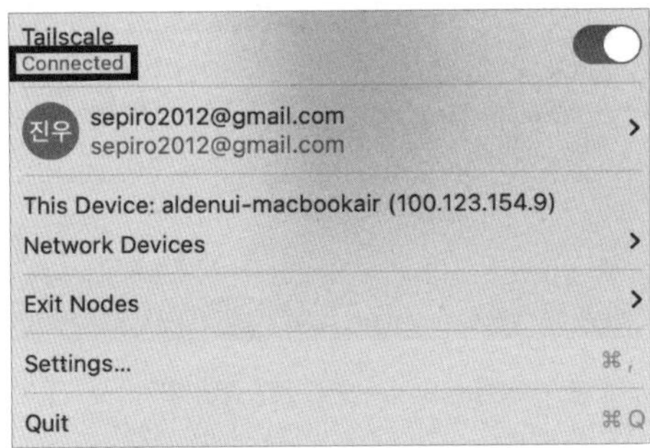

그림 B.8 PC에서의 테일스케일 연결

4장에서 배스천 호스트를 통해 접속했던 프라이빗 서브넷의 EC2 인스턴스 중 사설 IP 주소 하나에 SSH 접근을 시도해 보자.

코드 B.6 사설 IP로 SSH 접근

```
> ssh -A -l ec2-user -i ./simple-showcase-key-pair 10.1.20.113
   ,       #_
  ~\_  ####_          Amazon Linux 2023
 … (중략) …
      _/m/'
Last login: Sat Sep  6 01:07:09 2025 from 10.1.1.225
[ec2-user@ip-10-1-20-113 ~]$
```

배스천 서버를 거치지 않고도 로컬 PC에서 직접 사설 IP 주소로 인스턴스에 SSH 접근이 가능한 것을 확인할 수 있다. 이는 단순히 SSH 접근이 편리해진 것을 넘어서 데이터베이스 GUI 도구, API 테스트 도구 등 PC 내의 모든 애플리케이션이 VPC 내부 리소스와 직접, 그리고 안전하게 통신할 수 있는 환경이 구축된 것이다.

이처럼 테일스케일을 활용하면 배스천 호스트를 운영하는 것보다 더 안전하게 편리하게 프라이빗 네트워크에 접근할 수 있다.

부록 C

AWS Infra Scaling

AWS 계정 별칭 생성

1장에서 AWS의 모범 사례에 따라 루트 사용자가 아닌 IAM 사용자를 생성하고, 이 사용자로 AWS 관리 콘솔에 로그인하는 과정을 진행했다.

IAM 사용자가 AWS 관리 콘솔에 로그인하기 위해서는 로그인 화면에서 12자리의 숫자로 된 계정 ID 혹은 계정 별칭(❶)을 먼저 입력해야 한다(그림 C.1).

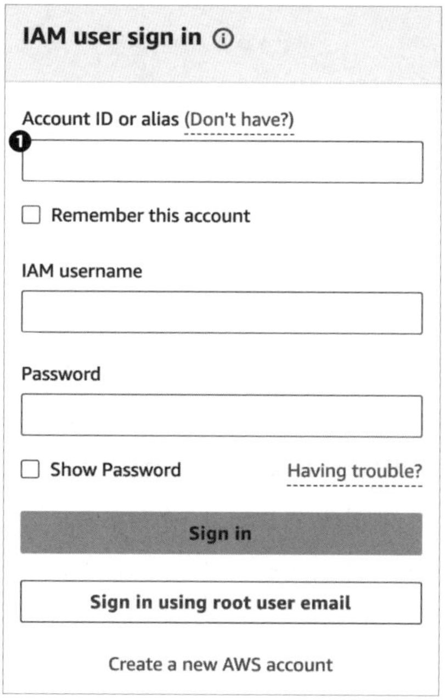

그림 C.1 IAM 사용자 로그인 화면

계정 ID는 AWS 계정 생성 시 자동으로 부여되는 고유한 식별자로, IAM 서비스 콘솔 등에서 쉽게 확인할 수 있다. 하지만 긴 숫자로 이루어져 있어서 사람이 기억하기도 입력하기도 불편하다.

이런 불편함을 해소하고 실수를 방지하기 위해 AWS는 계정 별칭 기능을 제공한다. 계정 별칭은 기억하기 쉬운 이름(예: simple-showcase)으로 12자리의 계정 ID를 대체할 수 있도록 하는 설정이다.

계정 별칭의 생성 및 확인은 루트 사용자로 로그인한 후 IAM 서비스 콘솔에서 확인할 수 있다.

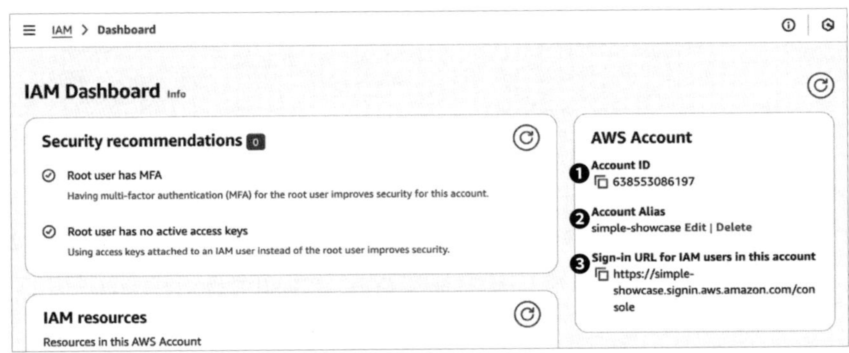

그림 C.2 IAM 서비스 콘솔

IAM 서비스 콘솔의 대시보드 오른쪽에 있는 AWS Account 섹션에서 다음과 같은 정보를 확인할 수 있다.

❶ 계정 생성과 동시에 부여되는 12자리 숫자 식별자이다. 고유한 값으로 변경할 수 없다.

❷ 사용자가 직접 설정하는 계정의 별칭이다. 기본적으로는 생성되어 있지 않으며, [Create] 혹은 [Edit] 링크를 클릭하여 언제든지 자유롭게 생성하고 변경할 수 있다. 계정 별칭은 전체 AWS 계정에서 고유해야 한다.

❸ IAM 사용자들이 이 계정에 로그인할 때 사용하는 전용 URL이다. 계정 별칭을 생성하면 계정 별칭을 바탕으로 URL이 만들어져 훨씬 직관적으로 보인다. 별칭이 없다면 12자리의 계정 ID를 바탕으로 URL이 만들어진다.

또한 계정 별칭은 URL에 식별자인 계정 ID가 직접 노출되는 것을 방지하는 부가적인 보안 효과도 있다. 이처럼 계정 별칭은 AWS 계정을 만든 직후 가장 먼저 수행해야 할 간단하면서도 중요한 설정 중 하나이므로, 생성하여 사용하기를 권장한다.

부록 D

A W S   I n f r a   S c a l i n g

인스턴스 유형 선택 가이드

클라우드 인프라를 구축할 때 마주하게 되는 난관 중 하나는 수많은 인스턴스 유형 중에서 무엇을 선택해야 할지 결정하는 일이다. AWS는 수백 가지가 넘는 인스턴스 조합을 제공하기 때문에 적절한 사양을 선택하는 작업, 즉 사이징(Sizing)은 비용과 성능에 직결되는 중요한 과정이다. 특히 적정 사양을 찾아가는 올바른 사이징(Right Sizing)은 비용 최적화의 첫걸음이기도 하다. 여기서는 EC2, RDS, ElastiCache 등 각 서비스에 사용되는 인스턴스 사양의 특징과 인스턴스를 선택할 때 고려해야 할 핵심 기준에 대해 다룬다.

먼저 AWS 인스턴스 이름의 구조를 살펴보자. 어떤 서비스를 사용하든 AWS의 인스턴스 표기법은 일정한 규칙을 따른다. 이 규칙을 이해하면 인스턴스의 특성을 직관적으로 파악할 수 있다. 예를 들어 m6g.large 라는 이름을 분석해 보자.

그림 D.1 AWS 인스턴스 이름의 구조

- **패밀리(Family, 맨 앞 글자)**: 인스턴스의 특성을 나타낸다. 예를 들어 m은 범용(General Purpose), c는 컴퓨팅 최적화(Compute Optimized), r은 메모리 최적화(Memory Optimized)를 의미한다.

- **세대(Generation, 숫자):** 숫자가 높을수록 최신 프로세서와 기술이 적용된 모델이다. 특별한 이유가 없다면 최신 세대를 선택하는 것이 성능과 비용 효율면에서 유리하다.

- **프로세서 속성(숫자 뒤 알파벳):** 추가적인 하드웨어 특성을 나타낸다. 위의 예에서 g는 ARM 기반의 그라비톤(Graviton) 프로세서를 의미한다.

- **크기(Size, 점 뒤 단어):** vCPU 코어 수와 메모리 용량을 나타낸다. large, xlarge, 2xlarge 순으로 커지며 단계가 올라갈 때마다 자원이 2배씩 증가한다.

이러한 명명 규칙을 바탕으로, 실제 운영 환경에서 가장 많이 고려되는 세 가지 주요 패밀리의 특징을 파악해 두면 선택이 훨씬 수월해진다.

- **T 시리즈:** 개발 및 테스트 환경이나 트래픽이 적은 소규모 서비스에 적합하다. T 시리즈는 버스트 가능(Burstable) 인스턴스로, 평소에는 정해진 기본 성능으로 동작하다가 트래픽이 몰릴 때 크레딧(Credit)을 소모해 일시적으로 성능을 높일 수 있다. 핵심은 CPU 사용량이 낮을 때 크레딧을 적립하고, 부하가 높을 때 적립된 크레딧을 소모하는 방식이라는 점이다. 비용이 저렴하다는 장점이 있지만, 지속적인 고부하가 발생해 크레딧이 고갈되면 성능이 급격히 저하될 수 있으므로 주의해야 한다. 크레딧의 적립과 사용 현황은 EC2 모니터링 탭이나 Cloudwatch의 CPUCreditBalance와 CPUCredit Usage 지표를 통해 확인할 수 있다.

- **M 시리즈:** vCPU와 메모리의 비율이 균형 잡힌 모델이다. 보통 vCPU 1개당 4GiB 메모리로 설정되어 있다. 애플리케이션 서버, 소규모 데이터베이스 등 대부분의 상황에 무난하게 사용할 수 있다. 어떤 유형을 선택해야 할지 확실하지 않다면 M 시리즈로 시작하고 모니터링 결과를 바탕으로 조정하는 것도 안전한 접근법이다.

- **C 시리즈와 R 시리즈:** C 시리즈는 연산 능력에 집중된 모델로 vCPU 1개당 메모리의 비율이 1:2 정도로 설정된 모델이다. 동영상 인코딩, 배치 작업처럼 연산 능력이 중요한 작업에 적합하다. 반면에 R 시리즈는 메모리에 집중된 모델로 vCPU 1개당 메모리의 비율이 1:8 정도로 설정된 모델이다. 메모리 사용량이 많은 인메모리 캐시나 빅데이터 분석에 적합하다.

그림 D.2 T 시리즈의 크레딧 현황 지표

참고로 x86 아키텍처에 종속된 바이너리를 사용해야 하는 경우가 아니라면, c6.large 대신 c6g.large를 사용해서 ARM 기반의 그라비톤(Graviton) 프로세서인 g가 붙은 모델을 선택하는 것이 유리하다. 동일한 사양의 인텔 기반 인스턴스보다 비용은 저렴하면서 성능은 더 뛰어난 경우가 많다.

인스턴스를 선택할 때는 CPU와 메모리가 가장 결정적인 요소지만, 워크로드의 특성에 따라 네트워크 성능이 숨겨진 병목이 되기도 한다. 특히 ElastiCache와 같은 캐시 시스템은 빠른 응답 속도를 보장해야 하기 때문에 네트워크 대역폭이 중요하다. 데이터 크기가 작더라도 읽기와 쓰기가 매우 빈번하다면 CPU나 메모리가 충분하더라도 네트워크 대역폭 제한에 걸려 성능 저하가 발생할 수 있다. 따라서 대규모 트래픽을 처리해야 한다면 단순히 컴퓨팅 사양만 볼 것이 아니라, 더 높은 네트워크 성능을 제공하는 상위 인스턴스 타입을 선택하거나 클러스터 모드를 활성화하여 여러 노드에 트래픽을 분산시켜야 한다.

　물론 처음부터 완벽한 인스턴스를 선택하기는 불가능에 가깝다. 클라우드의 가장 큰 장점인 유연성을 활용하여, 다음과 같은 순환 과정을 통해 최적의 사양을 찾아나가는 것이 일반적이다.

- **초기 추정:** 보수적으로 접근한다. 너무 작은 인스턴스는 장애를 유발할 수 있기 때문에 예상 트래픽보다 한 단계 높은 사양으로 시작한다.
- **부하 테스트:** 서비스 오픈 전에 부하 테스트 도구를 사용해서 실제와 유사한 트래픽을 발생시키고 CPU, 메모리, 응답 속도를 확인한다.
- **모니터링:** CloudWatch를 통해 실제 운영 지표를 수집하고 기준에 따라 조정한다. 예를 들어 CPU 사용률이 지속적으로 30% 미만이라면 과도한 사양 (Over-provisioning)일 가능성이 높으므로 사양을 낮추고, 메모리 스왑이 발생하거나 사용률이 80% 이상을 유지한다면 메모리를 늘린다.

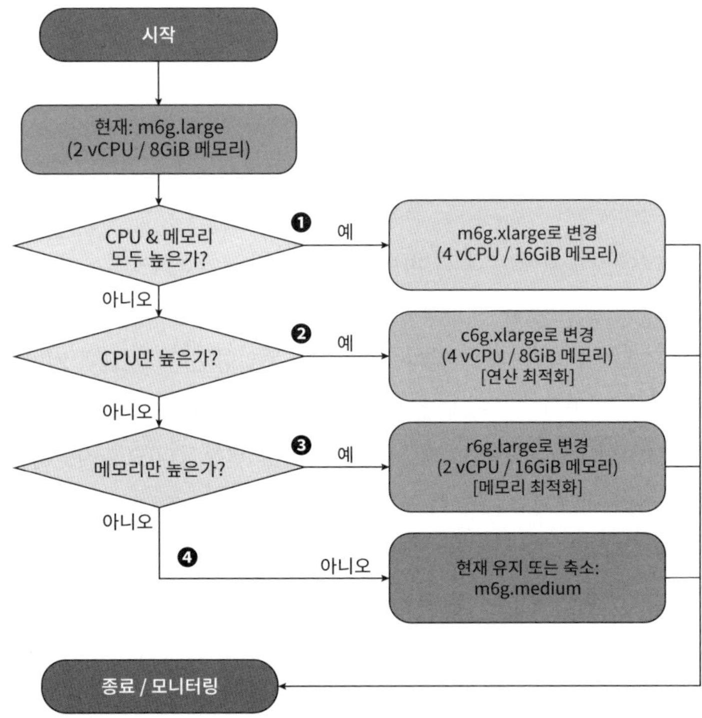

그림 D.3 인스턴스 선택 의사 결정 과정 예시

이 조정 과정을 구체적인 시나리오로 살펴보면 그림 D.3과 같다. 현재 m6.large(2 vCPU/8GiB Memory)를 사용 중이라고 가정해 보자.

❶ 먼저 CPU 사용률과 메모리 사용률이 둘 다 높은 경우가 있을 것이다. 이런 경우에는 전체적인 성능 향상이 필요하므로 패밀리는 유지하되 크기를 늘린다. 4 vCPU와 16GiB를 제공하는 m6g.xlarge로 변경한다.

❷ 다음으로 CPU 사용률만 높은 경우가 있을 것이다. 이런 경우에는 메모리는 충분하므로 유지하고, vCPU 비중이 높은 컴퓨팅 최적화 인스턴스로 변경한다. 4 vCPU와 8GiB 메모리를 제공하는 c6g.xlarge로 변경하면 메모리 용량은 유지하면서 연산 능력만 2배 높일 수 있다.

❸ 다음으로 메모리 사용률만 높은 경우가 있을 것이다. 이런 경우에는 vCPU는 충분하므로 유지하고 메모리 비중이 높은 메모리 최적화 인스턴스로 변경한다. 2 vCPU와 16GiB 메모리를 제공하는 r6g.large로 변경하면 연산 능력은 유지하면서 메모리만 2배 높일 수 있다.

❹ 마지막으로 CPU 사용률과 메모리 사용률 모두 큰 변화가 없는 경우가 있다. 이런 경우에는 현재 인스턴스 사양을 유지한다. 혹은 사용률이 현저히 낮다고 판단되면 비용 절감을 위해 인스턴스 크기를 한 단계 낮추는 것을 고려해 볼 수 있다.

표 D.1 m 인스턴스 내에서의 사양 변화[1]

인스턴스 크기	vCPU	메모리(GiB)	인스턴스 스토리지 (GB)	네트워크 대역폭 (Gbps)	EBS 대역폭 (Mbps)
m6g.medium	1	4	EBS 전용	최대 10	최대 4,750
m6g.large	2	8	EBS 전용	최대 10	최대 4,750
m6g.xlarge	4	16	EBS 전용	최대 10	최대 4,750
m6g.2xlarge	8	32	EBS 전용	최대 10	최대 4,750
m6g.4xlarge	16	64	EBS 전용	최대 10	4,750
m6g.8xlarge	32	128	EBS 전용	12	9,000
m6g.12xlarge	48	192	EBS 전용	20	13,500

1 *https://aws.amazon.com/ko/ec2/instance-types* 참고

마지막으로 인스턴스 크기를 조정할 때 놓치지 말아야 할 점은 대역폭의 변화다. 표 D.1에서 볼 수 있듯이 인스턴스 크기가 커지면 vCPU와 메모리, 네트워크 및 EBS 대역폭도 함께 증가한다. 하지만 대역폭은 사양이 변해도 일정 구간에서는 변하지 않는 경우가 있다. 단순히 CPU와 메모리 수치만 보고 줄였다가는 대역폭 부족으로 인한 성능 저하를 겪을 수도 있다. 따라서 인스턴스 유형을 변경할 때는 컴퓨팅 리소스뿐만 아니라 애플리케이션이 필요로 하는 I/O 처리량과 네트워크 대역폭까지 종합적으로 고려하여 결정해야 한다.

부록 E

AWS SSM을 활용하여
EC2 인스턴스 접속하기

프라이빗 서브넷에 있는 서버에 접속할 수 있는 방법에는 배스천(Bastion) 서버를 사용하는 방법(4장 참고)과 테일스케일(Tailscale) VPN을 활용하는 방법(부록 B 참고)이 있다. 그리고 이 외에 SSM(AWS Systems Manager)의 세션 매니저(Session Manager)를 활용하는 방법도 있다.

SSM 세션 매니저를 사용하면 22번 포트(SSH)를 아예 닫아둔 IAM 권한만으로 안전하게 서버에 접속할 수 있다. 별도의 배스천 서버나 VPN 환경을 구축하지 않고 AWS 기본 기능만으로 안전한 접속 환경을 구성할 수 있다는 것이 큰 장점이다. 여기서는 SSM을 사용하여 EC2 인스턴스에 접속하는 방법을 다룬다.

먼저 SSM 세션 매니저의 주요 장점에 대해 살펴보자.

- **보안 강화**: 보안 그룹에서 22번 포트를 열지 않아도 되므로 외부 공격 표면을 줄일 수 있다.
- **키 관리 불필요**: SSH 키 파일(.pem)을 공유하거나 관리할 필요 없이 IAM 권한만으로 접근 제어가 가능하다.
- **감사 로그**: 누가 언제 접속해서 어떤 명령어를 입력했는지 CloudTrail 및 S3, CloudWatch Logs에 기록을 남길 수 있다.

SSM 세션 매니저로 인스턴스에 접속하려면 다음 세 가지 조건이 충족되어야 한다.

- **SSM 에이전트 설치**: 대상 EC2 인스턴스에 SSM 에이전트가 설치되어 있어야 한다. Amazon Linux 2, Amazon Linux 2023 등 최신 AWS 공식 AMI에는 기본적으로 설치되어 있다.
- **IAM 권한(인스턴스 프로파일)**: EC2 인스턴스에 연결된 IAM 역할에 SSM 통신을 위한 권한이 있어야 한다. 8장에서 CloudWatch Logs에 로그를 적재하기 위해 IAM 역할을 만들고 EC2에서 사용할 수 있도록 인스턴스 프로파일을 설정한 것과 같은 방식으로 SSM을 위한 권한을 추가해야 한다.
- **네트워크 연결**: SSM 에이전트는 AWS의 SSM 엔드포인트와 통신해야 한다. 따라서 인스턴스가 인터넷으로 나갈 수 있거나(NAT 게이트웨이 사용), 해당 VPC에 SSM용 VPC 엔드포인트가 구성되어 있어야 한다.

4장에서 만들었던 배스천 서버를 SSH가 아닌 SSM으로 접근하도록 구성해 보자. 먼저 SSM 접근을 위한 인스턴스 프로파일을 생성한다..

코드 E.1 SSM 접근을 위한 인스턴스 프로파일

```
# 1. IAM Role 생성(EC2가 이 역할을 맡을 수 있도록 신뢰 정책 설정)
resource "aws_iam_role" "ssm_role" {
  name = "ec2-ssm-role"

  assume_role_policy = jsonencode({
    Version = "2012-10-17"
    Statement = [
      {
        Action = "sts:AssumeRole"
        Effect = "Allow"
        Principal = {
          Service = "ec2.amazonaws.com"
        }
      }
    ]
  })
}
```

```
# 2. SSM 접속에 필요한 AWS 관리형 정책(AmazonSSMManagedInstanceCore) 연결
resource "aws_iam_role_policy_attachment" "ssm_core_attach" {
  role       = aws_iam_role.ssm_role.name
  policy_arn = "arn:aws:iam::aws:policy/AmazonSSMManagedInstanceCore"
}

# 3. EC2에 연결할 인스턴스 프로파일 생성
resource "aws_iam_instance_profile" "ssm_profile" {
  name = "ec2-ssm-profile"
  role = aws_iam_role.ssm_role.name
}
```

생성한 인스턴스 프로파일을 코드 E.2와 같이 기존 배스천 서버 코드에 추가하여 연결한다.

코드 E.2 배스천 서버 코드 수정

```
# 배스천 서버 역할을 할 인스턴스
resource "aws_instance" "bastion" {
  ami           = "ami-0e967ff96936c0c0c"
  instance_type = "t3.micro"
  subnet_id     = aws_subnet.public_c_01.id
  key_name      = "simple-showcase-key-pair"

  vpc_security_group_ids = [aws_security_group.bastion.id]

  associate_public_ip_address = true

  iam_instance_profile = aws_iam_instance_profile.ssm_profile.name ❶

  tags = {
    Name = "bastion-server"
  }
}
```

> ❶ 코드 E.1에서 생성한 인스턴스 프로파일을 연결한다.

테라폼을 적용한 다음 코드 E.3과 같이 로컬 PC에서 AWS CLI를 사용하여 접속해 보자. 간단한 리눅스 명령을 실행하여 접속 여부를 확인할 수 있다.

코드 E.3 AWS CLI로 SSM 접속

```
❯ aws ssm start-session --target i-0d5eef83f45f2ae94 --region ap-
northeast-2
```

```
Starting session with SessionId:  simple-showcase-admin-
74gke5uqz8p9tvzczoqgzkxreq
sh-5.2$ sudo su - ec2-user
Last login: Mon Dec 15 12:20:54 UTC 2025 on pts/1
[ec2-user@ip-10-1-1-225 ~]$ ls -al
total 20
drwx------. 3 ec2-user ec2-user  120 Sep  6 03:29 .
drwxr-xr-x. 4 root     root       38 Dec 15 12:17 ..
-rw-------. 1 ec2-user ec2-user 1767 Sep 26 13:23 .bash_history
-rw-r--r--. 1 ec2-user ec2-user   18 Jan 28  2023 .bash_logout
-rw-r--r--. 1 ec2-user ec2-user  141 Jan 28  2023 .bash_profile
-rw-r--r--. 1 ec2-user ec2-user  492 Jan 28  2023 .bashrc
-rw-------. 1 ec2-user ec2-user  111 Sep  6 11:19 .rediscli_history
drwx------. 2 ec2-user ec2-user   71 Sep  6 01:06 .ssh
[ec2-user@ip-10-1-1-225 ~]$ whoami
ec2-user
```

 명령 실행 시 다음과 같은 에러가 발생한다면 로컬 PC에 session-manager-plugin을 설치해야 한다.

```
SessionManagerPlugin is not found. Please refer to SessionManager
Documentation here: http://docs.aws.amazon.com/console/systems-
manager/session-manager-plugin-not-found
```

설치 방법은 AWS 공식 문서 *https://docs.aws.amazon.com/systems-manager/latest/userguide/session-manager-working-with-install-plugin.html*를 참고하자.

앞서 이야기한 것처럼 SSM의 장점 중 하나는 명령어 실행 내역을 기록할 수 있다는 점이다. 하지만 이 기능은 기본으로 활성화되어 있지 않기 때문에 SSM 관리 콘솔에서 별도로 설정해 주어야 한다. 활성화하기 전에 먼저 로그를 저장할 CloudWatch 로그 그룹을 만든다.

코드 E.4 SSM 로깅을 위한 CloudWatch 로그 그룹 생성

```
# 수집할 로그 그룹들을 미리 생성
resource "aws_cloudwatch_log_group" "ssm_session_logs " {
  name              = "/ssm_session_logs "
  retention_in_days = 30 # 로그 보관 기간 (일)
}
```

테라폼으로 로그 그룹을 생성했다면, AWS Systems Manager 관리 콘솔로 이동하여 [Session Manager]를 선택한다. [Preferences] 탭(❶)으로 이동하여 CloudWatch logging 항목을 보면 Send sesion logs to CloudWatch 부분이 Disabled(❷)로 되어 있을 것이다. [Edit] 버튼(❸)을 클릭하여 설정을 수정한다.

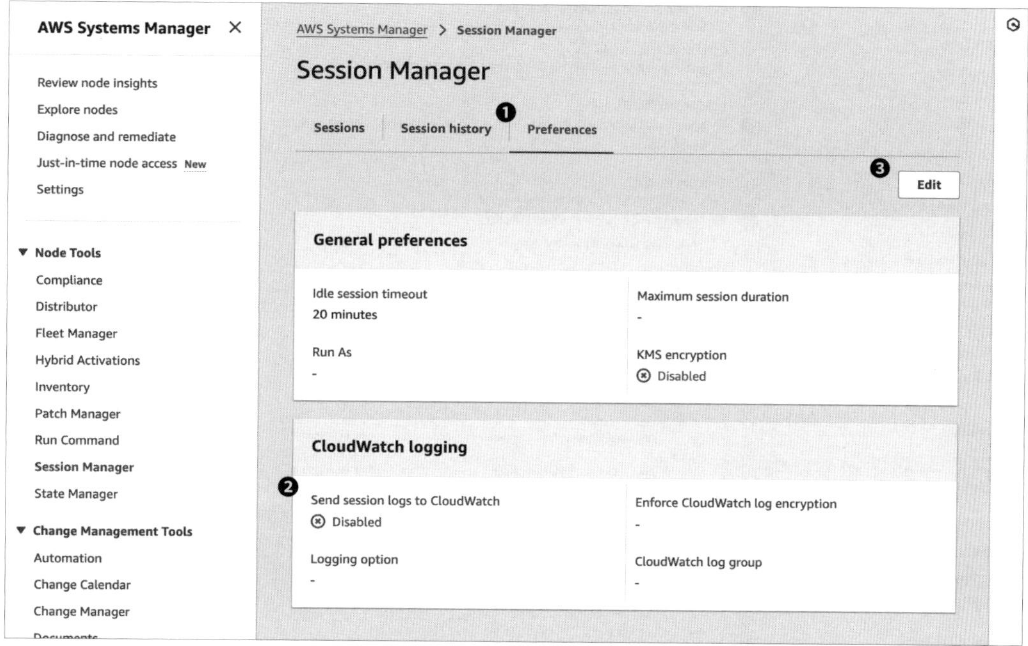

그림 E.1 세션 매니저 관리 콘솔

그림 E.2의 CloudWatch logging 화면에서 다음과 같이 설정한다.

❶ CloudWatch logggging을 'Enable'로 변경하여 활성화한다.

❷ 'Stream session logs'를 선택하여 세션이 유지되는 동안 입력한 값들을 실시간으로 기록하도록 설정한다.

❸ Enforce encryption은 로그 데이터를 암호화하는 기능인데, 이 값은 체크 해제한다(실습 편의상 KMS 키 설정을 생략하기 위함이다).

❹ 로그 그룹 선택 방식에서 'Choose a log group from the list'를 선택한다.

❺ 목록에서 코드 E.4에서 생성한 /ssm_session_logs 로그 그룹을 선택한다.

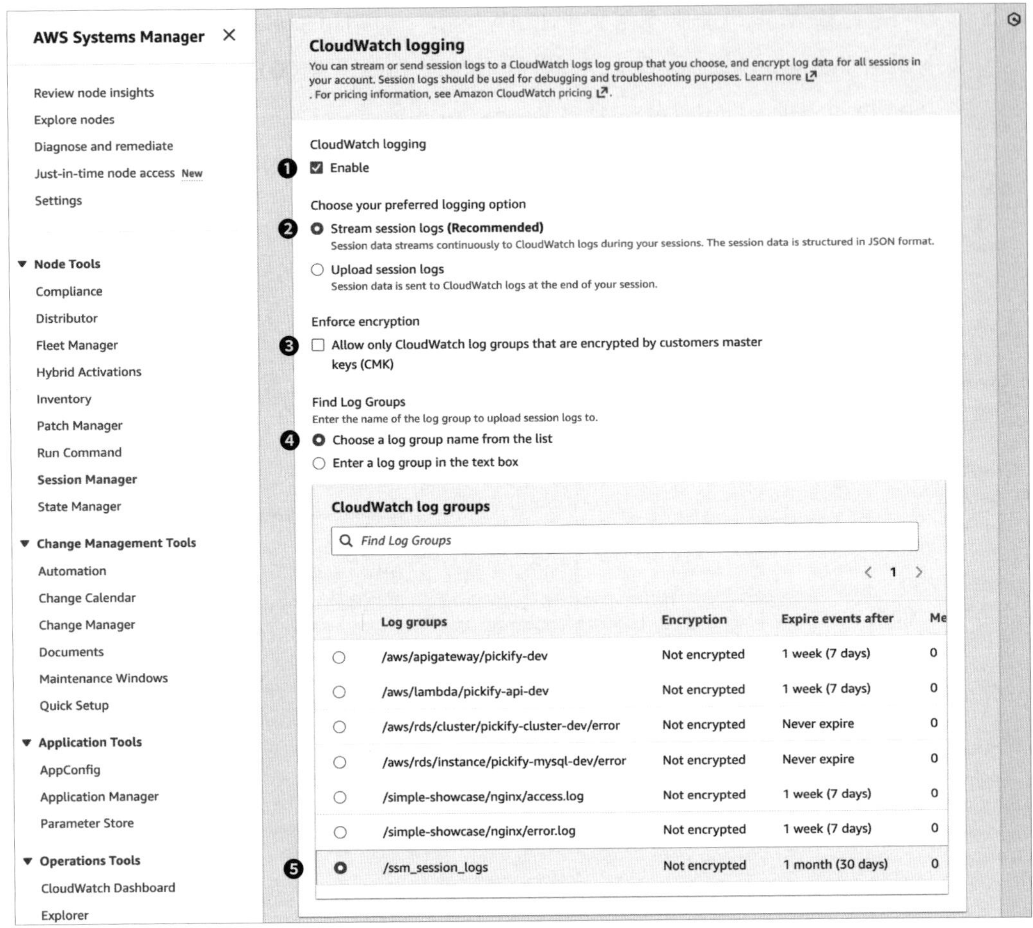

그림 E.2 로깅 설정

하단에 있는 [Save] 버튼을 클릭하여 저장한 다음 다시 SSM으로 접속하여 리눅스 명령을 몇 가지 실행해 본다.

코드 E.5 SSM 접속 및 명령어 테스트

```
› aws ssm start-session --target i-0d5eef83f45f2ae94 --region ap-
northeast-2

Starting session with SessionId: simple-showcase-admin-
fhei6hasbcnoc7dgx239sds5la
sh-5.2$ sudo su - ec2-user
Last login: Mon Dec 15 13:29:12 UTC 2025 on pts/1
```

```
[ec2-user@ip-10-1-1-225 ~]$ uptime
 13:30:26 up  1:18,  1 user,  load average: 0.00, 0.00, 0.00
[ec2-user@ip-10-1-1-225 ~]$ exit
logout
sh-5.2$
exit
```

```
Exiting session with sessionId: simple-showcase-admin-
fhei6hasbcnoc7dgx239sds5la.
```

세션을 종료한 다음 CloudWatch 관리 콘솔에서 /ssm_session_logs 로그 그룹을 확인해 보자. 방금 접속한 세션 ID가 로그 스트림으로 생성된 것을 볼 수 있다(그림 E.3).

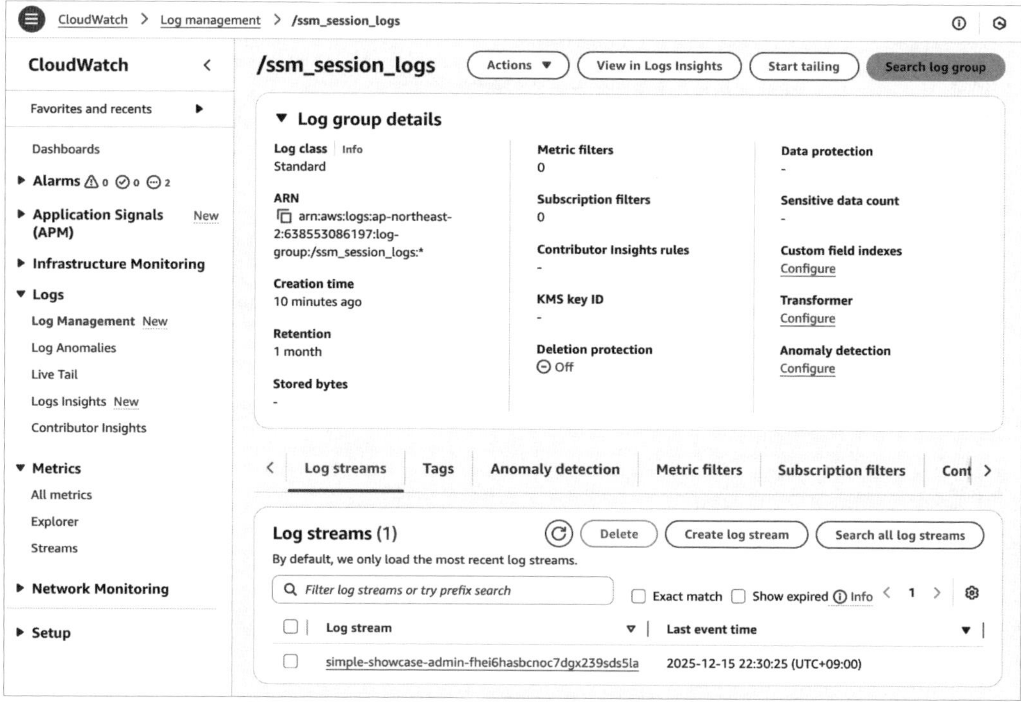

그림 E.3 생성된 로그 스트림

해당 로그 스트림을 클릭하면 어떤 명령을 입력했고 그 결과가 어땠는지 상세
하게 확인할 수 있다(그림 E.4).

그림 E.4 세션 로그

SSM 세션 매니저는 CloudWatch 외에 S3 버킷으로도 세션 로그를 수집할 수
있다. S3를 사용하려면 마찬가지로 버킷을 미리 생성하고 로깅 설정에서 S3를
활성화하면 된다.

찾아보기